Recycle and build upon a solid foundation

"*MÁS* is more innovative while retaining the view that a **good foundation** is essential. I also liked the use of the **communicative approach** which further enhances the students' level of **fluency**. – Kellye Church, *University of North Texas*

Intrigue, motivate

"[*MÁS*] helps students spiral up the intermediate stages toward advanced. The **wealth of cultural materials** provides a **rich content base** and addresses the goals of the Standards for Foreign Language Learning. [Students] are **stimulated** by the topics and **gain self-confidence** when they find themselves discussing the general interest and current event topics in the chapters. It is very **motivational**."
– Alicia Ramos, *Hunter College CUNY*

Explore, enrich, strengthen practical skills

"*MÁS* is a culturally rich, communicative, **content-based** program focusing on the use of **authentic** materials." – Julie Szucs, *Miami University of Ohio*

Think critically, grasp firmly, push further

"The way *MÁS* **integrates cultural content** into the lessons helps instructors **teach effortlessly** to the **5 C's**. *MÁS*'s adaptive learning tool gives the **student autonomy** in learning according to his/her own need, and **frees instructors** from re-teaching structures, allowing them to **move toward higher-level skills** such as critical thinking." – Carolyn Crocker, *Samford University*

Expand your classroom, connect, integrate

"It is a modern textbook—**dependable**, **high-quality** (expected from McGraw-Hill). It focuses on **content-based learning**. It also seems to be **where the students are** in terms of **technology**." – Ame Cividanes, *Yale University*

Thank you for helping shape MÁS: Eloísa Alcocer, University of California, Santa Barbara | Frances Alpren, Vanderbilt University | Maira E. Álvarez, University of Houston | Pedro Arana, University of California, Santa Barbara | Rosalind Arthur, Clark Atlanta University | Elizabeth Augspach, New York University | Mónica Barba, University of Houston | Flavia Belpoliti, University of Houston | Karen Berg, College of Charleston | María Elena Bermúdez, Georgia State University | Emily Bernate, University of Houston | Robert Henry Borrero, Fordham University | Nancy Broughton, Wright State University | Eva P. Bueno, St. Mary's University | María Inés Canto, University of California, Santa Barbara | Isabel Castro, Townson University | Rosa Chávez-Otero, The University of Georgia |Diane Ceo-Difrancesco, Xavier University | Daniel Chui, University of California, Santa Barbara | Chyi Chung, Northwestern University |Kellye Church, University of North Texas | Ame Cividanes, Yale University | Rifka Cook, Northwestern University | Carolyn R. Crocker, Samford University | María Dorantes, University of Michigan | Carol J. Evaul, Kaskaskia College/Lake Land College | Julia L. Farmer, University of West Georgia | Jason Fetters, Purdue University | Diana Frantzen, University of Wisconsin-Madison | Omar Gil-Pérez, The University of Georgia |Dennis C. Harrod, Syracuse University | Florencia Henshaw, University of Illinois at Urbana-Champaign | Todd Hernández, Marquette University |Julio F. Hernando, Indiana University South Bend | Lourdes N. Jiménez, Saint Anselm College | Aviva Kana, University of California, Santa Barbara | Myriam King-Johns, Citadel | Michael A. Kistner, University of Toledo | Karina Kline-Gabel, James Madison University | David Knutson, Xavier University | Sara L. Lehman, Fordham University | Laura Marqués-Pascual, University of California Santa Barbara | Carlos Martínez, University of Houston | Carlos Martínez Davis, New York University | Mary McDermott-Castro, UNC Charlotte | Bridget M. Morgan, Indiana University South Bend | Rebekah Morris, Wake Forest University | Marta Nunn, Virginia Commonwealth University | Sharon M. Nuruddin, Clark Atlanta University | Bertín Ortega, Texas A&M University | Cristina Pardo, Iowa State University | Carmen Pereira-Muro, Texas Tech University | Teresa Pérez-Gamboa, The University of Georgia | Derrin Pinto, University of St. Thomas |Anne Porter, Ohio University | Marta Q-Schwank, Virginia Commonwealth University | Alicia Ramos, Hunter College (CUNY) | Lucía Robelo, Oregon State University | Noris Rodríguez, University of Cincinnati |Leticia I. Romo, Towson University | Eugenia Ruiz, University of Houston | Anne Rutter Wendel, The University of Georgia | Daniel Sánchez-Velásquez, The University of Georgia | Jacquelyn Sandone, University of Missouri |Vivián Santana, University of Houston | Erika Sutherland, Muhlenberg College | Julie A. Szucs, Miami University | Ian Tippets, St. Mary's University |Toni Trives, Santa Monica College | Encarna Turner, Wake Forest University | Renée Turner, Saint Anselm College | Edgar Vargas, University of Houston | Barry Velleman, Marquette University | Stephen Watson, University of California, Santa Barbara |

Special thanks to The University of Georgia, University of Houston, and Northwestern University.

MÁS

español intermedio

The McGraw-Hill Companies

Published by McGraw-Hill, an imprint of The McGraw-Hill Companies, Inc., 1221 Avenue of the Americas, New York, NY 10020.

This book is printed on acid-free paper.

1 2 3 4 5 6 7 8 9 0 QPD/QPD 0 9 8 7 6 5 4 3

ISBN 978-0-07-353448-0 (Student Edition) MHID 0-07-353448-X

ISBN 978-0-07-779698-3 (Instructor's Edition) MHID 0-07-779698-5

MÁS
Vice President and General Manager: *Michael Ryan*
Managing Director: *William R. Glass*

AUTHORS
Ana María Pérez-Gironés
Virginia Adán-Lifante

EDITORIAL
Brand Manager: *Katherine Crouch*
Senior Director of Development: *Scott Tinetti*
Digital Development Editor: *Sadie Ray*
Film Researcher: *Misha Maclaird*

MARKETING
Marketing Manager: *Jorge Arbujas*
Marketing Coordinator: *Esther Cohen*

PRODUCTION
Senior Production Editor: *Mel Valentin*
Buyer: *Carol Bielski*
Senior Production Supervisor: *Richard DeVitto*
Compositor: *Aptara*
Printer: *Quad Graphics–Versailles*

ART & PHOTO
Design Manager: *Matthew Baldwin*
Interior/Cover Designer: *Preston Thomas*
Content Licensing Specialist: *Ann Marie Jannette*
Photo Researcher: *Jennifer Blankenship*

ONLINE
Digital Project Manager: *Kelly Heinrichs*

Front cover: © Ryan McVay/Getty Images; Inside cover flap: © moodboard/Corbis; Back cover: © Andrew Patterson/Getty Images Credits: The credits section for this book begins on page C-1 and is considered an extension of the copyright page.

Library of Congress Cataloging-in-Publication Data

Pérez-Gironés, Ana María.
Más / Ana María Pérez-Gironés, Virginia Adán-Lifant. — 2nd ed.
p. cm.
Includes index.
ISBN-13: 978-0-07-353448-0 (alk. paper)
ISBN-10: 0-07-353448-X (alk. paper)
1. Spanish language—Textbooks for foreign speakers—English. 2. Spanish language—Readers. I. Adán-Lifante, Virgina. II. Title.
PC4129.E5P573 2012
468.2'421—dc22 2012048097

www.mhhe.com

Preface

MÁS is an Intermediate Spanish program built on the understanding that students learn best when they are fully engaged. Each component of the *MÁS* experience is designed to spark curiosity and inspire critical thinking, from its unique and visually pleasing design to its thought-provoking readings and stunning short film collection. In addition to providing intriguing and timely cultural content and a solid review of structures covered in the first year, *MÁS* places a strong emphasis on open-ended communication, ensuring that students benefit from a wealth of opportunities for communicative practice, both in class and online. Students who need additional practice with grammar and vocabulary to meet second-year expectations can strengthen their skills using LearnSmart, an adaptive learning tool that gives them the opportunity to focus their study time where they most need it. Through its diverse and lively view of the Spanish-speaking world, *MÁS* motivates a new generation of students to be inspired to communicate in Spanish.

Student engagement for better learning

The leap from first-year to second-year Spanish is huge—and many students get lost in the shuffle. From the moment students pick up *MÁS*, they experience its uniquely inviting, colorful, and visually-rich design. The format draws them in as they prepare to plug in to the content and push their skills to the next level.

In a similar way, the cultural content in *MÁS* virtually pops off the page with life and intrigue, actively integrated into the core of the course. The pedagogical approach of *MÁS* is informed by content-based language learning, influenced among others, by Stephen Krashen, who proposed that learning a language is more productive when the focus is also on meaning and not just on form. The integrated cultural content of *MÁS* provides a real-life context in which to practice linguistic structures, as well as a natural motivation for students to want to know more, read more, discuss more, and write more.

In preparing for the extensive communicative practice in each chapter, students who want to bolster their confidence levels have access to a reliable online support system: Connect Spanish with LearnSmart. Connect Spanish, McGraw-Hill's digital platform housing the Workbook/Laboratory Manual activities, the eBook, LearnSmart, and other new, digital resources makes the out-of-classroom experience more effective than ever before.

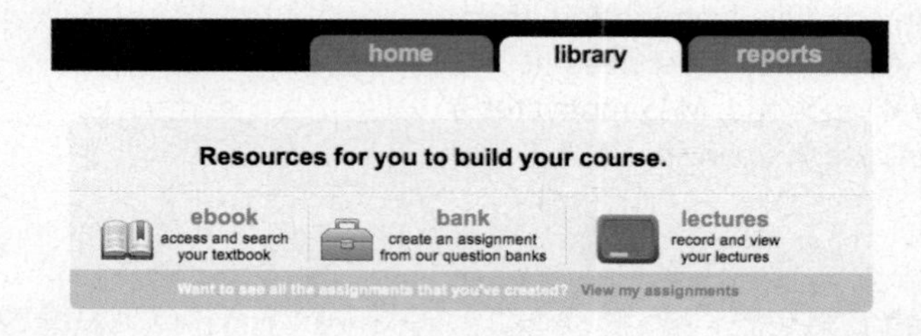

In a course-wide survey of Intermediate Spanish instructors, 75% said that it is important to them to be able to assess how students are doing throughout the course. LearnSmart, the only truly adaptive learning tool on the market, is proven to significantly improve students' learning and course outcomes. With LearnSmart modules, students receive targeted feedback specific to their individual needs and additional practice in areas where they most need help. As a student works through each chapter's grammar and vocabulary modules, LearnSmart identifies the main grammatical structures and vocabulary words that warrant more practice based on that individual's performance and provides a personalized study program, one that is unique to his or her specific strengths and weaknesses.

With Connect Spanish with LearnSmart at their disposal, students can dive into communicative practice with confidence and engage with gusto in stimulating discussions on topics such as careers of the future, the effects of technology on our changing society, the benefits of bilingualism, and much more.

Integrated tools for communicative practice

In order to best support and facilitate communication practice, we have structured the *MÁS* program to leverage every opportunity for paired and group communication and collaboration. Every activity that involves communicative practice is clearly labeled with a speech bubble so that instructors can easily prioritize communicative activities in class or online.

Thanks to reviewer feedback, we also added and expanded the discussion questions in the **Minilectura**, **Lectura**, and **Cortometraje** sections so that each and every cultural section can be easily transformed into an in-class discussion. Pre-reading and –viewing activities set the scene and help students anticipate what's to come while simultaneously building upon previously acquired vocabulary and skills. Post-reading and –viewing activities progress from comprehension and analysis to discussion questions that encourage students to situate each work in its broader context, relate it to happenings in our society, and then draw from their personal knowledge for an even deeper appreciation.

For those teaching technology-enhanced, hybrid, or fully online courses, the Voice Board and Blackboard IM (BbIM) within Connect Spanish are two powerful tools for assigning communication practice outside of the classroom. Voice Board activities allow students to listen to each other and leave audio messages in a threaded oral discussion board, while BbIM activities facilitate real-time interaction via instant text messaging, voice or video chat. The former gives instructors the ability to listen for assessment purposes to students' submitted oral assignments, while the latter provides a platform for real-time interaction, ideal for both monitoring students in real time as well as for partnered at-home practice conversations to prepare for in-class discussions. In addition, the white board and screen sharing tools provide opportunities for collaboration and virtual office hours so you can meet online with your students either one-on-one or in groups. Whether for an online, hybrid, or face-to-face course seeking to expand the oral communication practice and assessment, these tools allow student-to-student or student-to-instructor virtual oral chat functionality.

Intriguing and provocative cultural content for a new perspective

In a content-based text, culture is everything. Intermediate Spanish instructors consistently tell us that while exposure to authentic culture is a top goal of the course, it is challenging to incorporate it all effectively and to engage students at the same time. *MÁS* is well-known for its impressive short film collection and its abundance of authentic and varied readings, as well as its focus on more sophisticated and intriguing topics that encourage students to develop good critical thinking skills as they compare other cultures to their own and use their new language skills to go even deeper.

In an effort to bring students consistently in contact with the many facets of the Spanish-speaking world, this edition's **Cortos hispanos** welcomes four (4) new, even more accessible, contemporary short films (**Capítulos 1, 8, 9, 11**). Each of the collection's twelve (12) films is accompanied by pre- and post-viewing activities in the text, as well as complementary online activities that provide students practice with vocabulary, comprehension, analysis, and communicative synthesis of the material.

Most readings in *MÁS* draw from authentic sources in Spanish that include newspaper and online journal pieces, magazine articles, essays, short stories and poetry, and now even song lyrics. This new, stronger edition of *MÁS* welcomes six (6) new **minilecturas** and seven (7) new **lecturas** that address a variety of engaging social, historical, political, and scientific topics. Each work has been considered carefully for its ability to introduce an important element of the Spanish-speaking world, while simultaneously to illustrate the numerous mediums of authentic content we can bring to the classroom to intrigue and encourage our students.

We are excited about the many new learning opportunities we have brought to this edition of *MÁS*, and we hope that it pushes our students to explore the Spanish-speaking world beyond the classroom, always seeking to learn and do more.

About the authors

ANA M. PÉREZ-GIRONÉS is Adjunct Professor of Spanish at Wesleyan University, where she coordinates and teaches all level of Spanish language courses. She is co-author of *Puntos de partida* and *¡Apúntate!,* and other publications by McGraw-Hill. Moreover, she has worked extensively in the development and implementation of computer-assisted materials for learning language and culture, such as the series of DVDs *En una palabra* (Georgetown University Press).

Professor Pérez-Gironés received her Licenciatura en Filología Anglogermánica from the Universidad de Sevilla and her M.A. in General Linguistics from Cornell University. She lives in Middletown, CT with her family.

VIRGINIA M. ADÁN-LIFANTE is Lecturer and Coordinator of the Foreign Languages Program at the University of California, Merced. She received her Licenciatura en Filología Hispánica from the Universidad de Sevilla in 1987, and her Ph.D. in Hispanic Languages and Literatures from the University of California, Santa Barbara in 1997. Dr. Adán-Lifante has served as reviewer of several Spanish language manuals and she has published numerous reviews and articles in professional journals such as *La Torre, The Bilingual Review, Centro, Gestos, Revistas de Estudios Norteamericanos, South Central Review,* and *Revista de Estudios Hispánicos.*

Contenido

UNIDAD 1 La identidad

1 Cuestión de imagen 1

2 «Yo soy yo y mis circunstancias» 33

3 Raíces 63

UNIDAD 2 Lo cotidiano

4 Con el sudor de tu frente... 89

5 El mundo al alcance de un clic 113

6 La buena vida 137

UNIDAD 3 Nuestra sociedad

7 Nos-otros 163

8 Nuestro pequeño mundo 187

9 En busca de la igualdad 213

UNIDAD 4 Un poco de historia

10 Los tiempos precolombinos 239

11 Los tiempos coloniales: Después del encuentro entre América y España 265

12 La democracia: ¡presente! 287

¿Qué más hay de nuevo en *MÁS*?

Clarity: Even more attention to clear presentation of information in charts and tables

Resources: More Instructor's edition suggestions for conceptualizing activities and elaborating upon the material

Ease of reference: More clearly delineated sections for quick and easy navigation

Chapter Opener

- Conversation-starting questions to accompany each chapter opener image to help students actively consider the chapter theme, tap into related vocabulary, and anticipate what's to come
- New still frames from the short films followed by information about the film of that chapter
- Updated sections at-a-glance, now also including the **Minilectura** and **Redacción** section topics

Minilecturas

- New pre-reading and post-reading activities, and six (6) new **minilecturas** about fresh, current topics

Lecturas

- New pre-reading activities to lay the groundwork for each passage, and seven (7) new, engaging readings

Cortometrajes

- Strengthened short film sections with more pre- and post-viewing activities, including tertulias to help students situate the films in their broader context, relate them to happenings in our society, and then draw from their personal knowledge for an even deeper appreciation.
- In addition, our short film sections are strongly complemented online, providing students practice with vocabulary, comprehension, analysis and communicative synthesis of of the material.
- In an effort to consistently represent the many facets of the Spanish-speaking world, this edition welcomes four (4) new, even more accessible, contemporary short films.
- Cartelera boxes with the pertinent information about the film (director, release year, cast, awards) so students can reference the who, where, what, when… of the work

Estructuras

- Now at least four (4) activities for each grammatical lesson, providing students more opportunities to strengthen skills and communicate in a meaningful way

Redacción

- Prompts and strategies for tackling writing assignments, now with ¡No te equivoques! grammatical reminders embedded alongside pertinent grammar lessons so students can more soundly build upon previous knowledge as they write

En tu comunidad (formerly Reflexiones)

- Now an even more active section that focuses on real, target-language-based tasks that students can perform in their community. Interviews, video projects, tertulias, and chapter-related volunteer suggestions encourage students to use their language skills to engage with the Spanish-speaking world around them in authentic, practical and creative ways.

LearnSmart

- Personalized adaptive learning tools that help each student assess his or her own trouble spots, and then provide activities for strengthening those particular areas

Agredecimientos

A todos los estudiantes que nos inspiran con su ilusión por aprender castellano,
a todos los profesores de español que con su paciencia, entusiasmo e imaginación hacen de la enseñanza un arte,
a todos los colegas y compañeros que con sus comentarios y consejos tanto nos han ayudado, a nuestros seres queridos que en todo momento nos han apoyado para que pudiéramos escribir este libro,
gracias de todo corazón.

MÁS

español intermedio

SECOND EDITION

1

Cuestión de imagen

EN ESTE CAPÍTULO

Minilectura
- «Ella es "Juana Banana"»

Palabras
- Los rasgos físicos
- La personalidad
- Los insultos

Estructuras
1. El presente de indicativo
2. Cómo se expresa *to be*
3. Comparaciones

Cultura
- Palabras cariñosas basadas en la apariencia física
- Los hispanos: Multiplicidad étnica y racial

Lectura
- «Hollywood busca cada vez más al talento latino»

Redacción
- Descripción personal

Cortometraje
«Clara como el agua»
– Fernanda Rossi (Puerto Rico, Estados Unidos 2012)

Argumento: Los niños del barrio se burlan de Clara por su apariencia física. Después de oír diferentes versiones sobre su origen, Clara decide investigar la verdad.

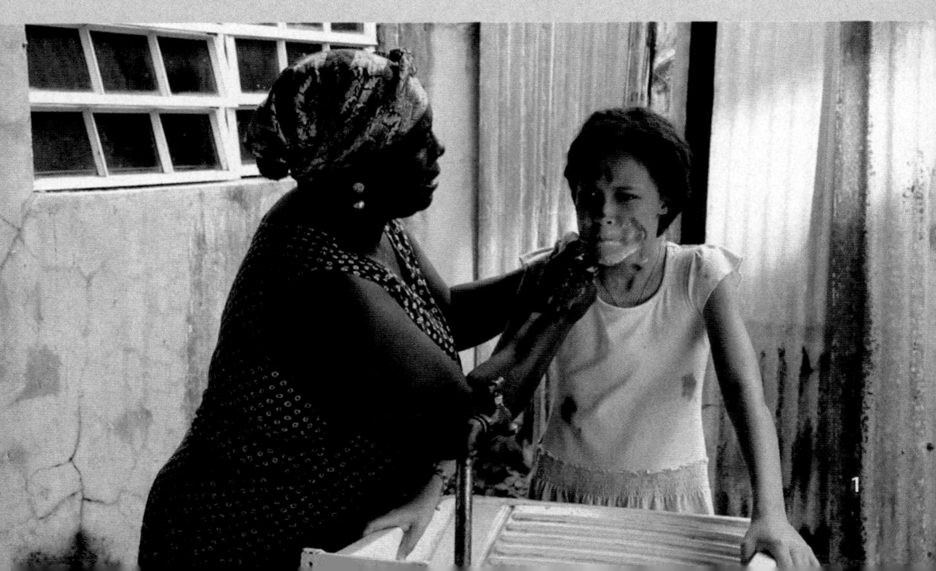

¿Qué muestran las caras de estos jóvenes?

¿Qué imagen ofrecen su forma de vestir y su lenguaje corporal?

¿Crees que la cara de una persona revela mucho de su personalidad?

«La cara es el espejo del alma».*

*Literally: *The face is the mirror of the soul.*

De entrada

Minilectura Ella es «Juana Banana»

Antes de leer

¿Qué tipo de mujeres aparecen (*appear*) normalmente en los anuncios comerciales (*ads*)? ¿guapas o feas? ¿esbeltas o gruesas (*full-figured*)? ¿blancas o de otras razas?
¿Por qué hay tantos anuncios que presentan la imagen de una mujer con ese aspecto?
¿Te parece (*Does it seem to you*) que eso es correcto? ¿Por qué?

ELLA ES **«JUANA BANANA»**, RAFAEL ESPINOSA

beautiful smile · *highlights* · *teeth* · *looked up* · *raised* · *to represent it* · *from farm to farm* · *happiness* · *farm worker* · *calloused* · *has dedicated* · *proud* · *didn't stop her from always being smiling and warm*

Todo comenzó por una foto. La **hermosa sonrisa** de Vilma Ríos Mosquera, que **resalta** su perfecta **dentadura** blanca, cautivó a la Asociación de Bananeros de Colombia (Augura). Hace dos años, simplemente **alzó la mirada** ante una cámara, **levantó** la mano haciendo un símbolo positivo y sonrió.

Augura, que estaba buscando una imagen **que la representa**, decidió que no tendría un *top model* ni una mujer 90-60-90.* No. Los asociados la querían a ella y por eso la buscaron **de finca en finca** hasta que la encontraron. Para Augura, Vilma representa el optimismo, la fuerza y la **alegría** de quienes trabajan en la zona bananera de Urbabá.

Es una **campesina** que refleja en sus manos **callosas** los trece años que **se ha dedicado** a trabajar en las fincas bananeras. Esta **orgullosa** madre soltera, por primera vez en sus 32 años de vida, visitó Bogotá. No está acostumbrada al frío pero esto **no impidió que siempre estuviera sonriente y calurosa** con quienes visitaron el *stand* de la Asociación en Agroexpo. Los visitantes se tomaron fotos con ella y durante la feria la identificaron como «Juana Banana», haciendo alusión a Juan Valdés, representante del café colombiano.

Comprensión y análisis

¿Por qué es «Juana Banana» la imagen de la Asociación de Bananeros de Colombia? Indica si las siguientes razones son ciertas (C) o falsas (F). Si puedes, corrige las oraciones falsas.

1. Es muy guapa.
2. Tiene la figura (*body*) de una modelo.
3. Tiene una sonrisa muy bonita.
4. La expresión de su cara es alegre y optimista.
5. Ella representa a las personas que compran bananas.

---

*measurements in centimeters of an "ideal" female body: 90 cm around the chest and hips and 60 cm around the waist

Cortometraje Clara como el agua

Antes de mirar

¿Te pareces físicamente a las personas que viven en tu barrio?
¿Había problemas de intimidación (*bullying*) en tu escuela secundaria?
¿Crees que siempre hay que decirles la verdad a los niños? ¿Por qué?

Título: «Clara como el agua»

País: Puerto Rico, Estados Unidos

Dirección: Fernanda Rossi

Año: 2012

Reparto: Kathiria Bonilla León, Sixta Rivera, Rubén Andrés Medina, Alfonso Peña Ossorio

«Los odio, malditos».
«¡Eres la más fea!»

Comprensión y discusión

¿Cierto o falso? Indica si las siguientes ideas son ciertas (C) o falsas (F), según el video. Luego intenta corregir las oraciones falsas.

1. Los niños del barrio insultan a Clara porque ella está muy delgada.
2. Clara se lava la boca porque su cara está sucia.
3. Clara y su abuela se parecen mucho físicamente.
4. A Clara le gusta hablar con Mateo.
5. La madre de Clara va a volver a la isla.
6. Al final del cortometraje, Clara hace un descubrimiento científico.

Interpreta Contesta haciendo inferencias sobre lo que se ve y se oye en el corto.

1. ¿Es fácil para Clara hablar con su madre? ¿Cómo crees que afecta eso a Clara?
2. ¿Cuáles son las diferentes explicaciones que ofrecen los demás sobre el color de la piel de Clara?
3. ¿Por qué para los niños del barrio es un insulto la palabra «gringa»?
4. ¿Qué crees que preocupa más a Clara, tener un padre blanco o no saber cuál es la verdad? ¿Por qué opinas así?
5. ¿Cómo interpretas el final del cortometraje?

vocabulario útil

la nena	**niña**
el varón	**hombre o niño**
brillante	shining, brilliant
maldito/a	damn
preñada	**embarazada**
trigueño/a	**moreno/a, de piel oscura**
pelear	to fight

Tertulia La identidad

Clara se dedica a buscar información sobre sus raíces para tener mejor idea de quién es. En tu opinión, ¿contribuye mucho la herencia de una persona a su identidad? ¿Cuánto afecta la raza de una persona a cómo la sociedad la percibe? ¿Qué otros factores contribuyen a formar nuestra identidad? ¿Dirías que es normal sentir una discrepancia entre el **yo** que creemos que somos y cómo los demás nos ven?

Para ver «Clara como el agua» otra vez y realizar más actividades relacionadas con el cortometraje, visita: **www.connectspanish.com**

Palabras

DE REPASO

el estereotipo

alto/a ≠ bajo/a

extrovertido/a ≠ introvertido/a

grande ≠ pequeño/a

guapo/a ≠ feo/a

inteligente ≠ tonto/a

moreno/a ≠ rubio/a

obeso/a (gordo/a) ≠ delgado/a

Los rasgos físicos (*physical features*)

los anteojos	glasses
la apariencia	appearance
la barba	beard
el bigote	mustache
las canas	gray hair
la cicatriz	scar
la imagen	image
el lunar	mole
los ojos (azules, negros, verdes, color miel, color café)	(blue, black, green, honey colored, brown) eyes
las pecas	freckles
el pelo	hair
castaño	light brown, chestnut
gris/blanco	gray/white
lacio/liso	straight
ondulado	wavy
rizado	curly
rubio	blond
el rostro (la cara)	face
la sonrisa	smile
llevar brackets	to wear braces
llevar lentes de contacto	to wear contact lenses
ser/estar calvo/a	to be bald
ser pelirrojo/a	to be a redhead

La personalidad

el carácter / la forma de ser

tener...		to have . . .	
buen/mal carácter		nice/unfriendly personality	
complejo (de, por)		to have a complex	
sentido del humor		sense of humor	
ser...	to be . . .		
antipático/a	unfriendly	**simpático/a**	friendly
callado/a	quiet	**hablador/a**	talkative
cariñoso/a	affectionate	**frío/a**	cold
chistoso/a	funny	**serio/a**	serious
conservador/a	conservative	**progresista**	progressive
egoísta	egotistic	**modesto/a**	modest
mentiroso/a	a liar	**honesto/a**	honest
sensato/a	sensible	**insensato/a**	foolish
sensible	sensitive	**insensible**	insensitive
tacaño/a	stingy	**generoso/a**	generous
terco/a	stubborn	**flexible**	flexible
tímido	shy	**extrovertido/a**	extroverted

Cognados: **honesto/a, irresponsable, modesto/a, responsable**

¡OJO! carácter = personalidad
personaje = entidad ficticia de una narrativa

Los insultos

pesado/a	dull, bothersome, annoying (*literally:* heavy)
tonto/a	dumb, silly

Cognados: **estúpido/a, idiota, imbécil**

ACTIVIDAD 1 Rasgos físicos

Paso 1 Dibuja seis rasgos físicos en el rostro de la derecha.

Paso 2 En parejas (*pairs*), túrnense para explicar los rasgos del rostro que dibujaron mientras el compañero / la compañera los dibuja en la cara de la izquierda. ¿Se parece el dibujo de tu compañero/a al que tú pintaste?

ACTIVIDAD 2 Asociaciones

Escribe todos los rasgos y acciones que asocies con los siguientes tipos de personas:

1. una persona que tiene buen/mal carácter
2. una persona que tiene complejo de inferioridad/superioridad
3. un hombre / una mujer muy guapo/a
4. una persona pesada
5. una persona que sabe deletrear (*to spell*) en inglés todas las palabras del examen SAT

ACTIVIDAD 3 Tu personalidad

Paso 1 ¿Cómo eres tú? Haz una lista de seis o siete características de tu personalidad que te describen bien ¡Sé (*Be*) honesto/a!

Paso 2 Trabajando en parejas, comparen sus personalidades. ¿Qué tienen en común? ¿En qué son muy diferentes?

ACTIVIDAD 4 La persona ideal

Haz una lista de los tres rasgos físicos y las tres características de la personalidad que más te atraen a una persona. ¿Son rasgos que tú también tienes? ¿Tiene características que te complementan? Luego, habla con un compañero / una compañera para comparar las cualidades y los rasgos físicos que les atraen o no les gustan de otras personas.

Ejemplo: Me atraen los hombres morenos, como mi novio. Políticamente, me gustan las personas progresistas, porque yo soy muy liberal y es bueno tener opiniones similares en la política. Me gustan las personas cariñosas. Para que una persona sea mi amigo o amiga, debe ser generosa y sincera.

ACTIVIDAD 5 Expertos en imagen

En grupos pequeños, piensen en la persona ideal, real o ficticia, para representar a su universidad. ¿Qué características físicas tiene? ¿Qué debe pensar el/la estudiante de escuela secundaria que vea esa imagen? ¿Qué nombre publicitario se le puede dar? Si quieren pueden usar las siguientes imágenes como punto de partida (*point of departure*).

Cultura

Palabras cariñosas basadas en la apariencia física

En español hay muchas expresiones cariñosas que pueden variar de un país a otro, por ejemplo: **amor, cariño, querido/a, tesoro** (*treasure*), y **mi vida** (*my life*). Además, en diferentes países de habla española se usan, de manera cariñosa, ciertos adjetivos relacionados con el aspecto físico que, a pesar de (*even though*) ser ofensivos en otras culturas, no lo son en estos países. De hecho, estas palabras se usan aunque no correspondan con la apariencia física de una persona.

gordo/a (España): con esposos, novios, hijos
flaco/a (*skinny*) (Argentina, Uruguay): con esposos, novios, hijos, amigos
viejo/a (Argentina, Chile, Uruguay): con padres, esposos
negro/a, negrito/a (Venezuela, Puerto Rico, República Dominicana, Panamá): con esposos, novios, hijos, amigos

¡OJO! Estas palabras pueden ser ofensivas cuando se usan en otros contextos.

Tertulia* Palabras cariñosas y apodos (*nicknames*)

- ¿Qué palabras cariñosas se usan en sus familias? ¿Cuáles son sus favoritas? ¿Cuáles detestan más?
- ¿Tienen Uds. apodos basados en su aspecto físico? ¿Les molestan? ¿Por qué?
- En algunos países la tendencia a usar palabras cariñosas es más generalizada que en otros. En países como Puerto Rico o Venezuela se puede oír la expresión «mi amor» con mucha frecuencia, dirigida incluso a personas que se conocen poco (especialmente a mujeres y niños).

  ¿Se usan mucho las palabras cariñosas en su país/estado? ¿Les gusta esta costumbre? ¿Por qué?

«Te quiero, gorda».

*The **Tertulia** activities provide questions for exploring the reading topics and the chapter theme in small groups or as a class.

Estructuras

1 El presente de indicativo

Regular verbs

Spanish verbs that follow a predictable pattern are regular verbs. These are the regular conjugation patterns for present tense verbs.

LearnSmart: Para aprender MÁS
www.connectspanish.com

«La única excepción **es** el retrato que Benicio del Toro **hace** de un policía en conflicto… »*

Pronombres de sujeto	-ar: cantar (*to sing*)	-er: correr (*to run*)	-ir: decidir (*to decide*)
yo	canto	corro	decido
tú	cantas	corres	decides
vos†	cantás	corrés	decidís
usted (Ud.), él/ella	canta	corre	decide
nosotros	cantamos	corremos	decidimos
vosotros†	cantáis	corréis	decidís
ustedes (Uds.), ellos/ellas	cantan	corren	deciden

Nota lingüística Los pronombres de sujeto

Subject pronouns can be used to indicate who is performing the action. Unlike English, however, the subject or subject pronoun is not necessarily expressed. The conjugations usually make the subject clear.

- **Usted** and **ustedes** are often abbreviated in writing as **Ud.** and **Uds.,** respectively. The abbreviated forms will be used in this text.
- **Vosotros** is used primarily in Spain for the informal plural *you* (**tú + otros = vosotros**). **Uds.** is used in Spain for the formal plural *you* (**Ud. + otros = Uds.**). In Latin America **Uds.** is the only form used to express plural *you.*
- **Vos** is used in several countries of Latin America, mainly in most of Central America, Argentina, and Uruguay. **Vos** is used instead of **tú,** although in some of these countries both forms alternate. **Vos** has its own verbal forms for the present indicative, subjunctive, and commands.

*«México se rebela contra su imagen en Hollywood», *El País*

†**Vos** and **vosotros** will appear in all verb charts and will be reviewed in the **Cuaderno de práctica,** but they will not be practiced in activities in the Student Edition.

Stem-changing verbs

In stem-changing verb conjugations, the stressed vowel of the stem becomes a diphthong, for example, **pienso** (stressed). When the stress moves to the ending, the stem does not change: **pensamos** (unstressed). Note the stem-changing pattern in the following verbs.

Singular	Plural
yo	nosotros
tú vos	vosotros
Ud., él/ella	Uds., ellos/ellas

e → ie					
-ar: pensar (*to think*)		**-er: querer** (*to want; to love*)		**-ir: preferir** (*to prefer*)	
pienso	pensamos	quiero	queremos	prefiero	preferimos
piensas pensás	pensáis	quieres querés	queréis	prefieres preferís	preferís
piensa	piensan	quiere	quieren	prefiere	prefieren
Otros verbos					
cerrar comenzar despertar(se) empezar	*to close* *to begin* *to wake up* *to begin*	defender encender entender perder	*to defend* *to turn on* *to understand* *to lose*	advertir divertir(se) mentir sentir(se)	*to warn* *to have fun* *to lie* *to feel*

o → ue					
-ar: contar (*to count, tell*)		**-er: poder** (*to be able to*)		**-ir: morir** (*to die*)	
cuento	contamos	puedo	podemos	muero	morimos
cuentas contás	contáis	puedes podés	podéis	mueres morís	morís
cuenta	cuentan	puede	pueden	muere	mueren
Otros verbos					
encontrar jugar (a)* mostrar probar recordar soñar (con)	*to find* *to play* *to show* *to try; to taste* *to remember* *to dream (about)*	devolver resolver soler volver	*to return (something)* *to solve* *to tend / be accustomed to* *to return*	dormir	*to sleep*

e → i	
-ir: pedir (*to ask for, request*)	
pido	pedimos
pides pedís	pedís
pide	piden
Otros verbos -ir	
reír(se) *to laugh* repetir *to repeat*	seguir *to follow* sonreír *to smile*

*__Jugar,__ even though it does not have an **-o** stem, follows the **o → ue** stem-changing pattern. Therefore, it is listed with the **-o** verbs here. **Jugar** is the only **u → ue** stem-changing verb in Spanish.

Irregular verbs

Several common verbs are irregular in the first person singular (**yo**) form.

-oy: estar* (*to be*)		**-zco: conocer** (*to know/be familiar with*)	
est**oy**	estamos	cono**zco**	conocemos
estás estás	estáis	conoces conocés	conocéis
está	están	conoce	conocen
Otros verbos			
dar (doy)	*to give*	aparecer (aparezco) reducir (reduzco)	*to appear* *to reduce*

-go: hacer (*to do; to make*)		**-go** + stem change: **tener** (*to have*)	
ha**go**	hacemos	ten**go**	tenemos
haces hacés	hacéis	t**ie**nes tenés	tenéis
hace	hacen	t**ie**ne	t**ie**nen
Otros verbos			
poner (pongo) salir (salgo) traer (traigo)	*to place, put* *to leave* *to take*	decir (digo) (i) oír (oigo) (y) venir (vengo) (ie)	*to tell; to say* *to hear* *to come*

«Juana Banana» tiene una hermosa sonrisa.

Other irregular verbs

Some verbs do not fit into a specific category. Note that **ir** and **ser** have the first person **-oy** ending, but then are irregular in all other forms. **Saber** and **ver** are irregular only in the **yo** form.

ir (*to go*)		**saber** (*to know*)	
voy	vamos	sé	sabemos
vas vas	vais	sabes sabés	sabéis
va	van	sabe	saben
ser (*to be*)		**ver** (*to see*)	
soy	somos	veo	vemos
eres sos	sois	ves ves	veis
es	son	ve	ven

RECORDATORIO

Ir a + *infinitive* is also used to express actions that take place in the near future.

Voy a visitar el Perú el proximo verano.	*I'm going to visit Peru next summer.*

*Note the stressed syllables on some forms of **estar**

Uses of the present tense

The present indicative in Spanish is used in the following contexts.

- An action that takes place at the moment of speaking

  Oigo la música de los vecinos. — *I hear the neighbors' music.*

- Generalizations and habitual actions

  Casi todos los días **estudio** en la biblioteca. — *I study in the library almost every day.*

- An action predicted or planned for the near future

  Mañana trabajo en la oficina central. — *Tomorrow I'm working at headquarters.*

¡OJO! The present progressive is often used in this context in English but never in Spanish. (See **Nota lingüística** in this section.)

- Historical present: past actions narrated in the present

  Cristóbal Colón **llega** a la isla que él llama Española en 1492. — *Christopher Columbus arrives at the island that he calls Hispaniola in 1492.*

- Hypothetical situations that are likely to occur, following **si** (*if*)*

  La fiesta **va a ser** un desastre si **llueve** esta noche. — *The party is going to be a disaster if it rains this evening.*

Nota lingüística Los tiempos progresivos

Progressive tenses are formed with the conjugated form of **estar,** in any of its tenses, followed by the present participle (**-ndo** ending) of another verb.

-ar → -ando	-er → -iendo	-ir → -iendo
bailar → bailando	comer → comiendo	vivir → viviendo

- **-ir** stem-changing verbs (e →i; o→u) change their root vowels.

  sentir → sintiendo pedir → pidiendo dormir → durmiendo

- The present participle ending in **-iendo** becomes **-yendo** in verbs whose stems end with a vowel.

  caer → cayendo destruir → destruyendo ir → yendo

The progressive tenses are used in Spanish to express an action in progress.

—¿Qué **estás haciendo**? — *—What are you doing (right now)?*
—**Estoy estudiando** para el examen de mañana. — *—I'm studying for tomorrow's exam.*

¡OJO! Unlike English, in Spanish the progressive is never used to express the future. The simple present or **ir a** + *infinitive* is used in Spanish.

—¿Qué **haces / vas a hacer** mañana por la noche? — *—What are you doing tomorrow evening?*
—**Voy a cenar** con mis padres. — *—I'm having dinner with my parents.*

—¿Qué están haciendo Uds.?
—Estamos estudiando para un examen.

*You will learn more about **si** clauses in **Capítulo 10.**

ACTIVIDAD 1 Hablando de novelas

Para contar una novela o película en español, normalmente se usa el presente, igual que en inglés. Completa el siguiente párrafo con el presente de los verbos entre paréntesis. ¿Conoces la novela? ¡Es una de las novelas más famosas del mundo!

Es la historia de un hombre que se ______________[1] (volver) loco. La gente ______________[2] (decir) que su problema es que constantemente ______________[3] (leer) novelas de caballería.[a] Un día, el hombre ______________[4] (salir) de su casa para luchar contra los problemas e injusticias del mundo. Lo primero que ______________[5] (hacer) es buscar un ayudante. Su ayudante es un poco más joven y mucho más práctico, pero su trabajo ______________[6] (requerir) que haga las cosas locas que le ______________[7] (pedir) su amo.[b] Los dos ______________[8] (sobrevivir) las muchas aventuras que les ______________[9] (ocurrir) en España. Una de las aventuras más famosas es aquella en la que el protagonista ______________[10] (pelear) contra unos gigantes[c] imaginarios, que en realidad son molinos de viento.[d] La novela ______________[11] (terminar) cuando el protagonista ______________[12] (morir).

[a]*chivalry* [b]*boss* [c]*giants* [d]molinos… *windmills*

ACTIVIDAD 2 Una semana normal

Entrevista a un compañero / una compañera sobre sus hábitos en la universidad. Puedes usar la siguiente lista de algunas de las actividades más comunes entre los estudiantes, pero piensa en otras más. ¿Qué actividades hacen ambos/as (*both*) y qué actividades hace sólo uno/a de Uds.?

almorzar
cenar
cocinar
desayunar
dormir poco
estudiar
hacer la tarea
ir a clases (al cine / a la biblioteca / al trabajo)
jugar al (deporte)
lavar la ropa
leer
salir con
trabajar
usar el correo electrónico

ACTIVIDAD 3 Situaciones

Entrevista a dos o tres compañeros sobre lo que hacen en las siguientes situaciones. Inventa tú la última situación antes de hacer la entrevista.
¿Qué haces si…

1. sospechas (*suspect*) que un compañero / una compañera de clase te copia en el examen?
2. conoces a alguien en una fiesta y esa persona te gusta mucho?
3. hay una nueva moda que todo el mundo sigue pero que a ti no te va bien?
4. mañana tienes un examen muy importante pero esta noche hay un concierto fabuloso?
5. crees que la mujer / el hombre que sale con tu mejor amigo/a es muy antipático/a y no hace una buena pareja con tu amigo/a?
6. ¿?

ACTIVIDAD 4 ¿Normalmente, ahora mismo o después?

Paso 1 Identifica las siguientes acciones y clasifícalas según sean acciones que ocurren habitualmente, acciones que están ocurriendo en este momento o acciones que van a ocurrir en un futuro próximo.

1. Mario ahora está empezando su clase de taichí.
2. Mario ahora toma taichí los martes.
3. Ahora Mario va a empezar a practicar judo también.
4. ¿Estás estudiando un sábado por la tarde? ¡Qué lástima!
5. ¿Qué haces este sábado?
6. ¿Tienes una clase el sábado por la mañana?

Paso 2 Ahora crea tus propias oraciones en el presente para hablar de acciones habituales para ti, acciones que están ocurriendo en este momento (puede ser ahora mismo o este semestre, por ejemplo) y acciones futuras. Después compártelas con algunos/as compañeros/as y vea si tienen algunas ideas en común.

Están haciendo una tabla de taichí.

ACTIVIDAD 5 ¿Se conocen ya? (*Do you know each other already?*)

Seguramente en la clase hay estudiantes que no conoces bien todavía. Inicia una pequeña conversación con alguno de ellos sobre los siguientes temas (*topics*).

¡OJO! Recuerda usar la forma plural del verbo **gustar** con cosas en plural.

Me gusta la música cubana.
Me gustan las películas españolas.

1. nombre, edad
2. lugar donde vive y razones por las que (*reasons why*) vive allí
3. actividades que suele hacer los fines de semana
4. el tipo de música/películas/libros que le gustan
5. cómo se siente en la universidad; si está contento/a en la universidad y por qué
6. qué clases está tomando este semestre y cuál es su favorita hasta ahora (*so far*)
7. sus actividades extracurriculares de este semestre
8. ¿?

2 Cómo se expresa *to be*

To be has more than one equivalent verb in Spanish, depending on the context: **ser, estar, haber, hacer,** and **tener.**

Ser and *estar*

Ser

- **Physical description:** Characteristics or personality traits considered normal or typical, including size, shape, color, and personality

  Ana **es** baja y morena; **es** muy simpática. — *Ana is short and dark-skinned; she's very nice.*

  The following are some adjectives that are used with **ser.**

(in)capaz	*(un)able, (in)capable*
cuadrado/a	*square*
confuso/a	*confusing*
(des)cortés	*(dis)courteous*
redondo/a	*round*

- **Personal description:** Nationality, origin, religion, gender, profession, etcétera.

  Julia **es** cubana. **Es de** Santiago. **Es** profesora. — *Julia is Cuban. She's from Santiago. She is a teacher.*

- **Identification:** Noun phrases (noun = noun)

  —¿Cuál **es** la oficina de Ana? — *—Which one is Ana's office?*
  —Esta **es.** — *—This is it.*

- **Identification:** Material something is made of (**ser + de**)

  La mesa **es** de madera. — *The table is (made of) wood.*

- **Time and date**

  Hoy **es** el 1 de septiembre. — *Today is September 1.*
  Son **las** 3:00 de la tarde. — *It's 3:00 P.M.*

- **Time and location of events**

  El concierto **es** en el Teatro Cervantes. — *The concert is in the Cervantes Theater.*
  La clase **es** a las 8:00. — *The class is at 8:00.*

- **Possession**

  Esos libros **son** míos. Este **es** de Joaquín. — *Those books are mine. This one is Joaquín's.*

- **Purpose or destination: ser + para**

  El regalo **es para** ti. — *The gift is for you.*
  El lápiz **es para** escribir. — *The pencil is for writing.*

- **Impersonal expressions**

  Es fascinante aprender otras lenguas. — *It's fascinating to learn other languages.*

- **Passive voice: ser** + *past participle**

  El fenómeno **fue estudiado** por científicos europeos. — *The phenomenon was studied by European scientists.*

---

*The passive voice is studied in **Capítulo 12.**

Están buceando porque están de vacaciones.

Estar

- **Description:** Emotional, mental, and health conditions

Ana **está** enferma.	*Ana is sick.*
Los estudiantes **están** nerviosos.	*The students are nervous.*

Some adjectives only follow **estar.**

avergonzado/a	*ashamed*	equivocado/a	*wrong*
cansado/a	*tired*	muerto/a	*dead*
confundido/a	*confused*	ocupado/a	*occupied; busy*
embarazada	*pregnant*	satisfecho/a	*satisfied*
enamorado/a	*in love*	vivo/a	*alive*
enojado/a	*angry*	sorprendido/a	*surprised*

- **Location and position** of people and things

¿Dónde **está** Ana? **¿Está** en su oficina? *Where is Ana? Is she in her office?*

- **Progressive tenses: estar** + *present participle*

Julia **está trabajando** en la biblioteca ahora. *Julia is working in the library now.*

- **Description:** Variation from normal characteristics or traits

Notice how the two people in the following conversation have opposite assumptions about Ana's usual state of being. They use **ser** to express their perceived norm and **estar** to express a deviation from that norm.

—Ana **está** un poco gorda, ¿no?	*—Ana is a little heavier, isn't she?*
—Para mí **está** igual. Ella siempre **ha sido** un poco gordita.	*—She looks the same to me. She's always been a little chubby.*
—¡Qué va! De joven **era** muy delgada.	*—Not at all! As a young girl, she was very thin.*

- **Expressions: estar** + *preposition*

estar a dieta	*to be on a diet*
estar a favor / en contra de	*to be in favor of / against*
estar de buen/mal humor	*to be in a good/bad mood*
estar de moda	*to be fashionable*
estar de pie/rodillas	*to be standing up / kneeling down*
estar de viaje/vacaciones	*to be on a trip/vacation*

- **Resulting states: estar** + *past participle**

La ventana **está abierta.**	*The window is open.* (Alguien abrió la ventana.)
Los estudiantes **están sentados.**	*The students are seated* (*sitting down*). (Los estudiantes se sentaron.)

*The past participle is presented in **Capítulo 4.**

Adjectives that change meaning with *ser* and *estar*

Some adjectives change meaning depending on which verb is used: **ser** or **estar.**

	ser	estar
aburrido/a	*to be boring*	*to be bored*
bueno/a	*to be (a) good (person)*	*to be tasty*
malo/a	*to be (a) bad (person)*	*to be bad to the taste (to taste bad)*
cómodo/a	*to be (a) comfortable (object)*	*to feel comfortable*
listo/a	*to be smart*	*to be ready*

Expressions with haber, hacer, and tener meaning *to be*

Some expressions in English requiring *to be* are expressed in Spanish with verbs that are not **ser** or **estar.**

Haber

Haber is used to express the existence of something. In the present tense, the irregular form **hay** is used to express *there is / there are.*

Hay is always followed by a number or an indefinite article, never by a definite article.

Hay un niño jugando en el patio. — *There is a child playing in the patio.*
Hay muchas/unas/veinte personas en la plaza. — *There are many/some/twenty people in the square.*

Hacer

Many weather conditions are expressed with **hacer** in Spanish.

Hace... — *It is . . .*
buen/mal tiempo. — *nice/ugly weather.*
calor/fresco/frío. — *hot/cool/cold.*
sol/viento. — *sunny/windy.*

Tener

Many physical and emotional states that are expressed with *to be* and *to feel* in English, are expressed with **tener** in Spanish.

tener calor/frío — *to be/feel hot/cold*
tener cuidado — *to be careful*
tener ganas (de) — *to be in the mood (for) / to feel like*
tener hambre/sed — *to be/feel hungry/thirsty*
tener miedo (de) / terror (a) — *to be/feel afraid (of)*
tener prisa — *to be in a hurry*
tener razón — *to be right*
tener sed — *to be/feel thirsty*
tener sueño — *to be/feel sleepy*
tener vergüenza — *to be/feel ashamed/bashful*

¡OJO! Use **mucho/a** with the noun to emphasize these states.

Tengo **mucho** frío. — *I'm very cold.*
Tenemos **mucha** prisa. — *We're in a real hurry.*

Hace mal tiempo. Está lloviendo. ¡El hombre está muy mojado (*wet*)!

Tiene cincuenta años.

Tiene mucha sed.

■ ACTIVIDAD 1 ¿Qué tienes?

Paso 1 Usa el verbo **tener** para expresar cómo te sientes en las siguientes situaciones.

Ejemplo: Hace 0º C (cero grados centígrados = 32°F) y no llevo abrigo. → Tengo frío.

1. La clase de español empieza en dos minutos y todavía estoy en la cafetería.
2. Son las 12:00 de la noche y no comí nada en todo el día.
3. Comí muchas papas fritas sin beber nada.
4. Hice algo estúpido delante de unas personas que no conozco.
5. No dormí nada anoche ni la noche anterior.

Paso 2 Inventa un contexto para explicar las siguientes ideas.

Ejemplo: tener mucha hambre → Tengo mucha hambre porque no desayuné y ahora tengo ganas de comer algo.

1. tener sed
2. tener mucho miedo
3. tener calor
4. tener ganas de _____
5. tener prisa
6. tener cuidado (con algo)

■ ACTIVIDAD 2 ¡Así no se dice, Jim!

Jim comete (*makes*) los errores típicos de un estudiante de español. Ayúdale a expresarse. Indica la expresión correcta.

1. Estoy embarazado. / Tengo vergüenza.
2. Estoy / Tengo frío.
3. Estoy confuso / confundido.
4. La clase de español es / está en el edificio de Estudios Internacionales.
5. Estoy bien / bueno.
6. Soy / Tengo 18 años.

■ ACTIVIDAD 3 Contextos

Inventa contextos más amplios (que den detalles, causas o resultados) para cada una de las siguientes oraciones.

Ejemplo: Hace calor. → La señora tiene calor, por eso se abanica.

1. Esta clase es aburrida.
2. Los niños están aburridos.
3. No estoy lista todavía (*yet*).
4. La ciudad está callada a esta hora.
5. Esto es confuso.
6. Estoy confundido/a.
7. José está muy guapo hoy.
8. Tengo calor.

Hace calor.

■ ACTIVIDAD 4 Las meninas

Paso 1 Completa el párrafo con la forma correcta de **ser, estar, hacer, tener** y **haber** en el presente de indicativo.

Este ________[1] el famoso cuadro[a] *Las meninas* del pintor Diego Velázquez. Velázquez ________[2] de Sevilla, España. *Las meninas,* que data de 1656, ________[3] un cuadro muy complicado: la escena que vemos no ________[4] en realidad la que el pintor ________[5] pintando en el lienzo[b] dentro del cuadro. En la escena ________[6] varias personas: la princesa, sus damas de honor y las enanas[c] que le hacen compañía, dos adultos más y el propio Velázquez. También ________[7] un perro. Además, ________[8] los reyes, quienes ________[9] reflejados en un espejo al final de la sala.

Es imposible saber si ________[10] frío o calor en la sala, pero parece que las personas ________[11] bien y no ________[12] frío ni calor.

¿Dónde ________[13] nosotros, los espectadores, con respecto al pintor? ¿Y los reyes? ¿Por qué ________[14] los reyes allá? Y la princesa, ¿cuánto tiempo hace que posa[d] para el pintor?

¿Crees que la princesa ________[15] ganas de posar? ¿O crees que ________[16] vergüenza de salir en[e] el cuadro? ¿Cómo te imaginas que ________[17] esta niña?

[a]*painting* [b]*canvas* [c]*dwarfs* [d]hace... *has she been posing* [e]de... *of appearing in*

Las meninas (1656), Diego Velázquez

Paso 2 En parejas, contesten las preguntas de los dos últimos párrafos del **Paso 1.**

ACTIVIDAD 5 Veinte preguntas

Un compañero / Una compañera piensa en una persona, y el resto del grupo intenta adivinar quién es esa persona, haciéndole preguntas que sólo pueden contestarse con **sí** o **no.**

Ejemplo: —¿Es mujer?
—Sí.
—¿Es de los Estados Unidos?
—No.
—¿Está viva?
—Sí.
—¿Tiene más de 50 años?

3 Comparaciones

There are two types of comparisons: equality (**igualdad**), when two things are the same, and inequality (**desigualdad**), when one thing is more or less than another. Adjectives, nouns, adverbs, and actions can be compared.

Comparisons of equality

- **...tan** + *adjective* + **como...**

  Note that the adjective agrees with the subject (the first noun).

  Sara es **tan** alta **como** su padre. *Sara is as tall as her father.*
  Los niños son **tan** altos **como** su madre. *The boys are as tall as their mother.*

- **...tan** + *adverb* + **como...**

  Este jefe nos trata **tan** mal **como** el otro. *This boss treats us as badly as the other one.*

- **...tanto/a(s)** + *noun* + **como...**

  Note that **tanto** agrees with the noun compared.

  Pedro tiene **tanta** plata **como** Luis. *Pedro has as much money as Luis.*
  Hay **tantos** exámenes **como** el semestre pasado. *There are as many exams as last semester.*

- ...*verb* + **tanto como...**

  Coman **tanto como** quieran. *Eat as much as you want.*

Es tan alto como su hermano, ¡y juegan tan bien como su padre!

Comparisons of inequality

- **...más/menos** + *adjective* + **que...**

  Miguel es **más** alto **que** su padre. *Miguel is taller than his father.*
  Las niñas son **menos** tercas **que** tú. *The girls are less stubborn than you.*

Some adjectives have special comparative forms.

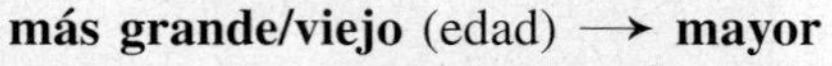

más grande/viejo (edad) → **mayor**
Mi hermana es dos años **mayor que** tú. *My sister is two years older than you.*

más pequeño/joven → **menor**
José es cinco años **menor que** yo. *José is five years younger than I am.*

más bueno → **mejor**
Este programa es **mejor que** el anterior. *This program is better than the last one.*

más malo → **peor**
Esta novela es **peor que** la anterior. *This novel is worse than the last one.*

- **...más/menos** + *adverb* + **que...**

  Llegamos **más** tarde **que** el profesor. *We arrived later than the teacher.*

  Bien and **mal** also have special comparative forms: **mejor** and **peor.**

  La economía está **mejor** este año **que** el año pasado. *The economy is better this year than last year.*

- **...más/menos** + *noun* + **que...**

  Tú tienes **menos** tarea **que** yo. *You have less homework than I do.*

- ...*verb* + **más/menos que...**

  Hoy tengo que estudiar **más que** ayer. *Today I have to study more than yesterday.*

Comparisons with *de*

- Comparisons of a specific number or quantity

  ...más/menos de + *number* + *noun*

  This phrase is used to compare amounts of things measured in numbers.

Tengo **menos de** diez dólares para salir esta noche.	*I have less than $10 to go out tonight.*

- Comparisons of nonspecific quantities

  Note that the definite article agrees with the noun compared. Use **del que** with masculine singular nouns.

  ...más/menos + *noun* + **de** + *definite article* + **que** + *verb*

  This phrase is used to compare amounts not measured in numbers.

Hoy hay **más** contaminación **de la que** había hace cien años.	*Nowadays there is more pollution than there was a hundred years ago.*

La economía está mejor este año **que** el año pasado.

Superlatives

A superlative (**el superlativo**) is an expression that indicates something as the maximum within a category or group.

el/la/los/las + *noun* + **más/menos** + *adjective* (+ **de...**)

Tomás es **el** niño **más** alto **de** su clase.	*Tomás is the tallest child in his class.*
Las galletas de mi abuela son **las más** ricas **del** mundo.	*My grandma's cookies are the best in the world.*

The irregular comparative forms can be used to express the superlative.

el/la/los/las + **mayor/menor/mejor/peor** (+ **de...**)

Yo soy **la mayor de** mis hermanos.	*I am the oldest of my siblings.*
Mi abuela hace **los mejores** tamales **de** Los Ángeles.	*My grandma makes the best tamales in Los Angeles.*

Los mejores tamales de Los Ángeles

Nuestra profesora de español es más simpática que los otros profesores.

ACTIVIDAD 1 ¿Qué sabes de tu profesor(a) de español?

Paso 1 Completa las siguientes oraciones con las palabras correctas para formar comparaciones sobre tu profesor(a) de español.

Ejemplo: Mi profesor(a) de español pasa (más / menos) (de / que) tres horas al día viendo la tele. → Mi profesor(a) de español pasa **menos de** tres horas al día viendo la tele.

Mi profesor(a) de español…

1. gana (más / menos) (de / que) 200.000 dólares al año enseñando español.
2. no gana (tan / tanto) dinero (como / que) un jugador profesional de fútbol.
3. es (tanto / tanta / tan) alto/a (como / que) ________________ (*nombre de una persona de la clase*).
4. habla español (mejor / peor / tan bien) (como / que) sus padres.
5. tiene (más / menos / tantos / tan) estudiantes (como / que) mi profesor(a) de ________________ (*otra clase*).
6. (no) es la persona (mayor / menor) de su departamento.

Paso 2 Ahora pregúntale a tu profesor(a) si tus respuestas del **Paso 1** son correctas.

Ejemplo: ¿Es verdad que Ud. pasa **menos de** tres horas al día viendo la tele?

ACTIVIDAD 2 Comparaciones variadas

Compara las siguientes cosas y personas. Es posible que haya más de una comparación.

Ejemplos: México, D.F. y Chicago →
México, D.F. es una ciudad más grande que Chicago.
En México, D.F. hace menos frío que en Chicago.
Chicago está más hacia el norte que México, D.F.
Chicago es una ciudad tan interesante como México, D.F.

1. Nueva York y Los Ángeles
2. el equipo de basquetbol de tu universidad y el de la Universidad de Connecticut
3. tu mejor amigo/a y tú
4. tus maestros/maestras de la escuela secundaria y tus profesores/profesoras de ahora.

ACTIVIDAD 3 Mi familia

En parejas, hablen de sus respectivas familias, comparando a sus miembros. Pueden hablar sobre su apariencia física, su personalidad, su trabajo, los deportes que hacen y con qué frecuencia los practican, etcétera.

Ejemplo: —Mi madre es mucho más baja que mi padre. Yo soy tan baja como mi madre.
—¿Quién en tu familia es tan alto como tu padre?
—Nadie. Mi padre es el más alto de toda la familia.

■ ACTIVIDAD 4 Preferencias

En parejas hagan oraciones usando superlativos para hablar de las cosas y personas que Uds. consideran lo más (*tops*) en sus respectivas categorías.

> ***Ejemplo:*** ciudades de los Estados Unidos para practicar español
> —Creo que Nueva York es la mejor ciudad de los Estados Unidos para practicar español. ¿Y tú?
> —Yo creo que las mejores ciudades están en Texas, como San Antonio, porque tiene más hispanohablantes que Nueva York proporcionalmente.

1. una ciudad de los Estados Unidos para practicar español
2. una comida típica de los Estados Unidos
3. la estación del año (estación… *season*) para ir de vacaciones
4. una película reciente
5. un deporte para mirar/practicar
6. una asignatura (clase) aburrida/interesante

El fuerte de El Álamo, un símbolo de San Antonio y de Texas

ACTIVIDAD 5 Las comparaciones son odiosas, pero…

En parejas o grupos pequeños, comparen su universidad con otras universidades de su estado o ciudad. A continuación les ofrecemos algunos detalles en los que pueden pensar.

> ***Ejemplos:*** el costo de la matrícula →
> El costo de la matrícula de mi universidad es mayor/superior que el del *community college* de mi ciudad.
> La universidad estatal cuesta tanto como ________________.

1. el costo de la matrícula
2. el número de estudiantes
3. el tamaño (*size*): más grande/pequeña
4. los equipos (*teams*) deportivos
5. la preparación de los estudiantes y los profesores
6. la simpatía de los estudiantes
7. ¿?

Cultura

Los hispanos: Multiplicidad étnica y racial

«Hispano/a» no se refiere a una raza, sino a un origen geográfico y cultural: una persona es hispana porque su familia es originaria de[a] un país donde se habla español. En estos países viven personas de todas las razas y sus posibles mezclas:[b] indios o indígenas, blancos (primero los españoles, después personas de toda Europa), negros (que llegaron a través del comercio de esclavos), mestizos (personas de sangre[c] indígena y blanca), mulatos (personas de sangre negra y blanca), judíos, árabes, asiáticos, etcétera. Esto se debe a que Latinoamérica, como los países anglosajones de Norteamérica (los Estados Unidos y el Canadá), ha aceptado y sigue aceptando inmigrantes de todo el mundo. Pero, a diferencia de los Estados Unidos y el Canadá, la población original indígena es mayor: en algunos países, como Guatemala y Bolivia, puede llegar a más del 50 por ciento.

Los términos «hispano» y «latino» se usan mucho menos en Latinoamérica y España que en los Estados Unidos. Por lo general, la gente se identifica por su país de origen: colombiano, ecuatoriano, español, etcétera. El término «hispano/a» se reserva para hablar de la comunidad de hispanohablantes en ocasiones especiales. «Latino/a» se refiere no sólo a los hispanos, sino también a las personas de Brasil y de los países europeos donde se hablan lenguas que vienen del latín: Francia, Italia y Portugal.

[a]*es... is originally from* [b]*mixtures* [c]*blood*

En español, «latinoamericano» e «hispanoamericano» sólo se refieren a personas y cosas de la América Latina y de Hispanoamérica, respectivamente, nunca a los hispanos que viven en los Estados Unidos. «Español(a)» sólo se refiere a las personas de España o a las cosas relacionadas con la lengua española. Para referirse a una persona *U.S. Hispanic* o *Latino* se puede decir que es «estadounidense de origen hispano o latino».

Tertulia Nuestros amigos hispanos

- ¿Conocen Uds. a algunas personas hispanas? ¿a muchas o pocas? ¿Cómo explicas esta situación personal?
- ¿De dónde son las personas que conocen? Pueden contestar de dos maneras.

  Mi amigo/a _______ es de España.

  Mi amigo/a _______ es español(a).
- ¿Cuál es el origen étnico de sus amigos hispanos?

Lectura

Hollywood busca cada vez más al talento latino

Texto y publicación

Este artículo apareció en varias publicaciones electrónicas, pero el texto que reproducimos aquí viene de la sección de noticias del portal Terra.cl (Chile). Terra es uno de los portales más populares del mundo hispanohablante.

Antes de leer

¿Qué actores y actrices latinos conoces? ¿En qué series de televisión o en qué películas han aparecido (*appeared*)? ¿Te gustan esas series o películas? ¿Te parece que los latinos están bien representados en el cine y la televisión de este país? Explica tu respuesta.

Vocabulario útil

la belleza	beauty
el desafío	challenge
la estrella	star
la pantalla	screen
el personaje principal	main character (in a movie or a book)
el rol	role
reflejar	to reflect

■ ACTIVIDAD 1 Una película reciente

Piensa en una película que has visto (*you have seen*) recientemente. Después, marca las ideas correctas y completa la información.

Título de la película: _____
La vi en: _____ pantalla grande (cine) _____ en pantalla chica (la tele)
La película refleja el problema/tema de…
La estrella de la película es _____; su rol es el de un/una…
El desafío de su personaje es…
Los actores secundarios (*supporting*) son _____
En mi opinión, (no) tiene gran belleza:
_____ la actriz / el actor principal _____ la fotografía _____ la música _____¿?

Estrategia: Idea principal e ideas de apoyo (*support*)

Para entender bien cualquier tipo de texto es buena idea identificar la idea principal. En un artículo periodístico, como el de este capítulo, el título puede y debe ser revelador. En este tipo de texto, cada párrafo suele contener (*commonly contains*) nueva información que apoya la idea principal. Hacia el final del artículo, es posible que se incluya algún tema o punto de vista que presente una alternativa o contraste con la idea principal. Por otro lado, las lecturas periodísticas dependen de expertos u otras personas cuya opinión sea relevante.

Mientras lees el siguiente artículo, presta atención a lo siguiente:

- ¿Cuál es la idea central?
- ¿Qué ideas utiliza el autor para apoyar la idea central? ¿Aparecen en párrafos diferentes?
- ¿Cómo se incorpora la opinión de los expertos?

HOLLYWOOD BUSCA CADA VEZ MÁS* AL TALENTO LATINO, ADRIANA GARCÍA

*cada... *more and more**

La industria cinematográfica de Hollywood está cada día más interesada en estrellas de América Latina para **rellenar** sus pantallas, con un ojo en los talentos creativos de la región y otro en el **creciente mercado consumidor** hispano en los Estados Unidos.

to fill
growing consumer market

Los latinos son el grupo étnico que más rápido **aumenta** en los Estados Unidos. Forman un 15 por ciento de la población total, unos 46 millones de personas, y representan el 20 por ciento del público que **frecuenta** cines en el país, dijo una influyente ejecutiva de la industria en Los Ángeles.

grows
goes to

«La audiencia existe y tiene interés en ver caras latinas en las películas», dijo a Reuters Christy Haubegger, experta en marketing multicultural en Creative Artists Agencies (CAA), una de las agencias de talentos más respetadas de Hollywood, con artistas como Salma Hayek, Eva Longoria, Penélope Cruz y Antonio Banderas en su «portfolio».

La popularidad de los latinoamericanos, **ya sean** nuevos directores, actores, guionistas u otros profesionales de la industria, **se debe a** una serie de razones, afirmó. La primera es que hay una industria **en formación** en la región, aunque menos **desarrollada** y con inferiores **recursos** que la estadounidense, lo que obliga a los profesionales a **explotar** más la creatividad y menos los efectos especiales, señaló. «Cuando hay menos recursos, el **foco** se vuelve a quien cuenta la historia», dijo. Mientras Hollywood **se ha enfocado en** las grandes producciones, la demanda por buenas historias centradas en personajes sigue existiendo. Y **es ahí donde** las películas latinoamericanas y sus artistas encuentran espacio.

be it
is due to
developing
developed *resources*
to exploit
focus
has focused on
that's where

Nuevos roles

De cierta forma, recuerda la experta, los **astros** latinos siempre fueron parte de Hollywood. Pero en el pasado, sus personajes estaban muy marcados por estereotipos, como la latina seductora y **el sujeto fuera de la ley.** Ahora los latinos son parte integrante de la gran industria del cine en los Estados Unidos, ya que estrellas como Salma Hayek, América Ferrera y Jennifer López son íconos para un público mucho más amplio.

estrellas
the outlaw

«Ellas son símbolos de la belleza estadounidense. Hay una redefinición de cómo las heroínas deben **lucir** físicamente en el país», dijo. Los canales de televisión fueron los primeros en **notar** la necesidad de reflejar todos los grupos étnicos en sus programas para **levantar** la audiencia, **ola** que el cine busca **acompañar.** El canal ABC **probó** esa tendencia al poner a la actriz latina Eva Longoria como uno de los personajes principales de «Amas de casa desesperadas». Después logró un **resonante** éxito con «Ugly Betty», la versión estadounidense de la telenovela colombiana «Yo soy Betty, la fea» que se transformó en uno de los programas más populares en los Estados Unidos. «Hay una **expectativa** de que lo que se ve en la pantalla sea un reflejo de lo que es realmente la sociedad estadounidense, hay hambre por ver más diversidad en los personajes», **agregó.**

look like
to notice
to raise *wave* *to emulate* *tried*
resounding
expectation
she added

Oportunidades

Haubegger, quien es mexicana-estadounidense, recordó además que series como «Lost» traen personajes de todos los grupos raciales y que los niños de los Estados Unidos están **creciendo** con la heroína latina de los **dibujitos** «Dora, la Exploradora». Para los nuevos talentos de la región, las oportunidades en los Estados Unidos «son enormes», dijo Haubegger. «Algunos de los mejores talentos de Hollywood han venido de la región. Todos preguntan, '¿Dónde puedo encontrar el próximo Alfonso Cuarón? ¿Dónde está el próximo Alejandro Iñárritu?'» Al mismo tiempo, alertó, quedan desafíos por **superar**, para que los guionistas estadounidenses piensen más en latinos para roles generales, como imaginar que uno de ellos podría personificar un médico, por ejemplo. «Eso lleva tiempo», afirmó.

growing up *cartoons*

overcome

Comprensión y análisis

■ ACTIVIDAD 2 Emparejar

Haz parejas lógicas según la lectura utilizando elementos de sendas (*respective*) listas.

1. América Ferrera
2. «Lost»
3. escritores
4. «Dora, la exploradora»
5. sujeto fuera de la ley
6. ABC
7. Christy Haubegger
8. Betty, de «Ugly Betty»

a. canal de televisión
b. dibujitos
c. ejecutiva de la industria del cine
d. estereotipo
e. estrella
f. guionistas
g. personaje principal
h. programa de alta audiencia

■ ACTIVIDAD 3 ¿Inferencias ciertas o falsas?

Indica si las siguientes ideas son correctas según el texto.

1. El interés por los actores y actrices latinos está aumentando.
2. Es obvio que hay mucho talento creativo en Latinoamérica.
3. El problema es que los hispanos no van al cine en los Estados Unidos.
4. Los artistas que vienen de países hispanohablantes están acostumbrados a ser creativos porque muchas veces en sus países hay menos dinero para producciones muy caras.
5. El fenómeno de la presencia de latinos en las pantallas estadounidenses es muy reciente.
6. El modelo de belleza latina no tiene popularidad en este país.
7. Actualmente, los niños estadounidenses están creciendo con gran variedad racial en los programas que miran.

■ ACTIVIDAD 4 En tus propias palabras

Explica a tu manera el significado de las siguientes citas del artículo.

1. «Cuando hay menos recursos, el foco se vuelve a quien cuenta la historia»
2. «De cierta forma, recuerda la experta, los astros latinos siempre fueron parte de Hollywood»
3. «Hay hambre por ver más diversidad en los personajes»
4. «Los canales de televisión fueron los primeros en notar la necesidad de reflejar todos los grupos étnicos en sus programas para levantar la audiencia, ola que el cine busca acompañar»

Tertulia Latinos en el cine y la televisión

- Al hablar de las actrices latinas, se dice en el texto: «Ellas son símbolos de la belleza estadounidense. Hay una redefinición de cómo las heroínas deben **lucir** físicamente en el país». ¿Cómo es físicamente la mujer latina que aparece en los programas de televisión y películas en los Estados Unidos? ¿Piensan ustedes que esta representación de la mujer latina es un estereotipo?
- Piensen en programas de televisión o películas no mencionadas en la lectura donde haya personajes latinos. ¿Qué profesión tienen esos personajes? ¿Están ustedes de acuerdo con la afirmación al final del texto cuando dice que todavía hace falta que «los guionistas estadounidenses piensen más en latinos para roles generales, como imaginar que uno de ellos podría personificar un médico»?
- Conocen alguna película extranjera donde aparezca algún personaje estadounidense? ¿Qué tipo de papel representa? ¿Cómo se sabe que es estadounidense el personaje? ¿Están de acuerdo con esa imagen?

Producción personal

Redacción: Descripción personal

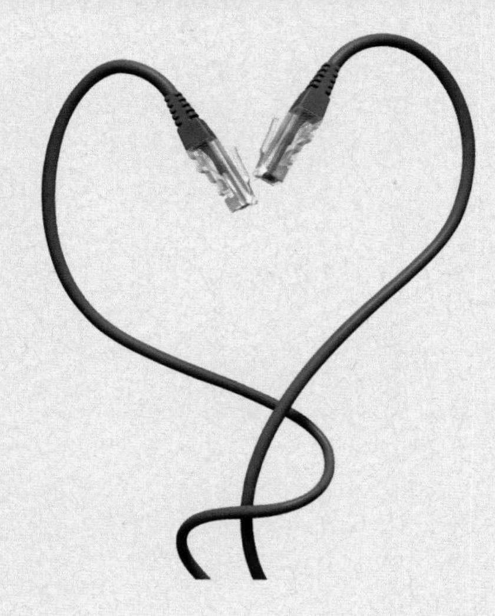

Escribe un correo electrónico con tu descripción personal para un servicio en línea de búsqueda de pareja.

Prepárate

Haz una lista en español con todas las ideas importantes para tu correo electrónico. Piensa en lo que los lectores de un servicio de búsqueda de parejas desean saber antes de pedir una cita con alguien. Y considera con cuidado cómo tú quieres mostrarte, tanto en lo físico como en lo referente a tu personalidad.

¡Escríbelo!

- Ordena las ideas de tu borrador usando un párrafo diferente para cada idea importante. Por ejemplo, para esta composición puedes describirte físicamente en un párrafo y en el siguiente describir tu personalidad.
- Busca en el diccionario y/o en tu libro de texto las palabras y expresiones sobre las que tengas duda.

Repasa

- ❒ el uso de los verbos que expresan *to be*
- ❒ la concordancia entre sujeto y verbo
- ❒ la concordancia de género y número entre sustantivos, adjetivos y pronombres
- ❒ la ortografía (*spelling*) y los acentos
- ❒ el vocabulario: Asegúrate de no repetir ideas o palabras; busca sinónimos cuando sea necesario.
- ❒ el orden y el contenido: Asegúrate de que tu composición esté bien estructurada.

¡No te equivoques!: *¿Saber o conocer?*

conocer	• *to be acquainted/familiar with a person, place, or thing*	**¿Conoces a mi hermana? Conozco casi toda Centroamérica.**
	• *to meet for the first time* (in the preterite)	Se **conocieron** en la universidad.
saber	• *to know a fact*	**Sé lo que quieres decir.**
	• *to know how, to be able*	Manuela **sabe** bailar el tango muy bien.
	• *to know well (by heart or from memory)*	**¿Sabes la letra del himno nacional?**
	• *to find out* (in the preterite)	Ayer **supe** del accidente de tus padres.

En tu comunidad

Entrevista

Entrevista a una persona hispana de tu comunidad sobre sus artistas (cantantes, actores o actrices) favoritos y los de sus familiares o amigos. Algunas preguntas posibles:

- ¿Qué les gusta a su entrevistado/a y familiares más de sus artistas favoritos? ¿Cuáles son las cualidades que destacarían de ese artista? ¿Cuáles son las obras más conocidas de su artista favorito?
- ¿Cree su entrevistado/a que estos artistas representan bien a la comunidad latina en los Estados Unidos? ¿Por qué?
- ¿Es fácil para los hispanos residentes en los Estados Unidos ver películas o asistir a conciertos en español?

Dos latinas famosas de dos generaciones diferentes: Rita Moreno y Penélope Cruz

Producción audiovisual

Haz una presentación audiovisual con artistas hispanos muy conocidos en tu país, acompañada de tu propio (*own*) texto.

¡Voluntari@s! El censo

En esta sección vas a encontrar algunas ideas para trabajar de voluntario/a al servicio de tu comunidad.

Considera trabajar para la Oficina del Censo de tu país. Un censo correcto es una de las fuentes de información más importantes para cualquier (*any*) nación o gobierno. ¡En los Estados Unidos se necesitan trabajadores y voluntarios bilingües!

Tertulia final La comunidad hispana

Como ya saben, la comunidad hispana en los Estados Unidos no es homogénea. Por el contrario, los hispanos forman una comunidad variadísima compuesta por grupos de distintos países y, por tanto (*therefore*), rasgos culturales diversos. Considerar que todos los grupos hispanos son idénticos es como pensar que todos los hablantes nativos del inglés, como los ingleses, estadounidenses, australianos, jamaicanos, etcétera, son culturalmente iguales.

Comenten las diferencias que conocen entre los grupos que constituyen la comunidad hispana en los Estados Unidos.

Porcentaje de distribución de la población hispana por origen: 2010

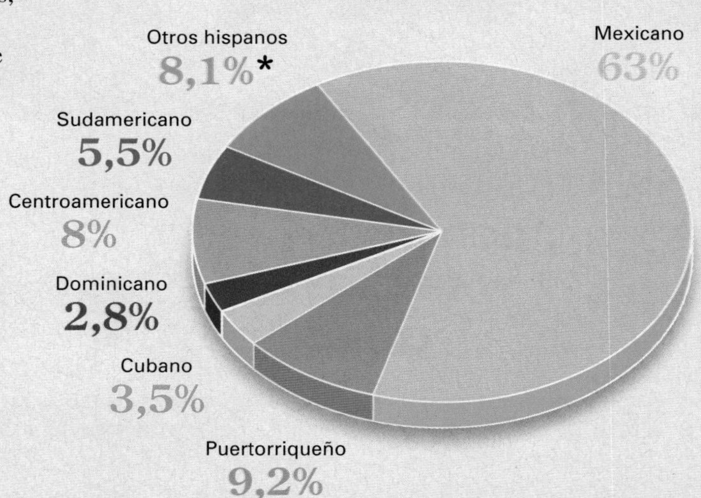

*En español, los decimales aparecen después de una coma y los millares (*thousands*) van separados por un punto, justo al contrario que en inglés.

¿Qué se ve en esta foto? ¿Qué están haciendo estas personas?

¿Participas con frecuencia en reuniones multitudinarias? ¿De qué tipo?

«Dime con quién andas y te diré quién eres».*

*You *shall be known by the friends you keep.*

2

«Yo soy yo y mis circunstancias»*

EN ESTE CAPÍTULO

Minilectura
- «¿Quedamos en el "híper"?»

Palabras
- Las religiones
- La afiliación política
- Otras relaciones sociales
- La vida universitaria
- Las carreras y la especialización universitaria

Estructuras
4. Los pronombres de objeto directo e indirecto
5. Los verbos y pronombres reflexivos
6. **Gustar** y otros verbos similares

Cultura
- La universidad y los hispanos
- La identificación religiosa de los hispanos

Lectura
- «Cabra sola»

Redacción
- Ensayo descriptivo

Cortometraje
«Niña que espera», Esteban Reyes (México, 2007)

Argumento: En un aeropuerto, una niña intenta convencer a un hombre y una mujer de que son sus padres.

*Esta es una cita del filósofo José Ortega y Gasset (España, 1883–1955).

De entrada

Minilectura ¿Quedamos en el «híper»?

Antes de leer

«Híper» es una abreviatura de **hipermercado,** un tipo de supermercado español grandísimo donde hay de todo. Los hipermercados están con frecuencia en un centro comercial. ¿Dónde quedas (*do you agree to meet*) con los amigos? ¿Dónde quedabas cuando tenías 16 años? ¿Por qué quedabas allí?
¿Dónde sueles conocer nueva gente?

¿QUEDAMOS EN EL «HÍPER»?

Clases, gimnasios, centros comerciales... son nuevos lugares de encuentro en la ciudad, un **entorno** donde cada vez más **cada uno va a lo suyo** y es difícil hacer amigos. Los bares y las discotecas ya no son los únicos espacios para conocer gente.

En el gimnasio: Germán Domínguez, 25 años, consultor de recursos humanos: «Oye, **échame una mano** con este ejercicio, por favor». «Sí, hombre, ¡cómo no! Espera que deje los **cascos**»... «¿Qué escuchas?» «El último de Depeche Mode». «**¡Anda!**, me encanta Depeche Mode»... Y el pedir ayuda al que está más cerca puede ser detonante de una conversación más amplia. Como en cualquier lugar, siempre que la gente **se preste** a ella. Germán lleva tres años **acudiendo** tres o cuatro veces a la semana al mismo gimnasio y asegura que es fácil **entablar** conversación con la gente. «Ya no es igual que antes, cuando la gente **sudaba**, se duchaba y se iba sin hablar con nadie», comenta. «Pero es que es inevitable, nos hemos dado cuenta de que aquí, además de **pesas**, hay gente».

En el centro comercial: Laura Hernández y Cristina Meléndez, 17 años, estudiantes de **2º de Bachillerato**: Tanto Laura como su amiga Cristina aseguran pasarse «las **horas muertas**, de arriba para abajo, haciendo nada, pero pasando la tarde» en el centro comercial de su barrio, una rutina constante desde que lo abrieron hace siete años. «Yo tuve aquí mi primera **cita**», cuenta Laura **guiñando** un ojo. «Bueno, la primera, la segunda y todas». «Es que es la forma ideal de quedar con un chico», tercia Cristina. «Primero al cine y luego al *burguer*, donde ya solo te queda dinero para un helado».

environment — *everybody does his/her own thing*
lend me a hand
headphones — *Go on! Really?*
lend themselves — yendo
establecer
sweated
weights
12th *grade*
hour after hour
date — *winking*

Comprensión y análisis

Completa las siguientes ideas con información del texto usando tus propias palabras siempre que puedas.

1. Algunos ejemplos de lugares para conocer gente en la actualidad son...
2. Según Germán Domínguez, la gente se dio cuenta de que en el gimnasio...
3. En el gimnasio una amistad puede empezar hablando de...
4. Laura y Cristina pasan su tiempo libre en...
5. Para ellas es el lugar ideal para una cita porque...

Antes de mirar

¿Crees en el destino o crees que las cosas pasan al azar (*by chance*)? ¿Crees en el amor a primera vista (*first sight*)? ¿Por qué sí o por qué no? ¿Alguna vez te ha pasado algo que no hayas podido (*weren't able to*) explicar con la razón?

Título: «Niña que espera»

País: México

Dirección: Esteban Reyes

Año: 2007

Reparto: Julio Casado, Ximena Rubio, María Fernanda Urdapilleta

«¿Me ayudas a buscar a mi mamá?»

vocabulario útil

el boleto	ticket
el delito	crime
el/la juez	judge
el pase de abordar	boarding pass
la vigilancia	security
el vuelo	flight
detener	to put in custody
levantar un acta	to file charges
vocear	to call on the loudspeaker

Comprensión y discusión

¿Cierto o falso? Indica si las siguientes ideas son ciertas (C) o falsas (F), según el video. Luego, intenta corregir las oraciones falsas.

1. El oso de peluche (*teddy bear*) es un elemento importante en la historia.
2. El hombre y la mujer se enamoran a primera vista.
3. La mujer y el hombre adoptan a la niña.
4. La niña le quita la cartera al hombre.
5. La niña se cae por la escalera mecánica.

Interpreta Contesta las siguientes preguntas.

1. ¿Cómo se llama la niña? ¿Crees que su nombre puede tener algún significado en el corto?
2. ¿Por qué pone la niña el peluche al final de la escalera mecánica?
3. ¿Cómo crees que la niña elige a esos padres? Piensa en qué tienen en común.
4. ¿Cuándo ocurre la escena final del corto? ¿Y la serie de fotos? ¿Qué relación tienen estas escenas con la historia del aeropuerto?
5. El corto está lleno de imágenes de corredores. ¿Te parece un símbolo interesante? ¿Por qué?

Tertulia El destino

Con frecuencia se oyen comentarios sobre las cosas que nos ocurren porque ese es nuestro destino. ¿Crees tú en el destino? Justifica tu respuesta, quizá dando algún ejemplo de tu vida personal o de otras personas que ilustre tu creencia.

Para ver «Niña que espera» otra vez y realizar más actividades relacionadas con el cortometraje, visita: **www.connectspanish.com**

Palabras

Las religiones

DE REPASO

el colegio
la concentración / la especialidad
el/la conservador(a) ≠ el/la progresista
el/la cristiano/a (el cristianismo)
la derecha ≠ la izquierda
la escuela primaria/secundaria
la generación
el grupo (de teatro/música)
votar

Un desfile de la Semana Santa

el/la ateo/a	atheist
el bautismo	baptism
las creencias (religiosas)	(religious) beliefs
la fe	faith
el judaísmo	Judaism
el/la judío/a	Jew
el musulmán / la musulmana	Muslim
la oración	prayer
el rito	ritual
el/la testigo de Jehová	Jehovah's Witness

Cognados: **el/la agnóstico/a, el/la baptista, el budismo, el/la budista, el/la católico/a, el catolicismo, el islam, el/la metodista, el mormón / la mormona, el/la protestante, el servicio (religioso)**

rezar	to pray

La afiliación política

el centro	center
el/la demócrata	democrat
el partido	party

Cognados: **el/la comunista, la democracia, el/la republicano/a, el/la socialista**

apoyar	to support
democrático/a	democratic

Otras relaciones sociales

El equipo de la Selección Española de fútbol, ganadora de la Copa del Mundo 2010

la amistad	friendship
el/la compañero/a de casa/cuarto	house/roommate
de clase/estudios	classmate / study partner
de colegio/universidad	(high school / university) classmate
de trabajo	work associate
sentimental	(life) partner
el equipo	team
el/la jugador/a	player
el miembro	member

Cognados: **la asociación (de estudiantes latinos / de mujeres de negocios)**

formar parte de	to be/form part of
pertenecer (zc) a	to belong to

La vida universitaria

los apuntes / las notas	(class) notes
el bachillerato	high school (studies)
la beca	grant, fellowship, scholarship
la calificación / la nota	grade
el curso académico	academic year
la facultad	department encompassing an entire discipline
la fecha límite / el plazo	deadline
el horario	schedule
el informe escrito	paper
la licenciatura	B.A. degree equivalent
aprobar (ue)	to pass
faltar a clase	to miss class
suspender / reprobar (ue)	to fail

Las carreras y la especialización universitaria

las ciencias políticas	political science
la contabilidad	accounting
el derecho	law
la enfermería	nursing
la física	physics
la informática	computer science
la ingeniería	engineering
las letras	letters (literature, language studies)
el periodismo	journalism
la química	chemistry

Cognados: **la arquitectura, la biología, las ciencias naturales, las ciencias sociales, las comunicaciones, la geografía, la historia, las humanidades, la literatura, las matemáticas, la medicina, la sicología, la sociología**

■ ACTIVIDAD 1 Asociaciones

Paso 1 ¿Qué palabras del vocabulario asocias con los siguientes dibujos?

1.

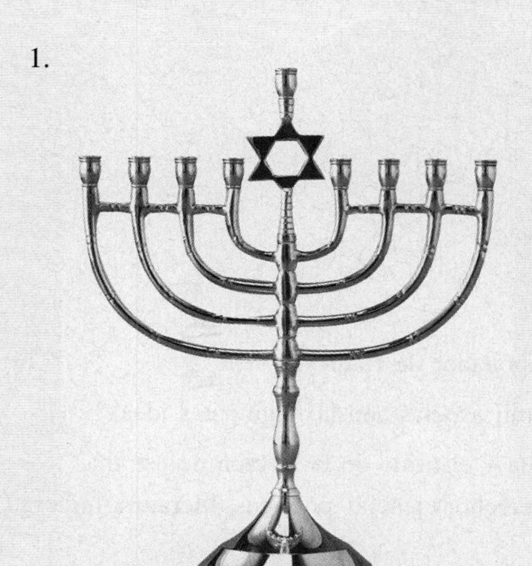

2.

3.

4.

5.

6.

7.

Paso 2 Ahora, en grupos pequeños, túrnense para dar una palabra de la lista de vocabulario relacionada con la política o la religión, mientras el resto del grupo trata de nombrar un símbolo o una persona representativa de esa palabra. ¡Sean creativos!

ACTIVIDAD 2 En la universidad

Paso 1 ¿Qué carrera asocias con los siguientes libros o temas?

1. Adobe Acrobat, HTML, JavaScript
2. estructuras de asfalto y cemento
3. clásicos grecolatinos
4. grandes escritores españoles del Barroco
5. elementos orgánicos e inorgánicos
6. libertad y democracia en Latinoamérica
7. Freud y Jung
8. diabetes y obesidad
9. la ley de la gravedad y el Gran Colisionador de Hadrones

Paso 2 ¿Qué palabras de la vida estudiantil asocias con las siguientes ideas?

1. una hoja de papel con la fecha del día y el título de la lección de ese día
2. medicina, matemáticas, ingeniería, derecho, ciencias políticas, literatura inglesa, etcétera
3. A, B, C, etcétera
4. 2009–2010
5. Lunes: 9–10 español, 10–11 historia, 2–3 práctica de química
6. *W. Wilson High School*

ACTIVIDAD 3 Comparación con la Universidad Nacional de Córdoba

Paso 1 En grupos, hagan una lista de comparaciones entre su universidad y la Universidad Nacional de Córdoba, Argentina, según los datos del recuadro. (**¡OJO!** Hay que saber en qué año se fundó su universidad, cuántos alumnos hay en su recinto, cuáles son las carreras más populares, etcétera. Si no saben, ¡busquen la información en el Internet!)

Ejemplo: En nuestra universidad hay menos/más estudiantes que en la Universidad Nacional de Córdoba, pero nosotros somos tan inteligentes como los de la UNC.

Universidad Nacional de Córdoba (UNC)
Fundada en 1613: la universidad más antigua de Argentina
Periódico digital: www.prensa.unc.edu.ar
Número de estudiantes: más de 110.000
Carreras más populares: medicina, derecho, química, sicología, contabilidad, enfermería y arquitectura
Duración de la mayoría de las carreras: 5 años

Paso 2 ¿Cuáles son las carreras más populares en tu universidad? ¿Qué edad tiene la mayoría de los estudiantes? ¿Por qué tu universidad atrae a este tipo de estudiantes?

ACTIVIDAD 4 La vida universitaria

Entrevista a un compañero / una compañera sobre los siguientes temas relacionados con la universidad. ¿Qué tienen Uds. en común? ¿En qué son muy diferentes?

Ejemplo: ¿Tienes algún tipo de beca?

- becas
- carrera/concentración
- horario
- asociaciones/equipos a los que pertenece
- actividades extracurriculares

ACTIVIDAD 5 Formas parte de una generación…

En parejas, comenten el mensaje de este anuncio. Tomen los apuntes necesarios para después poder reportar sus comentarios a la clase. Las siguientes preguntas pueden servirles de guía para sus comentarios.

- Según el anuncio ¿qué define a la generación de la que forman parte estos jóvenes? ¿Estás de acuerdo con el mensaje?
- ¿Para qué cosas vives tú?
- ¿De qué organizaciones o grupos formas parte? Defínelos. ¿Cómo es tu participación en estos grupos?

Cultura

La universidad y los hispanos

En Latinoamérica se encuentran las universidades más antiguas del Nuevo Mundo: Santo Domingo (1538), México (1553) y Lima (1571). Sin embargo, el porcentaje de estudiantes que asiste a la universidad es todavía bastante bajo en muchos países. Estos son algunos porcentajes por países de estudiantes matriculados[a] a nivel postsecundario[b] en el año 2008, según la UNESCO:

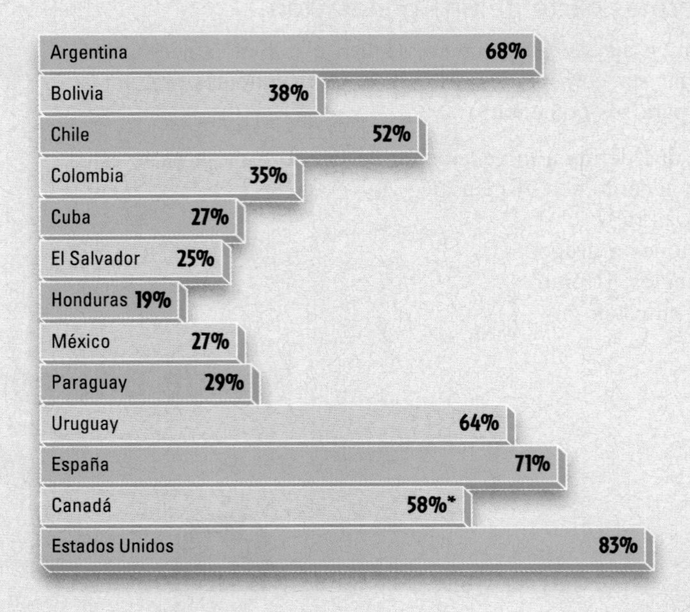

El sistema universitario en Latinoamérica, por lo general, es diferente del de los Estados Unidos. Para empezar, los estudiantes se matriculan directamente en una disciplina o campo de estudio, que se llama «facultad». Una facultad es como un gran departamento dentro del cual hay otros departamentos más pequeños relacionados entre sí: la facultad de medicina, la facultad de geografía e historia, la facultad de filosofía y letras,[c] la facultad de ingeniería, etcétera. Esto quiere decir que las carreras, es decir, los estudios universitarios, se concentran en un área desde el principio, aunque dentro de esa área hay mucha variedad.

[a]*registered* [b]nivel... *college level* [c]filosofía... *humanities*

Tertulia La universidad

¿Qué implica la diferencia en el porcentaje de jóvenes que va a la universidad entre los países de la lista? ¿Qué consecuencias puede tener para un país el hecho (*fact*) de que mucha o poca gente tenga estudios universitarios?

---

*Dato de 2003

Estructuras

4 Los pronombres de objeto directo e indirecto

Many verbs require noun phrases to complete their meanings. These noun phrases, or clauses that function like nouns, are called objects. There are two types of objects: direct (OD) and indirect (OI).

¿Me prestas tus apuntes de la clase de hoy?
OI — OD

Will you lend me your notes of today's class?
OI — OD

Los pronombres de objeto directo

me	me	nos	us
te	you (*fam. sing.*, **tú**)	os	you (*fam. pl.*, **vosotros**)
lo	you (*form. sing. m*, **Ud.**), him, it	los	you (*form. pl. m*, **Uds.**), them
la	you (*form. sing. f*, **Ud.**), her, it	las	you (*form. pl. f*, **Uds.**), them

In order to avoid repetition, direct object pronouns replace object nouns.

—Tienes que ver **la última película** de Almodóvar.
—Ya **la** vi. Es buenísima, ¿verdad?

—*You have to see Almodóvar's last movie.*
—*I already saw it. It's excellent, isn't it?*

¡OJO! Lo is used to replace a direct object that is an idea or an action.

—María se convirtió en testigo de Jehová.
—Ya **lo** sé. Me **lo** dijo su hermana.

—*María became a Jehovah's Witness.*
—*I already know (it). Her sister told (it) to me.*

«Oye, échame una mano con este ejercicio, por favor».*

La madre le lee un libro a la niña. (La madre se lo lee.)

*«¿Quedamos en el híper?», *El país semanal*

RECORDATORIO

a personal
The preposition **a** always precedes direct objects that are people or animals that are treated like a person, such as a pet.

Quiero mucho **a** mi compañera de cuarto.	*I love my roommate.*
Extraño **a** mi familia.	*I miss my family.*
¿Ves **a** mi perro en el patio?	*Do you see my dog in the patio?*

Los pronombres de objeto indirecto

me	to/for me	nos	to/for us
te	to/for you (*fam. sing.*, **tú**)	os	to/for you (*fam. pl.*, **vosotros**)
le	to/for you (*form. sing. m/f*, **Ud.**), him/her, it	les	to/for you (*form. pl. m/f*, **Uds.**), them

Indirect objects indicate someone (or something) that is affected by the action.

¡OJO! Direct and indirect object pronouns are only different in the third person forms: **lo/la** and **los/las** vs. **le** and **les.**

- Indirect objects are almost always represented by a pronoun. The phrase **a** + *noun* is used whenever it is necessary to specify the person to whom the object refers.

a. El profesor **nos** dio el nuevo horario.	*The professor gave us the new schedule.*
b. El profesor **les** dio el nuevo horario.	*The professor gave you/them the new schedule.*
c. El profesor **les** dio el nuevo horario **a Uds.**	*The professor gave you the new schedule.*
d. El profesor **les** dio el nuevo horario **a los asistentes.**	*The professor gave the new schedule to his assistants.*

In example a (above), the only possible meaning of the indirect object pronoun is *us*. In example b, however, **les** has more than one possible meaning. Unless the meaning was previously established, the **a** + *noun* phrase is needed to clarify (as seen clarified in c and d).

- The following verbs normally require indirect objects. Note that many of them are verbs of information and communication.

agradecer (zc)	*to thank*	pedir (i, i)	*to ask* (*for*)
dar (*irreg.*)	*to give*	preguntar	*to ask* (*a question*)
decir (*irreg.*)	*to say*	prestar	*to lend*
explicar (qu)	*to explain*	prohibir (prohíbo)	*to prohibit*
exigir (j)	*to demand*	recomendar (ie)	*to recommend*
regalar	*to give* (*a gift*)		

Los estudiantes le dan la tarea al profesor.

Los pronombres de objeto directo e indirecto juntos

Sequence

- When the direct object and indirect object pronouns appear together in a sentence, the indirect object always precedes the direct object.

¿Me compraste las entradas para el teatro? → ¿Me las compraste?
OI OD OI OD

Did you buy me the theater tickets? → Did you buy them for me?

- When both object pronouns are in the third person, the indirect object pronoun (**le**/**les**) becomes **se.**

Les compré regalos a las niñas. OI OD	*I bought presents for the girls.*
Se los compré. OI OD	*I bought them for them.*

Placement

- **Before the verb: OI + OD + *verbo***

Conjugated verbs: The pronouns are placed together before conjugated verbs.

¿Las llaves? **Te las** doy mañana.	*The keys? I'll give them to you tomorrow.*

Negative commands: The pronouns are placed together before negative commands.

No **se las** presten otra vez.	*Don't lend them to him again.*

- **After and attached to the verb: *Verbo* + OI+ OD**

Affirmative commands: The pronouns must be placed at the end of and attached to affirmative commands.

Explíca**melo** en español.	*Explain it to me in Spanish.*

- **Before or after the verb**

If there is a verb group including an infinitive or a present participle (or gerund), the pronouns can precede the conjugated verb OR be attached at the end of the non-conjugated verb.

Estoy buscándo**selo**. / **Se lo** estoy buscando.	*I am looking for it for him.*
¿Puedes comprár**melo**? / ¿**Me lo** puedes comprar?	*Can you buy it for me?*
Vamos a enviártelas. / Te las vamos a enviar.	*We're going to send them to you.*

¡OJO! Non-conjugated verbs require a stress mark when two object pronouns are attached.

If the infinitive is not part of a verb phrase, the pronouns must be attached to the end of the infinitive.

Ella no tiene dinero para comprár**noslo**.	*She doesn't have money to buy it for us.*

—¿Me **la** compras?

■ ACTIVIDAD 1 ¿Objeto directo u objeto indirecto?

Identifica los objetos directo e indirecto en cada una de las siguientes oraciones e indica el pronombre de objeto directo que sería apropriado en cada caso. Después reescribe la oración usando los pronombres.

> ***Ejemplo:*** ¿Qué fundación te dio la beca?
> OI OD → **la** → ¿Qué fundación te la dio?

1. La Asociación de Estudiantes Católicos le entregó unas flores a la presidenta.
2. Mi equipo de fútbol le agradeció sus aplausos al público.
3. Le pedimos un autógrafo al líder progresista que nos visitó.
4. Mi amigo judío me dijo todo lo que necesitaba saber sobre Hanukkah.
5. Nuestros compañeros de facultad nos regalaron un cuadro cuando nos casamos.

■ ACTIVIDAD 2 ¿A qué se refiere?

Identifica el objeto directo que sustituye el pronombre de cada oración, y explica por qué. (¡Ten cuidado! A veces, una sola palabra te revela la respuesta correcta.)

> ***Ejemplo:*** Llévalos a todos al concierto.
>
> **Los músicos** / Los CDs → *Aunque las dos opciones son nombres masculinos, solo los músicos son personas y «a todos» incluye la* a *personal.* (*Si fueran los CDs el DO, la frase no incluiría la «a».*)

1. ¿Sabes que Jaime se va a presentar a las elecciones a presidente del estudiantado (*student body*)?
   —Me lo dijo esta mañana.
   Jaime / que Jaime se va a presentar a presidente
2. La razón la tiene María, pero eso no importa en este momento.
   María / la razón
3. Los exámenes se los devolvió la profesora esta mañana a los estudiantes.
   Los exámenes / los estudiantes
4. Estoy hablando contigo, ¿es que no me oyes?
   yo /a mí
5. —A la fiesta voy a traer un aperitivo, cinco sillas y a mis compañeras de casa. Puedo traerlas a todas, ¿no?
   Todas las cosas / las compañeras de cuarto

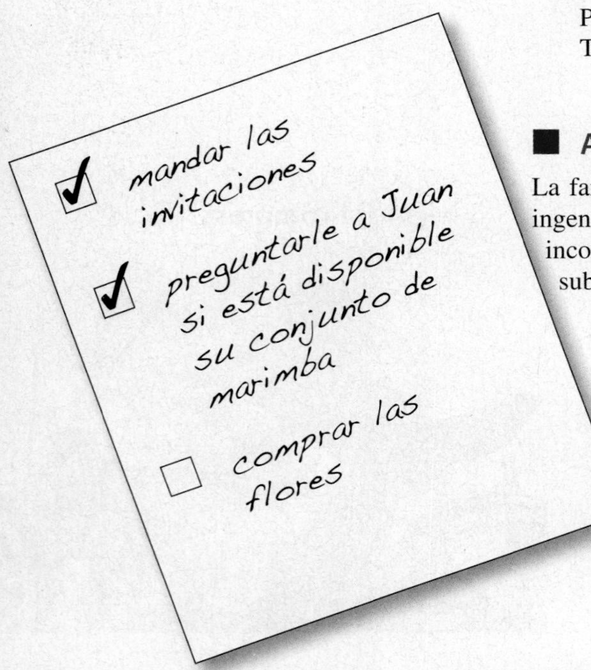

■ ACTIVIDAD 3 Una fiesta de graduación

La familia de Marina está organizándole una fiesta por terminar su licenciatura en ingeniería. Completa el diálogo entre los padres y la hermana de Marina, Lydia, incorporando los pronombres de objeto directo e indirecto. (Los objetos están subrayados para que no tengas dificultad en identificarlos.)

MAMÁ: Tenemos que mandar las invitaciones inmediatamente.
LYDIA: No te preocupes mamá, yo ya ______[1] mandé.
MAMÁ: Hay que preguntarle a Juan si su conjunto de marimba está disponible para ese día.
PAPÁ: No te preocupes: esta mañana ______[2] vi (a Juan) y ______[3] ______[4] pregunté (a Juan, si su conjunto…).
MAMÁ: ¿Y qué ______[5] (a ti) respondió?
PAPÁ: ______[6] dijo (a mí) que sí.

MAMÁ: ¡Qué bien! Ahora tenemos que comprar las flores.

LYDIA: La madre de Carmen, mi compañera de clase, tiene una floristería. Si quieres, yo ______[7] puedo encargar (las flores) (a la madre).

MAMÁ: Estupendo. ______[8] (Di) (a la madre de Carmen) que nos gustaría comprar rosas y lilas.

■ ACTIVIDAD 4 Los artículos para la clase de historia

Completa el siguiente diálogo con los pronombres, prestando atención al orden adecuado junto a los verbos. **¡OJO!** A veces se necesita el pronombre de objeto directo, otras el de objeto indirecto y a veces los dos: presta atención al contexto para completar el significado de cada verbo.

LUCÍA: ¿**Me puedes prestar / Puedes prestarme** (Puedes prestar) tu iPad un rato esta tarde? ______________[1] (Necesito) para leer un par de artículos para clase.

JANA: Claro, no hay problema. ¿Y el tuyo?

LUCÍA: ______________[2] (Tuve que llevar) al taller esta mañana. ______________[3] (van a arreglar) para mañana. Pero no puedo esperar hasta mañana para leer esos artículos. ¡Y no ______________[4] (quiero leer) en el iPhone!

JANA: ¿Son los artículos para la clase de historia de América?

LUCÍA: Sí, los que asignó el profesor ayer.

JANA: Pues yo ______________[5] (imprimí) anoche y ya ______________[6] (leí). ¿Quieres que ______________[7] (preste)? Así si haces anotaciones interesantes, ¡ ______________[8] (puedo leer) yo también!

LUCÍA: ¡Estupendo! ______________[9] (leo) ahora y ______________[10] (devuelvo) a ti para la hora de la cena. ______________[11] (Di) a qué hora vas a cenar hoy y nos vemos en la cafetería.

ACTIVIDAD 5 Adivina, adivinanza

Prepara varias oraciones sobre un objeto o concepto sin mencionar su nombre. Tus compañeros tendrán que adivinar lo que es. Debe haber al menos un pronombre en cada oración. La última oración debe ser la más fácil.

Ejemplo: la tarea → Nos **la** dan con demasiada frecuencia.
Casi nunca me gusta hacer**la.**
Si no **la** haces, hay problemas.
Nadie **la** puede hacer por ti.
Tienes que entregár**sela** a los profesores antes de una fecha límite.

«Tanto Laura como su amiga Cristina aseguran **pasarse** las horas muertas, de arriba para abajo… »*

*«¿Quedamos en el híper?», *El país semanal*

5 Los verbos y pronombres reflexivos

Reflexive verbs are those in which the subject is also the recipient of the action it performs. They are always accompanied by reflexive pronouns. The examples below show one reflexive and one nonreflexive verb. Note how the first example differs in concept from the second.

(Yo) **Me despierto** a las 7.	*I wake (myself) up at 7. (Reflexive)*
¿Mi hijo? (Yo) **Lo despierto** a las 8 de la mañana.	*My son? I wake him up at 8 A.M. (Not reflexive)*

Compare the two sentences. The first one expresses a reflexive action—subject and object are the same person. In the second sentence, the subject (**yo**) does something for another person, the direct object (**mi hijo / lo**).

Reflexive pronouns

- In Spanish reflexive verbs are marked by the use of reflexive pronouns that are similar to the pronouns for the direct and indirect objects, except for the third persons, singular and plural.

Los pronombres reflexivos			
me	*myself*	nos	*ourselves*
te	*yourself*	os	*yourselves*
se	*himself/herself/yourself*	se	*themselves/yourselves*

Me despierto a las 7.

- Reflexive pronouns follow the same rules of placement as the direct and indirect object pronouns. (That is, when together in a sentence, the indirect object pronoun precedes the direct object pronoun.)

Todavía están vistiéndo**se.** / Todavía **se** están vistiendo.	*They're still getting dressed.*
¡Acuésta**te**!	*Go to bed!*
No **te** acuestes todavía.	*Don't go to bed yet.*
¿Las manos? Ya **me las** lavé.	*My hands? I already washed them.*

RECORDATORIO

Los pronombres recíprocos

Los pronombres **nos, os** y **se** también sirven para referirse a una situación de reciprocidad; es decir, el uno al otro (*to each other*).

Los buenos compañeros **se ayudan.**	*Good friends help each other.*
Mi mejor amiga y yo **nos visitamos** mucho.	*My best friend and I visit each other a lot.*
¿Os escribís tus amigos y tú por e-mail?	*Do you and your friends write each other e-mails?*

Reflexive verbs

Many verbs can be used reflexively or nonreflexively. The shift in meaning is simply that the action is being done to *oneself;* the verb does not change meaning.

Daily routine

Many reflexive verbs are related to daily routines and are easily identified in English as reflexive verbs.

acostar(se)	*to go (put oneself) to bed*	maquillar(se)	*to put on makeup*
		peinar(se)	*to comb (one's hair)*
afeitar(se)	*to shave (oneself)*	vestir(se)	*to get (oneself) dressed*
despertar(se)	*to wake up (oneself)*		
duchar(se)	*to shower (oneself)*		
levantar(se)	*to get (oneself) up*		

Other verbs

Many verbs that are reflexive in Spanish do not have reflexive meanings in English, because the *-self* pronoun is not required in English.

callar(se)	*to be quiet*	reunir(se)	*to get together, meet*
calmar(se)	*to calm (oneself) down*	sentar(se)	*to sit (oneself down)*
divertir(se)	*to have fun*	sentir(se)	*to feel*
enamorar(se) de	*to fall in love with*		
morir(se)	*to die*		
preparar(se)	*to prepare (oneself)*		

—Hola, **me llamo** Roberto.
—Hola, Roberto. **Te pareces** a mi sobrino.

Verbs that change meaning

The following verbs change meanings in the reflexive. These verbs are not necessarily reflexive in English.

acordar	*to agree*	acordarse	*to remember*
beber	*to drink*	beberse	*to drink up*
comer	*to eat*	comerse	*to eat up*
dormir	*to sleep*	dormirse	*to fall asleep*
ir (*irreg.*)	*to go*	irse	*to leave*
llamar	*to call*	llamarse	*to be named*
parecer	*to seem*	parecerse	*to look like*

Verbs of *becoming*

The following reflexive verbs express *to get/become* + *adjective* and have no reflexive meaning in English.

Me enfadé mucho cuando me insultó.	*I got/became very mad when he insulted me.*
aburrir → aburrirse	*to get/become bored*
alegrar → alegrarse	*to get/become happy*
enfadar → enfadarse	*to get/become angry*
enfermar → enfermarse	*to get/become sick*
enfurecer → enfurecerse	*to get/become furious*
enojar → enojarse	*to get/become angry*
emborrachar → emborracharse	*to get/become drunk*

Nota lingüística Verbos que expresan cambio

In Spanish, the following verbs are used with various adjectives and nouns to convey different types of changes. In English, oftentimes these changes are expressed with verbs such as *to become, to turn into, to get, to go,* and so on.

- **convertirse (ie, i) en/al** + *noun* → conversion or metamorphosis

  La oruga se convirtió en mariposa. — *The caterpillar became a butterfly.*

  Muhammad Ali se convirtió al islam. — *Muhammad Ali converted to Islam.*

- **hacerse** + *adjective/noun* → gradual change, implying conscious effort and/or a goal met

  Los Gómez se hicieron ricos en el Perú. — *The Gomezes got rich in Perú.*

  Su hija se hizo médica. — *Their daughter became a doctor.*

- **ponerse** + *adjective* → sudden physical or emotional change

  Me puse furiosa cuando me ignoraron. — *I got mad when they ignored me.*

  Se pusieron muy contentos con los libros. — *They became very happy with the books.*

- **volverse** + *adjective/noun* → physical or emotional change, often sudden, dramatic, and irreversible

  Cuando se murió su hijo se volvió loca. — *When her son died, she went crazy.*

  Esto se ha vuelto un problema. — *This has become an issue.*

Se graduó y se hizo dentista.

ACTIVIDAD 1 ¿Reflexivo o no?

Completa el siguiente párrafo con los verbos entre paréntesis. Usa el presente de indicativo o el infinitivo, según el caso. **¡OJO!** Algunos verbos pueden ser reflexivos y otros no. Incluye los pronombres reflexivos si son necesarios.

Hoy ___________[1] (reunir: nosotros) todos los miembros de la Asociación de Estudiantes Latinos. Queremos ___________[2] (acordar) la lista de eventos para el próximo semestre. Es seguro que Juan no va a votar porque siempre ___________[3] (dormir) en medio de la reunión; por eso ___________[4] (sentar) atrás.[a] Yo estoy en el comité de relaciones públicas y después de la reunión tengo que ___________[5] (ir) para hablar con la gente del periódico. Como soy tímido, siempre ___________[6] (poner) un poco nervioso en estas situaciones. Belén está en el comité de los afiches[b] y los ___________[7] (poner) por todo el campus cada vez que hay un evento.

[a]*in the back* [b]*posters*

ACTIVIDAD 2 Asociaciones

Indica el verbo reflexivo que corresponde a cada una de las siguientes ideas y luego inventa una oración con ese verbo. No es necesario usar las ideas de la columna de la izquierda en tus oraciones.

Ejemplo: una fiesta → divertirse: Yo siempre me divierto en una fiesta.

1. ______ el silencio
2. ______ una cita romántica
3. ______ una clase de matemáticas
4. ______ alguien usa tu champú sin tu permiso
5. ______ un resfriado (*cold*)
6. ______ el nombre y apellido
7. ______ el despertador

a. llamarse
b. callarse
c. enfermarse
d. despertarse
e. enojarse
f. aburrirse
g. enamorarse

■ ACTIVIDAD 3 Cambios y reacciones

Paso 1 Mira las siguientes viñetas y haz una oración que exprese lo que sucede al final de cada viñeta usando los verbos **hacerse, volverse, ponerse** y **convertirse.**

Paso 2 Ahora intenta usar esos verbos para expresar cambios y reacciones en tu vida o en otras personas que conoces.

Me encanta esta canción.

6 *Gustar* y otros verbos similares

Gustar, *to like,* is the most common of a group of verbs in Spanish that require an indirect object. The literal equivalent in English is *to be pleasing*. The subject in the English sentence (usually a person) is expressed as an indirect object in the Spanish sentence, and the direct object of *to like* becomes the subject of **gustar.**

(a + OI) OI pronoun	gustar	(subject)	→	subject	to like	OD
(A mí) Me	gustan	las artes.	→	*I*	*like*	*the arts.*

(*literally: The arts are pleasing to me.*)

Les gusta la química. — *They like chemistry. (Chemistry is pleasing to them.)*

Me gustas (tú) mucho. — *I like you very much. (You are very pleasing to me.)*

In English, there are verbs that function in similar ways to **gustar,** such as *to seem* and *to bother.*

Their reaction bothers me. — Su reacción me molesta.
To me she seems very nice. — (Ella) Me parece simpática.

- The subject is often not explicit in this structure, especially if it has been established.

  —¿Te gustan **mis botas nuevas?** — *—Do you like my new boots?*
  —¡Me gustan muchísimo.! — *—I love them!*

- To clarify or emphasize the indirect object pronoun, use the prepositional **a** phrase: **a mí, a ti, a Pedro,** and so on.

  A mí me gusta la música clásica, pero **a mi compañero de casa** no **le** gusta nada. — *I like classical music, but my roommate doesn't like it at all.*

- The order of the elements in a sentence is variable, although more often than not the subject appears after the verb. The emphasis in each case is different.

  Me gusta el chocolate.
  A mí me gusta el chocolate.
  El chocolate me gusta.
  El chocolate me gusta a mí.
  } *I like chocolate.*

- Information questions with **gustar**

  To ask *Who likes . . . ?* use **¿A quién le gusta(n)…?**

  —¿**A quién** le gusta el chocolate? — *—Who likes chocolate?*
  —**A mí.** / A mí no. — *—I do. / I don't.*

¡OJO! The answer is an indirect object, never the subject (**yo, él,** and so on).

To ask what someone likes, use **¿Qué te/le(s) gusta…?**

—¿Qué te gusta? — *—What do you like?*
—El chocolate. — *—Chocolate.*

The answer (the thing liked) is a subject, not an object, in the response.

Other verbs like *gustar*

caer bien/mal	*to like/dislike (someone)*
Tu compañero de casa **me cae** muy bien.	*I like your housemate. (I think he is nice.)*
convenir	*to be suitable, a good idea*
Ese plan no **te conviene.**	*That plan is not suitable / a good idea for you.*
doler	*to hurt*
Me duele la cabeza.	*My head hurts. (I have a headache.)*
encantar	*to love (things)*
Me encanta el café colombiano.	*I love Colombian coffee.*
hacer falta	*to need*
Les hace falta un abrigo para el invierno.	*They need a winter coat.*
importar	*to matter*
Eso no **me importa** nada.	*That doesn't matter to me at all.*
interesar	*to interest*
Nos interesa mucho la historia del Caribe.	*We are very interested in Caribbean history.*
molestar	*to bother*
Me molesta que lleguen tarde.	*It bothers me that they arrive late.*
parecer	to seem
Me parece que eso no es verdad.	*It seems to me that that is not true.*
preocupar	*to worry*
Nos preocupan tus notas.	*Your grades worry us.*
quedar	*to have left*
Me quedan solo 5 euros.	*I only have 5 euros left.*
tocar	*to be one's turn*
¿A quién **le toca** ahora?	*Whose turn is it now?*

Me gusta mucho el café colombiano.

ACTIVIDAD 1 Asociaciones

Paso 1 ¿Qué se te ocurre (*What comes to mind*) cuando piensas en los siguientes verbos? Inventa oraciones relacionadas con tus circunstancias.

Ejemplos: hacer falta → Me hacen falta unos zapatos para correr.
caer bien/mal → El novio de mi mejor amiga me cae muy mal.

1. hacer falta
2. caer bien/mal
3. encantar
4. convenir
5. doler
6. importar/interesar
7. molestar/preocupar
8. parecer
9. quedar
10. preocupar

Paso 2 En parejas, comparen sus oraciones. ¿Coincidieron en algo?

ACTIVIDAD 2 Entre nosotros

A continuación, dos amigos se están haciendo confidencias. Completa su diálogo con los verbos que faltan.

SOFÍA: Tengo que preguntarte algo. ¿Tú crees que a tu compañero de cuarto le ____________ (caer: yo) bien?
HÉCTOR: ¿Tú? ¡Le ____________ (caer: tú) muy bien! ¿Por qué preguntas?
SOFÍA: Para ser sincera, la verdad es que me ____________ (gustar: él) bastante.
HÉCTOR: Pues yo sé que tú le ____________ (interesar: tú) a él.
SOFÍA: ¿En serio? ¡Qué bien!
HÉCTOR: Oye, ¿y sale con alguien tu amiga Leticia? Ella me ____________ (gustar: ella) mucho.
SOFÍA: ¿Ah sí? No, no sale con nadie hace unas semanas.
HÉCTOR: Pues, ¿por qué no quedamos los cuatro para ir al cine esta semana? Si te ____________ (parecer) bien, yo hablo con mi compañero y tú con Leticia.

ACTIVIDAD 3 Oraciones incompletas

Completa las siguientes oraciones con las palabras que faltan. **¡OJO!** Puede ser una de las siguientes cosas.

- la preposición **a**
- el objeto indirecto
- uno de estos verbos: **doler, hacer falta, encantar, gustar, parecer**

Ejemplo: __A__ mí no __me__ toca organizar la reunión de nuestra asociación.

1. Me ____________ mil dólares para pagar la matrícula.
2. ____________ Juan y a Carlos ____________ encanta la poesía.
3. Nos ____________ mucho ____________ nosotros el tema de la política.
4. ¿A ti no ____________ los pies cuando bailas mucho? A mí sí.
5. ____________ María le ____________ mal que no asistas a la reunión.
6. A mi equipo de basquetbol ____________ toca jugar mañana.
7. Al representante del partido progresista le ____________ hablar con los jóvenes.
8. A los miembros del club de ajedrez no ____________ conviene acostarse tarde hoy.
9. Me alegro de que a ti ____________ caigan bien mis compañeros musulmanes.
10. ____________ mi profesor de informática le ____________ el nuevo programa.

ACTIVIDAD 4 Minidiálogos

Paso 1 Empareja cada una de las preguntas o declaraciones con la respuesta correspondiente.

1. ______ ¿Te gusta la paella?
2. ______ Marina me cae muy bien. ¿A ti?
3. ______ ¿Quién ganó ayer el partido de fútbol?
4. ______ Oye, ¿te hace falta la computadora esta noche?
5. ______ ¿Por qué no vamos al nuevo restaurante español esta noche?

a. A mí también, pero su hermana no me cae nada bien.
b. Me encantaría ir, pero no puedo porque solo me quedan $20 para todo el fin de semana. ¿Por qué no vamos mejor al cine?
c. ¡Me encanta!
d. Ni lo sé, ni me importa.
e. No, no la necesito hasta mañana por la tarde, así que puedes usarla cuando quieras.

Paso 2 Ahora, en parejas, inventen respuestas a las siguientes preguntas.

1. El dentista te pregunta: «¿Por qué necesita verme con urgencia?»
2. Una amiga te pregunta: «¿Por qué no te compraste el vestido azul que te gustaba tanto?»
3. Tu hermano te pregunta: «¿Por qué bebes tantos refrescos? No son buenos para ti, ¿sabes?»
4. Un amigo te pregunta: «¿Por qué no viniste con nosotros a ver la película japonesa doblada (*dubbed*)?»
5. Tu compañero/a sentimental te pregunta: «¿Te gusto?»

¡Cuánto me duele la muela!

ACTIVIDAD 5 Reacciones

En parejas, túrnense para dar su reacción a cada uno de los siguientes temas usando uno de los verbos como **gustar.** La otra persona debe añadir si su reacción es similar o no usando frases con **a mí también/tampoco.**

Ejemplo: las ciencias políticas / la sociología
—Me interesan mucho las ciencias políticas.
—A mí también. Pero me interesa más la sociología.

1. las ciencias sociales / las humanidades
2. la religión / la política
3. la música latina / el jazz
4. la situación económica de tu familia / del país
5. los deportes universitarios / los deportes profesionales
6. ahorrar dinero / ir de compras
7. ¿?

RECORDATORIO

odiar = *to hate*

Odio las espinacas. *I hate spinach.*

¡OJO! No es como **gustar.**

Cultura

La identificación religiosa de los hispanos

Serpientes y escaleras (1998), por el mexicano/americano Jamex de la Torre. La cruz cristiana con la serpiente evoca a Quetzalcoatl, dios de los antiguos mexicanos, representado por la serpiente emplumada (*with feathers*). ¿Dónde están las plumas en esta escultura?

El mundo hispano es mayoritariamente católico. El porcentaje de católicos oscila entre el 75 por ciento (Guatemala) y el 96 por ciento (Colombia y Venezuela). Por esta razón, la religión católica tiene un papel importantísimo en las tradiciones culturales de cada país: muchas fiestas nacionales están relacionadas con la religión.

En gran parte de los países latinoamericanos, el catolicismo, traído al Nuevo Mundo por los españoles, se vio influenciado por las tradiciones de otras religiones locales, como las tradiciones indígenas, o importadas también, como las de los esclavos africanos. Un ejemplo es la santería, una mezcla de catolicismo con ritos de la religión politeísta de los yorubas africanos, que se practica por todo el Caribe. Otro ejemplo es el famoso Día de los Muertos en México, que combina una celebración católica con una festividad de tradición indígena.

En la actualidad, la presencia de otros grupos religiosos se hace cada día más palpable en casi todos los países. Algunas denominaciones protestantes, como los evangelistas, tienen más y más seguidores en, por ejemplo, Guatemala y Panamá. España ya cuenta con[a] más del 1 por ciento de musulmanes entre su población, a consecuencia de la emigración de países del norte de África, especialmente Marruecos, mientras que en otros países hay pequeñas pero vibrantes comunidades judías, como es el caso de la Argentina y México. Estas comunidades no católicas, aunque de bajo porcentaje, reflejan una realidad diversa y cambiante en la población hispana.

Finalmente, es importante mencionar otro dato.[b] Muchos países, como España y la Argentina, tienen un alto porcentaje (más del 30 por ciento) de personas no religiosas. Estas personas con frecuencia siguen las tradiciones católicas por razones familiares y culturales, pero no se consideran creyentes[c] y no practican la religión. Esto muestra que en casi todos los países la separación de la religión y el estado es un hecho.[d] Puede haber alguna manifestación de las creencias religiosas en la política; por ejemplo, en el debate sobre el aborto. Pero la religión en la vida pública latinoamericana no es necesariamente más fuerte que en los Estados Unidos y en algunos países la separación es incluso más obvia. Por ejemplo, en algunos países no es aceptable que los dirigentes políticos invoquen su fe o que se rece en actos públicos.

[a]cuenta... *has* [b]*fact* [c]*believers* [d]*fact*

Tertulia Practicar la religión

- ¿Qué religiones predominan en el país de Uds.? ¿Tiene la religión una presencia importante en la vida de su país? ¿Cómo se explica eso?
- Imaginen cómo ha de ser (*how it must be*) compartir la religión de la inmensa mayoría de las personas del país. ¿Creen que habría (*there would be*) mucha presión religiosa o poca? ¿En qué aspectos de la vida?

Lectura

Cabra sola

Texto y publicación

Gloria Fuertes (1917–1998) es una poeta española de poesía sencilla y coloquial. Escribe con mucho humor, ternura (también escribió poemas para niños) y, a veces, un gran sentimiento de soledad. En «Cabra sola» (*Poeta de guardia*, 1968), la autora se compara a sí misma con una cabra, un animal de asociaciones negativas en el lenguaje coloquial. De esta forma, Gloria Fuertes defiende su independencia como mujer y artista.

vocabulario útil

la cabra	female goat
el cuerno	horn
ello	it
el llanto	crying
la medalla	medal
el rebaño	herd
el toreo	bullfighting
peligroso/a	dangerous
estar como una cabra	*estar loco/a*

Antes de leer

¿Cuáles serían las características implícitas de una persona descrita como cada uno de los siguientes animales? Por ejemplo, en español se dice que una persona es «fuerte como un toro (*bull*)». ¿Serían características positivas o negativas?

una tortuga (*turtle*)	un loro (*parrot*)	un oso (*bear*)
un gusano (*worm*)	una serpiente	un búho (*owl*)

■ ACTIVIDAD 1 Práctica de vocabulario

Completa las siguientes oraciones incorporando la palabra o expresión correcta del vocabulario.

1. Cometió un crimen serio y fue a la cárcel 20 años por ____________.
2. Las ____________ son animales que dan leche. Viven en el monte y en ____________ que cuida un cabrero.
3. El ____________ de ese bebé indica que tiene hambre.
4. Mi hermano ganó una ____________ de oro en los Juegos Olímpicos.
5. El toreo es peligroso porque los toros tienen ____________ grandes.
6. Creo que mi mejor amiga ________________: ha empezado a vivir con su novio que solo conoce desde hace una semana.

Estrategia: El lenguaje literal y el lenguaje figurado

Cuando nos comunicamos, no siempre usamos las palabras con su significado literal. Por el contrario, a menudo les damos a las palabras un significado diferente al que nos ofrece el diccionario; es decir, las usamos en un sentido figurado. Esto es especialmente cierto en el lenguaje literario, pero también es un fenómeno común en el lenguaje oral que usamos a diario. Cuando se utiliza un lenguaje figurado, es importante que tanto el emisor del mensaje como el receptor compartan el mismo código para que el receptor pueda interpretar correctamente el doble sentido de las palabras usadas por el emisor. Esta es la razón por la cual a veces no podemos entender bien lo que dicen personas de otras generaciones o escritores de otras épocas cuando utilizan un lenguaje figurado.

Para comprender el poema «Cabra sola», debemos saber que en el español de algunos países, cuando el comportamiento de una persona no nos parece normal, decimos que esa persona está «loca como una cabra» o simplemente «está como una cabra». De esta manera, comparamos la manera de actuar de esa persona con el comportamiento impredecible de una cabra. En «Cabra sola», la autora utiliza esta expresión del lenguaje familiar para compararse a sí misma con una cabra, utilizando palabras que asociamos con este animal; por ejemplo, cuernos, valle, rebaño, cabrito. Sin embargo, estas palabras se usan en el poema con un doble sentido. En realidad, se refieren a la vida y profesión de la escritora. Así, por ejemplo, en el verso «A ningún rebaño pertenezco» la palabra **rebaño** no solo significa un grupo de cabras, sino también un grupo de personas (una generación de autores, una familia o un grupo de personas que piensan de una manera determinada). Por lo tanto, con este verso la autora defiende su independencia como mujer y como escritora.

Al leer el poema «Cabra sola», piensa en los posibles significados dobles de las palabras, teniendo en cuenta que la autora habla de sí misma; es decir, de una persona y no de una cabra.

CABRA SOLA, GLORIA FUERTES

	1	Hay quien dice que estoy como una cabra;
that's for sure (literally: I already know that)		lo dicen, lo repiten, **ya lo creo**;
		pero soy una cabra muy extraña
		que lleva una medalla y siete cuernos.
	5	¡Cabra!
wild creatures / beasts		Me llevo bien con **alimañas** todas.
		¡Cabra!
		Por lo más peligroso me paseo.
		¡Cabra!
ill will	10	En vez de **mala leche** yo doy llanto.
		¡Cabra!
comics (Spain)		Y escribo en los **tebeos**.
		Vivo sola, cabra sola,
male goat		que no quise **cabrito** en compañía.
valley	15	Cuando subo a lo alto de aquel **valle**
lily		siempre encuentro un **lirio** de alegría.
on my own		Y vivo **por mi cuenta**, cabra sola;
		Que yo a ningún rebaño
		pertenezco.
		Si vivir sola es estar como una cabra,
	20	entonces sí lo estoy, no dudar
		de ello.

Comprensión y análisis

■ ACTIVIDAD 2 ¿Entendiste?

Empareja las siguientes ideas con el verso o los versos apropiados. **¡OJO!** Hay una idea que no pertenece al poema.

_______ Mucha gente piensa que estoy loca.
_______ Siempre veo algo bueno en la vida.
_______ Soy una persona buena y sensible.
_______ Nunca me casé con un hombre.
_______ Soy una persona muy independiente.
_______ No me importa correr riesgos.
_______ No encajo (*fit in*) bien en un grupo.
_______ No tengo problemas para entenderme con la gente que no es «normal».
_______ No quiero amigos que no sean «diferentes».
_______ Escribo cosas para niños.
_______ La soledad puede hacer que la gente parezca (*seem*) extraña.
_______ No soy una loca típica, más bien soy excéntrica.

■ ACTIVIDAD 3 Interpretación

Paso 1 Vuelve a pensar en las frases que se pueden interpretar con sentido figurado. ¿Cómo interpretas tú los siguientes versos del poema?

- « ...una medalla y siete cuernos».
- «Me llevo bien con alimañas todas».
- «En vez de mala leche yo doy llanto».
- «No quise cabrito en compañía».
- «Cuando subo a lo alto de aquel valle siempre encuentro un lirio de alegría».

Paso 2 ¿Encuentras alguna otra frase o verso que se pueda interpretar de manera figurada?

Tertulia ¿Humor o soledad?

- La imagen de *cabra loca* puede resultar humorística en España. No es extraño que Gloria Fuertes la utilice, ya que el humor es un ingrediente constante en la poesía de esta escritora. Pero, ¿es este un poema cómico? ¿Por qué?
- Es una realidad que ciertas características personales se usan en contra de algunas personas. ¿Puedes dar ejemplos de esto en tu cultura? ¿Conoces alguna campaña que esté intentando concienciar a la gente en contra de este tipo de práctica?
- Una persona puede sentirse sola por muchas razones; por ejemplo, como consecuencia de haberse mudado (*having moved*) a una ciudad nueva. ¿Por qué otras razones puede sentirse sola una persona? ¿Crees que estar solo/a es siempre negativo?

Producción personal

Redacción: Ensayo descriptivo

Escribe un ensayo para una revista o un blog de la universidad en el que describas a tu generación.

Prepárate

Piensa en los diferentes aspectos tratados en este capítulo (la religión, las afiliaciones políticas y la universidad), así como en otros temas que marquen tu generación: eventos históricos o culturales, la música, la manera de comunicarse o vestirse, etcétera. Para prepararte bien debes pensar en tus lectores, tal vez personas de otras generaciones, y en cómo van a relacionarse ellos con los temas que tú decidas tocar en el ensayo.

¡Escríbelo!

- No olvides la importancia del orden. Debes incluir:
  - ❒ Una introducción que incluya la tesis o idea central de tu ensayo
  - ❒ Un cuerpo en el que desarrolles una idea en cada párrafo
  - ❒ Una conclusión o resumen de tus ideas más importantes
- Recuerda que estás describiendo; por lo tanto, escoge un vocabulario creativo.
- Busca en el diccionario y en tu libro de español aquellas palabras y expresiones sobre las que tengas duda.

Repasa

- ❒ el uso de **ser** y **estar**
- ❒ la concordancia entre sujeto y verbo
- ❒ la concordancia de género y número entre sustantivos, adjetivos y pronombres
- ❒ la ortografía y los acentos
- ❒ el uso de un vocabulario variado y correcto: evita las repeticiones
- ❒ el orden y el contenido: párrafos claros, principio y final

¡No te equivoques!: *Maneras de expresar* **but**

pero	*but (introduces an idea contrary or complementary to the first idea in the sentence)*	**Quiero viajar pero no puedo este año.** **No estoy ganando mucho dinero con este trabajo pero estoy aprendiendo mucho.**
sino	*but rather, instead (contrasts nouns, adjectives, or adverbs; used when the first part of the sentence negates something and what follows takes the place of what is negated)*	**No es rojo sino morado.** **El examen no fue difícil sino dificilísimo.** **Lo importante no es ganar sino participar.**
sino que	*but rather, instead (used like* **sino**, *but to contrast conjugated verbs)*	**Lo importante no es que ganaste sino que disfrutaste.**

En tu comunidad

Entrevista

Entrevista a una persona hispana de tu comunidad sobre las diferentes asociaciones religiosas, políticas, deportivas, profesionales, etcétera, que reúnan a un buen número de hispanos en su ciudad o estado. Estas son algunas preguntas que puedes hacer:

- ¿Qué asociaciones que reúnan a una gran población hispanohablante conoce? ¿Se dedican a temas exclusivos a la comunidad latina o a toda la comunidad? ¿Dónde se reúnen?
- ¿Participa activamente o con frecuencia en alguna de ellas? ¿Qué hace?
- ¿En qué lengua se comunica principalmente cuando está en ese grupo? ¿Es esa la lengua que más usa todo el grupo?

Producción audiovisual

Haz una presentación audiovisual en español sobre tu universidad, que pudiera servir de publicidad para estudiantes de otros países hispanohablantes.

¡Voluntari@s! Ayudar a los más jóvenes

Muchos niños necesitan ayuda con sus tareas escolares y les beneficia trabajar con jóvenes que están en la universidad y pueden relacionarse fácilmente con sus intereses. ¡Y algunos de estos niños son bilingües en español y en inglés!

Tertulia final Mi generación

Con frecuencia se habla de una generación como una época, como un período histórico. Por ejemplo, la generación de los que nacieron después de la Segunda Guerra Mundial se llama los «*baby boomers*» y tiene características especiales. ¿Qué se dice de la generación de Uds.? ¿Qué piensan Uds. de su generación en contraste con otras generaciones? ¿Qué piensan sus padres/abuelos (o hijos) de la generación de Uds.?

¿Es tu familia tan grande como la de la foto?

¿Tiene tu familia reuniones familiares? ¿Dónde tienen lugar? ¿Cómo son?

¿Cuándo fue la última vez que hubo una gran celebración en tu familia? ¿Cuál fue el motivo?

«De tal palo tal astilla».*

*Literally: *From such a stick, such a splinter.*

3

Raíces

EN ESTE CAPÍTULO

Cortometraje
«Sopa de pescado», Nuria Ibáñez (México, 2007)

Argumento: Una cena familiar se ve alterada (*is disturbed*) por la entrada inesperada de un pájaro en la sala.

De entrada

Minilectura La sobremesa familiar en peligro de extinción

Antes de leer

¿Crees que es importante que los miembros de una familia pasen tiempo juntos a diario?
¿Cuáles son los momentos del día que pueden reunir a una familia?
En tu experiencia, ¿qué circunstancias impiden que una familia pase el día sin poder hablar unos con otros?

LA SOBREMESA **FAMILIAR EN** PELIGRO DE EXTINCIÓN

La terapista Silvia Chuquimajo, especialista del Centro de Familia del Perú (Centrofam-Perú) reveló hoy que en nuestro país solo dos de cada diez familias practican actualmente la sobremesa familiar, lo que significa que este **rito**, de fortalecimiento e integración de un hogar, esté al borde de la extinción.

La ausencia de uno de los padres, la activa vida cotidiana, el **ingreso** de la mujer al mundo laboral, la televisión, entre otros factores, ha transformado la hora de la comida en un momento de estrés para toda la familia.

Chuquimajo reiteró que «desgraciadamente la comida en familia y la sobremesa **están en vías de extinción**». Dijo que la vida acelerada, el exceso de obligaciones, el trabajo intenso, el cansancio, el estrés derivado de los **compromisos** laborales y sociales y el **escaso** tiempo **destinado a lo familiar** a favor de otras actividades y **pasatiempos**, atentan contra la vida en familia y en especial contra ese tiempo que **antaño** existía **en torno a** la mesa y que llamamos sobremesa.

La sobremesa puede permitir que la familia **intercambie vivencias**, porque constituye un momento en que los hijos pueden expresar **inquietudes**, **temores** o deseos a sus padres.

«Era muy común ver a toda la familia almorzar juntos. Nadie empezaba, **incluso**, si no lo hacía el padre. El almuerzo, desayuno o lonche familiar, era todo un rito. Padres, hijos, incluso abuelos, tíos o primos, **gozaban** de un **sabroso** y **ameno** momento familiar, que en la mayoría de los casos se extendía hasta dos y tres horas después de estas comidas», manifestó.

Chuquimajo también aseguró que cuando los padres sentaron **en la cabecera de la mesa** al televisor, el diálogo familiar desapareció, y con él la sobremesa. «Lo que era por definición un momento de intercambio, reflexión, diálogo profundo, fue destruido totalmente por la televisión», **enfatizó**.

ritual
strengthening *on the brink of disappearing*
entrance
are on their way out
commitments
scarce *allotted to family things*
pastimes
yesteryear *regarding*
exchange *experiences*
troubles *fears*
even
enjoyed *tasty* *enjoyable*
at the head of the table
emphasized

Comprensión y análisis

1. ¿Qué es la sobremesa?
2. ¿En qué se basa la experta de Centrofam-Perú para opinar que la sobremesa es un rito en peligro de extinción?
3. ¿Qué circunstancias han provocado el cambio de hábitos familiares?
4. ¿Qué sustituyó el diálogo familiar en la mesa, según la terapista?

Cortometraje Sopa de pescado

Antes de mirar

En tu opinión, ¿son normalmente complicadas las relaciones entre los miembros de una familia? ¿Por qué?
¿Crees que hay muchas familias disfuncionales en nuestras sociedad?
¿Qué hace a una familia disfuncional?

Título: «Sopa de pescado»

País: México

Dirección: Nuria Ibáñez

Año: 2007

Reparto: Diego Jaúregui, Alexandra Vicencio, Giselle Kuri, Norman Delgadillo

Premio: Ganador del 6º Concurso Nacional de Cortometrajes; Mejor guion del Festival Pantalla de Cristal, México 2007

«Atravesó la pared. Yo lo vi».

Comprensión y discusión

¿Cierto o falso? Indica si las siguientes ideas son ciertas (C) o falsas (F), según el video. Luego, intenta corregir las oraciones falsas.

1. La hija dice que a la abuela no le gustaban los pájaros.
2. El padre pierde su anillo de bodas, pero luego lo encuentra en la sopa.
3. La madre quiere dispararle al pájaro con un revólver.
4. El hijo dice que el pájaro entró por la ventana.
5. La hija dice que la abuela murió en casa.
6. La hija dispara porque el pájaro es peligroso (*dangerous*).

Interpreta

1. ¿Qué hace el padre cuando encuentra el anillo? ¿Por qué crees que hace eso?
2. ¿Con qué compara la niña el pájaro?
3. ¿Qué miembro de la familia parece (*seems*) sentirse mal por la muerte de la abuela? ¿Por qué te parece eso?
4. ¿Qué puede simbolizar el pájaro? Explica tu opinión.

vocabulario útil

el ala	wing
el anillo de bodas	wedding band
el asilo	retirement home
la escopeta	shotgun
el Espíritu Santo	Holy Ghost
la pared	wall
aparecer	to turn up
atravesar	to go through (something)
disparar	to shoot

Tertulia Emociones

Nadie duda que la familia es un ingrediente fundamental en el desarrollo exitoso y feliz de una persona. Sin embargo, puede haber gran desacuerdo en lo que constituye una familia «funcional». En tu opinión, ¿qué se necesita para que se pueda hablar de una familia? ¿Qué se debe dar (*must be met*) en una familia para que formar parte de ella sea una experiencia positiva en la vida?

Para ver «Sopa de pescado» otra vez y realizar más actividades relacionadas con el cortometraje, visita: **www.connectspanish.com**

Palabras

DE REPASO

el/la abuelo/a
el/la esposo/a
el/la hermano/a (menor/mayor)
el/la hijo/a (único/a)
la madre/mamá
el padre/papá
el/la primo/a
el/la tío/a
la celebración (celebrar)
el cumpleaños
el Día de (Acción de) Gracias
la Navidad

El parentesco (Los parientes)

el/la ahijado/a	godson/goddaughter
el/la bisabuelo/a	great grandfather/great grandmother
la familia política	in-laws
el/la cuñado/a	brother-in-law/sister-in-law
la nuera/el yerno	daughter-in-law/son-in-law
el/la suegro/a	father-in-law/mother-in-law
el/la hermanastro/a	stepbrother/stepsister
el/la hijastro/a	stepson/stepdaughter
la madrastra / el padrastro	stepmother/stepfather
la madrina / el padrino	godmother/godfather
el marido / la mujer	husband/wife
el medio hermano / la media hermana	half-brother/half-sister
el/la nieto/a	grandson/granddaughter
el/la sobrino/a	nephew/niece
materno/a	maternal (on the mother's side)
paterno/a	paternal (on the father's side)

Días importantes

el bautizo	baptism
la boda	wedding

el brindis	toast
el entierro	burial
la fecha	date
la felicitación (¡Felicitaciones!)	congratulations (Congratulations!)
el nacimiento	birth
la Pascua Florida (de resurrección)	Easter
la Pascua Judía	Passover
la quinceañera	girl's 15th birthday party

Cognados: **el aniversario, (hacer) la primera comunión**

bautizar (c)	to baptize
brindar	to toast
enterrar (ie)	to bury
felicitar	to congratulate
nacer (zc)	to be born

Para hablar de la familia

el abrazo	hug
la anécdota	story
el apodo	nickname
la bendición	blessing
el beso	kiss
el cariño	affection
el hogar	home
la herencia	inheritance; heritage
la memoria	memory (*ability to remember*)
el parecido	resemblance
el recuerdo	memory (*of one item*); recollection

Cognados: **la adopción, la educación, la reunión (familiar)**

amar	to love
bendecir (*irreg.*)	to bless, give a blessing
casarse (con)	to get married (to)
crecer (zc)	to grow up
enviar (envío)	to send
estar (*irreg.*) **unidos/distanciados**	to be close (*familiar*)/distant (*occasional contact*)
heredar	to inherit
llevarse bien/mal	to get along well/poorly
llorar	to cry
mandar	to send
mudarse (de/a)	to move (from/to an address)
querer (ie)	to love

Cognados: **adoptar, educar (qu)**

Repaso: **parecerse (zc) a, reír(se) (i, i), reunirse (me reúno)**

ACTIVIDAD 1 Tu árbol genealógico

En parejas, túrnense para describir sus respectivas familias (ocho miembros de cada una como mínimo) mientras la otra persona hace un árbol genealógico. Después, muéstrense el árbol que dibujaron para asegurarse de que la información esté correcta.

ACTIVIDAD 2 Definiciones

Paso 1 ¿A qué palabra o expresión se refieren las siguientes definiciones?

1. intercambiar anillos
2. respirar por última vez
3. ver la luz por primera vez
4. recibir dinero de alguien que ha muerto
5. desearle a alguien lo mejor (felicidad/fortuna) de una forma religiosa
6. otra manera de decir **amor**
7. tener buenas relaciones con otras personas, comunicarse con ellos aunque vivan lejos

Paso 2 Ahora crea definiciones para otras dos palabras del vocabulario de **Días importantes** y **Para hablar de la familia.** Después léele las definiciones al resto de la clase para que tus compañeros adivinen la palabra.

Tamalada (1988), Carmen Lomas Garza

ACTIVIDAD 3 *Tamalada*

Mira esta pintura de la artista chicana Carmen Lomas Garza. La escena muestra un día especial en que la familia se reúne para comer y hacer tamales juntos. ¿Quiénes son los miembros de esta familia? Imagina cuál es la relación entre cada una de las personas de este cuadro.

ACTIVIDAD 4 Días de fiesta

Entrevista a un compañero / una compañera sobre los días de fiesta en su familia y su actitud hacia esos días. ¿Cuáles son los días de fiesta más importantes en su familia y cómo los celebran? ¿Le gustan o no las reuniones familiares? ¿Por qué? Después comparen sus respuestas y prepárense para contar al resto de la clase algunos detalles interesantes de su conversación.

ACTIVIDAD 5 Preguntas indiscretas

Entrevista a alguien de la clase haciéndole preguntas con las siguientes palabras. Luego cuéntale al resto de la clase la cosa más interesante, sorprendente o divertida que oíste de tu compañero/a.

Ejemplo: ¿A quién te pareces más en el físico y en la personalidad?

apodo	**llevarse mal**	**mudarse**
cariño	**llorar**	**parecido**
herencia	**memoria**	**recuerdo**

Cultura

Los apellidos

En la mayoría de los países hispanos el sistema de apellidos es más complejo que el anglosajón, ya que el sistema hispano incluye los apellidos del padre y la madre. De esta manera, como en las fotos de abajo, la costumbre en un país de habla española es tener dos apellidos: en primer lugar el primer apellido del padre y en segundo lugar el primer apellido de la madre.

Los dos apellidos forman parte del nombre oficial de una persona. Es el que aparece en todos los documentos importantes: pasaporte, certificado de nacimiento y otros. No existe el concepto del *middle name,* pero es muy común tener dos nombres (a veces más); por ejemplo, Mayra Crystal, Virginia Macarena, José Antonio, María Luisa, etcétera. Con frecuencia solo se usa el primero.

Las mujeres en muchos países hispanos generalmente conservan al menos el primero de sus dos apellidos después de casarse. En algunos países, lo tradicional es que la mujer cambie su segundo apellido por el primero de su esposo, precedido por «de». Por ejemplo, en las fotos de abajo, vemos que la madre de Mayra tomó el primer apellido de su esposo como su segundo: Belén Huerta de Reyes. Sin embargo, muchas mujeres jóvenes, especialmente las profesionales, ya no siguen esta tradición.

En los Estados Unidos muchos de los inmigrantes hispanos optan por escribir un guion entre sus dos apellidos, por ejemplo, Virginia Adán-Lifante. Esto lo hacen para clarificar que los dos son sus apellidos y no un segundo nombre. Otros hispanos simplemente siguen el sistema de apellidos de este país.

Tertulia Los apellidos

- ¿Qué ventajas o desventajas encuentran en el sistema de apellidos hispano comparado con el sistema anglosajón?
- Personalmente, ¿cambiarían su apellido por el de su esposo/a? ¿Por qué?
- ¿Qué apellidos piensan ponerles a sus hijos? ¿Solo el del padre, el del padre y la madre, u otro original elegido por ti y por tu pareja? ¿Por qué?

7 El pretérito de indicativo

Tabla de tiempos

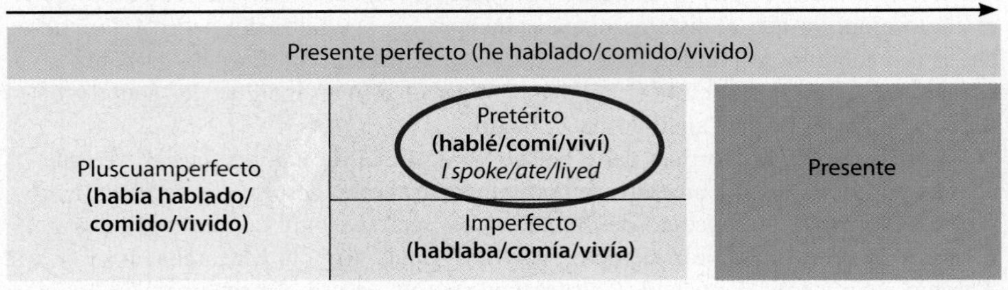

El pasado de indicativo

In Spanish there are four tenses (**tiempos**) in the indicative mood (**modo indicativo**) that deal with the different aspects of the past. They also exist in English.

You will be studying the uses of these four tenses in the next two chapters.

Forms of the preterite

Regular verbs

-ar: cantar		**-er:** correr		**-ir:** decidir	
cant**é**	cant**amos**	corr**í**	corr**imos**	decid**í**	decid**imos**
cant**aste**	cant**asteis**	corr**iste**	corr**isteis**	decid**iste**	decid**isteis**
cant**ó**	cant**aron**	corr**ió**	corr**ieron**	decid**ió**	decid**ieron**

¡OJO! The **nosotros** endings for the regular **-ar** and **-ir** verbs are identical to the endings of the present tense.

- Verbs with infinitives ending in **-car, -gar,** and **-zar** undergo a spelling change in the **yo** forms.

«Cuando los padres sentaron en la **cabecera de la mesa** al televisor, el diálogo familiar desapareció».*

sacar (*to take out*)		**pagar** (*to pay for*)		**empezar** (*to begin*)	
sa**qu**é	sacamos	pa**gu**é	pagamos	empe**c**é	empezamos
sacaste	sacasteis	pagaste	pagasteis	empezaste	empezasteis
sacó	sacaron	pagó	pagaron	empezó	empezaron

- Verbs like **construir** and **leer** change the **i** to **y** in the third person forms.

leer (*to read*)		**caer** (*to fall*)		**construir** (*to build*)	
leí	leímos	caí	caímos	construí	construimos
leíste	leísteis	caíste	caísteis	construiste	construisteis
leyó	leyeron	cayó	cayeron	construyó	construyeron

*«La sobremesa familiar en peligro de extinción», Silvia Chuquimajo

-ir stem-changing verbs and irregular verbs

Many stem-changing **-ir** verbs in the present tense also have a stem change in the preterite in the third person forms.

e → ie, i		e → i, i		o → ue, u	
preferir		**pedir**		**morir**	
preferí	preferimos	pedí	pedimos	morí	morimos
preferiste	preferisteis	pediste	pedisteis	moriste	moristeis
prefirió	prefirieron	pidió	pidieron	murió	murieron
Otros verbos					
divertir(se) mentir	sentir sugerir	reír repetir	seguir servir	dormir	

Los niños pidieron pizza.

Irregular verbs

dar		decir		estar	
di	dimos	dije	dijimos	estuve	estuvimos
diste	disteis	dijiste	dijisteis	estuviste	estuvisteis
dio	dieron	dijo	dijeron	estuvo	estuvieron
ir		**poder**		**poner**	
fui	fuimos	pude	pudimos	puse	pusimos
fuiste	fuisteis	pudiste	pudisteis	pusiste	pusisteis
fue	fueron	pudo	pudieron	puso	pusieron
querer		**saber**		**ser**	
quise	quisimos	supe	supimos	fui	fuimos
quisiste	quisisteis	supiste	supisteis	fuiste	fuisteis
quiso	quisieron	supo	supieron	fue	fueron
tener		**traer**		**venir**	
tuve	tuvimos	traje	trajimos	vine	vinimos
tuviste	tuvisteis	trajiste	trajisteis	viniste	vinisteis
tuvo	tuvieron	trajo	trajeron	vino	vinieron

¡OJO! There is no stress mark in any of the irregular forms of the preterite.

Se amaron hasta la muerte.

Uses of the preterite

The preterite is often the equivalent of the simple past in English.

Ayer **fue** nuestro aniversario de boda. — *Yesterday was our wedding anniversary.*

These are the contexts that require the preterite in Spanish.

- A complete action that took place in the past

  Vivimos ocho años en esa casa. — *We lived in that house for eight years.*
  Se amaron hasta la muerte. — *They loved each other until they died.*
  Tuvimos diez horas para descansar. — *We had ten hours to rest.*
  La ceremonia **tuvo lugar** a las 7:00. — *The ceremony took place at 7:00.*

- The beginning or end of an action

  Empecé a trabajar a las 6:00 y **terminé** a las 12:00. — *I started working at 6:00 and finished at 12:00.*
  El vuelo **salió** a las 7:40. — *The flight departed at 7:40.*

- A series of actions in the past where a sequential order is implied.

  Subió las escaleras, **se arregló** la corbata y **llamó** a la puerta. — *He climbed the stairs, fixed his tie, and knocked on the door.*
  César **vino, vio** y **venció.** — *Caesar came, saw, and conquered.*

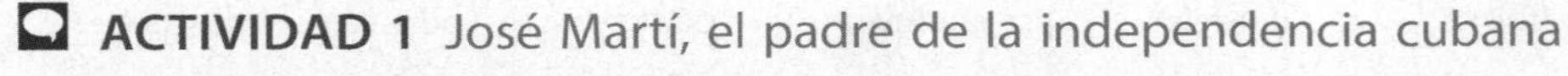

Nota lingüística Cómo se expresa *ago*

Hace + tiempo + **que** + verbo en el pretérito

Hace tres años que **murió** mi abuela. — *My grandmother died three years ago.*

ACTIVIDAD 1 José Martí, el padre de la independencia cubana

Paso 1 A continuación aparecen algunos momentos importantes de la vida del gran intelectual cubano José Martí. Los verbos están en el presente histórico. Cámbialos al pretérito.

- 1853 **Nace** en La Habana, hijo de los españoles Mariano Martí Navarro y Leonor Pérez Cabrera.
- 1869 **Publica** sus primeros escritos políticos. Lo **detienen** e **ingresa** en la cárcel.
- 1871 Martí **sale** deportado para España por haber escrito artículos políticos en defensa de la independencia de Cuba.
- 1874 **Obtiene** el título de Licenciado en Derecho.
- 1875 **Viaja** a México.
- 1877 **Se casa** con Carmen Zayas.
- 1878 **Regresa** a Cuba.
- 1879 **Es** deportado a España otra vez y **se va** clandestinamente a Nueva York.
- 1880 **Se reúne** en Nueva York con su esposa e hijos.
- 1891 **Se separa** de su esposa. **Se pone** muy enfermo.
- 1895 **Muere** en combate durante la batalla por la independencia de Cuba.

Paso 2 Ahora, en parejas, siguiendo el modelo de la biografía de Martí, dile a tu compañero/a cinco fechas importantes en tu vida, explicando su importancia.

Ejemplo: 1985, porque yo nací ese año.

Caperucita sonrió y aceptó la apuesta del Lobo.

■ ACTIVIDAD 2 Otra versión de Caperucita Roja (*Little Red Riding Hood*)

Vuelve a contar el siguiente cuento de Caperucita Roja en el pasado usando el pretérito para los verbos que están en negrita (*bold*).

Un día la madre de Caperucita Roja **hace** magdalenas[a] y las **envía** con su hija a casa de la abuelita. Caperucita **sale** de la casa y **empieza** a caminar por el bosque[b] para llegar a la casa de la abuelita. Poco después de salir de la casa **se encuentra** con el Lobo, que **se presenta** y le **dice:** «¿Hacemos una carrera[c]?A ver[d] quién llega antes a la casa de tu abuelita». Caperucita **acepta** la apuesta[e] encantada. **Vuelve** a su casa y **saca** su moto de motocross, **se pone** el casco[f] y **vuela** a través del bosque. Cuando el pobre Lobo **llega** a la casa de la abuelita, diez minutos más tarde que Caperucita, la niña le **da** un gran vaso de agua y un par de magdalenas de su mamá y la abuela le **hace** dos huevos fritos.

[a]*muffins* [b]*forest* [c]*race* [d]A...*Let's see* [e]*bet* [f]*helmet*

ACTIVIDAD 3 ¿Quién soy?

Piensa en una persona real o un personaje ficticio. El resto de la clase va a tratar de adivinar a quién representas haciéndote solo preguntas en el pretérito.

Ejemplo: —¿Cuándo naciste?
—Nací en...

ACTIVIDAD 4 Entrevista

Usando los verbos de la lista, entrevista a un compañero / una compañera sobre su última reunión familiar.

Ejemplo: ¿Cuánto tiempo hace que se reunió tu familia la última vez? ¿Por qué se reunieron?

asistir **comer** **ponerse (ropa)**
brindar **conocer(se)** **reunirse**
celebrar **ir** **tener**

8 El imperfecto de indicativo

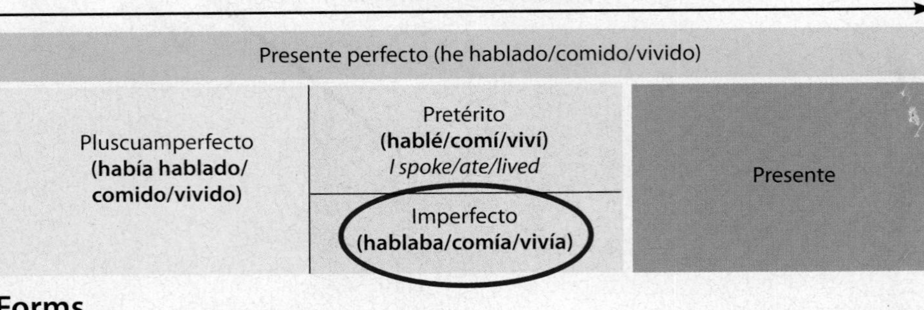

« ...en Arabia **tenía** un laberinto mejor».*

Forms

Verbos regulares					
cantar		**correr**		**decidir**	
cant**aba**	cant**ábamos**	corr**ía**	corr**íamos**	decid**ía**	decid**íamos**
cant**abas**	cant**abais**	corr**ías**	corr**íais**	decid**ías**	decid**íais**
cant**aba**	cant**aban**	corr**ía**	corr**ían**	decid**ía**	decid**ían**

Verbos irregulares					
ir		**ser**		**ver**	
iba	íbamos	era	éramos	veía	veíamos
ibas	ibais	eras	erais	veías	veíais
iba	iban	era	eran	veía	veían

Uses

The imperfect has several equivalents in English.

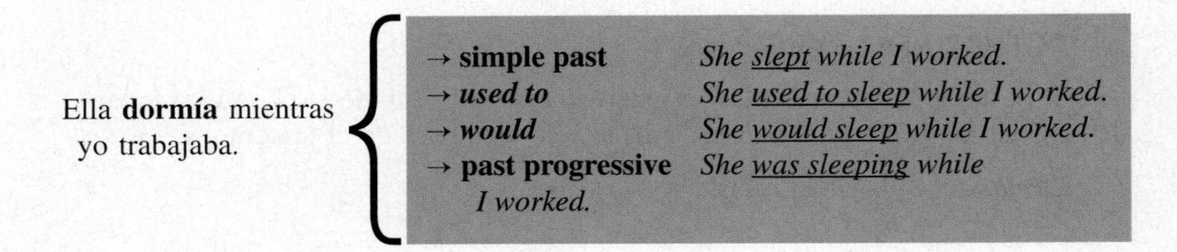

¡OJO! There are two meanings for *would* in English, for which two different forms are used in Spanish. When *would* expresses a condition, use the conditional tense.

Yo no **haría** eso si fuera tú. *I wouldn't do that if I were you.*

For habitual actions in the past, use the imperfect.

Ella **dormía** mientras yo trabajaba. *She would sleep while I worked.*

*«Los dos reyes y los dos laberintos», Jorge Luis Borges

These are the contexts that require the imperfect in Spanish.

- **Habitual actions in the past** (in contrast with the present or a specific point in the past)

En los veranos **íbamos** a Pensilvania a visitar a los abuelos.	*In the summer, we would go / used to go to Pennsylvania to visit my grandparents.*

- **Descriptions in the past**

Yo **era** una niña tímida y me **encantaba** leer.	*I was a shy child and I loved to read.*
Eran las 11:00 de la noche cuando nos llamaron.	*It was 11:00 P.M. when they called us.*
Cuando **tenía** 80 años mi abuela todavía **tocaba** el piano de maravilla, aunque no **podía** oír bien.	*When she was 80 years old my grandmother still played the piano wonderfully, although she couldn't hear well.*

- **Description of an action in the past** as it was happening, possibly in contrast with another action that occurs suddenly (in the preterite)

  Hacía mucho frío, así que encendimos la calefacción.

  It was very cold, and that's why we turned on the heat.

The imperfect progressive is used to give a stronger sense of development of the action.

Cuando llamaste yo **estaba** escribiendo el informe.

When you called, I was writing the paper.

—Cuando llamaste, yo **estaba** escribiendo el informe.

■ ACTIVIDAD 1 ¿Quién dijo que todo tiempo pasado fue mejor?

Completa cada una de las siguientes explicaciones conjugando los verbos en el imperfecto de indicativo. Después, emparéjalas con una de las viñetas cómicas.

1. Los padres no _______________ (ser) tan permisivos, pero los jóvenes _______________ (hacer) las mismas cosas que hacen hoy.
2. La gente _______________ (envejecer) normalmente, y se _______________ (considerar) vieja muy pronto.
3. No _______________ (ser) extraño confundir el miedo con el respeto.
4. El decoro a veces _______________ (venir) acompañado de represión sexual y comportamiento (*behavior*) sexista.
5. El excesivo respeto _______________ (poder) causar que los hijos hicieran (*did*) cosas que realmente no _______________ (querer) hacer.
6. La sociedad solo _______________ (aceptar) a los heterosexuales.
7. En algunos países no _______________ (haber) divorcio.
8. Se _______________ (apreciar) las conexiones sociales.

ACTIVIDAD 2 La tamalada de mi familia

Paso 1 Lee la descripción que Carmen Lomas Garza dio de su pintura *Tamalada* (**Actividad 3 en la sección de Palabras**). Los verbos están en el presente. Cambia la descripción al pasado. Los verbos en negrita (*bold*) son verbos que se pueden cambiar. **¡OJO!** El imperfecto aparece con frecuencia en la forma progresiva (por ejemplo: **estaba ayudando).**

Esta es una escena de la cocina de mis padres. Todos **están haciendo** tamales. Mi abuelo **tiene** puestos rancheros azules y camisa azul. Yo **estoy** al lado de él, con mi hermana Margie. **Estamos ayudando** a remojar[a] las hojas secas del maíz.[b] Mi mamá **está poniendo** la masa[c] de maíz sobre las hojas, y mis tíos **están incorporando** la carne a la masa. Mi abuelita **está ordenando** los tamales que ya **están** enrollados, cubiertos y listos para cocinar. En algunas familias solo las mujeres **preparan** tamales, pero en mi familia todos **ayudan.**

[a]*to soak* [b]hojas... *dry corn husks* [c]*dough*

Paso 2 Ahora añade a la historia tres o cuatro oraciones de tu imaginación.

ACTIVIDAD 3 Antes y ahora

En parejas, comparen los siguientes momentos del pasado con la actualidad. ¿Que tenían tú y tu compañero/a de común durante su niñez (*childhood*) y adolescencia? ¿Se parece más la vida de Uds. ahora o se parecía más antes?

1. cómo celebrabas tu cumpleaños cuando eras pequeño/a
2. un domingo típico de tus años en la escuela secundaria
3. tu rutina diaria del último año en la secundaria
4. el día de fiesta más importante para tu familia y cómo se celebraba durante tu niñez

ACTIVIDAD 4 Había una vez...

Los cuentos en español suelen comenzar con la frase **Había/Érase una vez,** que significa *Once upon a time, there was/were*. La frase sigue con un personaje que se describe, como en el siguiente ejemplo del cuento de la Cenicienta (*Cinderella*). Fíjate que el comienzo de la acción está marcado por la frase **Un día** con un verbo en el pretérito.

Había una vez una muchacha muy buena que **vivía** con su madrastra y sus hermanastras en una casa que **estaba** en un pueblo donde **había** un príncipe muy guapo. A la muchacha la **llamaban** Cenicienta, porque siempre **estaba** manchada de cenizas, ya que (*since*) **tenía** que trabajar constantemente limpiando la casa de su madrastra.

Un día, llegó un emisario del joven príncipe...

En parejas, cuenten el principio de un cuento donde se describe al protagonista, hasta el momento en que empieza la acción. Puede ser un cuento tradicional o uno inventado.

9 Cómo se combinan el pretérito y el imperfecto

Both preterite and imperfect equally represent the past. They are different in the sense that each one focuses on a different aspect of the same past events.

- The **preterite** marks punctual actions with a definite beginning or end. This makes the preterite the necessary tense to narrate *the backbone of a story*. Pay attention to the following version of the story of Cenicienta.

El Hada Madrina **se apareció** en la casa de la Cenicienta y con unos golpes de su varita mágica la **vistió** como una princesa. Entonces la Cenicienta **fue** a la fiesta del Príncipe. Allí el Príncipe la **vio** inmediatamente y la **sacó** a bailar. **Estuvieron** juntos hasta la medianoche, pero en el momento en que **empezaron** a sonar las campanadas de las 12:00, la Cenicienta **tuvo** que salir corriendo sin despedirse.

The Fairy Godmother appeared in Cinderella's house and with a few strokes of her magic wand dressed her up like a princess. Then Cinderella went to the Prince's party. There the Prince noticed her immediately and danced with her. They were together until midnight, but the moment the bells began to toll 12:00, Cinderella had to run away without saying good-bye.

This version of the story is quite complete, but it offers none of the interesting details that delight children.

- In contrast, the **imperfect** focuses on the development of actions or states, regardless of their onset or conclusion. The point of reference is marked by actions in the preterite tense. Thus, the imperfect offers a background description and embellishes the story.

Eran las 7:00 de la noche y las hermanastras de la Cenicienta **acababan** de salir cuando el Hada Madrina se apareció en la casa. Con unos golpes de su varita mágica el Hada Madrina vistió a la Cenicienta como una princesa: el vestido **era** rosa y **estaba** bordado en oro. La Cenicienta también **llevaba** una tiara de diamantes. Entonces la Cenicienta fue a la fiesta del Príncipe. La noche **era** espléndida, pues **había** luna llena y no **hacía** frío. Cuando llegó a la fiesta, el Príncipe vio inmediatamente a la Cenicienta y la sacó a bailar. Después no se separó de ella ni un solo momento. El Príncipe **era** el hombre más guapo y encantador que había visto. La Cenicienta se **sentía** feliz en sus brazos mientras todas las chicas del baile la **miraban** con envidia.

It was 7:00 P.M. and Cinderella's stepsisters were just leaving when the Fairy Godmother appeared in Cinderella's house. With a few strokes of her magic wand the Fairy Godmother dressed up Cinderella like a princess: the dress was pink and was embroidered in gold. Cinderella also wore a diamond tiara. Then Cinderella went to the Prince's party. The night was splendid, since there was a full moon and it was not cold. When she arrived at the party, the Prince noticed Cinderella immediately and danced with her. After that, he didn't leave her alone for a moment. The Prince was the most handsome and charming man that she had seen. Cinderella felt happy in his arms while all the girls at the ball looked at her with envy.

Fue a la fiesta en una carroza que **era** una calabaza.

La comida **era** un momento diario de intercambio familiar que **destruyó** la televisión.

- The **preterite** and **imperfect** often appear in the same sentence. In this case, the imperfect offers a description to frame the action or state marked by the preterite.

  Yo ya **estaba durmiendo** cuando **sonó** el teléfono. — *I was already asleep when the phone rang.*

- Due to the different focus on the aspect of an action or state, some Spanish verbs are translated with different English verbs depending on whether they are in the preterite or the imperfect.

	Imperfecto			Pretérito		
conocer	*to know*	**Conocía** a su familia.	*I knew his family.*	*to meet*	**Conocí** a su familia.	*I met his family.*
saber	*to know*	**Sabíamos** la verdad.	*We knew the truth.*	*to find out (to know for the first time)*	**Supimos** la verdad.	*We found out the truth.*
poder	*to be able / can*	**Podía** visitarlos.	*I could visit them (but may not have).*	*to manage / be able / succeed*	**Pude** visitarlos.	*I was able to visit them.*
no poder	*not to be able / cannot*	**No podía** visitarlos.	*I couldn't visit them (and may not have tried)*	*cannot / to fail*	**No pude** visitarlos.	*I couldn't (failed to) visit them (but tried).*
querer	*to want*	**Quería** verte.	*I wanted to see you (but may not have done so).*	*to attempt/try*	**Quise** verte.	*I attempted/tried to see you.*
no querer	*not to want*	**No quería** verte.	*I didn't want to see you (but may have done so anyway)*	*to refuse*	**No quise** verte.	*I refused to see you.*

■ ACTIVIDAD 1 La Llorona

La Llorona es una leyenda de la tradición popular mexicana. Es una historia para asustar a los niños, porque los adultos les dicen que la Llorona se lleva a los niños que salen solos de noche. A continuación hay una de las muchas versiones de la Llorona. Complétala con la forma correcta del pretérito o imperfecto de cada verbo entre paréntesis.

En un pueblito en México, _______________[1] (haber) una mujer muy hermosa que _______________[2] (llamarse) María. Un día _______________[3] (conocer) a un ranchero muy joven y guapo. Los dos _______________[4] (casarse) y _______________[5] (tener) dos hijos. Pero después de un tiempo, el esposo la _______________[6] (abandonar) por otra mujer. El hombre todavía _______________[7] (querer) a sus hijos, pero no a María. Esta, enfadada y celosa, _______________[8] (tirar) a sus hijos al río. Inmediatamente _______________[9] (arrepentirse) y _______________[10] (querer) salvarlos, pero no _______________[11] (poder) y _______________[12] (morir) en el intento. Al día siguiente, los habitantes del pueblo _______________[13] (saber) de la muerte de María y esa misma noche la _______________[14] (oír) llorar llamando a sus hijos. Desde ese día la ven por la orilla del río con el vestido que _______________[15] (llevar) cuando murió, buscando a sus hijos.

■ ACTIVIDAD 2 En la fiesta de cumpleaños de Luisa

Completa el siguiente párrafo con la forma correcta del pretérito o imperfecto del verbo correcto de la lista.

conocer **poder** **querer** **saber**

Ayer se celebró el primer cumpleaños de mi nieta Luisa. Como es tan pequeña fue una fiesta puramente familiar. Yo _______________[1] bien a todas las personas que asistieron. Solo faltaba mi compadre Manuel, que no _______________[2] asistir a la fiesta porque está visitando a su hija en Chicago. Bueno, la verdad es que _______________[3] a una persona, al nuevo novio de mi hija Dora, y me pareció un muchacho bueno. Me contó que cuando era pequeño _______________[4] ser torero, pero ahora es profesor de español. En la fiesta yo _______________[5] que mi nuera está embarazada. No saben Uds. qué alegría nos dio, porque ellos _______________[6] tener hijos y no _______________.[7] Antes de la fiesta el único que _______________[8] lo del embarazo era mi hijo José. Todos en la fiesta _______________[9] bailar para celebrar con alegría, pero no _______________[10] porque se fue la luz.

ACTIVIDAD 3 ¿Qué recuerdas?

Entrevista a un compañero / una compañera sobre la última vez que asistió a uno de los siguientes eventos. Intenta reunir todos los detalles que puedas sobre cada ocasión.

Ejemplo: ¿Cuándo fue la última vez que hubo un bautizo en tu familia? ¿Quiénes fueron los padrinos? ¿Cuántos años tenías? ¿Lo celebraron? ¿Qué había para comer? ¿Te divertiste?

1. un bautizo o *bar/bat mitzvah*
2. un entierro o funeral
3. un nacimiento
4. un aniversario de algo
5. una fiesta de jubilación (*retirement party*)
6. una boda

ACTIVIDAD 4 Versión completa de la Caperucita Roja

En parejas, cuenten otra vez el cuento de Caperucita Roja. Añadan muchos detalles esta vez haciendo todos los cambios que quieran para hacer su cuento muy original. **¡OJO!** Los cuentos en español se comienzan con la frase **Había/Érase una vez** + un/una + *sustantivo*... Una manera tradicional de terminarlos es **Y vivieron felices y comieron perdices.**

Ejemplo: Había una vez una niña que tenía una chaqueta roja con caperuza (*hood*), y por eso todo el mundo la llamaba Caperucita Roja. Su papá, que era policía en una gran ciudad, murió en acto de servicio cuando Caperucita tenía tres años, y su mamá decidió mudarse a un pequeño pueblo cerca de la abuelita, que tenía una casa en el bosque...

ACTIVIDAD 5 Miedos

En grupos, contesten las siguientes preguntas y prepárense para presentar un resumen de las respuestas al resto de la clase.

- ¿Qué cosas te asustaban de niño/a? ¿Cómo explicas ese miedo?
- ¿Cuándo se te quitó el miedo?
- ¿De qué tienes miedo ahora?

Cultura

Hogares hispanos en los Estados Unidos

Muchos jóvenes

Según el censo de los Estados Unidos del año 2010, el 24% de todos los niños que nacieron ese año en los Estados Unidos eran hispanos, en contraste con 53% de niños blancos, 15% negros y 6% asiáticos. En ese mismo año, el 23% de todos los niños menores de 17 años eran latinos, aunque la población latina solo corresponde a un 16% de la población estadounidense en total.

Más madres no casadas

El 53% de los niños hispanos que nacieron en 2009 tenían madres no casadas, en contraste con el 73% de los niños de madres negras, el 29% de los niños de madres blancas y el 17% de los niños de madres asiáticas.*

Más familias mixtas

El año 2010 fue un año récord para las familias mixtas: más del 15% de los matrimonios de ese año fueron entre personas de distinta identificación étnica o racial. De esos nuevos matrimonios mixtos, el 43% fueron entre latinos y blancos.

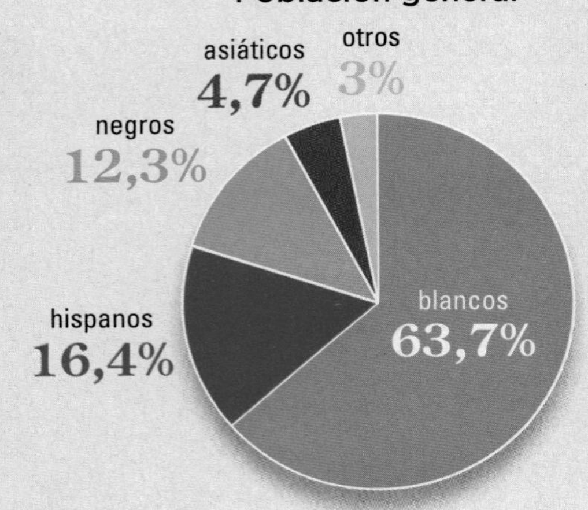

En casa se habla...

La gran mayoría de la población latina se considera bilingüe. Como es natural, hay grandes diferencias entre los hogares de inmigrantes recientes y los hogares de familias cuyos miembros nacieron en los Estados Unidos. Pero las nuevas generaciones se asimilan lingüísticamente de manera muy rápida. Por ejemplo, entre los latinos de 16–25 años, el 79% de la segunda generación en los Estados Unidos reporta hablar español con soltura.[a] Pero el porcentaje baja al 38% para la tercera generación.

Nacimientos

asiáticos 6%

negros 15%

hispanos 24%

blancos 53%

Tertulia ¿Una nueva imagen para los Estados Unidos?

- Según los datos que se presentan en esta sección de **Cultura** y otros que Uds. sepan, ¿cómo imaginan la población de los Estados Unidos para finales del siglo XXI?
- ¿Creen que es importante que las nuevas generaciones mantengan el español además de ser hablantes nativos del inglés? ¿Por qué?

*[Figures adapted from http://www.pewhispanic.org/2009/12/11/iv-language-use/]

[a]*fluently*

Lectura

Recuperé mi identidad

Texto y publicación

Este artículo apareció en la revista ***People en español.*** El trasfondo (*background*) histórico tiene que ver con los abusos de derechos humanos ocurridos durante la década de 1970 en Argentina y otros países, cuyos (*whose*) gobiernos habían caído en manos de dictadores.

Antes de leer

En tu opinión y experiencia, ¿qué pesan (*weigh*) más en la vida, las relaciones de consanguineidad o las de crianza (*rearing*) y convivencia (*living together*)?

¿Cuál sería tu reacción si supieras (*found out*) que una persona que tú quieres no es quien creías que era? ¿Y si esa persona fuera (*was*) un criminal?

Vocabulario útil

el ejército	army
la prueba/el análisis de ADN	DNA test
afortunado/a	fortunate
común y corriente	typical, normal
cuyo/a	whose (agrees with *noun*)
desaparecido/a	disappeared
recuperar	to recover
sospechar	to suspect
sino	but (rather)

■ ACTIVIDAD 1 Vocabulario

Completa las siguientes ideas con la palabra o expresión adecuada del **Vocabulario útil.**

1. Es terrible ______________ que una persona que se quiere es un criminal.
2. Victoria es una ______________ padres desaparecieron durante la dictadura.
3. Si la mayoría de los matrimonios terminan en divorcio hoy día, ¿crees tú que se puede decir hoy que una familia es «______________»?
4. Los militares de un país forman el ______________.
5. Había muchas personas ______________ en Latinoamérica a causa de los regímenes dictatoriales de la década de 1970.
6. Podemos considerarnos ______________ de vivir en una democracia estable en la cual se respetan los derechos humanos de todas las personas.
7. Victoria sabía que no podía ______________ a sus padres, pero sí a sus abuelos.
8. La mujer aprendió muy tarde que la familia que conocía no era su familia biológica ______________ su familia adoptiva.
9. Lo que la convenció fue ____________________.

Estrategia: Las citas (*quotes*)

En un texto podemos encontrar citas directas, es decir, palabras literales de una persona distinta al autor del texto. En el artículo que vas a leer, hay varias citas directas que reproducen exactamente algunos comentarios de la protagonista de la historia que se cuenta, aunque la mayoría del texto se refiere a Victoria en tercera persona.

Ejemplo: *Pero la vida que ella creía suya se vino abajo en el 2000 en un restaurante capitalino. «Mi padre me invitó a cenar y me confesó que él había sido el jefe militar de un operativo en donde habían sido asesinados mis padres biológicos en 1976», cuenta.*

Como lectores en una segunda lengua, hay que estar atentos a las palabras que nos indican un cambio en la persona que cuenta la historia. Fíjate como, en el ejemplo anterior, se pasa de la tercera persona usada en la narración central (*ella, suya*) a la primera persona (*mi, me, mis*) en la cita. Mientras lees el siguiente artículo, fíjate en las palabras de las citas que marcan un cambio en la persona que narra.

«Todos lo que tuvimos la oportunidad de recuperar nuestra identidad somos afortunados», dice Victoria Montenegro.

RECUPERÉ MI IDENTIDAD,

CAROLE JOSEPH

Hasta los 24 años, Victoria Montenegro estuvo convencida de que se había criado en una familia común y corriente en su **natal** Buenos Aires, Argentina. Su padre era Hermán Antonio Tetzlaff, coronel de la inteligencia del ejército argentino, y su madre era María del Carmen Eduartes, ama de casa. Pero la vida que ella creía suya se vino abajo en el 2000 en un restaurante **capitalino**. «Mi padre me invitó a cenar y me confesó que él había sido el jefe militar de un operativo en donde habían sido asesinados mis padres biológicos en 1976», cuenta. «Me dijo que lo había hecho para batir al enemigo [y me adoptó] para salvarme la vida. No supe qué hacer, le creí».

native / *army* / *fell apart* / *of the capital city* (Buenos Aires) / *military operation* / *to beat*

Pero la realidad es que Montenegro fue una de 500 niños que fueron robados y adoptados ilegalmente durante la dictadura militar que gobernó Argentina de 1976 a 1983. Hoy, a sus 36 años, es una de más de 100 de esos niños cuyas verdaderas identidades han sido reveladas en gran parte por los **esfuerzos** de las Abuelas de Plaza de Mayo, una organización comandada por mujeres, en su mayoría abuelas, cuyo objetivo es encontrar a sus familiares desaparecidos. «Lo más difícil a los que nos enfrentamos son los chicos que uno sospecha que pueden ser nietos de las abuelas y no quieren hacerse los análisis de ADN», dice Lorena Battistiol, miembro del grupo. «Lo difícil es convencerlos [de que son hijos de otros padres]».

efforts / dirigida

Con evidencia que confirmó su verdadera identidad, Montenegro aceptó que no era María Sol Tetzlaff Eduartes, sino la hija de Roque Orlando Montenegro e Hilda Ramona Torres, quienes militaban en el Ejército Revolucionario del Pueblo y perecieron en el operativo liderado por Tetzlaff. Actualmente, trabaja con las Abuelas para identificar a jóvenes que como ella perdieron a sus padres y fueron criados por militares, oficiales de la seguridad del Estado y otros más. «Tardé años en recuperar mi identidad y en aceptar a mi familia biológica», confiesa. «Tardé en aceptar que Tetzlaff era mi apropiador y no mi padre. Fui afortunada, pero **no deja de doler**. Lloré mucho».

kidnapper / *that doesn't stop it from hurting*

Y con razón. Los primeros días de su vida fueron desgarradores: sus padres fallecieron cuando la niña apenas **tenía 13 días de nacida**. «Llevaron a Victoria a una casa hogar y ahí la adoptaron», cuenta su tía, Mercedes Montenegro, quien gestionó a través de las Abuelas para que su sobrina se hiciera la prueba de ADN que forzó a Tetzlaff a revelarle su verdadera identidad. «Son veinticinco años creyendo que es hija de un genocida, no fue fácil. Ella no lo aceptaba».

And rightly so / terrible / was 13 days old / *searched* / a person who has committed genocide

Montenegro vio a su familia biológica por primera vez en un **juzgado** en el 2001. «Les dije que mi nombre era María Sol Tetzlaff Eduartes», recuerda la hoy activista, que aconsejada por su esposo, Gustavo Aregui, de 41 años, eventualmente compartió con ellos. «Les dije que los conocía porque me obligaba el juzgado. [Para mí, Hermán] era mi padre».

court room

Uno al que apoyó hasta que murió víctima de diabetes tras las rejas en el 2003, un año después de ser encarcelado por la adopción ilegal de la bebé. «Hay un cariño. Es imposible que después de vivir tantos momentos no tenga cariño por la persona que me cuidó», dice Montenegro. «La familia de mi padre [biológico] entendió que no podía **desvincularme** [de mi familia adoptiva]. La familia de mi madre [biológica] no reaccionó igual, no tenemos contacto. Me fue difícil aceptar todo esto».

behind bars / *imprisoned* / *disassociate*

Para ella y también para sus tres hijos. «Les conté de la guerra, que Hermán no era su abuelo, pero que ellos podían seguir queriéndolo», relata. «Y que aunque lo quisieran mucho, su abuelo había asesinado, torturado y había robado bebés y que eso estaba mal».

explains

Comprensión y análisis

■ ACTIVIDAD 2 ¿Cierto o falso?

Marca las oraciones como ciertas o falsas e indica las partes del texto que ofrecen la información correspondiente.

1. Victoria Montenegro tenía otro nombre antes.
2. Victoria se crió en una familia que parecía extraña.
3. Victoria creció en una familia militar.
4. Muchos hijos de desaparecidos no quieren hacerse las pruebas de ADN.
5. Victoria no quiso nunca a la familia con la que creció.
6. Antonio Tetzlaff nunca pagó por su crimen.
7. Victoria mantiene el contacto con la familia adoptiva.
8. Los hijos de Victoria no saben nada de lo sucedido (*happened*) a su madre.

■ ACTIVIDAD 3 Más información

Explica según el texto usando tus propias palabras.

1. ¿Cuál es el nombre completo de Victoria? ¿Cómo se llamaba antes?
2. ¿Por qué cambió de nombre?
3. ¿Cómo se confirmó su identidad biológica?
4. ¿Quién la ayudó a encontrar su verdadera identidad?
5. ¿Cuándo y cómo conoció Victoria a su familia biológica? ¿Tenía muchas ganas de conocerla?
6. ¿Qué sintió por los padres adoptivos después de conocer la historia de sus padres biológicos?

■ ACTIVIDAD 4 Citas

Identifica las citas directas donde hay un cambio de persona y reescribe la cita como si fueran citas indirectas.

Ejemplo: «Todos lo que tuvimos la oportunidad de recuperar nuestra identidad somos afortunados», dice Victoria Montenegro. →

Victoria Montenegro afirma que todos los que tuvieron la oportunidad de recuperar su identidad son afortunados.

■ ACTIVIDAD 5 Así ocurrió

En parejas, creen oraciones basadas en el artículo en las cuales diferentes miembros de la familia expliquen su papel (*role*) en la vida de Victoria.

Ejemplo: VICTORIA: Les conté la verdad a mis hijos.

Tertulia ¿Ignorante = Inocente?

El artículo «Recuperé mi identidad» presenta un caso extremo y brutal: el apropiador participó en la muerte y desaparición de los padres de la apropiada. Pero, ¿cómo cambiaría tu opinión de una adopción ilegal, en la que los padres adoptivos hubieran adoptado a su hijo/a de buena fe sin saber nada de la irregularidad de la adopción? ¿Qué crees que se debería hacer si el niño/a adoptado/a es ya un adolescente cuando se descubre la irregularidad?

Producción personal

Redacción: Narrar una anécdota familiar

Escribe una historia familiar sobre tu infancia para contribuir a un libro de recuerdos familiares.

Prepárate

Elige una anécdota familiar y escribe un borrador teniendo en cuenta tus lectores, los miembros de tu propia familia. Aunque ellos conozcan la historia, querrán (*will want*) saber tu punto de vista.

¡Escríbelo!

- Ordena las ideas de tu borrador e incluye descripciones de las personas, lugares y emociones de tu anécdota.
- No olvides el esquema de una narración.
  - ❒ **Introducción:** Informa sobre el tiempo, el lugar y la importancia del evento que vas a narrar.
  - ❒ **Nudo:** Cuenta lo que sucedió.
  - ❒ **Desenlace:** Cuenta cómo terminó la historia.
- Busca en el diccionario y en tu libro de español aquellas palabras y expresiones sobre las que tengas duda.

Repasa

- ❒ el uso del pretérito y el imperfecto
- ❒ el uso de **ser** y **estar**
- ❒ la concordancia entre sujeto y verbo
- ❒ la concordancia de género y número
- ❒ la ortografía y el vocabulario (evita las repeticiones)
- ❒ el orden y el contenido: párrafos claros, principio y final

¡No te equivoques!: *Historia, cuento* y *cuenta*

historia	*story (of a book or a movie, or something that happened)*	El libro se basa en una **historia** real durante la revolución. Me contó una **historia** increíble que le ocurrió en Madrid.
	history	Todos los chicos deben estudiar la **historia** de su país.
cuento	*tale* *short story*	De pequeña me encantaban **los cuentos.** Borges escribió **cuentos** maravillosos.
cuenta	*conjugated form of verb* ***contar***	El libro **cuenta** la historia de un artista enfermo.
	bill (*noun*)	Camarero, la **cuenta,** por favor.

En tu comunidad

Entrevista

Entrevista a una persona hispana de tu comunidad sobre las celebraciones familiares más importantes para ellos.

Algunas preguntas posibles son:

- ¿Cuáles son los días festivos más importantes y familiares del año? ¿Celebran algo que sea una fiesta específica de su país de origen o de la comunidad latina en este país?
- ¿Qué otras celebraciones son muy celebradas en su familia?
- ¿Cuál fue la última celebración que reunió a gran parte de la familia? ¿Quiénes asistieron? ¿Cómo lo celebraron?
- ¿Cree que los hispanos en los Estados Unidos tienden a celebrar de una manera diferente a los no latinos?

Producción audiovisual

Haz una presentación audiovisual sobre alguna fiesta o celebración que sea importante para las familias hispanas en general.

¡Voluntari@s! Visitar a los ancianos

Pasar tiempo charlando con los ancianos hispanohablantes en asilos o comunidades para jubilados puede ser una experiencia increíblemente enriquecedora (*enriching*). A muchos les encantaría tener compañía y la oportunidad de hablar con jóvenes de sus vivencias. ¡Sería una gran práctica de los tiempos de pasado en español!

Tertulia final Problemas que afectan a las familias de hoy

- ¿Cuáles son los problemas que más afectan a las familias en los Estados Unidos? ¿divorcios y separaciones? ¿mudanzas (*moves*)? ¿falta de tiempo? ¿demasiadas actividades para los hijos? ¿trabajo de ambos padres? ¿otros problemas?
- ¿Te afectaron a ti algunas de estas cosas? ¿Tienen solución? ¿Qué haces o piensas hacer para que tu vida familiar sea diferente a la de tus padres, especialmente si tienes hijos?

¿Cómo se ganan la vida (*earn their living*) las personas de la foto? ¿Te interesa alguna de esas áreas laborales?

¿Cuál es la profesión que más admiras y por qué?

¿Qué es más importante para ti, un trabajo que te guste o un trabajo que pague bien?

«No es más rico el que más tiene, sino el que menos necesita».

4

Con el sudor de tu frente...*

EN ESTE CAPÍTULO

Minilectura
- «Profesiones para la próxima década»

Palabras
- Oficios y profesiones
- La búsqueda de trabajo
- El trabajo

Estructuras
10. El **se** accidental
11. El presente perfecto de indicativo
12. El pluscuamperfecto de indicativo

Cultura
- Prestaciones laborales
- Ocupaciones de los trabajadores hispanos en los Estados Unidos

Lectura
- «Perfiles de éxito»

Redacción
- La carta de interés que acompaña un currículum

Cortometraje
«Ellas se aman», Laura Astorga (Costa Rica, 2008)

Argumento: Dos compañeras de trabajo en una fábrica textil inician una amistad a causa de un malentendido (*misunderstanding*) y las tristes circunstancias de sus vidas.

*By the sweat of your brow...

De entrada

Minilectura Profesiones para la próxima década

Antes de leer

Hay profesiones que están desapareciendo y otras nuevas que están en gran demanda. En tu opinión, ¿qué trabajos van a desaparecer pronto?
¿En qué áreas profesionales se van a necesitar nuevos profesionales?

PROFESIONES PARA **LA PRÓXIMA DÉCADA**

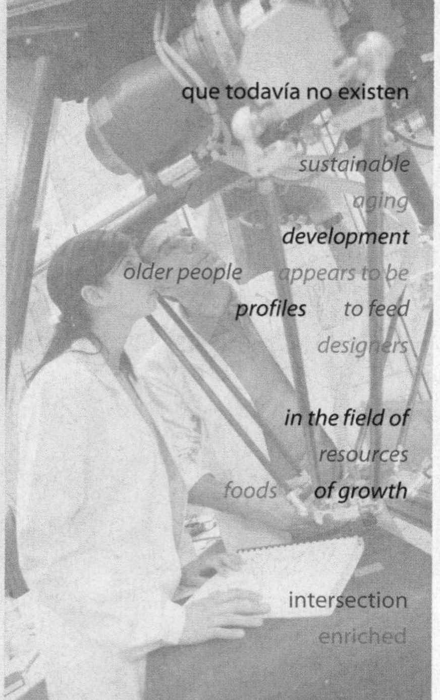

Piense en estos trabajos **por aparecer:** nano-médico, mecánico de robots de servicio, diseñador de órganos, ingeniero y técnico de nuevos materiales, arquitecto de edificios **sostenibles**... Según un estudio reciente elaborado para el gobierno británico, estas serán algunas de las nuevas profesiones de la próxima década. Dado el **envejecimiento** de la población, la robótica de servicio, el **desarrollo** de máquinas que hagan tareas domésticas y ayuden a cuidar de la **gente mayor**, **se perfila** como una actividad muy emergente. «Surgirán nuevos **perfiles** para **alimentar** esta industria, como ingenieros mecánicos con conocimientos en sicología o **diseñadores** de interfaces entre robots y humanos», explica Raúl Suárez, director de investigación en robótica de la Universidad Politécnica de Cataluña (UPC). Profesiones **en torno** al tratamiento de energías renovables, conservación de los **recursos** naturales o ciencias agrarias y de los **alimentos** serán también áreas **en crecimiento**.

Trabajos del futuro

behaviors *tons* *data*
coming
knowledge
environmental *matter*
muy importante *will hire*
Developer
elderly

- Ingeniero alimentario: El **cruce** de la genética, la nutrición y la informática darán lugar a nuevas profesiones para generar alimentos **enriquecidos** y dietas personalizadas.
- Diseñador de órganos: La confluencia de la biotecnología, la genética y la cirugía convertirán la creación de órganos artificiales en una actividad emergente en medicina.
- Analista de **comportamientos:** Las compañías necesitarán analizar **toneladas** de **datos** de clientes y tendencias **provenientes** de Internet y otras fuentes. Los perfiles estadísticos con **conocimientos** en sociología y *marketing online* serán muy demandados.
- Director de sostenibilidad: El impacto **medioambiental** pasará a ser un **asunto** corporativo **de primer orden**. Las compañías **contratarán** expertos en medio ambiente, negocio y regulación.
- **Desarrollador** de interfaces robóticos: Los robots de servicio irán poco a poco asumiendo tareas domésticas y de cuidado de **personas mayores**. Ingeniería mecánica con experiencia en robótica, desarrollo de *software* e interfaces será la combinación ideal.

Comprensión y análisis

Contesta las preguntas basándote en la información del texto.

1. ¿Por qué serán necesarios especialistas en robótica de servicio?
2. ¿Aumentará o disminuirá el número de profesiones relacionadas con la comida?
3. ¿Qué profesiones relacionadas con la medicina surgirán (*will come up*) en la próxima década?

Cortometraje Ellas se aman

Antes de mirar

¿Qué sabes del trabajo en las fábricas textiles? ¿Te parece una buena manera de ganarse la vida? ¿Por qué sí o no?
¿Qué impacto puede tener el chisme (*gossip*) falso en la vida de una persona?
En tu universidad o comunidad, ¿hay recursos para alguien que ha sido víctima de un abuso o un acoso sexual? ¿Cuáles son?

Título: «Ellas se aman»

País: Costa Rica

Dirección: Laura Astorga

Año: 2008

Reparto: Liliana Biamonte, Dayanara Guevara

«No soy tan idiota como para quedar panzona (*to get pregnant*)».

Comprensión y discusión

¿Cierto o falso? Indica si las siguientes ideas son ciertas (C) o falsas (F), según el video. Luego, intenta corregir las oraciones falsas.

1. Rosario y Estela llegan al trabajo caminando.
2. Rosario está contenta por su embarazo (*pregnancy*).
3. El jefe de la fábrica acosa sexualmente a Estela.
4. Toda la familia de Estela trabaja en la fábrica textil.
5. Estela roba calzoncillos (*underwear*) para poder irse de la fábrica.
6. Estela quiere vengarse (*to take revenge*) del jefe.

Interpreta Contesta haciendo inferencias cuando sea necesario.

1. Al principio de la película, ¿qué relación hay entre Estela y Rosario?
2. ¿Cómo se propaga el chisme falso de que tienen una relación amorosa?
3. ¿Por qué está preocupada Rosario?
4. ¿Por qué le da Rosario una carta al gerente? ¿Qué puede haber en el sobre?
5. ¿Cómo decide Estela vengarse de su jefe por lo que le hizo?

vocabulario útil

baboso	*tonto*
tortillera	*lesbiana (peyorativo)*
acosar	to harass
apretarse	to "make out"

Tertulia Otro impacto importante del trabajo

Las experiencias en el ámbito laboral muchas veces nos benefician más allá de lo puramente profesional y pueden tener un gran efecto en nuestra vida. ¿En qué maneras puede afectar nuestra vida una experiencia laboral? ¿Has tenido alguna experiencia en tu lugar de trabajo que no sea estrictamente laboral y que te haya influenciado en la vida?

Para ver «Ellas se aman» otra vez y realizar más actividades relacionadas con el cortometraje, visita: **www.connectspanish.com**

Palabras

DE REPASO

la carrera
la compañía
parcial
el empleo / el trabajo
la entrevista (entrevistar[se])
el estrés
la experiencia (laboral)
el jefe / la jefa
las referencias
la responsabilidad (responsable)
el trabajo a tiempo completo
el salario / el sueldo
el/la supervisor(a)

Oficios y profesiones

Los oficios

el/la agricultor(a)	farmer
el/la albañil	construction worker
el/la basurero/a	garbage collector
el/la cocinero/a	cook
el/la electricista	electrician
el/la fontanero/a	plumber
el/la jardinero/a	gardener
el/la pintor(a)	painter

Cognado: **el/la mecánico/a**

Las profesiones

el/la abogado/a	lawyer
el/la asistente de vuelo	flight attendant
el/la bibliotecario/a	librarian
el/la consultor(a)	consultant
el/la enfermero/a	nurse
el/la ingeniero/a	engineer
el/la maestro/a	teacher
el/la trabajador(a) social	social worker
el/la vendedor(a)	salesperson

Cognados: **el/la arquitecto/a, el/la piloto, el/la profesor(a) universitario/a, el/la programador(a) (técnico/a en programación)**

La búsqueda de trabajo

los anuncios/avisos clasificados	classified ads
la carta de interés / de recomendación	cover letter / letter of recommendation
el currículum (vitae)	résumé, CV
el curso de perfeccionamiento/ capacitación	training course
la formación	education, training
la solicitud	application
formarse	to educate/train oneself

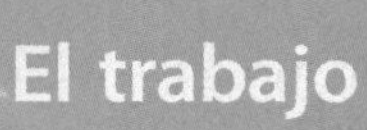

El trabajo

el (período de) aprendizaje	learning/training (period)
el ascenso	promotion
el aumento (de sueldo)	(salary) increase; raise
la capacidad de (adaptarse / aprender / trabajar en equipo)	ability / capacity to (adapt / learn / work as a team)

el contrato contract
el desempleo unemployment
el despido lay-off; dismissal (from job)
los días feriados holidays
el/la empleado/a employee
el/la empleador(a) employer
la empresa corporation
el éxito success
la firma signature
el fracaso failure
el/la gerente manager, director
la huelga strike
la guardería infantil day-care center
los impuestos taxes
la jubilación retirement
la licencia (por maternidad/matrimonio/enfermedad) (maternity/marital/sick) leave
la manifestación demonstration
el mercado market
la meta goal
la práctica laboral internship
el puesto position
la renuncia resignation
el seguro (de vida / médico / dental) (life/medical/dental) insurance
el sindicato labor union
el/la socio/a partner

Cognados: **los beneficios, el objetivo**
Repaso: **horario**

ascender (ie) to promote
aumentar to increase
contratar to contract
despedir (i, i) to lay off, fire
emplear to employ
estar (*irreg.*) **desempleado/a** to be unemployed
firmar to sign
jubilarse to retire
renunciar to resign

EMPLEOS 780

781 Empleos/Ofertas

Beauty Salons

NECESITO **BARBERO** (a) para Barbería en Villa Prades. ☎ 754-2582.

Nuevo Salón Milenio Area Río Piedras solicita con experiencia 3 estilistas y 2 técnica uñas con clientela **Ofic. 789-1369, 720-9694,**

de Screen y puertas de screen con experiencia. Area Este preferiblemente. Tel.(1-787) 888-0425.

SE SOLICITA: FOREMAN, VARILLEROS (AS), TRABAJADORES (as) diestros en trabajos de hormigón para trabajo permanente en fábrica de barreras contra sonido. Area Vega Alta. Traer referencias de trabajo. Salario a discutir. 883-5653, Empresa con igualdad oportunidad de empleo.

SOLICITO PERSONA para pintar propiedad área de Manatí. . Inf. 253-7262

Garajes

SE BUSCAN **Pulidores(as)** con exp en Uretano. **Garage**

Sr Montes

Profesionales

AUTO MOTION solicita Secretaria(o), recepcionista(o). CompaÑia automotriz área Carolina. Trabajo general de oficina. Atender público, responsable, organizado(a) , bilingÜe. Sr. Hernandez.
☎ **791-5331** ☎ **791-1572**

CASA SANTA LUISA **720-2215** Caimito R. Piedras, solicita **Enfermeras** (os) practicas para turnos rotativos.

Restaurant/ Fast Food

COCINERO(A) CON exp. y referencias. Gaby's BBQ Paseo De Diego #116, Río Piedras. **7AM a 4 PM. L- S**

■ ACTIVIDAD 1 Asociaciones

¿Qué asocias con las siguientes descripciones?

1. una compañía internacional famosa en todo el mundo
2. un trabajo con muchas responsabilidades
3. un trabajo de tiempo parcial
4. un empleo que causa poco estrés
5. un tipo de experiencia laboral útil para ser presidente de un país
6. un buen salario para una persona que acaba de terminar sus estudios universitarios
7. un número apropiado de semanas de vacaciones al año

ACTIVIDAD 2 Tu último trabajo

Paso 1 En grupos de tres o cuatro estudiantes, túrnense para describir el último trabajo que tuvieron o todavía tienen. Mencionen el sueldo (¡aproximado!), los beneficios, el horario, etcétera. Hablen también de lo que más les gusta de este trabajo y de lo que menos les gusta.

Paso 2 Después de haber escuchado a todos los miembros del grupo, determinen quién tiene o tuvo el mejor/peor trabajo y por qué. ¿Y cuál fue el trabajo más común o más raro?

ACTIVIDAD 3 Reivindicaciones laborales

Paso 1 Imagínense que los empleados de una empresa están hartos (*fed up*) de sus condiciones de trabajo. Por eso, su sindicato ha decidido hacer una manifestación. En grupos pequeños, inventen un contexto para esta situación. ¿Qué tipo de empresa es y cuáles son los problemas laborales de los trabajadores?

Paso 2 Ahora hagan una pancarta (*sign or banner*) para la manifestación que exprese sus reivindicaciones, por ejemplo, sus derechos como trabajadores y/o aspectos que piden que se mejoren en su situación laboral.

Ejemplos: ¡Renuncia, gerente, no te quiere la gente!
¡Más sueldo, menos horas!

Manifestación de indignados en España.

Manifestación (1934), Antonio Berni, Argentina

ACTIVIDAD 4 Encuesta: Los estudiantes de la clase y los trabajos

Hazles preguntas a tres compañeros de clase para averiguar (*find out*) la siguiente información. Después compara los resultados de tu encuesta con los de otros compañeros.

1. los tipos de trabajo que han tenido (*have had*) hasta ahora
2. el tipo de trabajo que aspiran tener después de graduarse de la universidad
3. lo que hicieron en el pasado para buscar empleo

ACTIVIDAD 5 El trabajo ideal

Paso 1 ¿Buscas un trabajo para este verano? ¿de tiempo parcial? ¿para después de graduarte? Haz una lluvia de ideas (*brainstorm*) sobre tu trabajo ideal, apuntando tantos detalles como puedas.

Paso 2 Ahora escribe el anuncio que te gustaría ver en el periódico o Internet sobre ese puesto. Los siguientes anuncios pueden servirte de modelo.

ACTIVIDAD 6 Entrevista de trabajo

Con un compañero / una compañera representa una entrevista de trabajo usando como base los anuncios de la **Actividad 5** (incluyendo tu anuncio ideal). A continuación hay algunas pautas para organizar la entrevista.

Entrevistador(a)

- Preguntas sobre la preparación académica y experiencia previa
- Preguntas sobre actitudes y metas

Entrevistado/a

- Respuestas positivas
- Preguntas sobre las condiciones de trabajo y los beneficios

www.empleos.org

Se buscan educadores

Se necesitan maestros, prof. de educación especial, artes plásticas o similares para hogar con centro de día dedicado a la atención integral de discapacitados mentales, ubicado barrio céntrico y 40 años de existencia.

Empresa: Asociación Civil Nosotros
Localidad: Buenos Aires
Sector: ONGs
Profesiones relacionadas: profesor de educación primaria o secundaria
Tipo de contrato: indefinido, jornada completa
Experiencia mínima: 0 años
Salario: No especificado

Enviar currículum para esta oferta de empleo

www.empleos.org

Coordinador/a de ocio y tiempo libre – nuevo

Tiempo y Acción – Madrid

Buscamos coordinadores de ocio y tiempo libre que además dispongan del título de monitor. Para campamentos urbanos en los alrededores de Madrid. Del 20/6 al 10/9. Fácil acceso por bus/metro/tren cercanías. Salario a negociar.

Contactar con el anunciante

Cultura

Prestaciones laborales

Las prestaciones laborales son beneficios que reciben los trabajadores como parte de su paquete de compensación. Algunas prestaciones, las más básicas y generales, están reguladas por las leyes de cada país. Otras prestaciones son complementos del salario de los empleados y están determinadas por cada empresa o por organizaciones laborales a través de convenios sindicales[a] o acuerdos entre las empresas y sus empleados.

Como es de esperar,[b] hay grandes diferencias en cuanto a legislación laboral entre los países hispanohablantes, lo cual se puede ver al comparar algunas de las prestaciones más importantes.

- **Vacaciones** En España, una persona con contrato permanente que trabaje un año tiene derecho a 30 días naturales[c] de vacaciones retribuidas.[d] En otros países, el número de días varía. Por ejemplo, en Argentina los empleados disfrutan de 14 días naturales en los primeros años de empleo, y llegan a disfrutar[e] de 35 días cuando han trabajado más de 20 años en una empresa.
- **Licencia por maternidad** La legislación garantiza[f] 16 semanas retribuidas a las mujeres españolas cuando tienen un bebé. Colombia les concede[g] 14 semanas a sus nuevas mamás y Argentina 90 días. También en estos países hay reducción de la jornada laboral[h] para las madres durante la lactancia.[i]
- **Asistencia sanitaria universal** También aquí hay grandes diferencias, ya que[j] hay países con un sistema médico que prácticamente cubre[k] a todos sus ciudadanos (Argentina, Chile, Costa Rica, Cuba, España y Uruguay), otros que están desarrollando este tipo de sistema (México y Venezuela) y algunos donde los ciudadanos dependen de cuidado médico privado.

[a]*union* [b]Como… *As is to be expected* [c]días… *calendar days* [d]*paid* [e]llegan… *enjoy up to* [f]*guarantees* [g]*grants* [h]jornada… *work day* [i]*breast feeding time* [j]ya… *since* [k]*covers*

Tertulia Las prestaciones

¿Cómo se comparan las prestaciones descritas (*described*) en el texto con las prestaciones típicas en los Estados Unidos? ¿Cuáles son las prestaciones más importantes para ti? En tu opinión, ¿cuáles son las prestaciones que los gobiernos deben legislar?

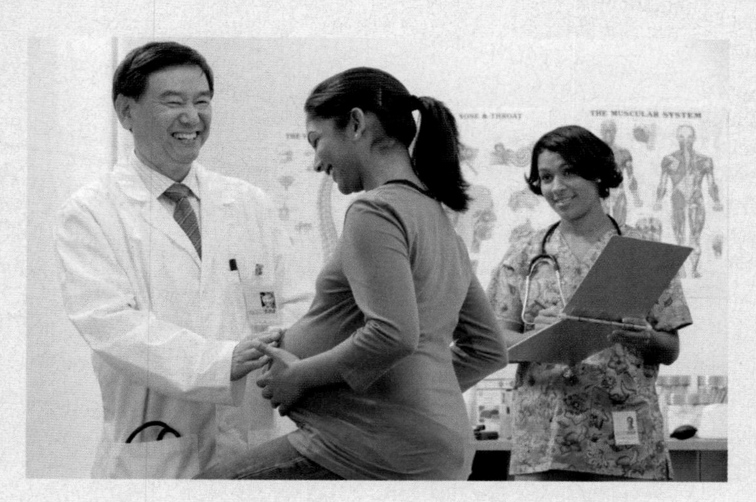

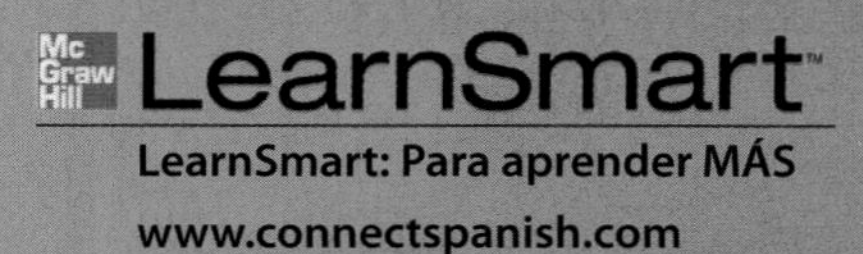

10 El *se* accidental

In Spanish, a sentence with **se** is often used to talk about unexpected and unintended events—that is, accidents that someone may have caused but in an unintentional manner. This construction is often referred to as *accidental* ***se.*** The desired effect is to show someone (who could be the actual "doer" of the action) as the "victim" of the mishap.

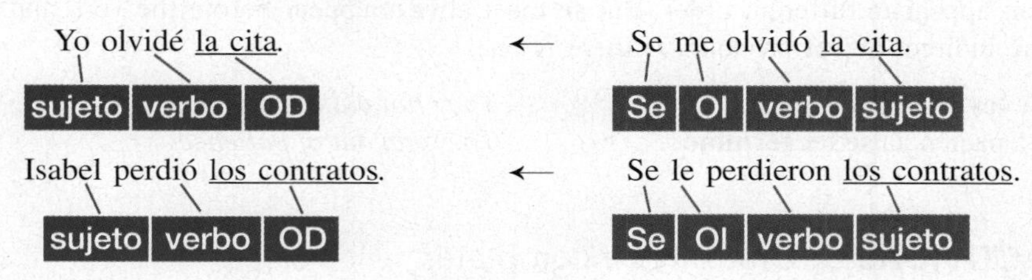

¡Otra vez se me olvidó terminar el informe!

- Frequently used verbs with this construction

acabar/terminar	*to run out (of something)*
caer	*to fall*
olvidar	*to forget*
perder	*to lose*
quedar	*to remain / to leave (behind)*
quemar	*to burn*
mojar	*to get wet*
romper	*to break*

- The accidental -**se** construction is grammatically a reflexive action: it appears as if the object of the action does something to itself. The indirect object shows who "suffers" from the action and, very likely, who actually caused the accident. The indirect object may not always appear; either we do not know who caused the accident or may not want to acknowledge what we did.

Se cayó la leche.	*The milk fell. (not known how)*
Se me cayó la leche.	*The milk fell. (I dropped it.)*
Se rompieron las gafas.	*The glasses broke. (not known how)*
Se me rompieron las gafas.	*My glasses broke. (I broke them.)*
Se te rompieron las gafas.	*Your glasses broke. (You broke them.)*

—¡Papi, se cayó la leche!	*—Daddy, the milk spilled!*
—Ya veo. ¿Cómo se te cayó?	*—I see. How did you spill it? (How did it spill on you?)*

- Possession with the accidental **se** can be marked by the indirect object pronoun alone, as in the reflexive constructions that describe daily routine. The use of a possessive adjective typically marks an owner different from the doer.

Se me rompieron **las** gafas.	*My glasses broke. / I broke my glasses.*
Se me rompieron **tus** gafas.	*I broke your glasses.*

- To avoid redundancy, the subject is dropped, as is the norm in Spanish.

—¿Dónde está **la leche**?	*—Where's the milk?*
—No hay. **Se nos acabó** esta mañana.	*—There is none. We ran out of it.*

¡Se cayó la leche!

¿A quién se le olvidó comprar comida?

¡OJO! **La leche** here is not a direct object, but a subject. Therefore, **la** cannot be used instead of **la leche.**

- To emphasize or clarify the indirect object, a prepositional phrase **a** + *pronoun* is added.

—¿**A quién** se le olvidó comprar la leche?	*Who forgot to buy the milk?*
—**A Pepe.** Y **a mí** se me olvidaron las papas.	*Pepe did. And I forgot the potatoes.*

- The accidental-**se** construction is very flexible, and the parts of the sentence can appear in different order. But **se** must always appear before the verb and the indirect object pronoun, if there is one.

Se les terminó la paciencia.	*They ran out of patience.*
La paciencia **se les terminó.**	*They ran out of patience.*

■ ACTIVIDAD 1 Oraciones incompletas

Completa las siguientes oraciones. A todas les falta algo: **se,** el objeto indirecto o uno de los verbos de la lista.

acabar **olvidar** **perder** **quemar** **romper**

Ejemplo: A mí no ___se___ ___me___ olvidó mandar la solicitud hoy.

1. A mí __________ __________ pierden las llaves y __________ me __________ la comida con frecuencia.
2. A ti nunca se __________ __________ nada.
3. A mis amigos siempre se __________ __________ la fecha límite de los trabajos de clase.
4. __________ nos __________ las solicitudes ayer.
5. ¿No __________ __________ __________ nunca las gafas a Ud.?

■ ACTIVIDAD 2 ¡Uy! (*Oops!*)

Mira los dibujos y explica lo que pasa en cada uno de ellos usando la construcción con **se** accidental.

1. 

2.

3. 

ACTIVIDAD 3 Accidentes comunes

Paso 1 ¿Eres una persona torpe (*clumsy*)? ¿Qué accidentes te suelen ocurrir y cuáles no? Haz una lista.

Ejemplo: Se me quedan las llaves dentro del coche algunas veces.

Paso 2 Pregúntales a tus compañeros si les suelen ocurrir los mismos accidentes que a ti. Después, entre todos, indiquen cuáles son los accidentes más comunes entre los estudiantes universitarios.

ACTIVIDAD 4 ¡Qué vergüenza! (*How embarrassing!*)

Cuéntales a los compañeros sobre un momento vergonzoso que te ocurrió en el trabajo o en la escuela secundaria. No olvides usar la construcción con **se** accidental siempre que sea posible.

Ejemplo: El verano pasado, cuando yo trabajaba en una oficina, se me cayó una taza de café sobre unos documentos importantes que había en una mesa.

¡Qué pena! ¡Se te quemó el pan tostado!

11 El presente perfecto de indicativo

Tabla de tiempos

Presente perfecto (he hablado/comido/vivido)		
Pluscuamperfecto **(había hablado/ comido/vivido)**	Pretérito **(hablé/comí/viví)** *I spoke/ate/lived*	Presente
	Imperfecto **(hablaba/comía/vivía)**	

The present perfect in Spanish, as in English, expresses actions that were completed or started in the past but still are relevant in the present.

Durante los tres últimos veranos **he trabajado** como consejero en un campamento para niños.	*During the last three summers I have worked as a counselor in a children's camp.*
Mi amigo Juan **ha viajado** por todo el mundo gracias a su trabajo.	*My friend Juan has traveled all over the world thanks to his job.*

Forms

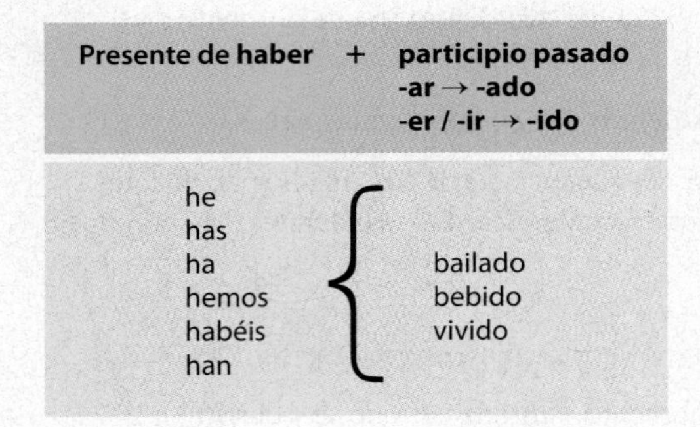

Presente de haber	+	participio pasado -ar → -ado -er / -ir → -ido
he has ha hemos habéis han		bailado bebido vivido

¡OJO! The past participle is an *invariable* form when it is part of a verb form including **haber**—it always ends in **-o.**

- **Irregular forms of the past participle:** These are some of the most commonly used verbs.

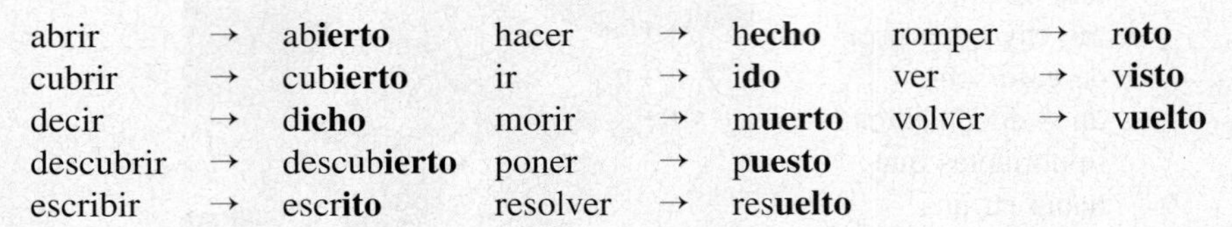

abrir	→ ab**ierto**	hacer	→	**hecho**	romper	→	**roto**
cubrir	→ cub**ierto**	ir	→	**ido**	ver	→	**visto**
decir	→ **dicho**	morir	→	m**uerto**	volver	→	**vuelto**
descubrir	→ descub**ierto**	poner	→	**puesto**			
escribir	→ escr**ito**	resolver	→	res**uelto**			

RECORDATORIO

Non-conjugated forms of the verb:

- *infinitive* (infinitivo): habl**ar**, com**er**, viv**ir**
- *gerund* (gerundio): habl**ando**, com**iendo**, viv**iendo**
- participio pasado: habl**ado**, com**ido**, viv**ido**

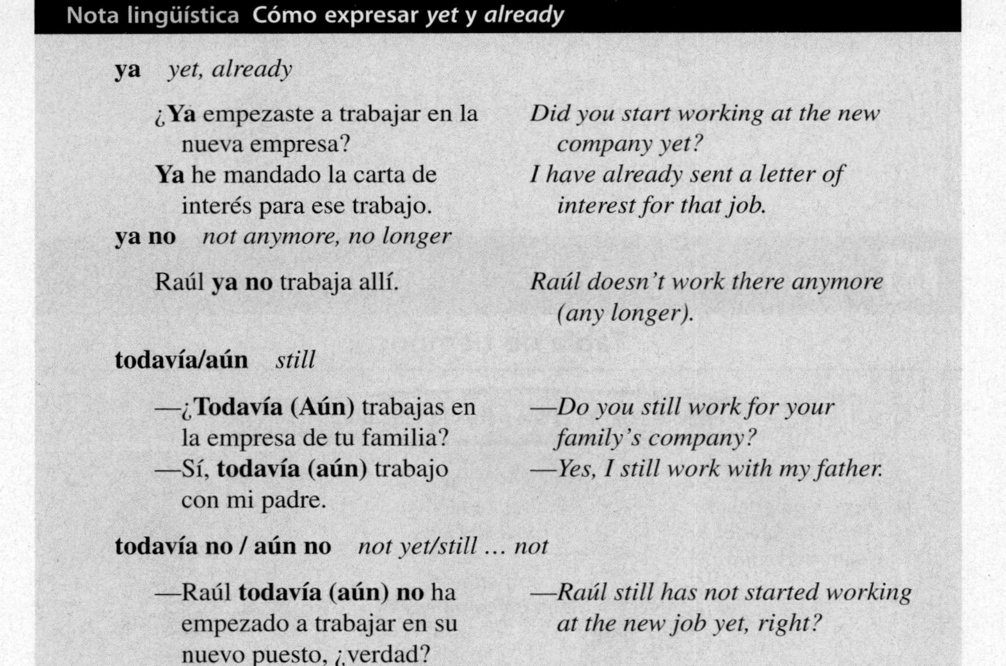

Nota lingüística Cómo expresar *yet* y *already*

ya *yet, already*

¿**Ya** empezaste a trabajar en la nueva empresa?	*Did you start working at the new company yet?*
Ya he mandado la carta de interés para ese trabajo.	*I have already sent a letter of interest for that job.*

ya no *not anymore, no longer*

Raúl **ya no** trabaja allí.	*Raúl doesn't work there anymore (any longer).*

todavía/aún *still*

—¿**Todavía (Aún)** trabajas en la empresa de tu familia?	*—Do you still work for your family's company?*
—Sí, **todavía (aún)** trabajo con mi padre.	*—Yes, I still work with my father.*

todavía no / aún no *not yet/still … not*

—Raúl **todavía (aún) no** ha empezado a trabajar en su nuevo puesto, ¿verdad?	*—Raúl still has not started working at the new job yet, right?*
—No, **todavía no.**	*—No, not yet.*

■ ACTIVIDAD 1 Cosas por hacer

Completa cada una de las oraciones con la forma correcta del presente perfecto del verbo más apropiado de la lista.

decir	**encontrar**	**hacer**	**morir**	**tener**
descubrir	**estar**	**llenar**	**probar**	**terminar**

1. Yo no ______________ mi carrera todavía, pero ya ______________ la mayoría de los requisitos.
2. La Sra. Grandinetti no ______________ trabajo todavía, pero ______________ muchas solicitudes.
3. Los científicos ______________ un nuevo fármaco contra el cáncer, el cual se ______________ en mil ratones diagnosticados con cáncer. Los ratones ______________ en tratamiento desde hace un año y ninguno ______________ todavía.
4. Estoy muy triste por haber perdido el trabajo. Lo peor es que aún no les ______________ nada a mis padres.
5. ¿Tú ______________ alguna vez una entrevista por teléfono?

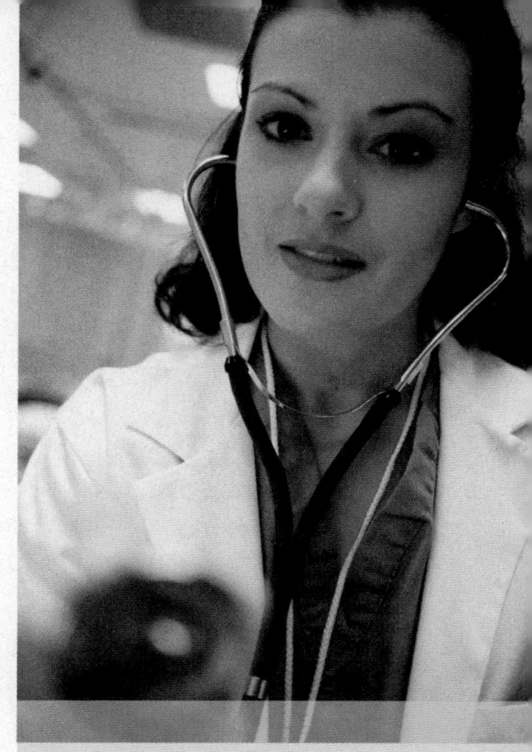

Ya no soy estudiante, ahora soy médica.

ACTIVIDAD 2 ¿Una vida convencional?

Paso 1 Haz una lista de las cuatro actividades más interesantes que has hecho en tu vida y de otras cuatro que todavía no has hecho, pero que tienes muchas ganas de hacer.

Ejemplos: He saltado en paracaídas (*parachute*).
Todavía no he viajado fuera de los Estados Unidos.

Paso 2 Ahora busca a otros estudiantes en la clase que no hayan hecho las cosas que te interesan a ti y que también tengan interés en experimentarlas.

Ejemplo: —¿Has viajado fuera de los Estados Unidos?
—No, nunca he viajado fuera de los Estados Unidos.
(O: Sí, he viajado a México; fui el año pasado.)
—¿Te gustaría (*Would you like*) hacerlo?
—¡Me encantaría! (*I would love to!*) (O: Lo siento, pero no me interesa por ahora.)

ACTIVIDAD 3 Entrevista sobre la experiencia laboral

Hazle una entrevista a un compañero / una compañera sobre sus experiencias en el campo laboral y después comparte con la clase lo que averigües. Presta atención al uso del presente perfecto de indicativo y la expresión «alguna vez».

Ejemplo: • tener un jefe / una jefa antipático/a
—¿Has tenido alguna vez un jefe antipático?
—Sí.
—¿Cómo era y qué hacía?

Algunas ideas para la entrevista:

- tener un empleo sin contrato / sin beneficios
- llegar tarde al trabajo varias veces seguidas
- tener más de un mes de vacaciones
- trabajar para una empresa de ______
- solicitar un puesto en otra ciudad
- recibir un aumento de sueldo
- trabajar en un puesto odioso
- ser mesero/a

Nunca **he estado** en las playas de México.

REPASO

Past participle forms: Estructuras 11

ACTIVIDAD 4 ¿Qué has hecho esta semana?

En parejas, cuéntense varias cosas que han hecho esta semana. Una persona debe contar lo que ha hecho y la otra persona debe hacerle preguntas lógicas de seguimiento. Luego cambien de papel (*role*).

Ejemplo: —He tenido un examen de matemáticas.
—¿Has recibido la nota ya?
—No, todavía no la he recibido.

¡OJO! Si se especifica una acción con un día concreto (**el lunes, el martes**, etcétera), se suele usar el pretérito: **«El lunes tuve un examen de matemáticas»; «El martes recibí la nota».**

12 El pluscuamperfecto de indicativo

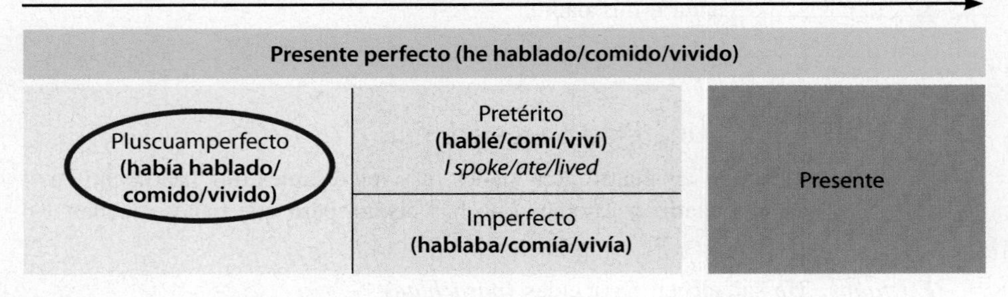

Forms

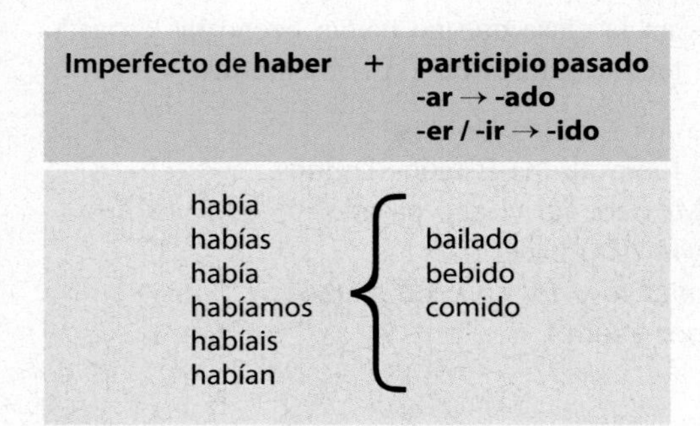

Imperfecto de haber	+	participio pasado -ar → -ado -er / -ir → -ido
había habías había habíamos habíais habían		bailado bebido comido

Uses

- The past perfect or pluperfect is a tense used to refer to an action that occurred prior to a point of reference in the past.

Cuando **me ofrecieron** el trabajo en Telefónica, yo ya **había aceptado** el puesto en AT&T.

In the sequence of events in these examples, the actions in the past perfect occurred before the other actions or time reference.

- The past perfect is often used in reported speech (**estilo indirecto**), that is, in reporting what someone said that someone (else) had done.

El supervisor le preguntó a Ana si la **habían llamado** para ofrecerle el puesto.	*The supervisor asked Ana if they had called her to offer her the job.*
Ana contestó que no **había recibido** ninguna oferta de trabajo todavía.	*Ana answered that she had not received any job offer yet.*

Al final de ese año fiscal, la empresa **había perdido** una gran cantidad de dinero.

Nota lingüística El participio pasado como adjetivo

In Spanish, as in English, the past participle can be used as an adjective. In this case, the past participle must agree in number and gender with the noun it modifies, as would any other Spanish adjective.

la vida complic**ada**	*complicated life*
un estilo de vida más complic**ado**	*a more complicated lifestyle*

The past participle as an adjective is used in two important constructions in Spanish.

- After **ser** in the passive voice (see **Capítulo 12**)

  Muchos artículos que se utilizan en los hogares **son fabricados.** — *Many articles that are used in homes are manufactured.*

- After **estar** to describe resulting conditions

  Cuando llegamos, la puerta ya **estaba cerrada.** — *When we arrived the door was already closed.*

ACTIVIDAD 1 ¿Verbo o adjetivo?

Indica si el participio de pasado funciona como parte del verbo o como adjetivo en las siguientes oraciones.

	Adjetivo	Verbo
1. He **buscado** trabajo toda la mañana.	☐	☐
2. Hay un puesto **abierto** en la biblioteca.	☐	☐
3. Mi solicitud está **completa.**	☐	☐
4. He **solicitado** el puesto de la biblioteca.	☐	☐
5. Hay muchos contratos **firmados.**	☐	☐
6. Nunca había **visto** este contrato.	☐	☐
7. El contrato **firmado** estaba en la mesa.	☐	☐

ACTIVIDAD 2 Un buen día

Completa las oraciones con la forma correcta del pluscuamperfecto.

1. Para cuando mi jefe llegó a la oficina, yo ya le _______________ (dejar) en su escritorio el reportaje sobre la huelga de programadores.
2. Mi jefe estaba contento porque su secretaria _______________ (hacer) todas las fotocopias para la reunión y él no _______________ (ver) ningún error en los documentos.
3. Después de la reunión, mi jefe me felicitó porque los directores del periódico le _______________ (decir) que mi ascenso estaba aprobado.
4. A las tres de la tarde, mi compañero Manuel y yo ya _______________ (escribir) las preguntas para la entrevista que le vamos a hacer mañana a Juanes.
5. Cuando llegué a casa, mi hermana me dijo que mi novio ya _______________ (volver) de su viaje y que estaba esperándome.

■ ACTIVIDAD 3 ¿Quién lo dijo?

Empareja cada una de las oraciones con la persona lógica. Después forma una oración de estilo indirecto. Sigue el ejemplo. Puedes sustituir el verbo **decir** por **informar, explicar, reportar** o **contar.**

Ejemplo: El gerente: «Terminé de entrevistar a los candidatos». →
El gerente dijo que había terminado de entrevistar a los candidatos.

1. —— La economía del país subió en la última década.
2. —— Los trabajadores han pasado toda la noche en huelga.
3. —— Tres estudiantes han recibido una beca de estudios.
4. —— Despedí a esos empleados porque no podían trabajar en equipo.
5. —— Hice un curso de capacitación el año pasado.

a. el candidato a un puesto
b. la consejera de estudiantes de escuela secundaria
c. el ministro de economía
d. el periodista
e. la gerente

En las elecciones de 2012, yo no **había cumplido** los dieciocho años todavía.

■ ACTIVIDAD 4 Mi vida

Menciona una cosa que ya había ocurrido en tu vida y otra que no había ocurrido todavía antes de las siguientes fechas o eventos. Hay varias formas de expresar estas ideas.

Ejemplos: 2008 → En 2008, yo no había empezado la escuela secundaria (todavía).
2010 → Antes de 2010, yo (todavía) no había estudiado español.
1999 → Para 1999, mis padres ya se habían divorciado.

1. 1995
2. enero del 2006
3. ir a la escuela
4. llegar a la universidad
5. 2010
6. 2013
7. tomar este curso
8. cumplir ¿? años

■ ACTIVIDAD 5 La búsqueda de empleo de Emilia

Indica los verbos entre paréntesis correctos para completar los siguientes párrafos. Todos los verbos entre paréntesis están en el pretérito y el pluscuamperfecto.

Antes de mandar las cartas de interés, Emilia ya (leyó / había leído)[1] muchos anuncios de trabajo, y también (consultó / había consultado)[2] la oficina de recursos profesionales en su universidad. En total, Emilia (solicitó / había solicitado)[3] veinte puestos diferentes. Para los puestos que más le interesaban (hizo / había hecho)[4] búsquedas en el Internet para saber todo lo referente sobre[a] las compañías que los ofrecían con el fin de escribir una buena solicitud.

Finalmente le (dieron / habían dado)[5] una entrevista en el periódico *La Jornada,* uno de sus puestos más deseados. Justo antes de que la llamaran[b] para establecer la entrevista, le (dijo / había dicho)[6] a su madre cuánto le gustaría tener ese puesto, pero que no esperaba que la llamaran, porque era un puesto muy competitivo.

Hoy ya lleva un año trabajando en *La Jornada* y está contentísima. (Hablé / Había hablado)[7] con ella ayer y me dijo que este era el trabajo con el que ella (soñó / había soñado)[8] mientras estudiaba en la universidad.

[a]todo... *everything about* [b]Justo... *Just before they called her*

Cultura

Ocupaciones de los trabajadores hispanos en los Estados Unidos

Por lo general, los trabajadores hispanos en los Estados Unidos están más representados en ocupaciones menos remuneradas que en las profesionales. Hay varias razones; entre ellas, la reciente llegada de inmigrantes de países latinoamericanos que aceptan trabajos manuales por falta de educación, de conocimiento del inglés o de documentación legal.

La menor presencia latina en las profesiones hace que los ingresos personales sean más bajos que los de otros grupos de la población. Sin embargo, el panorama laboral de los latinos estadounidenses tiende a mejorar y será este grupo el que verá una mayor subida en la distribución de nuevos trabajos en la próxima década.

Los siguientes gráficos muestran los porcentajes de distribución de la población hispana (datos de la Oficina del Censo de los Estados Unidos del año 2010).

César Chávez, símbolo y líder del movimiento de los derechos de los trabajadores agrícolas en California desde la década de 1960

Salario personal
(Censo de EEUU, 2010)*

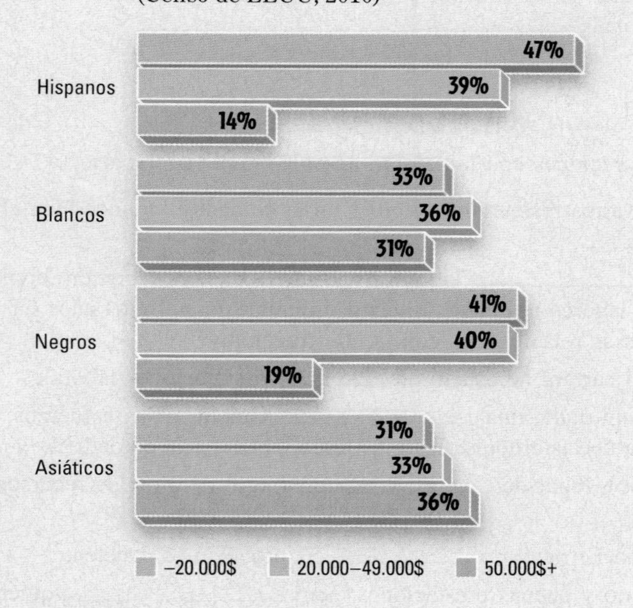

Ocupaciones: porcentaje de personas de cada grupo racial/hispanos que trabajan en el área
(Censo de EEUU, 2010)*

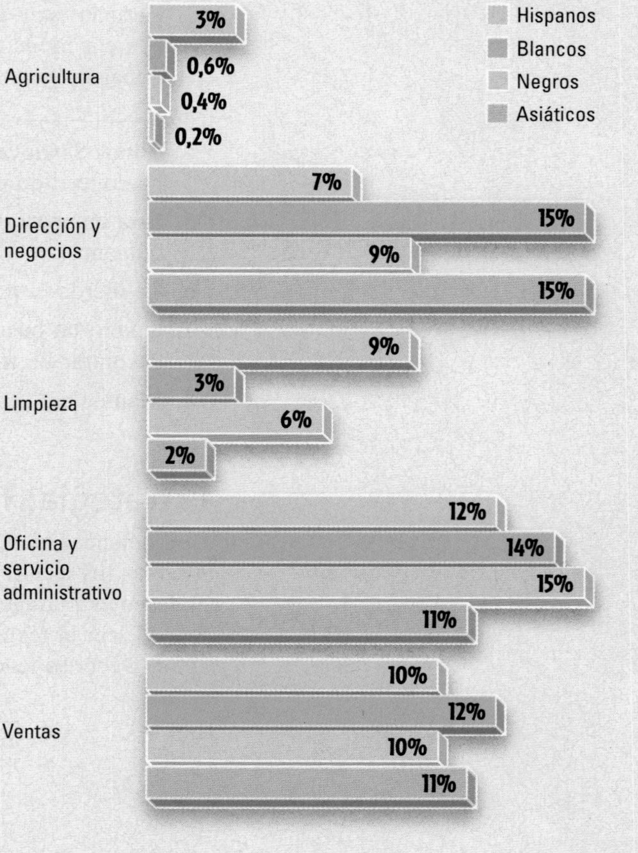

Tertulia La representación laboral de los hispanos en el futuro

¿De qué manera se puede lograr una mayor representación de los hispanos en ocupaciones mejor remuneradas? ¿Qué cambios políticos te parecen necesarios para conseguirlo? ¿Creen Uds. que la discriminación positiva (*affirmative action*) es un medio de lograrlo?

*Para más información sobre estos datos ir al informe de Pew Hispanic Center sobre el Censo de los Estados Unidos de 2010: http://www.pewhispanic.org/2012/02/21/statistical-portrait-of-hispanics-in-the-united-states-2010/

Perfiles de éxito

Texto y publicación

Este texto es parte de un artículo que apareció en una página web dedicada a las profesiones. Su autor, el profesor Luis Puchol, es un experto en recursos humanos, autor de numerosos libros y ensayos relacionados con ese tema.

Vocabulario útil

el liderazgo	leadership
el perfil	profile
el/la triunfador/a	winner
capaz	capable, able
cuyo/a	whose
empresarial	**de la empresa**
a lo largo de	throughout
por encima de todo	above all

Antes de leer

En tu opinión, ¿qué cosas son indispensables para triunfar en un trabajo? ¿Y en los estudios?
¿Crees que las personas que no son buenos estudiantes pueden ser líderes en una excelente carrera profesional?

■ ACTIVIDAD 1 Oraciones incompletas

Completa las siguientes oraciones con la palabra apropiada del vocabulario.

1. Carlos es dueño de varios restaurantes y cines en la ciudad; él conoce bien el mundo ______________.
2. Germán tiene un ______________ laboral muy interesante: es ingeniero civil, con experiencia con labores de mantenimiento y durante los últimos años ha trabajado para empresas relacionadas con la construcción.
3. ______________ mi carrera he estado en todo tipo de situaciones laborales.
4. Elinor Sandoval es, sin duda, una ______________. Gracias a sus esfuerzos, se ha convertido en una de las empresarias más importantes de la ciudad.
5. Esta empresa ocupa un lugar de ______________ dentro del área de recursos humanos.
6. Le dieron el premio a Fernando, ______________ proyecto es excelente.
7. Quiero un buen sueldo y buenas prestaciones, pero ________________ quiero encontrar un trabajo que me guste.
8. Manuel es ______________ de escribir este informe en un par de horas.

Estrategia: Tesis y propósito de un ensayo

Para entender bien un ensayo, es importante discernir cuál es la tesis o idea central. Además los lectores deben identificar cuál es el propósito del autor, por ejemplo, si el deseo es puramente informar o el texto toma una posición para convencer.

Al leer el texto de esta lectura, piensa en cuáles son la tesis y el propósito del autor. Deberías tener una buena idea para el final del tercer párrafo.

PERFILES DE ÉXITO,

LUIS PUCHOL

En los últimos años, con alguna frecuencia los estudiantes de último **grado** suelen preguntar que cuál es el camino más seguro y rápido para encontrar un buen trabajo **al finalizar** los estudios universitarios. **Siempre se les ha respondido** que no existen **atajos** ni **caminos** privilegiados; lo que hay son buenos y malos **caminantes**.

year
upon finishing
They always have been told **shortcuts**
paths *walkers*

¿Y cuál es ese perfil que diferencia a esos buenos caminantes de los que no son tan buenos? No hay **receta** mágica que convierta a cualquier estudiante en un triunfador, pero **dado que** esa receta no existe, vamos a mencionar algunos de los rasgos que hemos podido observar en la mayor parte de jóvenes graduados que consiguen «su» trabajo, en el que encuentran satisfacción, motivación y autorrealización constantes, y no solamente un puesto de trabajo que financie las necesidades más inmediatas.

recipe
given that

Estos «triunfadores», contra lo que pudiera parecer a primera vista, no siempre han sido unos «**cerebritos**» de los que **sacan** perfectas calificaciones en todas las asignaturas, sino estudiantes que obtienen unas calificaciones aceptables a lo largo de sus estudios, a veces con algún **6**, o con algún «**extraordinario**». **Eso sí**, las mejores calificaciones, incluso calificaciones excelentes, las han obtenido en aquellos **temas** que realmente les motivaban y en cuyo campo pretenden posteriormente especializarse.

(little) brains **obtain**
6 of 10, an average grade *make-up exam for students who fail the first attempt* **However** *subject matters*

Un rasgo determinante de estos triunfadores es que:

- Asisten regularmente a clase, estudian y preparan sus exámenes utilizando buenos libros que adquieren a principios de curso o que consultan en la biblioteca, y no se limitan a tomar apresurados apuntes en clase, preguntando a cada momento al profesor si «esto entra o no en el examen».

office hours *go*
dispute

brown-nosers

being inappropriate

- También suelen ser personas que utilizan las **asesorías** y **acuden** a los profesores, no para **reclamar** una calificación que juzgan injusta, sino para aprender lo que no saben o aclarar las dudas que se les presentan al estudiar un tema o preparar un examen. Lo anterior no significa que sean unos «buenos chicos» conformistas o «**pelotas**», porque los triunfadores que hemos conocido son asertivos, sin ser agresivos, es decir, son de defender su punto de vista ante un profesor o autoridad académica cuando están seguros de tener la razón, pero sin **perder las formas**, gritar o insultar. Además de que los triunfadores asisten a conferencias, charlas y presentaciones, relacionadas con el tema de su interés.

to perform

- Se afilian a asociaciones estudiantiles que les permitan entrar en contacto con quienes pueden emplearlos en el futuro, y procuran **desempeñar** algún puesto gerencial que les dé experiencia en la utilización de técnicas de liderazgo, organización y comunicación.

within the financial constraints
enroll
exchange
they desperately avoid
stay

- Saben que la nota dominante del futuro es la globalización empresarial, y en consecuencia, dedican el tiempo y el esfuerzo necesarios a estudiar idiomas: Inglés en primer lugar, y después otro idioma más. Cuando es posible, **en función de las posibilidades económicas** de su familia, procuran **apuntarse** a un plan de **intercambio** y estudiar un semestre o un curso completo en una universidad extranjera. Y cuando están allí, **huyen como del mismo diablo** del resto de los hispanoparlantes, porque saben que el principal beneficio de su **estancia** fuera es la adquisición de habilidades lingüísticas en el idioma del país de recepción.
- Se preocupan por adquirir habilidades de comunicación: Escribir para ser leído, hablar en público, participar en debates, etcétera.

They do not stay removed

- **No permanecen ajenos** a las necesidades sociales y se preocupan por ellas, incluso participan en actividades voluntarias de tipo solidario.

to trust
to reach

to get enthused

- Y por encima de todo esto, suelen ser personas en cuya palabra se puede **confiar**, buenos amigos de sus amigos y buenos compañeros de los que, sin **alcanzar** la categoría de amigos, coinciden con ellos en su curso. Son además capaces de **entusiasmarse** con el trabajo, amantes de la justicia y con un sentido profundo de la ética.

Comprensión y análisis

■ ACTIVIDAD 2 Un perfil de éxito

Paso 1 La siguiente lista es un resumen de las características del perfil de éxito según el artículo. Encuéntralas en el texto.

Los estudiantes con perfil de éxito…

- son honestos
- no tienen miedo de otras culturas
- se preocupan por los demás
- les gusta estar bien informados
- buscan ayuda
- desean compartir sus ideas

Paso 2 Ahora completa las siguientes ideas según el artículo.

¡OJO! Antes de hacer este paso, repasa los usos de las palabras **pero** y **sino** (**que**), en la página [60].

Los estudiantes triunfadores…

1. no tienen que ser brillantes en todas las asignaturas, pero…
2. no se despreocupan de las actividades sociales, sino...
3. no son malos compañeros, pero/sino…
4. no son conformistas, pero/sino que…
5. no creen que hablar una sola lengua sea suficiente, pero/sino…

ACTIVIDAD 3 Propósito y tesis

En parejas, identifiquen la tesis que presenta el artículo y discutan si el propósito es informar o convencer. Busquen partes del texto que apoyen (*support*) sus ideas.

ACTIVIDAD 4 Resumen

En menos de cuarenta palabras, haz un resumen de las ideas principales del artículo. Después intercambien sus resúmenes en tríos y presenten una versión final a la clase.

Tertulia Éxito profesional

¿Tienes tú el perfil de un estudiante que tendrá éxito profesional? En grupos discutan como cada uno de ustedes son o no son como los estudiantes descritos en el texto.

Producción personal

Redacción: La carta de interés que acompaña un currículum

Una carta de interés para un trabajo: puedes usar uno de los puestos que aparecen en los anuncios de la **Actividad 5** en la sección **Palabras** (página 95).

Prepárate

Haz una lista de las razones por las que quieres este puesto y otra de tus cualificaciones, estudios, experiencia, etcétera.

¡Escríbelo!

- Recuerda que tu lector es un empleador, por lo tanto debes usar un lenguaje muy formal.
- Sigue la estructura de una carta de negocios.
  - ❒ el encabezamiento: nombre y dirección de la persona que escribe la carta
  - ❒ fecha (**¡OJO!** En español se pone primero el día y después el mes.)
  - ❒ destinatario: nombre y dirección de la persona a la que va dirigida la carta
  - ❒ saludo, por ejemplo: «Estimado/a Sr./Sra.... »
  - ❒ cuerpo, tres partes: introducción, desarrollo y conclusión
  - ❒ despedida o cierre: «A la espera de sus noticias, le(s) saluda atentamente,»
  - ❒ firma

Repasa

- ❒ el uso de los tiempos verbales
- ❒ la concordancia verbal (sujeto y verbo) y nominal (género y número)
- ❒ la ortografía y los acentos
- ❒ el uso de un vocabulario variado y correcto (evita las repeticiones)
- ❒ el orden y el contenido: párrafos claros, principio y final

¡No te equivoques!: *Maneras de expresar* because (of)

porque	*because*	**Hubo muchas protestas y manifestaciones porque los impuestos para los ricos eran muy bajos.**
como	*since, as, because* generally at the beginning of a sentence	**Como los impuestos eran tan bajos para los ricos, hubo muchas protestas y grandes manifestaciones.**
a causa de	*because of* followed by a noun or an inifnitive	**El presidente anterior tuvo que dimitir a causa de la crisis.** **A causa de firmar el acuerdo bilateral, las relaciones han mejorado económicas mucho.**

En tu comunidad

Entrevista

Entrevista a una persona hispana que trabaje en tu universidad: un profesor / una profesora (¡pero no del curso que estás tomando!), alguien con un cargo administrativo, una persona que esté encargada de la limpieza o el mantenimiento, etcétera.

Puedes usar las siguientes sugerencias para la entrevista:

- cuánto tiempo hace que tiene su posición actual
- si está satisfecho/a con su trabajo y por qué
- si usa el español en su vida laboral
- sus metas laborales

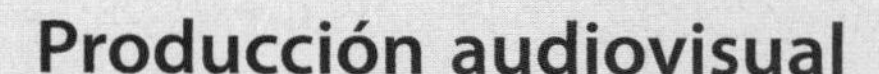

Producción audiovisual

Prepara una presentación audiovisual sobre las cosas que has hecho hasta ahora que puedan servirte para una carrera que te interese en el futuro. También puedes incluir cosas pertinentes que piensas hacer en el futuro próximo.

¡Voluntari@s! Ayudar a leer y escribir mejor

¿Has pensado alguna vez en ser tutor/a para estudiantes con inglés limitado? Algunos estudiantes internacionales o de familias inmigrantes recientes necesitan ayuda para escribir mejor en inglés sus tareas académicas, o en la preparación de un buen currículum y cartas de interés. Es posible que el departamento de inglés o el centro de carreras ofrezcan oportunidades de voluntariado en este área.

También puedes buscar un centro de alfabetización de adultos (*literacy center*) en tu comunidad.

Tertulia final Problemas laborales

- ¿Cuáles son los problemas laborales más graves que afectan a los diferentes grupos étnicos o raciales en este país? En tu opinión, ¿ha habido progreso suficiente en las últimas décadas con relación a los grupos menos privilegiados? ¿Cómo se puede mejorar la situación?
- ¿Cómo se presenta la situación laboral para tu generación? ¿Cómo ha cambiado la situación con respecto a la generación de tus padres?

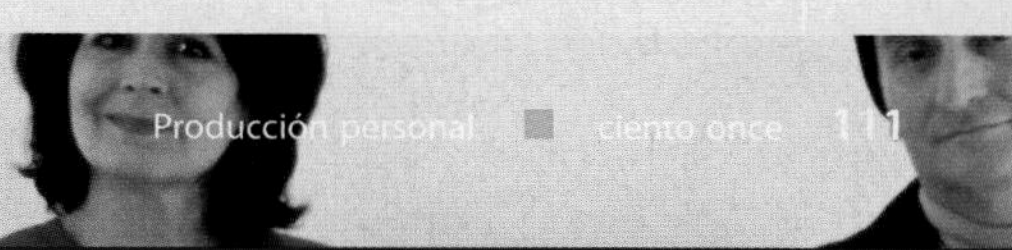

¿Qué usas más: el portátil, el lector electrónico o el celular?

¿Estás completamente «desconectado/a» en algún momento del día?

¿Qué páginas web consideras imprescindibles?

«El mundo es un pañuelo».*

*Literally: *The world is a handkerchief.*

5

El mundo al alcance de un clic

EN ESTE CAPÍTULO

Minilectura
- «Del SMS al Tweet para quedadas masivas»

Palabras
- Los medios de comunicación
- La computación y otras tecnologías
- No solo tecnología

Estructuras
13. El presente de subjuntivo: Introducción y contexto de influencia
14. Los mandatos formales e informales

Cultura
- Avances tecnológicos y científicos en los países hispanos
- Científicos hispanos

Lectura
- «Cochabamba»

Redacción
- Análisis de causa y efecto

Cortometraje
«La barbería», Federico Sosa (Uruguay, 2004)

Argumento: Una barbería recibe clientes misteriosos.

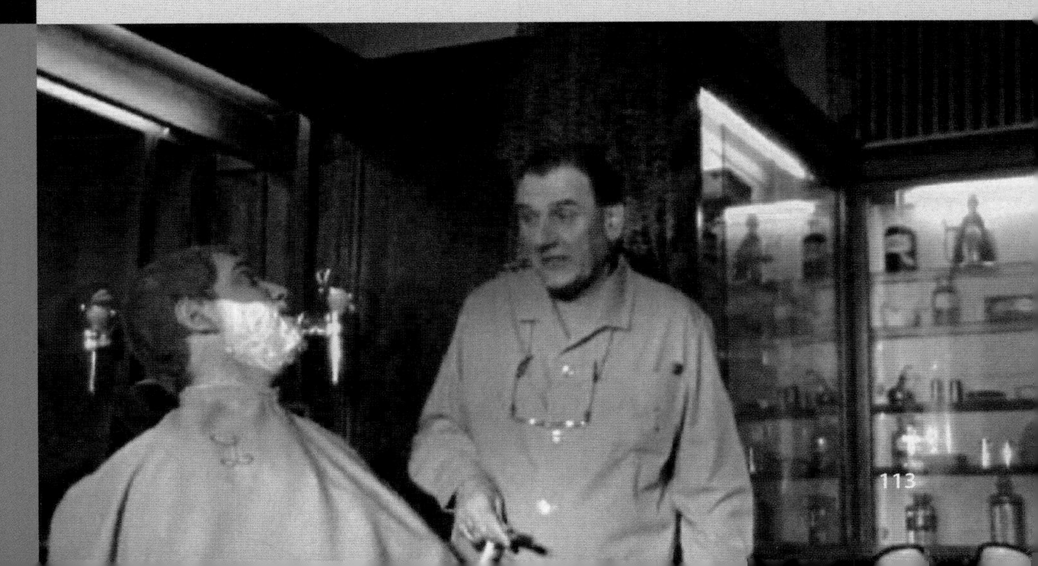

De entrada

Minilectura Del SMS al Tweet para quedadas masivas

Antes de leer

¿Has estado alguna vez en una gran quedada (*flashmob*)? ¿Cuál fue la causa o la razón para la quedada? ¿Qué te gusta o no te gusta de este tipo de concentraciones humanas?

DEL SMS **AL TWEET PARA QUEDADAS MASIVAS,**

SARAY CEBALLOS

Los *flashmob* aprovechan las **redes** sociales como medio de convocatoria

networks — *call* — celulares — *to meet* — *land line (phone)* — *has led to* — objetivo — *To have fun* — *tools* — *to be born* — *designed* — *spread* — *pillows* — *urged* — *to attend* — *emblem*

Cuando no existían los **móviles**, cuando los ordenadores eran, simplemente, un objeto de oficina, **quedar con** los amigos era cuestión de tener suerte y encontrarlos en casa en el momento en el que se les llamaba al **fijo**. Los tiempos han cambiado y las tecnologías han hecho la vida un poco más fácil o, cuanto menos, con más posibilidades para la localización de personas y la comunicación con ellas. Como paradigma de ese fenómeno, las redes sociales se han convertido en un medio de comunicación multitudinario en el que una quedada entre dos amigos **ha dado paso** a un nuevo fenómeno social: los *flashmob*.

Traducido al castellano significa «acción instantánea» y el objetivo es reunir a un grupo de personas, desconocidas entre sí, en un lugar público para hacer algo juntos y, posteriormente, desaparecer. ¿La **finalidad**? **Pasar el rato**.

Así, cual bola de nieve, los usuarios de las redes sociales van organizando estas concentraciones de gente a través de diferentes **herramientas** tecnológicas como pueden ser blogs, chats, comunidades virtuales o foros, entre otros.

El 3 de junio de 2003, Manhattan vio **nacer** este fenómeno **planteado** como un simple experimento. Sin embargo, son ya muchas las ciudades, **repartidas** por todo el mundo, que han vivido uno: una guerra de **almohadas** en Madrid, un baile improvisado en la estación de Amberes, en Bélgica, o abrazos gratis por las calles de París son solo algunos ejemplos de *flashmob*.

Santander ya ha vivido el suyo con motivo de la celebración del Día del Orgullo Gay. En la convocatoria **se instaba** a **acudir** con camisetas que tuvieran los colores de la bandera del movimiento homosexual (rojo, naranja, amarillo, verde, azul o violeta) y representar así entre todos la **enseña**.

Comprensión y análisis

Explica con tus propias palabras.

1. ¿Qué es un *flashmob*?
2. ¿Podemos afirmar que el *flashmob* es un fenómeno internacional? ¿Por qué?
3. ¿Cuáles son algunas razones o motivos que se han usado para hacer convocatorias de *flashmobs*?

Título: «La barbería»

País: Uruguay

Dirección: Federico Sosa

Año: 2004

Reparto: Ricardo Couto, Bruno Cetrero, Alberto «Beto» Madero, Oliver Garland, Jaime Benso, Juan Andrés Ferreira

Antes de mirar

¿Has estado alguna vez en una barbería? ¿Hay alguna cerca de donde tú vives? ¿Qué tipo de personas asocias con este tipo de negocio?
Además de cortarles el pelo a los clientes, ¿qué otras actividades se hacen en una barbería? Por ejemplo, ¿hay otros servicios o costumbres asociados con la barbería?

«Una golondrina no hace primavera».

Comprensión y discusión

Elementos Señala los elementos que no sean parte de la historia.

el teléfono   el sable (*saber*) láser   la computadora   el teléfono celular
El señor de los anillos   *El hombre araña*   *La guerra de las galaxias*   *Matrix*
la tecnología   las películas   los cortes de pelo   las fotocopias

Interpreta Contesta las preguntas según lo que viste en el cortometraje.

1. ¿De qué están hablando los señores cada vez que entra un cliente nuevo?
2. ¿A qué películas hacen alusión algunos de los personajes y situaciones de este corto? ¿De dónde son esas películas? ¿Te parece curioso esto?
3. ¿A cuál de los personajes le afectan más los acontecimientos que ocurren en la barbería? ¿Y a cuál le afectan menos? ¿Cómo se explica esto?
4. El realismo mágico es un recurso artístico según el cual los personajes no muestran sorpresa ante hechos sorprendentes. ¿Piensas que en este corto se puede hablar de realismo mágico? ¿Por qué?

vocabulario útil

Chasirete	*name of a horse*
la carrera de caballos	horse race
el corte (de pelo)	haircut
empeñar	to pawn

Tertulia Lo anacrónico

Un anacronismo es algo que resulta incongruente por no pertenecer al mismo tiempo, como los personajes de películas de Hollywood que irrumpen en la barbería. El caso es que la vida está llena de anacronismos, aunque con frecuencia no nos damos cuenta de que existen porque estamos acostumbrados a ellos. Señala algunos anacronismos de la vida diaria y discute con los compañeros sin son molestos o si, por el contrario, tienen encanto (*charm*).

Para ver «La barbería» otra vez y realizar más actividades relacionadas con el cortometraje, visita: **www.connectspanish.com**

Palabras

Los medios de comunicación

DE REPASO

la computadora
el fax
la fotocopia
la foto(grafía)
la radio
el teléfono
la televisión

hacer (*irreg.*) fotos
mandar

el aparato	appliance; machine
la emisora de radio	radio station
el/la locutor(a)	radio host
el mensaje	message
la noticia	piece of news
las noticias	news
el noticiero	news(cast); news program
el periódico	newspaper
el/la periodista	journalist
la prensa	press; media
el/la presentador(a)	TV host(ess); anchorperson
el programa informativo / de entretenimiento / deportivo	information/ entertainment/ sports program
el reportaje	news report
la revista	magazine

Cognados: **el artículo, el canal de televisión, el satélite, el (teléfono) celular/móvil**

La computadora y otras tecnologías

el archivo	document
la arroba	@
la batería	battery
el buscador	search engine
el cargador	charger
la (computadora) portátil	laptop
el correo electrónico / e-mail	e-mail
la dirección de Internet	Internet address
el disco duro	hard drive
la impresora	printer
el lector electrónico	eReader
la página web	web page
la pantalla	screen
la Red / la Internet	Internet
la red social	social network

el reproductor de MP3	MP3 player
el servidor	server
el sitio web	web site
la tecla	key
el teclado	keyboard
el/la usuario/a	user

Cognados: **el/la Internet, el iPad, el iPhone, el portal, el programa, punto com, la tableta, el tuit (*Tweet*), el wifi**

almacenar	to store
archivar	to file
borrar	to erase
buscar (qu)	to look for; to search
enviar (envío) (un fax / un mensaje)	to send (a fax/message)
funcionar	to function, work
grabar	to record
guardar	to save
hacer (*irreg.*) una búsqueda	to look for; to search
hacer clic	to click
imprimir	to print
pulsar	to click

Cognados: **calcular, copiar, chatear, escanear, formatear, fotocopiar, textear**

No solo tecnología

el aislamiento	isolation
el punto (.)	dot
la sigla	(capital) letter used to abbreviate a name
la soledad	solitude; loneliness
la ventaja	advantage

Cognados: **el avance, la comunicación**

aislar(se)	to isolate (oneself)
cara a cara	face to face

La soledad

■ ACTIVIDAD 1 La pantalla en español

Estudia esta imagen de la pantalla de una computadora en español. ¿Reconoces todos los nombres y funciones?

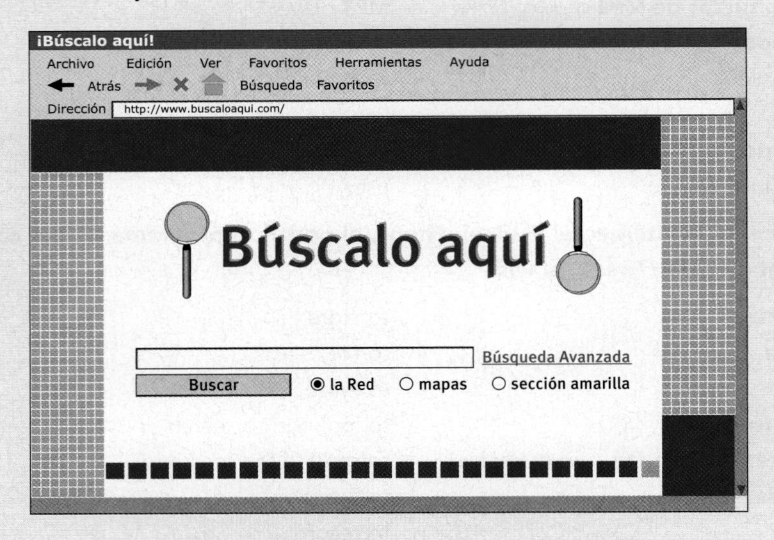

■ ACTIVIDAD 2 Asociaciones

Paso 1 ¿Con qué palabras del vocabulario asocias los siguientes nombres y títulos?

1. CNN
2. Anderson Cooper y Soledad O'Brien
3. Apple
4. *People* en español
5. *Sábado gigante*
6. *Resumen informativo*
7. Cristina Saralegui y Oprah Winfrey
8. el *Nuevo Herald* y el *New York Times*
9. todo sobre los buscadores: ¿buscador o portal?

Paso 2 Ahora, usando los verbos del vocabulario de la página anterior, da ejemplos de acciones comunes que haces con documentos o mensajes.

Ejemplo: una lectura de clase → el descargo de Moodle (o BlackBoard) para leerla en la computadora.

1. una lectura de clase
2. un video muy bueno que has visto en YouTube
3. un video tuyo
4. una viñeta cómica muy divertida del periódico de hoy
5. una presentación en *PowerPoint* para la clase
6. un tuit de una quedada masiva

ACTIVIDAD 3 Definiciones y descripciones

Paso 1 Da la palabra que corresponde a la definición.

1. Es una máquina que se usa en casa o en una oficina. Puede ser eléctrica.
2. Es el aparato que nos ayuda a poner en una hoja de papel la información almacenada en la computadora.
3. Es una información sobre algo que acaba de ocurrir.
4. Es algo que pulsamos en las computadoras y teléfonos. Lleva una letra, un número o un símbolo.

5. Lo que se hace con un documento cuando no se necesita más en la computadora.
6. Para este trabajo es necesario tener una pronunciación clara, y también una voz bien modulada.
7. Es un tipo de teléfono que no necesita cable.
8. Es un texto en una revista o periódico que se centra en un tema determinado.

Paso 2 Ahora te toca a ti describir con dos o tres oraciones un aparato eléctrico o electrónico que no esté en la lista de vocabulario pero que sea de uso común. Tus compañeros/as de clase deben adivinar cuál es.

ACTIVIDAD 4 ¿Qué pasa aquí?

Describe con todos los detalles que puedas estas escenas. ¡Sé creativo/a!

ACTIVIDAD 5 Encuesta: Hábitos de usuario

Prepara una encuesta con cinco preguntas interesantes que tú consideres relacionadas con los usos tecnológicos de tus compañeros. Después entrevista a varias personas para ver las tendencias generales en la clase. Aquí se ofrecen algunos temas:

- redes sociales
- buscadores y portales
- su celular
- su computadora
- cursos que usan una plataforma tecnológica educativa (como Moodle o Blackboard) o una página web
- lectura de materiales del curso de forma digital o en papel

Ejemplo: ¿Cuántos de tus cursos este semestre tienen una página web o usan _____ (nombre de la plataforma tecnológica educativa de tu universidad)?

¡OJO! Recuerda usar **qué** en vez de **cuál(es)** si la palabra interrogativa va seguida de un sustantivo: ***¿Qué tipo* de celular tienes?**

Cultura

Avances tecnológicos y científicos en los países hispanos

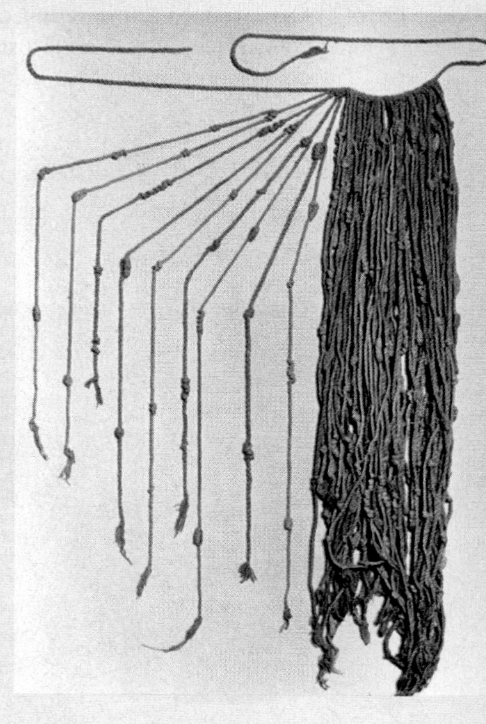

Algunas civilizaciones de las culturas prehispánicas fueron muy avanzadas en diversos campos. Por ejemplo, los incas, un pueblo precolombino que dominó gran parte de lo que hoy es el Perú, el Ecuador, Bolivia y Chile, fueron excelentes administradores de su imperio, metódicos y organizados. Para ello contaban con un sistema de contabilidad y almacenamiento de datos,[a] aunque no conocían la escritura. Este sistema estaba basado en el quipu, un artefacto que consistía en una cuerda[b] grande a la que se ataban[c] cuerdas más pequeñas. Cada una de estas pequeñas cuerdas representaba una cosa y tenía un color diferente. Por ejemplo, si lo que se quería era saber la cantidad de ganado[d] que había en un pueblo, se asignaba para las vicuñas el color verde, para las alpacas el color blanco, etcétera. Estas cuerdas tenían nudos[e] de diferentes formas y tamaños para representar la cantidad que había de cada cosa. La interpretación de los quipus requería a alguien especializado, los quipucamayoc.

Otra cultura que merece atención es la de los nazcas, que nos ha dejado una muestra fascinante de las misteriosas líneas de Nazca, en una región desértica al sur del actual Perú. Los nazcas existieron entre aproximadamente el siglo I a.C y el siglo VI d.C. Repartidas por más de 500 kilómetros cuadrados, existen cientos de figuras dibujadas en el árido suelo de la región. Estas figuras representan personas, animales, plantas o simples motivos geométricos. Algunas de sus líneas llegan a medir 275 metros, pero ninguna línea tiene más de 30 centímetros de profundidad.

Por su tamaño, estas figuras nazcas son más espectaculares desde el aire que desde la tierra, por lo que no fueron estudiadas hasta bien entrado el siglo XX. Aunque no falta quien diga que estas líneas son una muestra del contacto entre humanos y extraterrestres, está bien establecido hoy día que las líneas fueron hechas por los nazcas, dado el parecido que las figuras terrestres tienen con la hermosa cerámica de esta civilización. Las líneas se han mantenido hasta la actualidad debido a las peculiares condiciones atmosféricas de la zona. Lo que todavía es un misterio para los investigadores es cuál era el propósito de las líneas de Nazca.

[a]almacenamiento... *data storage* [b]*rope* [c]se... *were tied* [d]*livestock* [e]*knots*

Estructuras

LearnSmart: Para aprender MÁS
www.connectspanish.com

13 El presente de subjuntivo: Introducción y contexto de influencia

«[Las] cámaras [...] impiden que algo original quede sin testigos».*

Up to now in ***MÁS*** you have been reviewing and practicing verbs from the *indicative mood* (**modo indicativo**). From this chapter on, you will also be practicing verbs in the *subjunctive mood* (**modo subjuntivo**). The subjunctive and indicative moods are parallel verbal systems, each with their own different tenses and endings. While the indicative presents what the speaker considers "known" or "real," the subjunctive is used when actions are not "real," "known," or are "tainted" with subjective emotion.

Tiempos del modo subjuntivo:	**presente**	**presente perfecto**
	imperfect	**pluscuamperfecto**

The subjunctive is mostly used in complex sentences—sentences that contain more than one clause (**cláusula**). A *clause* is a phrase within the sentence that contains its own verb. Every complex sentence has one main or independent clause (**cláusula principal**) whose verb is in the indicative, and one or more subordinate or dependent clauses (**cláusula subordinada**), where the subjunctive may appear.

There are three kinds of subordinate clauses, depending on the kind of information they add to the whole sentence: **Cláusulas subordinadas nominales (Capítulo 5 y Capítulo 6), Cláusulas subordinadas adjetivales (Capítulo 7), Cláusulas subordinadas adverbiales (Capítulo 8).**

CLÁUSULAS SUBORDINADAS
Nominales
Adjetivales
Adverbiales

Cláusula principal	**Cláusula subordinada**	
Quiero	que Uds. impriman el ensayo.	*I want you to print the essays.*
Creo	que ella ya lo imprimió.	*I think she already printed it.*
Esta es la tarea	que tuvimos que descargar de Moodle.	*This is the homework that we had to download from Moodle.*
No hay nada	que podamos hacer ahora.	*There's nothing we can do now.*
Escribe claramente	para que yo lo pueda leer.	*Write clearly so I can read it.*
Manda un mensaje	cuando llegues.	*Send me a message when you arrive.*

As you can see in the examples, some subordinate clauses require the indicative, while others require the subjunctive. In the next few chapters we'll study these different contexts and learn to make the distinction. The important first step is to recognize the dependent clause structure.

Forms

Regular forms of the present subjunctive

-ar: cantar		-er: correr		-ir: decidir	
cante	cantemos	corra	corramos	decida	decidamos
cantes cantés	cantéis	corras corrás	corráis	decidas decidás	decidáis
cante	canten	corra	corran	decida	decidan

*«Cochabamba», Paz Soldán

Quiero que conozcas a mi familia.

Verbs with spelling changes: Verbs that end in **-gar, -car,** or **-zar** have a spelling change in the subjunctive.

-gar → gu: llegar		-car → qu: sacar		-zar → c: empezar	
llegue	lleguemos	saque	saquemos	empiece	empecemos
llegues llegués	lleguéis	saques saqués	saquéis	empieces empecés	empecéis
llegue	lleguen	saque	saquen	empiece	empiecen

Verbs with irregular **yo** forms in the present indicative: The irregular **yo** forms from the present indicative are used in the present subjunctive.

salir → salgo		oír → oigo		conocer → conozco	
salga	salgamos	oiga	oigamos	conozca	conozcamos
salgas salgás	salgáis	oigas oigás	oigáis	conozcas conozcás	conozcáis
salga	salgan	oiga	oigan	conozca	conozcan

Stem-changing and irregular verbs: The stem-changing verbs follow a pattern similar to that of the present indicative: the stressed vowel becomes a diphthong. Notice, however, that the **-ir** stem-changing verbs have the second stem change (from the preterite tense) in the **vos, nosotros,** and **vosotros** forms.

e → ie: pensar		e → ie, i: divertir		e → i, i: pedir		o → ue, u: morir	
piense	pensemos	divierta	divirtamos	pida	pidamos	muera	muramos
pienses pensés	penséis	diviertas divirtás	divirtáis	pidas pidás	pidáis	mueras murás	muráis
piense	piensen	divierta	diviertan	pida	pidan	muera	mueran

Frequent irregular verbs

ir		saber		ser	
vaya	vayamos	sepa	sepamos	sea	seamos
vayas vayás	vayáis	sepas sepás	sepáis	seas seás	seáis
vaya	vayan	sepa	sepan	sea	sean

Uses

Noun clauses: Influence (**Cláusulas nominales: Influencia**)

A noun clause is a clause that functions as a noun or a noun phrase. Put in another way: grammatically, a noun could work in place of the clause in this part of the sentence. Compare the first example with numbers 2 and 3:

verbo principal	***frase/cláusula nominal***
1. Quiero	una impresora nueva.
2. Quiero	imprimir esto.
3. Quiero	que impriman esto.

In these complex sentences with noun clauses, the meaning of the main verb triggers the choice of mood in the subordinate clause. If the subjects of the main and the subordinate verbs do not coincide, the subordinate verb must be in the *subjunctive* (because of the influence expressed with "**querer**"), and preceded by **que:**

verbo principal	***frase/cláusula nominal***
Necesito	**que** trabajes esta tarde.
Espero	**que** te compres un celular nuevo pronto.

But if the subjects of both verbs are the same, the subordinate verb appears in the infinitive. You are already well familiar with this type of expression:

verbo principal	***frase/cláusula nominal***
Necesito	trabajar esta tarde.
Espero	comprarme un celular nuevo pronto.

This chapter deals specifically with noun clauses in a context of *influence*. (You will see the rest of the noun clauses in **Capítulo 6.**) The main verb tries to affect what others do, which can be done in strong or mild terms, from commanding to begging.

¿Quieres **que te enseñe mi nueva app?**

Verbos de influencia

aconsejar	to advise	**prohibir (prohíbo)**	to prohibit
decir	to tell (as a command)	**querer**	to want, to request
esperar	to expect	**recomendar**	to recommend
insistir en	to insist	**requerir (ie, i)**	to request
ordenar	to order	**sugerir (ie, i)**	to suggest
pedir	to ask for	**suplicar**	to beg
permitir	to allow		

Some of these main verbs are often accompanied by an indirect object:

Les aconsejo que cambien de plan de celular.	*I advise you to change cell plans.*
Te suplico que no textees mientras conduces.	*I beg you not to text while you drive.*

- **Decir** and **insistir**, as *to say / to tell* and *to insist* in English, can be used to express information or to command. Therefore, they can trigger indicative or subjunctive in the subordinate clause: if they express information, the subordinate verb will be in the indicative; if they express command, the subordinate verb will be in the subjunctive. Notice that in English the constructions are different as well.

El manual dice que hay una tecla especial.	*The manual says (that) there is a special button.*
El manual dice que hagas clic aquí.	*The manual says for you / tells you to click here.*

¡OJO!

- **Que** is not optional in Spanish, as *that* is in English.
- Notice that there are several constructions in English to translate the Spanish subordinate clauses.

■ ACTIVIDAD 1 ¿Infinitivo, subjuntivo o indicativo?

¿Infinitivo o subjuntivo? Reescribe las siguientes oraciones haciéndoles los cambios necesarios a los verbos entre paréntesis. **¡OJO!** No olvides incluir la conjunción **que** cuando el verbo deba estar conjugado.

> ***Ejemplo:*** Los expertos aconsejan (nosotros: no pasar) demasiadas horas ininterrumpidas delante de la pantalla.
> → Los expertos aconsejan que no pasemos demasiadas horas delante de la pantalla.

1. Yo quiero (yo: mandar) un correo electrónico a mi hermana.
2. Nosotros deseamos (nosotros: comprar) un teléfono móvil nuevo.
3. Juan insiste en (tú: leer) el artículo entero.
4. Los de la agencia esperan (nosotros: poder) mandar el fax pronto.
5. Mi profesora prohíbe (los estudiantes: enviar) las redacciones por correo electrónico.

Te sugiero que archives el documento.

■ ACTIVIDAD 2 ¿Subjuntivo o indicativo?

Haz oraciones completas combinando las cláusulas principales con las subordinadas de una manera apropiada. En algunos casos puede haber más de una opción.

1. Las estadísticas dicen que…
2. El manual dice que…
3. Los expertos insisten en que...
4. La mayoría de los jóvenes prefieren que…
5. Mi profesora prohíbe que…
6. Mi compañero de cuarto insiste en que…
7. Mi padre siempre me sugiere que…
8. Las compañías de computadoras esperan…

a. tener muy pronto computadoras mucho más rápidas.
b. llames a un número de servicio en caso de tener problemas técnicos.
c. usemos la computadora durante el examen.
d. no es bueno mirar la pantalla durante largo tiempo sin descanso.
e. tome descansos frecuentes cuando trabajo con la computadora.
f. yo no imprima mis ensayos en su impresora. ¡Qué antipático!
g. la mayoría de la gente tiene un celular.
h. sus amigos les manden mensajes en vez que los llamen.

■ ACTIVIDAD 3 Las fotos de la boda

Paso 1 Completa las oraciones siguientes con la forma apropiada del presente de indicativo, el presente de subjuntivo o el infinitivo de los verbos entre paréntesis.

ISABEL: ¿ _______ (querer: tú[1]) que te _______ (enviar[2]) por e-mail las fotos de la boda de María?

VIRGINIA: Sí, gracias. Mis padres _______ (decir[3]) que _______ (tener[4]) muchas ganas de verlas también.

ISABEL: Chévere. Pero te _______ (pedir: yo[5]) que no las _______ (poner: tú[6]) en Facebook.

VIRGINIA: No entiendo por qué _______ (insistir[7]) tanto en que no _______ (poner: nosotros[8]) las fotos en Facebook. Todo el mundo lo hace.

ISABEL: Porque quiero _______ (llevar[9]) el mismo vestido a la boda de Lydia y no quiero que toda la gente lo _______ (saber[10]).

VIRGINIA: ¡Y eso qué importa! Yo también voy a usar el mismo vestido que llevé a otra boda. Si tanto te preocupa, te sugiero que _______ (cambiar[11]) el color del vestido con Photoshop.

ISABEL: ¡Qué buena idea! Voy a intentar.

Paso 2 Completa las siguientes ideas sobre el diálogo.

1. Virginia quiere…
2. Los padres de Virginia desean…
3. Isabel prefiere que nadie… porque…
4. Virginia le recomienda que…

■ ACTIVIDAD 4 Burbujas

¿Qué están diciendo las personas de los dibujos? Usa las cláusulas nominales para expresar lo que estas personas quieren o aconsejan.

1. 

2. 

3. 

ACTIVIDAD 5 Consejos

Paso 1 Fernando es un estudiante internacional de Ecuador que acaba de llegar a tu universidad. Ayúdale a conocer un poco mejor el campus.

FERNANDO: Necesito estudiar en un lugar tranquilo.
TÚ: Te recomiendo que…

FERNANDO: Necesito ayuda con la tecnología.
TÚ: Te aconsejo que…

FERNANDO: Debo comprar materiales y libros para mis clases.
TÚ: Te sugiero que…

FERNANDO: Me gusta la comida sana.
TÚ: …

Paso 2 Ahora comenta con un compañero / una compañera de clase alguna dificultad que estés teniendo este semestre. Tu compañero/a debe darte algunos consejos para solucionar el problema.

Ejemplo: —Estoy sacando notas muy bajas en mi clase de matemáticas porque no entiendo la materia.
—Te recomiendo que busques un tutor. También te sugiero que asistas a las horas de oficina de tu instructor. Te aconsejo que consultes la página web matematicas.facil.com, porque tiene explicaciones muy claras.

14 Los mandatos formales e informales

Commands (**Los mandatos**) are also known as the *imperative mood* (**el modo imperativo**), which is the third and last mood you will learn.

MODOS: indicativo	subjuntivo	imperativo

Commands are used with six different verb persons: **nosotros, usted, ustedes, tú, vos,** and **vosotros.**

Both affirmative and negative commands coincide with the subjunctive forms for **nosotros, usted,** and **ustedes.** But for **tú** and **vosotros** there are different forms for affirmative versus negative commands.

Mandatos para *nosotros, usted* y *ustedes*

All affirmative and negative commands are similar to the corresponding present subjunctive forms.

Formas del presente de subjuntivo →	-ar: copiar	-er: querer	-ir: imprimir
Ud.	(no) copie	(no) quiera	(no) imprima
Uds.	(no) copi**en**	(no) quier**an**	(no) imprim**an**
nosotros	(no) copi**emos**	(no) quer**amos**	(no) imprim**amos**

No llegues tarde al trabajo.

Nosotros commands express *let's* + verb. These forms are highly rhetorical and primarily used in formal speech or writing. In everyday language the phrase **vamos a...** is preferred.

Mandatos con *tú*

afirmativos	third person singular in present indicative borrar → borra leer → lee imprimir → imprime
	irregulares decir → **di** ir → **ve** salir → **sal** tener → **ten** hacer → **haz** poner → **pon** ser → **sé** venir → **ven**
negativos	Similar to forms of second person singular in present subjunctive borrar → no borres leer → no leas imprimir → no imprimas

Mandatos para *vos*

afirmativos	infinitive without the **r**, stress on last vowel borrar → borrá leer → leé imprimir → imprimí
negativos	Similar to forms of second person singular in present subjunctive borrar → no borrés leer → no leás imprimir → no imprimás

Mandatos para *vosotros*

afirmativos	infinitive without the **r**, plus a **d**, stress on last vowel borrar → borra**d** leer → lee**d** imprimir → imprimi**d**
negativos	Similar to forms of second person singular in present subjunctive borrar → no borr**éis** leer → no le**áis** imprimir → no imprim**áis**

¡OJO! Remember that **vos** and **vosotros** are only used in certain parts of the Spanish-speaking world.

Spelling changes

Commands go through the usual spelling changes to maintain the sound in the infinitive stem.

-car → **-qu-**	tocar → to**que**	sacar → sa**quen**
-gar → **-gu-**	cargar → no car**gues**	llegar → lle**gue**
-zar → **-ce-**	comenzar → comien**cen**	lanzar → no lan**ces**
-cer/-cir → **-zc-**	conocer → cono**zcas**	conducir → condu**zcan**

- ### Use of commands with pronouns

  The position of the pronouns with respect to the verb changes depending on whether the commands are affirmative or negative. However, in all cases, the indirect object pronoun always precedes the direct object pronoun, when both objects are present.

Affirmative commands

verb + pronouns (OI + OD) (one word)

Mánda**mela.**	*Send it to me.*
Quéden**se.**	*Stay.*

¡OJO! Many affirmative commands followed by pronouns require a stress mark, since the lengthening of the word makes the stress fall on the second-to-last or earlier syllable (**esdrújula** or **sobreesdrújula**).

C**ó**metelo todo.	*Eat it all up.*

Negative commands

***no* + pronouns (OI + OD) + verb (separate words)**

No **me la** mandes.	*Don't send it to me.*
No **se** queden.	*Do not stay.*

Nota lingüística Cortesía en las peticiones

Commands are a very strong form of request for many occasions. In fact they tend to be used more frequently to give instructions: recipes, directions, medical advice, and so on. These are other more polite forms of requesting in Spanish. They are preferably accompanied by **por favor.**

Question in present indicative (very familiar)

¿Me prestas la pluma?	*Can/Will you lend me the pen?*
¿Me pasas el libro, por favor?	*Can you pass me the book, please?*

Questions with *poder* in the conditional or imperfect subjunctive

¿**Podría/Pudiera (Ud.)** ayudarme con este fax?	*Could you help me with this fax?*

Suggestions with *deber* in the conditional or imperfect subjunctive

Creo que **deberías/debieras** comprar un escáner nuevo.	*I think you should buy a new scanner.*

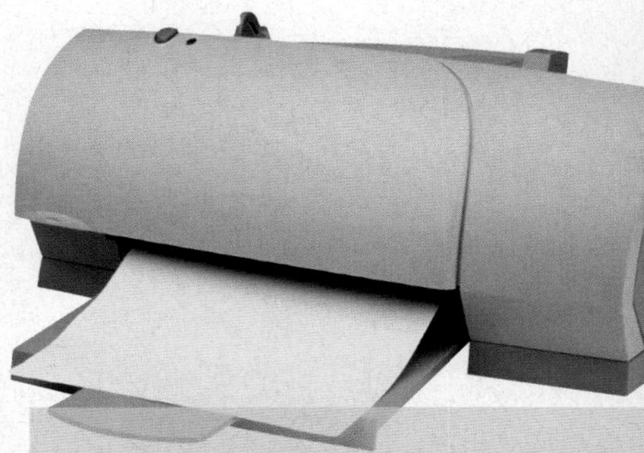

¿Hay más papel? Ponlo en la impresora, por favor.

RECORDATORIO

Cuando hay más de un pronombre de objeto, el pronombre de objeto indirecto (me/te/le/les/nos/os) siempre precede al pronombre de objeto directo (me/te/lo/los/la/las/nos/os).

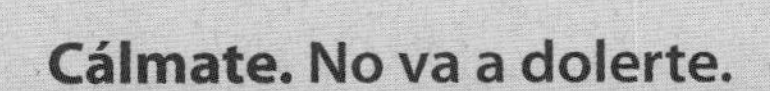

Cálmate. No va a dolerte.

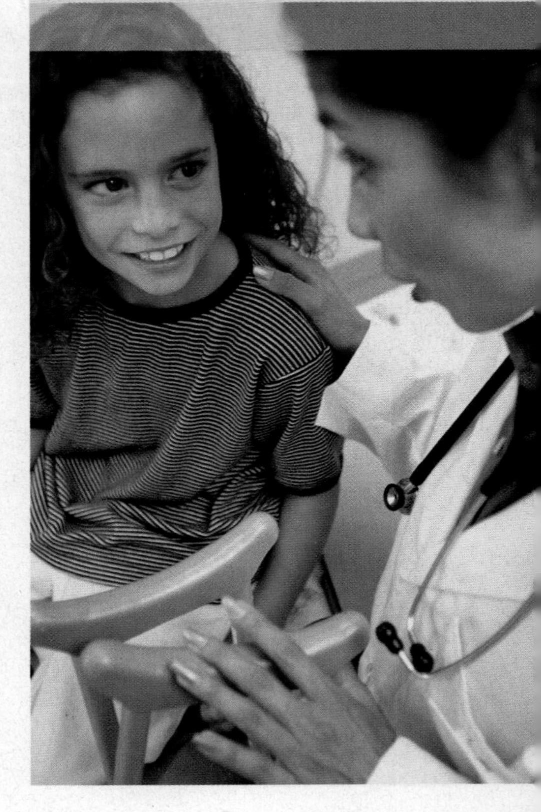

■ ACTIVIDAD 1 Instrucciones en caso de tener problemas con su computadora

Paso 1 Las instrucciones de la siguiente lista están en el infinitivo. Cámbialas a mandatos de **tú,** para un público joven, y también a mandatos de **Ud.,** para un público mayor o más formal.

Ejemplo: Calmarse. → Cálmate. Cálmese.

1. No sentirse demasiado frustrado; esto es normal.
2. No sentarse demasiado tiempo enfrente de la pantalla.
3. Levantarse con frecuencia y respirar profundamente diez veces.
4. No poner la computadora cerca de otros aparatos electrónicos.
5. Tener el manual de instrucciones siempre cerca.
6. Encender y apagar el aparato varias veces antes de llamar.
7. Recordar el modelo de la computadora.
8. Decir el número de serie del aparato.
9. No esperar una solución fácil.
10. Salir con los amigos inmediatamente y olvidarse de la computadora.

Paso 2 ¿Has tenido problemas con tu computadora alguna vez? ¿Cuál de las instrucciones anteriores te parece más útil? ¿Tienes otras recomendaciones? (Pueden ser serias.)

■ ACTIVIDAD 2 Consejos

Empareja cada una de las situaciones con las acciones correspondientes y convierte esas acciones en mandatos para expresar los consejos que le darías (*would give*) a las personas en cada situación.

Ejemplo: Tu novio/a va a conocer por primera vez a tus padres.
ser amable / ser antipático → Sé amable con mis padres. No seas antipático.

1. Tu padre no sabe dónde comprar su nueva televisión: si en el Compucentro que está cerca de su casa o en Todotecno que está lejos, pero donde tienen una oferta hoy.
2. Tu hermana tiene el control remoto. Están pasando un programa cómico en el canal de Univisión y uno informativo en Telemundo.
3. Tu amiga está de visita en tu casa, y debe volver a su casa hoy. Las noticias anticipan mal tiempo hoy, pero dicen que mañana hará bueno.
4. Tu hermano de 8 años no sabe si hacer la tarea antes de ver su programa favorito a las 9 de la noche o después.
5. Tu compañero/a de cuarto no sabe si debe ser honesto/a con la profesora y decirle por qué no entregó su composición a tiempo.
6. Tu amigo ha bebido bastante en una fiesta y ahora tiene prisa por ir a otra.

a. hacer ahora / hacer más tarde
b. salir hoy de regreso / salir mañana de regreso
c. ir a Compucentro / ir a Todotecno
d. quedarse un rato más / tener prisa
e. poner Univisión / poner Telemundo
f. decir la verdad / decir una mentira

No me despiertes, que estoy cansado.

■ ACTIVIDAD 3 A ti te toca, ¿no?

Usa los mandatos informales de los verbos entre paréntesis y los pronombres (cuando sean necesarios) para completar la siguiente conversación entre Diego y Alberto, dos compañeros de cuarto. No te olvides de prestar atención al orden de los pronombres con respecto al verbo, y a los acentos cuando sean necesarios. (OI = objeto indirecto, OD = objeto directo)

Ejemplo: ¿Puedo ___prestarle___ (prestar + OI) la computadora a Juan?

ALBERTO: Diego, ¿puedo prestarle la computadora a Juan? La necesita para escribir un artículo sobre el nuevo programa.

DIEGO: No, no ______________[1] (prestar + OI + OD); la última vez que la usó me borró tres documentos. ______________[2] (ir) con él al laboratorio y ______________[3] (enseñar + OI) a usar las que hay allí.

ALBERTO: Bueno, iremos (*we'll go*) luego. ¿Les mandaste las invitaciones a todos para la fiesta de cumpleaños de José?

DIEGO: No, ______________[4] (mandar + OI + OD) tú; yo no tengo tiempo y estoy cansado.

ALBERTO: Bueno, pero antes voy a leer el periódico un rato. ¿Dónde está?

DIEGO: No ______________[5] (preguntar + OI + OD) a mí. Tú lo tenías esta mañana para leer las noticias deportivas, ¿no?

ALBERTO: Bueno, pues voy a escuchar la radio un rato.

DIEGO: Está bien, pero no ______________[6] (escuchar + OD) aquí, porque estoy estudiando. Además, Lydia llamó para ver si queríamos ir al cine. Dejó un mensaje en el contestador, así que ______________[7] (llamar + OD).

ALBERTO: Está bien, y ¿qué le digo?

DIEGO: ______________[8] (decir + OI) que sí y que luego podemos ir a cenar. ______________[9] (mirar) en la Red el menú de La Familia Taquería, a lo mejor tienen algo especial hoy.

ALBERTO: ¡Oye, no ______________[10] (ser) tan fresco! ______________[11] (Hacer) tú algo, que yo también estoy cansado.

EXCLUSIVO
APROVECHE NUESTRAS OFERTAS
www.smartshop.pe
COMPUTADORAS Y SOFTWARE PARA NEGOCIOS
SMART SHOP
TENEMOS LO QUE BUSCAS
HIPOLITO UNANUE 111
MIRAFLORES - CDRA. 9 AV. EJERCITO
422-3896
9988-81791

ACTIVIDAD 4 Un anuncio publicitario

En parejas, inventen un anuncio para uno de sus programas favoritos de radio o televisión. Deben incluir varios mandatos. Antes de empezar, piensen en lo siguiente:

- ¿Qué tipo de programa es?
- ¿Cómo se llama?
- ¿A qué tipo de persona le interesa este programa?
- ¿Qué adjetivos pueden usar para describirlo?

Ve a Compucentro. No vayas a Todotecno.

Cultura

Científicos hispanos

Premios Nóbel

- **Medicina y Fisiología**

1906 Santiago Ramón y Cajal (España)
1947 Bernardo Alberto Houssay (Argentina)
1959 Severo Ochoa (España)
1980 Baruj Benacerraf (Venezuela)
1984 César Milstei (Argentina)

- **Química**

1970 Luis Federico Leloir (Argentina)
1995 Mario Molina (México)

- **Física**

1968 Luis Álvarez (Estados Unidos)

¿Sabías que…?

- el argentino René Favaloro desarrolló la técnica del by-pass aorto-coronario
- el mexicano Guillermo González Camarena es el inventor de la televisión a color
- los españoles Isaac Peral y Narcis Monturiol inventaron el submarino

A continuación hay una lista de científicos hispanos destacados, así como de premios Nobel.

Manuel Elkin Patarroyo (Colombia). En 1984 establece los principios generales para la creación de la primera vacuna (*vaccination*) preventiva sintética contra la malaria.

Franklin Chang-Díaz (Costa Rica). En 1986, se convierte en el primer hispano en la NASA en volar fuera de la órbita terrestre y el primero en transmitir un mensaje en español desde el espacio.

Ellen Ochoa (Estados Unidos-México). En 1991 se convierte en la primera mujer hispana en participar en un vuelo espacial.

Ramón Latorre (Chile). En 1991 se incorpora como uno de los primeros miembros extranjeros de origen hispano a la Academia Nacional de las Ciencias de los Estados Unidos. Fue el primero en descubrir que las mujeres son menos propensas a ataques cardíacos por su composición celular.

René Favaloro (Argentina). Ha sido llamado héroe mundial (*New York Times*) por haber desarrollado la técnica del by-pass aorto-coronario, lo cual hizo por primera vez en 1962.

Edmond Yunis (Colombia). En el 2005 fue galardonado como Científico Hispano del Año en los Estados Unidos por el Museo de la Ciencia e Industria de Tampa, Florida. Yunis es conocido por haber descubierto los llamados genes clase II.

Tertulia Los inventos

En tu opinión, ¿cuáles son los inventos que han cambiado más la vida de la humanidad? ¿Por qué? ¿Cuáles crees que son más importantes para el ser humano: los adelantos tecnológicos o los de medicina?

Lectura

Cochabamba

Texto y autor

Este cuento pertenece a una colección titulada *Desapariciones*, del escritor boliviano Edmundo Paz Soldán (1967–). Paz Soldán es uno de los autores latinoamericanos más representativos de su generación. Es profesor de literatura latinoamericana en la Universidad de Cornell.

Cochabamba es la cuarta ciudad más poblada de Bolivia.

Vocabulario útil

el detalle	detail
la trama	plot
audaz	bold
ensayado/a	rehearsed
reemplazado/a	replaced
emitir	to air
enterarse	to find out
poseer	to own
ir + *gerundio*	to be + *gerund, to happen progressively*

Antes de leer

¿Qué piensas de los programas de telerrealidad, con frecuencia llamados en español con la expresión en inglés de *reality shows*? ¿Te interesa alguno? ¿Cuántos programas conoces que sean de este tipo?

■ ACTIVIDAD 1 Telerrealidad y otras cosas

¿Cuáles de las siguientes ideas te representan? Señala todas las que quieras.

1. Prefiero que no haya tantos programas de telerrealidad.
2. No quiero que exista ningún tipo de censura televisiva.
3. No creo que los programas de telerrealidad hagan daño (*harm*) a nadie.
4. Creo que mucha gente es muy exhibicionista, como se puede ver en Facebook.
5. No me gusta que mis amigos y familiares pongan fotos mías en Facebook.
6. No puedo comprender a la gente que participa en programas como el de Jerry Springer.

Estrategia: La enumeración

En este relato Edmundo Paz Soldán utiliza en varias ocasiones la enumeración, es decir nos ofrece un listado de elementos que forman parte de un todo. Las enumeraciones pueden perseguir varios propósitos. En el caso de «Cochabamba» son ejemplos de lo que se ha dicho o razones por las que puede ocurrir una acción. Como lectores tenemos que prestar atención a estas enumeraciones para comprender la estructura del texto y no perdernos. Mientras lees trata de identificar las diferentes enumeraciones que aparecen en el texto.

COCHABAMBA,

EDMUNDO PAZ SOLDÁN

destroying
start
Although
script *costumes*
positioned
embezzlement *bribery*
meeting
paragon of virtue
swallow *priest* *furtively*
hunting *loss*
limits
outbursts *spread out*

La serie televisiva «Cochabamba», emitida por canal 3, acaba de cumplir un año en el aire **pulverizando** récords de audiencia. Este audaz experimento ha demostrado una vez más el espíritu de iniciativa, la originalidad cochabambina: la serie se emite las veinticuatro horas del día, sin comerciales, sin interrupciones de ninguna clase desde el instante de su **inicio**. Los 423.615 cochabambinos registrados según el censo de 1988 actúan en ella. **Si bien** algunas escenas son elaboradas, los actores poseen **parlamentos** ensayados y **vestimentas** adecuadas, la mayor parte de ellas son espontáneas: los que aparecen en la escena no saben que están siendo filmados. Cámaras **apostadas** estratégicamente en los lugares más imprevisibles de la ciudad impiden que algo original quede sin testigos, el **desfalco** de un banco, el **soborno** a un policía, el **encuentro** furtivo de dos amantes, un sorpresivo adulterio en un mundo en el que el adulterio ya no es sorpresa, el inicio en la droga de algún **dechado de virtudes**, la muerte de una **golondrina** a manos de un **sacerdote** que practica **a escondidas** la **caza**, la **pérdida** de la virginidad de una adolescente de diecisiete años. Los cochabambinos, gracias a esta serie, se enteran día a día de los **deslindes** de sus parejas, de los **arrebatos** de aventura de sus hijos, de las tramas corruptas que **se despliegan** en los ríos sumergidos de tan respetable ciudad.

to earn; to achieve
to decay *stages* *will not get exhausted* *The extent of the project*
script writers

Semejante experimento viola las reglas de la convención narrativa: la serie puede prolongarse hasta los confines del tiempo. El director, que morirá, podrá ser reemplazado por algún otro; los cochabambinos, que irán muriendo, podrán ser reemplazados minuciosamente por nuevos cochabambinos; la ciudad podrá **cobrar** esplendor o **decaer** pero los **escenarios** no **se agotarán**. **La envergadura de la empresa** ha hecho perder el registro de los detalles: ya nadie sabe quién es el director, quiénes los productores, quiénes los **libretistas**. Tampoco parece importar. La serie ha cobrado autonomía.

It is not out of the question *ruins*
dust *to cloud*

No es aventurado imaginar algún día en el que, entre los **escombros** de la ciudad ya sin habitantes, haya algún televisor encendido transmitiendo las imágenes de la catástrofe final, el **polvo** ascendiendo hasta **nublar** el cielo y luego la nada, nada más que la nada.

Comprensión y análisis

■ ACTIVIDAD 2 ¿Cierto o falso?

1. La serie «Cochabamba» no es muy popular.
2. Solo algunos de los habitantes de Cochabamba son actores en la serie.
3. Es imposible tener privacidad en la ciudad.
4. El director morirá y la serie terminará.
5. Después de una catástrofe solo las cámaras de televisión sobrevivirán.

■ ACTIVIDAD 3 Estrategia

¿Cuántas enumeraciones has encontrado en el texto? Discute con tus compañeros de clase si la enumeración ofrece un ejemplo o una razón.

■ ACTIVIDAD 4 Interpreta

Analiza y explica las siguientes cuestiones en el cuento.

1. ¿Por qué la frase «de tan respetable ciudad» es irónica? ¿Dónde hay otros ejemplos de ironía en el cuento?
2. ¿Cuáles son las acciones «espontáneas» que aparecen en el programa? ¿Por qué elige el autor estas acciones?
3. Teniendo en cuenta que en una narración tradicional hay un final ¿de qué manera la serie viola las normas narrativas?

Tertulia Lo privado y lo público

Con el tremendo avance tecnológico de las últimas décadas y la omnipresencia de teléfonos y aparatos que permiten la comunicación y la diseminación de cualquier tipo de documentos, a mucha gente le preocupa y hasta le asusta la posible invasión de su privacidad sin su permiso. Sin embargo, al mismo tiempo, se ha visto un gran interés en mirar programas televisivos que siguen a sus protagonistas hasta lo más profundo de su intimidad. ¿Cómo se puede explicar esta doble tendencia?

Producción personal

Redacción: Análisis de causa y efecto

Escribe un ensayo para el periódico de tu universidad sobre el uso de redes sociales entre los jóvenes universitarios.

Prepárate

Piensa en cuestiones relacionadas con este tema que puedan interesar a tus lectores. Escribe una lista de estas preguntas y házselas a tres o cuatro compañeros de la universidad.

¡Escríbelo!

- Ordena las ideas de tu borrador.
- Recuerda tu propósito. En esta composición no quieres convencer, solo informar.
- Cita lo que dicen algunos de los entrevistados, eso le dará objetividad e interés a tu ensayo.
- Utiliza una estructura de acuerdo con el esquema del ensayo: introducción, cuerpo, conclusión.
- Para evitar la repetición de **decir**, incorpora una variedad de verbos de información para referirte a tus entrevistados: añadir, argumentar, comentar, diferir , estar de acuerdo/en desacuerdo, explicar, opinar, etcétera
- Incluye conectores variados para que la lectura resulte fluida. Algunos que te pueden servir en esta redacción son: por otro lado, por su parte (*in his/her opinion*), en cualquier caso (*in any case*).

Repasa

- ❒ el uso de las formas verbales
- ❒ la concordancia verbal y nominal
- ❒ la ortografía
- ❒ el uso de vocabulario variado y correcto: evita las repeticiones
- ❒ el orden y el contenido: párrafos claros, introducción, cuerpo y conclusión

¡No te equivoques!: *Cómo se expresa* to think

creer (que) **pensar (que)**	*to believe/think that*	**Creo que todo el mundo hoy tiene un celular.**
pensar en	*to think about someone or something*	**—¿En qué estás pensando?** **—Estoy pensando en mi hija, que ahora mismo está viajando a Chile.**
pensar de/ sobre	*to have an opinion (about something/someone), to think something (of something/someone)*	—¿Qué **piensas del** uso de la tecnologia entre los niños? —Lo que **pienso sobre** ese tema es que los padres deben limitar el tiempo que los niños pasan usando la computadora, por ejemplo.

En tu comunidad

Entrevista

Entrevista a una persona hispana de tu comunidad sobre sus usos tecnológicos y los de su familia. Aquí hay algunas ideas para la entrevista:

- qué tipo de computadora tiene y si la comparte con otras personas en casa
- miembros de la familia que tienen su propia computadora
- si tiene familia en otro país, qué acceso a computadora tienen y cómo se comunican
- qué portales y redes sociales prefiere, y si esos son populares entre sus amigos y familiares

Producción audiovisual

Filma una parodia de un programa de telerrealidad basado en la vida de los estudiantes de tu universidad.

¡Voluntari@s! «El mundo es un pañuelo»

¿Has considerado o estás considerando pasar unos meses en otro país? El mundo hispanohablante es inmenso y ofrece una gran variedad de opciones para trabajar como voluntario/a en una comunidad mientras refinas tu español. Y no olvides que algunas oportunidades magníficas de servir a una comunidad y mejorar tu español lucen (*look*) de manera excelente en el currículum vitae. Piensa por ejemplo en Teach for America o Peace Corps.

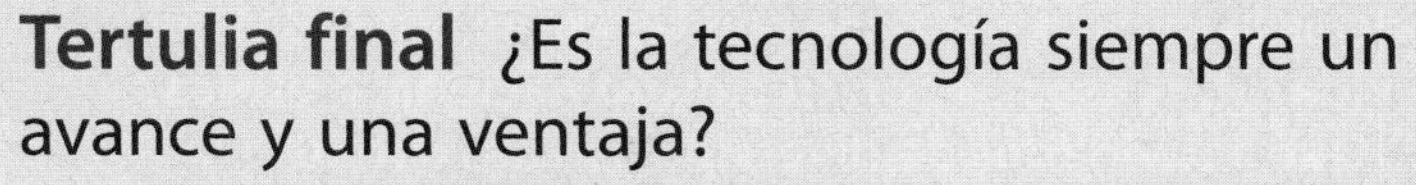

Tertulia final ¿Es la tecnología siempre un avance y una ventaja?

No hay duda que los avances tecnológicos a lo largo de la historia de la humanidad han contribuido a mejorar la calidad y la duración de la vida. Sin embargo, la tecnología no siempre significa progreso positivo en todos los aspectos. Es posible que un avance técnico sea bueno para una cosa, pero no para otra. ¿Les preocupa a Uds. algún aspecto del uso cada vez mayor de la tecnología a todos los niveles de la vida humana? ¿Cuáles les preocupan más y por qué?

«A vivir, que son dos días».

¿Qué significa para ti «vivir bien»? ¿Qué se necesita tener para decir que alguien vive «bien»?

¿Asocias la música y el baile con las cosas buenas de la vida? ¿Los asocias con tu cultura nacional o étnica? ¿Qué actividades de diversión asocias con tu comunidad?

6

La buena vida

EN ESTE CAPÍTULO

Minilectura
- «Olvida tus penas»

Palabras
- La calidad de vida
- Lugares y actividades para pasar el tiempo libre
- ¡A la mesa!

Estructuras
15. El subjuntivo en cláusulas nominales: Expresiones de emoción y duda
16. El **se** impersonal

Cultura
- Taki-Kuni: Música popular en Latinoamérica
- La vida social

Lectura
- «México se devora su historia culinaria»

Redacción
- El análisis comparativo

Cortometraje
«Feng shui», Diego Parodi (Uruguay, 2005)

Argumento: Una joven bibliotecaria pierde la capacidad de distinguir los colores.

De entrada

Minilectura Olvida tus penas

Antes de leer

El tiempo de Carnaval es la semana antes de la cuaresma (*Lent*), en febrero y se celebra por todo el mundo latino, desde los países mediterráneos hasta Latinoamérica.
¿Qué lugares y actividades asocias con el Carnaval?

OLVIDA **TUS PENAS,**

El Carnaval en Las Palmas de Gran Canarias

GRUPO LA TROVA

La vida es mucho mejor
olvida tus **penas**
cambiando las cosas malas
por las cosas buenas.
Si **en vez de** llorar **cantaras**
tu vida **se alegraría**
cantando olvida tus penas
te lo **juro**, vida mía.
Canta, no llores,
que la vida tiene **espinas**
pero también tiene flores.
Haz bien, no mires a quién.
Dale la mano a tu amigo.
Ríete de la **amargura**
y sonríe a tu enemigo.
No sufras y **goza**
que la vida es dura, hermano,
pero también es **sabrosa**.

Comprensión y análisis

1. ¿Cómo es la vida, según la canción?
2. Según la letra (*lyrics*), ¿seremos más felices si solo nos portamos bien con los que nos quieren?
3. ¿Cuál es el tiempo y la persona verbal predominantes en la canción? ¿Por qué son apropiados?
4. ¿Cuáles son tres actividades que haces tú para que tu vida sea más alegre?

Cortometraje Feng shui

Antes de mirar

¿Cuáles son los cinco sentidos? De ellos, ¿cuál dirías que es el más importante para tu vida? ¿y el más importante para poder apreciar la belleza? Explica tus respuestas.

¿De qué colores están pintadas las paredes de los siguientes cuartos de tu casa/apartamento? La cocina, el baño, el comedor, tu alcoba/dormitorio/habitación. ¿Te gustan? ¿Por qué?

¿Cuál es tu color favorito? ¿Por qué? Describe brevemente cómo te hace sentir ese color.

Título: «Feng shui»

País: Uruguay

Dirección: Diego Parodi

Año: 2005

Reparto: Patricia Mallarini, Cecilia Sánchez, Horacio Nieves, Diego Artucio, Elbio Parodi, Oso

«¿Y cómo me queda el amarillo?»

Comprensión y discusión

¿Cierto o falso? Indica si las siguientes ideas son ciertas (C) o falsas (F), según el video. Si puedes, corrige las oraciones falsas.

1. La biblioteca está organizada alfabéticamente.
2. Según la protagonista, las personas ciegas no pueden tener feng shui.
3. El último color que puede ver la protagonista es el azul.
4. Es obvio que a Daniel, el chico que va a la biblioteca a sacar libros, le encanta leer.

Interpreta Contesta las preguntas según lo que viste en el cortometraje.

1. ¿Qué dice la protagonista acerca de los colores? ¿Por qué son importantes?
2. ¿Por qué se detiene la protagonista a ver al perro? ¿Por qué lo observa?
3. ¿Cuál crees que es la importancia de la llamada telefónica de Ana?
4. ¿Por qué crees que Lucía adopta al perro al final?

vocabulario útil

la acromatopsia	*enfermedad por la que solo pueden distinguirse los colores blanco y negro*
el/la oftalmólogo/a	eye doctor
ciego/a	blind
marrón	brown

Tertulia Ser feliz

En español, se distingue entre *ser feliz* y *estar feliz o contento/a.* ¿Cómo son esos dos estados diferentes en tu opinión? ¿Qué cosas te son indispensables para ser feliz?

Para ver «Feng shui» otra vez y realizar más actividades relacionadas con el cortometraje, visita: **www.connectspanish.com**

Palabras

DE REPASO

el descanso
la dieta
la siesta
el tiempo libre
las vacaciones
la vida

descansar
divertirse (ie, i)
dormir (ue, u) la siesta
escuchar música
estar (*irreg.*) a dieta
estar de vacaciones
hacer (*irreg.*) camping
viajar

La calidad de vida

el bienestar	well-being
el entretenimiento	entertainment; pastime
el nivel de vida	standard of living
el ocio	leisure
el pasatiempo	pastime
el ritmo de la vida	pace of life
disfrutar/gozar (c)	to enjoy
entretener(se) (*irreg.*)	to entertain (oneself)
pasarlo (o pasarla) bien	to have a good time
relajarse	to relax

Cognado: **estar a dieta**

Lugares y actividades para el tiempo libre

el baile	dance
la calle	street
el chiste	joke
la discoteca	disco, dance club
la feria	fair
el paseo	stroll

la piscina	swimming pool
la playa	beach
la plaza	square

Cognados: **el bar, el carnaval, la discoteca, la hamaca**

alquilar películas	to rent movies
bailar	to dance
bañarse/nadar	to swim
charlar/platicar (qu)	to chat, converse
contar (ue) un chiste	to tell a joke
hacer (*irreg.*) **una barbacoa**	to have a barbecue
hacer un crucigrama	to do a crossword puzzle
ir (*irreg.*) **al cine / al teatro / a un concierto**	to go to the movies / the theater / a concert
jugar al dominó / al ajedrez	to play dominoes / chess
pasear	to stroll
trasnochar	to stay up all night

¡A la mesa!

la botella (de agua, cerveza, vino)	bottle (of water, beer, wine)
el comedor	dining room/hall
la copa	wine glass
la cuchara	spoon
la cucharita	teaspoon
el cuchillo	knife
el cuenco	soup bowl
la pimienta	pepper
el plato	dish
la sal	salt
la servilleta (de papel)	(paper) napkin
la taza	cup
el tenedor	fork
el vaso	glass
la vela (encendida)	(lit) candle

Cognado: **el banquete**

invitar	to invite; to treat (offer to pay)
oler a (huelo)	to smell like
probar (ue)	to taste
saber (*irreg.*) **a**	to taste like
¡Buen apetito/provecho!	Enjoy your meal!
¡Qué rico/sabroso/malo!	How delicious/tasty/awful!

ACTIVIDAD 1 Asociaciones

Paso 1 ¿Qué palabras y expresiones del vocabulario asocias con las siguientes ideas? ¡Hay muchas asociaciones posibles!

1. un domingo
2. un sábado por la noche
3. unas vacaciones
4. una reunión familiar
5. tus amigos
6. el verano
7. los disfraces

Paso 2 La lista del vocabulario en cuanto a formas de **divertirse** y **entretenerse** y los lugares para hacerlo no es completa en absoluto. ¿Qué palabras puedes añadir?

ACTIVIDAD 2 ¿Con qué se come esto?

¿Qué utensilios de comer se relacionan con las siguientes comidas y bebidas?

1. el té
2. el vino
3. el cereal con leche
4. el pollo en salsa
5. el helado
6. el agua
7. la pasta con salsa de tomate
8. la ensalada

ACTIVIDAD 3 Definiciones

Paso 1 ¿A qué se refieren las siguientes definiciones?

1. Es un lugar en el que nos refrescamos cuando hace calor.
2. Es un rompecabezas (*puzzle*) de palabras y definiciones.
3. Quiere decir contar una historia para hacer reír a otras personas.
4. Quiere decir hablar con alguien.
5. Quiere decir cocinar en el jardín o en el parque.
6. Significa comer algo por primera vez.

Paso 2 Ahora te toca a ti crear las definiciones de cinco de las palabras de la lista del vocabulario. Tu compañero/a adivinará cuáles son las palabras que defines.

ACTIVIDAD 4 ¿Calidad de vida o nivel de vida?

Paso 1 En parejas, comenten si las siguientes circunstancias implican tener una buena calidad de vida.

1. poder comer al menos tres veces al día
2. tener más de un vehículo personal
3. tener fácil acceso al transporte público
4. trabajar doce horas al día
5. tener un teléfono móvil y una computadora en casa
6. no tener ninguna deuda ni problemas económicos
7. tener un lugar agradable donde vivir
8. tener un mes de vacaciones pagadas al año
9. ver a los buenos amigos y a los parientes cercanos con frecuencia

Paso 2 Ahora discutan en parejas:

Al comienzo de este capítulo empezamos a considerar qué quiere decir «vivir bien». Claro que este concepto varía según quién lo describa, y por eso, piensen Uds. en cómo sus padres, hermanos, abuelos y otros seres queridos explicarían «vivir bien». ¿Son totalmente diferentes las descripciones o hay algún elemento constante?

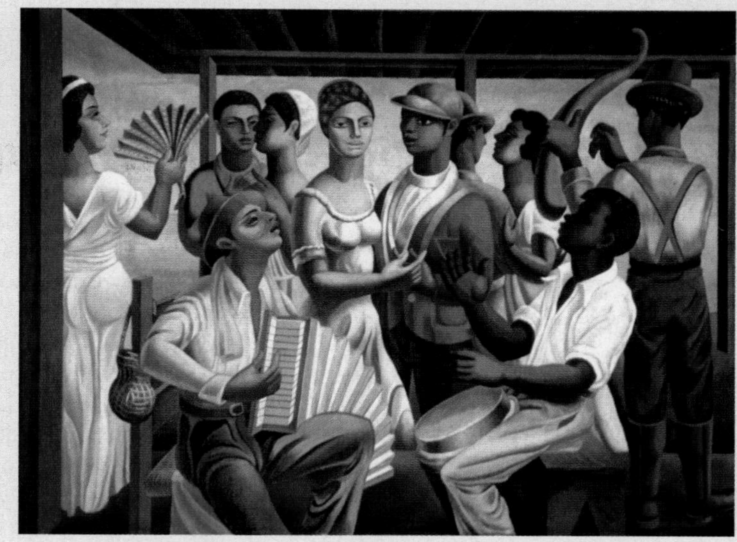

Merengue (1937), del dominicano Jaime Colson

ACTIVIDAD 5 Encuesta: Preferencias para el tiempo de ocio

Paso 1 Prepara cuatro preguntas para encuestar a tus compañeros/as (o amigos/as) sobre sus preferencias a la hora de pasar su tiempo de ocio.

Ejemplos: ¿Cuál es tu entretenimiento favorito?
¿Cuántas horas de ocio sueles pasar el sábado?

Paso 2 Ahora analiza los resultados de tu encuesta para presentarlos a la clase. ¿Son las respuestas que esperabas? ¿Coinciden con tus propias respuestas?

ACTIVIDAD 6 Lugares centrales de la ciudad

Paso 1 ¿Cómo es la vida social fuera de casa en tu ciudad? Menciona tres lugares para cada una de las siguientes actividades. Lugares donde...

1. los niños puedan jugar
2. los adultos vayan a conversar
3. los jóvenes vayan a divertirse
4. las familias enteras pasen su tiempo libre

Paso 2 ¿Es tu ciudad una ciudad típica de tu país? ¿Por qué sí o por qué no?

Plaza de Independencia, Quito, Ecuador

Cultura

Taki-Kuni:* Música popular en Latinoamérica

Como lo expresan las palabras quechuas del título de este apartado,[a] la música y el baile son una parte de mucha importancia en la vida de los países latinoamericanos. Las actividades relacionadas con la música frecuentemente resultan una manera de compartir e identificarse con la comunidad a la que se pertenece. La música sirve para expresar no solo la alegría y la tristeza de la vida cotidiana[b] o los eventos especiales de la vida, sino también las preocupaciones políticas y sociales.

Cuando se habla de la música latina, muchas veces se piensa en la salsa, un estilo musical nacido en los barrios hispanos de Nueva York, resultado de la unión de los ritmos cubanos y puertorriqueños con otros como el jazz.

[a]*sección* [b]*daily*

*«Taki-Kuni» es una expresión en quechua. Se traduce como **el cantar me da vida** o **canto porque es un placer cantar.**

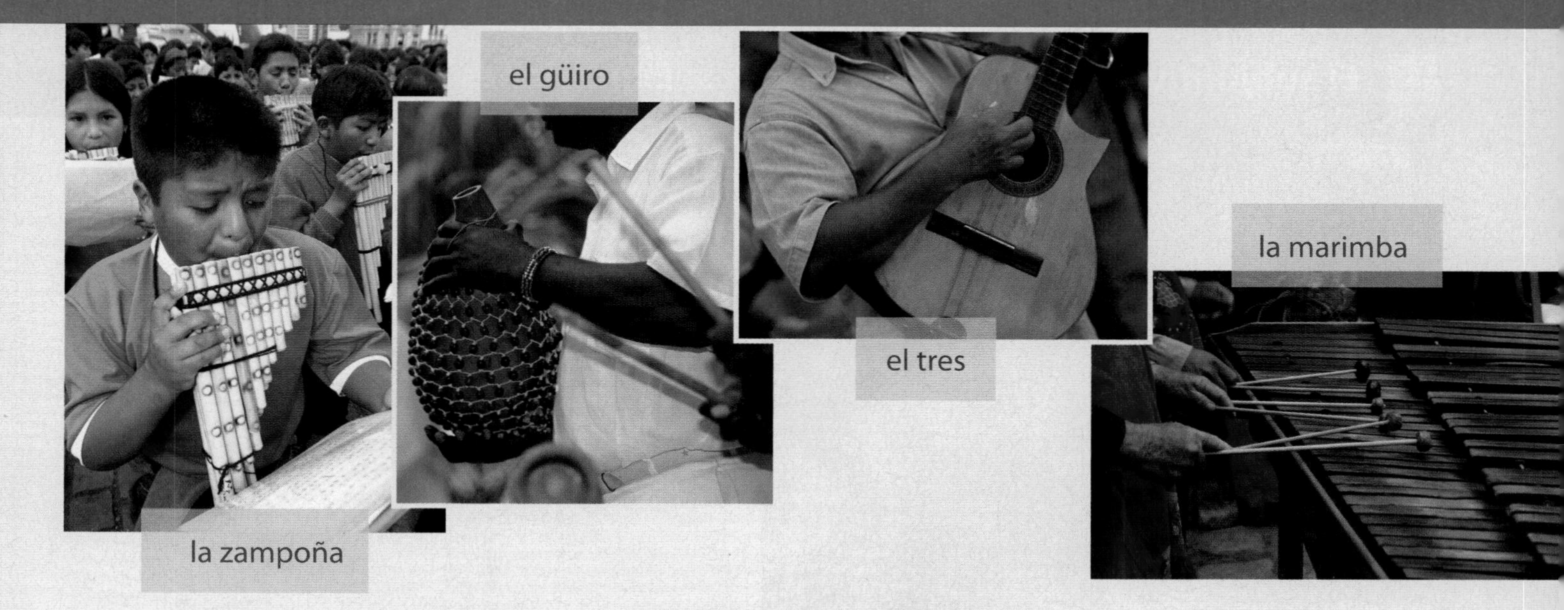

Sin embargo, si bien la salsa es muy popular en todos los países de lengua castellana en el mundo hispano la música es mucho más diversa, contando cada país con sus propios estilos.

La herencia de las culturas precolombinas también está presente en la música popular latinoamericana. Así, por ejemplo, la música andina es considerada como la tradición musical más antigua de Sudamérica. Tiene su origen en el imperio inca y gran parte de los instrumentos de viento que la caracterizan, como las antaras o zampoñas[c] y las quenas,[d] son de invención precolombina. Otro ejemplo de la huella[e] dejada por las culturas precolombinas son ciertos instrumentos de percusión creados por los pobladores originales del Caribe, como el güiro o las maracas, que todavía se usan hoy día.

La herencia africana es muy importante, sobre todo en la música popular del Caribe (Puerto Rico, Cuba, la República Dominicana, Venezuela y Colombia), donde se ve esta influencia en ritmos e instrumentos musicales de percusión. La herencia africana también se observa en el uso de la marimba en varios países de Centroamérica, como Guatemala.

De la tradición europea viene la incorporación de instrumentos como la guitarra, el acordeón, el violín o el arpa[f] en muchos de los estilos musicales latinoamericanos; por ejemplo, en la variedad de la música mexicana o en el tango argentino. Como en otros aspectos de la cultura, las raíces indígenas, africanas y europeas se entrelazan en la música latinoamericana creando nuevos ritmos y dotándola[g] de la diversidad, belleza y originalidad que la caracteriza.

[c]antaras... *panpipes* [d]*flutes* [e]*mark* [f]*harp* [g]*dándola*

Tertulia La música

- ¿Están familiarizados con algún tipo de música latinoamericana? ¿Y con algunos artistas en particular? ¿Qué les gusta de esta música?
- ¿Son la música y el baile importantes en la tradición cultural de Uds.? ¿y en su familia, en particular?
- En general, ¿piensan que la música es capaz de traspasar (*cross*) fronteras culturales? ¿Por qué? ¿Piensan que la música latinoamericana es más capaz de ser apreciada por los de otras culturas en este país, en comparación con la música de otros orígenes? Justifiquen sus respuestas.

LearnSmart: Para aprender MÁS
www.connectspanish.com

15 El subjuntivo en cláusulas nominales: Expresiones de emoción y duda

No creo que esa sopa **esté** tan buena como la de mi mamá.

In **Capítulo 5** the subjunctive in nominal clauses for verbs and expressions of influence was introduced. In this grammar point you will study other contexts that require the subjunctive in nominal clauses: when the main clause expresses an emotional reaction or doubt about an occurrence.

CLÁUSULAS SUBORDINADAS
Nominales
Adjetivales
Adverbiales

Verbos y expresiones de emoción

agradecer (zc)	*to be grateful*
alegrar(se) (de)	*to be happy*
avergonzar(se) (üe) (c) (de)	*to be ashamed*
enojar(se) (de)	*to become angry*
esperar	*to hope*
estar (*irreg.*) contento/a (de)	*to be happy that*
extrañar	*to seem strange*
gustar	*to like*
molestar(se) (por)	*to be bothered by*
ser (*irreg.*) lástima	*to be a pity/shame*
ser extraño/raro	*to be unusual*
ser sorprendente	*to be surprising*
ser necesario/urgente/mejor/ peor	*to be necessary/urgent/better/worse*
tener (*irreg.*) ganas (de)	*to feel like; to want*
tener miedo	*to fear*
ojalá (que)	*I hope / I wish*

¡OJO! **Ojalá** comes from the Arabic expression *May Allah want/grant*. In Spanish, **ojalá** is no longer a verb, so it cannot be conjugated. It can only be used to express the wishes of the person who speaks.

Ojalá (que) todo vaya bien esta noche. *I hope everything goes well tonight.*

Verbos y expresiones de duda

dudar	*to doubt*
no creer	*to not believe*
no estar claro	*to not be clear*
no estar seguro/a	*to be unsure*
no pensar (ie)	*to not think/believe*
ser dudoso	*to be doubtful*

RECORDATORIO

Pensar and **creer** in an affirmative sentence require the indicative. **No pensar** and **no creer** require the subjunctive, as what they refer to is no longer a certainty for the speaker.

Resumen de los Tipos de Cláusulas Nominales

Cláusula subordinada con **subjuntivo** si el verbo principal expresa:		Cláusula subordinada con **indicativo** si el verbo principal expresa:	
Influencia		**Opinión y certeza**	
verbs that intend to provoke someone to do something:		verbs and expressions that express what we know or believe as reality:	
aconsejar	*to advise*	**creer**	*to believe*
decir (*irreg.*)	*to tell (as command)*	**estar** (*irreg.*) **claro**	*to be clear*
esperar	*to expect; to hope*	**estar seguro/a**	*to be (feel) sure*
insistir en	*to insist on*	**pensar (ie)**	*to think*
ordenar	*to order; to command*	**ser** (*irreg.*) **obvio**	*to be obvious*
pedir (i, i)	*to ask for*	**ser seguro/a**	*to be sure*
permitir	*to permit*		
prohibir (prohíbo)	*to prohibit*		
querer (*irreg.*)	*to request; to require*		
requerir (ie, i)	*to want; to love*		
sugerir (ie, i)	*to suggest*		
suplicar (qu)	*to beg*		
Emoción		**Percepción**	
verbs or expressions that show someone's emotional reaction toward another action:		verbs and expressions that show how we perceive reality physically:	
alegrarse	*to be glad*	**notar**	*to notice*
desear	*to desire; to want*	**oír** (*irreg.*)	*to hear*
sentir	*to be sorry*	**percibir**	*to perceive*
ser (*irreg.*) **(una) lástima**	*to be a pity*	**ser evidente/obvio**	*to be evident/ obvious*
		ver (*irreg.*)	*to see*
You will learn more emotion verbs and expressions in **Capítulo 6.**			
Duda y negación		**Información**	
verbs or expressions that reveal doubt about or deny another action:		verbs and expressions that report information:	
dudar	*to doubt*	**decir** (*irreg.*)	*to tell (relay information)*
negar (ie) (gu)	*to deny*	**informar**	*to inform*
no creer	*to not believe*	**repetir (i, i)**	*to repeat*
no estar (*irreg.*) **seguro/a**	*to not be sure*		
no pensar (ie)	*to not think*		

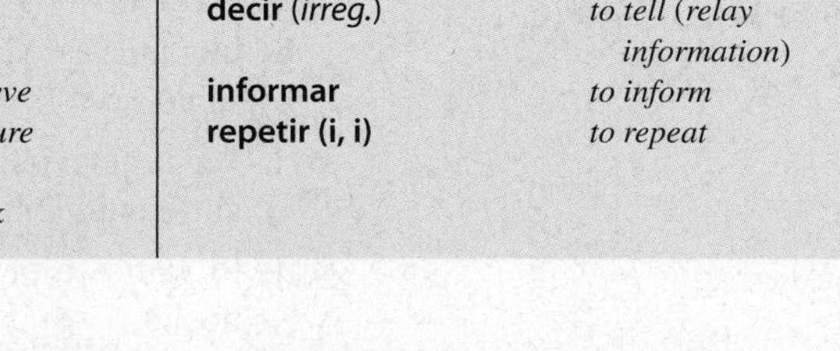

Me alegro de que vayas a la fiesta mañana…

¡OJO! All the verbs in the right column require subjunctive when they are negative, because they do not reflect a reality that is known and proven for the speaker.

■ ACTIVIDAD 1 Cielito lindo

Lee la carta que «Cielito lindo» envió a una columna de consejos y la respuesta que recibió. Completa la respuesta con los verbos y expresiones que le faltan. Puedes usar las que siguen, pero hay más. («Cielito lindo» es el título de una conocidísima canción mexicana.)

alegrarse	**esperar**	**(no) pensar**
(no) creer	**extrañar**	**ser raro**
dudar	**ojalá**	**ser urgente**

Querida Dolores:
Soy cantante de mariachi, pero tengo un problema como muchos latinos de mi generación: no hablo bien el español. He tratado de estudiarlo, pero no lo retengo. Trato de aprenderlo por mi cuenta, pero no encuentro con quién practicarlo. Necesito hablar español para poder cantar en la televisión hispana; si no, me odiarán. ¿Qué puedo yo hacer?

«Cielito lindo» en Texas

Querida Cielito lindo:
______________[1] de que quieras aprender español, pero ____________________[2] que vivas en Texas y no encuentres con quién practicarlo. ____________________[3] que no tengas algún familiar o amigo que pueda ayudarte. ________________________[4] que dejes de buscar excusas. ______________[5] que hay muchas maneras de aprender idiomas, pero ________________________[6] que tú lo hayas intentado de verdad. ______________[7] que encuentres pronto a alguien con quien conversar pues es la mejor manera de aprender. ______________[8] que tengas mucho éxito con tus canciones—Dolores.

■ ACTIVIDAD 2 La buena vida para mí

Empareja cada frase con una cláusula nominal para formar oraciones que tengan sentido para ti. Decide si el verbo de la cláusula nominal debe estar conjugado en el presente de indicativo o del subjuntivo, dependiendo de la cláusula principal.

1. Ojalá (que)...
2. (No) Me gusta (que)...
3. Lamento (que)...
4. Estoy seguro/a de (que)...
5. (No) Creo (que)...
6. Espero (que)...
7. (No) Me molesta (que)...
8. Dudo (que)...
9. Es necesario (que)...

a. trabajar es bueno.
b. los profesores me dan mucha tarea para el fin de semana.
c. tomar mucho sol es bueno para la piel.
d. las familias salen a comer de vez en cuando.
e. hay un concierto estupendo este fin de semana.
f. va a hacer buen tiempo el domingo para la barbacoa.
g. algunas personas hablan en el cine.
h. trasnochar todos los días es bueno para la salud.
i. ver la televisión toda la tarde es un buen entretenimiento.
j. lo vamos a pasar muy bien en la feria esta noche.

■ ACTIVIDAD 3 Sobre la música latina

Expresa tus conocimientos y opiniones sobre la música de los países hispanohablantes completando las siguientes oraciones con información propia. Después compara tus comentarios con los de algunos compañeros. ¿Quién demuestra más conocimiento?

1. Sé que…
2. Estoy seguro/a de que…
3. Creo que…
4. No creo que…
5. Es obvio que…
6. Espero que…
7. Es una lástima que…

■ ACTIVIDAD 4 Reacciones

¿Cómo reaccionas a las siguientes ideas? Repite cada una de ellas incluyendo una cláusula principal en que expreses tus emociones y digas si lo crees o no, haciendo los cambios que sean necesarios.

1. En otros países se vive mejor que en mi país.
2. La comida mexicana es la más rica del mundo.
3. Trabajar es un castigo (*punishment*).
4. Los hispanos creen que los anglosajones son aburridos.
5. Viajar con toda la familia es muy divertido.
6. Cenar todos los días en un restaurante es mejor que cenar en casa.
7. La mejor manera de relajarse es quedándose en casa.
8. Los anglosajones no saben bailar.

ACTIVIDAD 5 Dudas y temores

En parejas, discutan cuáles son sus temores y dudas en la vida. Pueden ser muy específicos o muy generales, como lo prefieran.

Ejemplo: Pues uno de mis mayores temores es que yo no pueda conseguir un trabajo en el área de _____ que pague muy bien, pues dudo mucho que la economía sea mejor en el futuro.

Tengo miedo de que la economía no se mejore.

16 El *se* impersonal

In order to avoid the use of a subject when it is not specific, **se** is used in Spanish preceding the verb in third person, singular or plural.

The order of the verb and subject/object is not important, but **se** must immediately precede the verb.

Solo **se** habla español en clase. — En clase **se** habla solo español.
En España **se** vive bien. — **Se** vive bien en España.

Uses

This construction is frequently used in the following contexts:

- When the action is done by people in general. These actions are expressed in English by using *one, they, you,* or *people* as subject of the sentence, or by using a passive construction.

  Se vive muy bien en España. — *People live very well in Spain.*
  En España **se hablan** cuatro lenguas. — *Four languages are spoken in Spain.*
  Se dice que el príncipe visitará nuestra ciudad pronto. — *They say that the prince will visit our city soon.*

- When an action with a direct object, which is possibly also done by people, can be presented as if it was done by the thing itself.

  El centro comercial **se abre** a las 9:00 de la mañana. — *The mall opens at 9:00 A.M.*
  La puerta **se cierra** por control remoto. — *The door is closed by remote control.*
  Se cortan las cebollas en rodajas. — *The onions are sliced.*

As you can see in the above examples, this construction is often translated as the passive voice in English.

Se cortan las cebollas por la mitad.

Nota lingüística Resumen de los usos de *se*

***Se* variable**

- **Verbos reflexivos (Capítulo 2)**

  Acciones que afectan al sujeto

Yo **me acosté** a las 8:00, pero Julio no **se acostó** hasta las 11:00.	*I went to bed at 8:00, but Julio didn't go to bed until 11:00.*

  Verbos que toman un pronombre reflexivo

Yo **me reí** un poco, pero ellos **se rieron** muchísimo.	*I laughed a little, but they laughed a great deal.*

- **Verbos recíprocos (Capítulo 2)**

  Siempre en forma plural.

Nosotras **nos dimos** un abrazo, pero ellos ni siquiera **se dieron** la mano.	*We hugged each other, but they didn't even shake hands.*

- **«Falso» *se* (Capítulo 2)**

  Los pronombres de objecto indirecto **le/les** se convierten en **se** delante de **lo(s)/la(s)**.

—**Le** diste el libro **a Mario**?	*—Did you give Mario the book?*
—Sí, **se lo** di esta mañana.	*—Yes, I gave it to him this morning.*

***Se* invariable**

- **Impersonal/pasivo (Capítulo 6)**

  Para hacer generalizaciones

Se habla español.	*Spanish is spoken.*

  Para evitar nombrar a la(s) persona(s) que hace(n) la acción

Se firmó un nuevo tratado.	*A new contract was signed.*

  Para dar instrucciones, como en recetas

Se cortan las patatas.	*Cut the potatoes.*

- **Accidental (Capítulo 4)**

  Para expresar acciones accidentales, con o sin un objeto directo

Se me perdió la cartera.	*I lost my wallet.*
Se nos murió el pez.	*Our goldfish died.*

Se rieron muchísimo.

- The **se** construction varies some when the verb affects a person. In this case, the verb always appears in the singular and the human object is a direct object, which must always be introduced by **a** (or substituted by a direct object pronoun.)

Hubo un incendio y se llamó **a los bomberos.**	→ Se **los** llamó.
There was a fire and the firefighters were called.	→ *They were called.*
Se despidió **a la empleada.**	→ Se **la** despidió.
The employee was laid off.	→ *She was laid off.*

Nota En varios dialectos hispanohablantes se prefiere usar los pronombres le y les en este tipo de construcción: Se **les** llamó; se **le** despidió.

■ ACTIVIDAD 1 ¿Qué tipo de *se*?

Indica qué tipo de **se** se usa en cada oración.

a. impersonal / instrucciones
b. con objeto indirecto de persona
c. accidental
d. recíproco / reflexivo

1. ______ En esta clase no se habla inglés.
2. ______ Uno se acuesta muy tarde en España.
3. ______ El reloj se me rompió cuando se me cayó.
4. ______ Eso no se dice.
5. ______ Se invitó a todos los profesores.
6. ______ Las hermanas se llaman con mucha frecuencia.
7. ______ La piscina se abre a las 10:00 de la mañana.
8. ______ No se nos avisó a tiempo.

RECORDATORIO

As in English, the verb in third person plural can be used in this type of sentence to express the impersonal *they*.

Hacen una salsa riquísima en el Mesón de Pablo.	*They make excellent sauce at Mesón de Pablo.*
Hablan cuatro lenguas en España.	*They speak four languages in Spain.*

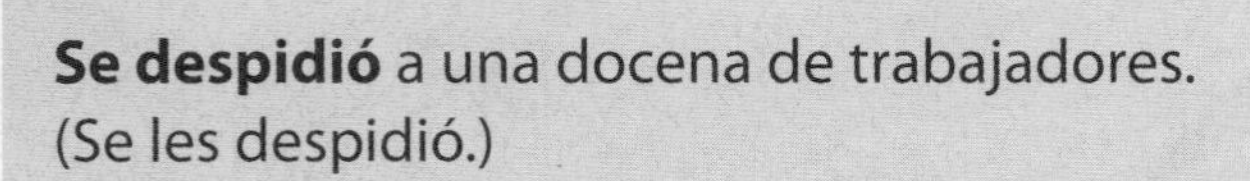

Se despidió a una docena de trabajadores. (Se les despidió.)

Los familiares **se despidieron** de Octavio. (Lo despidieron. / Se despidieron.)

■ ACTIVIDAD 2 ¿Qué se hace en estos lugares y situaciones?

Explica qué cosas se hacen normalmente en las siguientes circunstancias.

1. un día normal en tu universidad
2. un sábado en tu universidad
3. un cuatro de julio en tu ciudad/pueblo
4. un día festivo de invierno/verano en tu estado

Se habla español.

■ ACTIVIDAD 3 Otra manera de decirlo

Expresa las siguientes ideas usando una oración con **se.**

> ***Ejemplo:*** Alguien cierra la oficina a las 2:00. → La oficina se cierra a las 2:00.

1. Alguien cierra las tiendas a las 7:00.
2. En esa frutería nadie puede pagar con tarjeta de crédito.
3. En mi universidad los estudiantes estudian mucho.
4. Si la gente toma el sol a las 2:00 de la tarde, se quema con facilidad.
5. Llamaron a todos los profesores del departamento.
6. La gente puede perder mucho dinero en el casino.
7. Hablamos inglés aquí.
8. Convocaron a todos los miembros de la asociación.

La oficina se cierra a las 2:00.

vocabulario útil

el aderezo	dressing, topping
la cacerola	pot, big pan
la crema agria	sour cream
la cucharada	tablespoon
la cucharadita	teaspoon
el sobre	envelope
añadir	to add
hervir (ie)	to boil
picar (qu)	to chop finely
sofreír (sofrío)	to fry/sauté

■ ACTIVIDAD 4 Una receta de cocina: Sopa de frijoles negros

Paso 1 Los frijoles o habichuelas son solo dos de los muchos nombres que existen en el mundo hispano para *beans*. La siguiente receta para sopa de frijoles fue sacada de la página web de la famosa marca Goya. Expresa las instrucciones usando **se.**

Ejemplo: En una cacerola se calienta el aceite a fuego moderado.

Sopa de frijoles negros
El clásico: Elegante y delicioso. Disfrútelo como sopa o servido sobre arroz.

2 cucharadas de Aceite de Oliva Goya
3/4 taza de cebolla finamente picada
1/2 taza de pimiento verde finamente picado
2 cucharadas de Ajo Picado Goya o 4 dientes de ajo picados en trocitos
2 latas de 15.5 onzas de Frijoles Negros Goya, sin escurrir
2 cucharaditas de orégano
1-1/2 taza de agua
2 sobres de Sazón Goya sin Achiote
2 cucharadas de Vino Blanco de Cocinar Goya o vinagre de manzana

Aderezos opcionales:
Cebolla picada
Arroz blanco cocido
Crema agria

1. En una cacerola, caliente el aceite a fuego moderado. Añada, a la vez que mezcla, la cebolla, el pimiento y el ajo; sofría hasta que estén cocidos, alrededor de ocho a diez minutos.
2. Añada y mezcle el resto de los ingredientes. Deje hervir. Reduzca la temperatura y cocine a fuego lento por diez minutos. Sirva con los aderezos deseados.

Paso 2 Ahora da las instrucciones para hacer uno de tus platos favoritos o un plato de tu tradición familiar.

En el mundo hispano se puede encontrar muchos tipos de frijoles.

Cultura

La vida social

Un bar con terraza en Madrid, España

En el mundo hispano, tanto en pueblitos como en grandes ciudades, la gente tiende a usar mucho los espacios públicos. La calle, es decir, cualquiera de la ciudad es un lugar donde vive gente y donde hay o puede haber comercio, y por lo tanto, un lugar con alto valor social.

De aun más valor social que la calle, hay que destacar[a] las plazas. Algunas de ellas son grandes e importantes por su historia y arquitectura, como la Plaza Mayor de Madrid, la Plaza de Mayo en Buenos Aires, la Plaza de Armas en Santiago de Chile o el Zócalo en México, D.F., por nombrar algunas de las más grandes y famosas. Pero hasta los pueblos más pequeños tienen su plaza, y en las grandes ciudades hay al menos una en cada barrio. Las plazas hispanas son un lugar de reunión desde los tiempos en que servían (y aún sirven en muchos casos) como área de mercado y de feria. Las plazas son lugares de juego para los niños y de entretenimiento para los adultos, quienes se sientan en bancos[b] o pasean y miran todo lo que pasa alrededor.

No podemos hablar de la vida social sin hablar de los cafés, los bares y los restaurantes. Aunque se encuentran en casi todos los lugares del mundo, ir a estos establecimientos es mucho más común para personas de todas las edades en los países hispanos. En España, por ejemplo, el bar es un gran centro de la vida social del barrio: siempre hay un bar «de enfrente»[c] o «de la esquina»[d] y son lugares de reunión asidua[e] para amigos y familia. Por otro lado, a mayor o menor escala, el concepto del «café» tiene mucha más raigambre[f] en el mundo hispano que, por ejemplo, en los Estados Unidos.

Finalmente, hay que hablar del mercado. Todas las ciudades y pueblos tienen mercados centrales o por barrios. Es allí donde se suele encontrar los productos más variados y frescos, y, por supuesto, los más tradicionales para la cocina del país. Aunque los nuevos supermercados con frecuencia hacen difícil la supervivencia de los mercados tradicionales, estos siguen siendo lugares céntricos y, en muchos casos, espectaculares. Además, en casi todos los lugares existe un mercadillo semanal, con vendedores ambulantes, en el cual se venden ropa y cosas para la casa.

[a]*highlight* [b]*benches* [c]*across* [d]*on the corner* [e]frecuente [f]tradición

Tertulia Comparaciones

- ¿Encuentran Uds. diferencias entre el uso que se hace de las calles y las plazas en su ciudad con el que se hace en las ciudades hispanas? ¿Qué ventajas y desventajas encuentran en que las calles sean un lugar «social»?
- ¿Qué otras diferencias notan Uds. entre las ciudades hispanas y las de su país con respecto a los bares, cafés y mercados?

Lectura

México se devora su historia culinaria

vocabulario útil

el chile (*Méx.*)	hot pepper
la nuez	walnut
la olla	pot
el platillo	culinary dish
degustar	to taste
devorar	to devour; to eat up
festejar	to celebrate
culinario/a	culinary
sin embargo	however
mas	*pero*

Texto y publicación

El artículo de esta sección apareció en la revista semanal del periódico colombiano *Tiempos del mundo.*

Antes de leer

¿Cuál es la tradición culinaria de tu país o del país de origen de tu familia? ¿Crees que es una de las grandes cocinas del mundo? ¿Por qué sí o por qué no?
En tu opinión, ¿cuáles son los tres o cuatro platos más representativos de tu país? ¿Y los ingredientes más típicos y especiales?

■ ACTIVIDAD 1 Campos semánticos

Indica cuál de las palabras no pertenece a cada grupo y señala la relación entre las otras.

1. mas	más	sin embargo
2. nuez	pollo	chile
3. platillo	olla	postre
4. degustar	festejar	devorar
5. culinario	cocinado	transformado

Estrategia: Conectores de ideas

Los conectores de ideas son importantes en todo escrito, puesto que muestran la relación de una idea con la que la antecede, ya sea porque represente un contraste (**sin embargo**), añada una razón (**porque**), indique una semejanza (**igualmente**), etcétera. Un escrito sin conectores parecería un telegrama.

En el texto que sigue hay varios casos; por ejemplo, «**Por ello** puede decirse que este país, asiento de culturas milenarias, se devora a sí mismo en la historia de su cocina». Ahora, mientras lees, subraya aquellos conectores de ideas que encuentres. ¿Qué matiz (*nuance*) añade cada uno?

MÉXICO SE DEVORA SU HISTORIA CULINARIA,

ROBERTO CIENFUEGOS

1 En septiembre, los mexicanos festejan el mes de la Patria, y lo hacen en grande. Pero el festejo, que llega a su clímax la noche del 15 con el mundialmente conocido Grito de Dolores, que marcó el inicio de la Guerra de Independencia en 1810, comienza y termina en las cocinas del país. Allí, en ese espacio tan apreciado por las familias 5 mexicanas, **afanosas** abuelas, madres e hijas **comparten** los secretos culinarios que por varias generaciones y siglos explican el arte y la magia de una cocina hoy clasificada entre las cinco primeras del mundo, más por su diversidad que por su profesionalización y/o documentación.

laborious *share*

Por ello, puede decirse que este país, **asiento** de culturas milenarias, se devora a sí 10 mismo en la historia de su cocina. **Vea si no.**

site
See for yourself

Para festejar septiembre, hacen mil y un platillos. Mas hay uno en especial que pertenece al noveno mes. Sí, **se trata de** un chile, originario de Puebla, un estado en el centro de México y también reconocido mundialmente como una de las **cunas** del mole, este último un platillo de génesis y raigambre netamente mexicanos.

es
lugares de origen

15 En efecto, el chile poblano da origen al platillo denominado chiles en nogada, considerado el plato barroco por excelencia. Pero también «es el plato más patriótico de México», explica el chef Mauricio Romero Gatica durante una entrevista con *Tiempos del Mundo*. Los últimos once años de sus 29 años de vida, los ha dedicado 20 predominantemente a estudiar, conocer y ensayar la cocina del mundo, incluyendo la mexicana, que es «la mía y [la que] conocí primero con mi abuela, luego con mi madre y ahora por mí mismo. Yo preparo ahora cosas que hacía mi abuela», narra.

Esta experiencia se repite en prácticamente cada una de las familias mexicanas. La cocina es una herencia, un asunto de familia, «y eso es lo importante de esta cocina 25 nuestra».

A las ollas

Los chiles en nogada, cuyos ingredientes permiten una presentación que incorpora los colores verde, rojo y blanco que distinguen el **lábaro patrio** mexicano, son típicos de agosto y septiembre. ¿Por qué? Los ingredientes, en especial la nuez de Castilla que procede del 30 norteño estado de Chihuahua —aunque también de una zona **aledaña** al hoy **humeante** volcán Popocatépetl—, solo puede conseguirse en esta época del año. Mas no solo esto.

national flag

cerca *smoking*

Todos los ingredientes de este plato, entre ellos el chile poblano, la carne de cerdo, el acitrón —un dulce cristalizado típico de México—, las **pasas**, las **almendras**, el **durazno**, la manzana llamada *panochera* y aun las peras, tienen cuna mexicana. Con todos esos 35 ingredientes, el chile —de tamaño generoso— **se rellena** una vez que se ha **desflemado** y/o se le retiran las **venas y las semillas**. Esto con el fin de **aminorar** su sabor picante.

raisins *almonds* *peaches*

is stuffed/filled *cooled down*
veins and seeds *minimize*

Antes, el chile se **escalfa** y se pela, en un proceso laborioso y prolongado. «Todos estos ingredientes son de México», refiere Romero Gatica, quien evoca el origen de los chiles en nogada. De acuerdo con la **crónica**, este platillo fue preparado por primera 40 vez en el siglo XIX por unas **monjas poblanas** en el marco de una celebración especial, la visita del emperador Agustín de Iturbide, **autoproclamado** emperador de México en 1822. El plato incluye una crema de nuez, llamada nogada, y **se corona** con granos de **granada** dulce color rojo escarlata. El verde chile completa el **toque tricolor del manjar setembrino**.

poach

historia
nuns from Puebla
self-proclaimed
is topped
pomegranate *tricolor touch of this September delicacy*

hundreds

se extingue placer... *pleasure and extravagance*

Pero esto es solo un plato de los **centenares** que preparan, a veces durante varios días, los mexicanos. Y aunque la cocina consume mucho tiempo, su producción **se agota**, aunque con **placer y fasto** eso sí, en casi nada. 45

Misteriosos manjares

paste

cumin *tomato*

a... *starting with* *seed*

transcribe

indispensable

El mole, una **pasta** que tiene como base el chile, es quizá la manifestación culinaria más compleja de México, hecho con base en una serie de ingredientes que van desde el chocolate, la tortilla de maíz quemada, el **comino**, el anís y hasta el **jitomate**. Pero hay también moles verdes, hechos **a partir de** la **pepita** verde e incluso la lechuga. Los moles, cuya variedad se diversifica de acuerdo con la geografía de los estados de Oaxaca, Veracruz, Puebla, **trasuntan** no sólo el mito culinario sino esencialmente el social. Es un plato **imprescindible** en los grandes festejos familiares, ya sea el matrimonio, un nacimiento, el cumpleaños y hasta en ocasión de la muerte en México. 50 55

Para todos los presupuestos

restaurante económico

to have access to

Romero Gatica afirma que la cocina de México, a diferencia de otras en el mundo, es accesible a todo el pueblo. En pocas palabras, «no es clasista», expresa al compararla, por ejemplo, con el arte culinario francés. «Cocina mexicana buena se puede encontrar desde en un changarro —**figón** o cantina barata— hasta en un restaurante fino». No es el caso de la cocina francesa, afirma. «Se necesita más dinero para **acceder** a la cocina francesa buena», refiere. Para este joven chef, «por variedad», la cocina mexicana figura entre las primeras cinco del mundo, al lado de la francesa, la española, la china y la italiana. 60 65

Aunque poco documentada y tampoco profesionalizada, la variedad de la cocina mexicana la coloca entre las primeras del mundo. En los últimos años, se ha mejorado la presentación de la cocina mexicana para «hacerla más refinada», dice el entrevistado.

palate

Sobre los mitos y verdades del chile en la comida mexicana, Romero Gatica admite que la cocina mexicana es una de «ingredientes muy fuertes. El chile es muy fuerte». Mas no todos los platillos tienen por qué serlo, sostiene. Reconoce, sin embargo, que la cocina mexicana es «muy difícil» de adaptar a otras partes del mundo. Esto, primeramente, por la fuerza del **paladar** mexicano, pero también porque es complicado conseguir los ingredientes fuera de México. 70 75

Por ejemplo, cita el caso de los chiles frescos mexicanos. La misma semilla, refiere, da un chile dulce en España. Aun así «hay chiles que se pueden adaptar, pero no es fácil».

En cambio, señala, en México se hace cocina española y francesa de «óptima calidad». De hecho, asegura, mucha de la cocina que se conoce como mexicana en realidad no es auténtica. Esto es porque «la genuina cocina mexicana no es tan adaptable a otro país» ni por paladar ni por sus ingredientes. 80

Comprensión

■ ACTIVIDAD 2 ¿Está claro?

Di si las siguientes oraciones son ciertas o falsas de acuerdo con la lectura. Si son falsas, corrígelas. Si son ciertas, añade todos los datos que sepas sobre esa idea.

1. Esta lectura trata de las festividades mexicanas.
2. El mes de la patria en México es noviembre.
3. El Grito de Dolores señala el final de la Guerra de la Independencia.
4. El mole es un tipo de carne.
5. Los ingredientes para preparar el chile en nogada vienen de diferentes lugares de Latinoamérica.
6. La palabra **nogada** viene del Grito de Independencia.
7. Rellenar los chiles requiere mucho trabajo.
8. Se puede hacer excelente cocina mexicana en cualquier parte del mundo.
9. La cocina mexicana es buena, pero no se puede comparar con las grandes cocinas del mundo.
10. Una cosa interesante de la cocina mexicana es que es una cocina para todas las clases sociales.

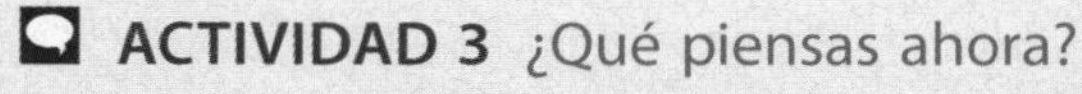

ACTIVIDAD 3 ¿Qué piensas ahora?

Entre toda la clase hagan una lista de los conectores que hay en el texto, explicando el matiz que añade cada uno. Luego den un ejemplo con cada uno de ellos.

ACTIVIDAD 4 Ingredientes y platos típicos

¿Cuáles son los ingredientes más importantes de la comida de tu país? ¿Cuáles son los platos típicos de tu estado o región? ¿En qué ocasiones o épocas del año se hacen? Explica cómo se prepara alguno de esos platos.

Tertulia La cocina de los Estados Unidos o el Canadá

¿Existe una cocina típica de los Estados Unidos o el Canadá? Si Uds. creen que sí, ¿por qué se caracteriza: por sus ingredientes, métodos de preparación, manera de comer, etcétera? Si creen que no, justifiquen su opinión. ¿En qué se basan? ¿Con qué países o cocinas la comparan?

Producción personal

Redacción: El análisis comparativo

Escribe un ensayo para una revista de viajes sobre un lugar ideal para pasar las vacaciones comparándolo con otro(s) lugar(es).

Prepárate

Haz una lista de todos los lugares buenos que conozcas para pasar las vacaciones y selecciona uno. Luego piensa con qué otro lugar puedes compararlo; por ejemplo, Caracas y Nueva York, o dos lugares de playa.

¡Escríbelo!

- Piensa en tus lectores: personas que quieren hacer un viaje, pero no saben adónde. Selecciona un tipo determinado de viajeros: jóvenes, familias, personas jubiladas, etcétera y así reduces la cantidad de información que debes presentar.
- Piensa en tu propósito: en esta composición no quieres convencer, solo informar.
- Sigue la estructura de un ensayo: Introducción, cuerpo y conclusión.

Repasa

- ❒ el uso de los tiempos verbales
- ❒ el uso de **ser** y **estar**
- ❒ la concordancia verbal y nominal
- ❒ la ortografía
- ❒ el uso de un vocabulario variado y correcto (evita las repeticiones)
- ❒ el orden y el contenido (párrafos claros; principio y final)

¡No te equivoques!: *¿Por o para?*

para	*for / in order to*	
	• *time* (deadline)	**Es la tarea para el miércoles.**
	• *purpose*	**Estoy a dieta para perder 6 kilos.**
	• *location* (destination)	**Sale para Nueva York en el vuelo 814 de LAN Chile.**
	• *recipient*	**Es un regalo para tu prima.**
	• *comparison*	**Para Español 101 la tarea es muy difícil.**
	• *point of view*	**Para mí, esta costumbre es anticuada.**
por	• *for, in exchange of*	Le di las gracias **por** su ayuda.
	• *for* (duration of time)	Hicieron ejercicio **por** dos horas.
	• *during* (general part of the day)	Era **por** la mañana.
	• *because of, due to*	El avión no salió **por** la tormenta.
		Eso te pasa **por** ser egoísta.
	• *around, about*	No sé exactamente dónde vive, pero la casa era **por** aquí.
	• *through*	Vamos a Chicago pasando **por** Nueva York.
	• *by means of*	Llamé **por** teléfono.
	• *by*	Esa novela fue escrita **por** una colombiana.

En tu comunidad

Entrevista

Pregúntales a dos o tres hispanohablantes de tu comunidad sobre lo que ellos consideran que es vivir bien. Puedes empezar por preguntarles lo que hacen en su tiempo libre y lo que más les gusta hacer. Por ejemplo:

- su tiempo libre: actividades, lugares y personas para compartirlo
- actividades que asocian con su comunidad y su cultura
- si vivieron o conocen su país de origen, comparación entre lo que se hace en el tiempo libre en ese país y en este
- qué aspectos de la vida en general asocia con su identidad cultural

Producción audiovisual

Haz una presentación audiovisual sobre algún tipo de música de tu interés, que incluya información sobre el país o países donde se toca, y algo de baile si es que se baila.

¡Voluntari@s! Comida para los hambrientos

En un capítulo que trata de la comida, es bueno mencionar servicios comunitarios relacionados con asistencia alimentaria. Se puede trabajar en un comedor de la comunidad, en un banco de alimentos (*food bank*) o una organización que reparta canastas (*baskets*) de alimentos. Y si quieres algo internacional, puedes considerar una organización como Oxfam.

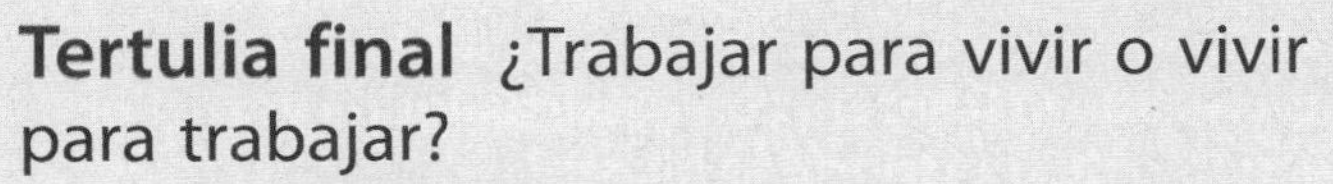

Tertulia final ¿Trabajar para vivir o vivir para trabajar?

No hay duda de que mucha gente en los Estados Unidos y el Canadá disfruta de un buen nivel de vida, especialmente si se compara con países más pobres. ¿Pero cómo es la calidad de vida en esos países? Las siguientes preguntas pueden ayudar a articular la tertulia.

- Si han visitado otros países, ¿qué les pareció la vida allá en comparación con la de su país?
- ¿Cómo es posible que incluso inmigrantes que tuvieron que venir a este país por falta de oportunidades añoren la forma de vivir de su propio país?
- ¿Creen que en este país se trabaja para vivir o se vive para trabajar? ¿Cómo se explica eso?
- ¿Qué cambios podrían mejorar la manera de vivir en este país?

«Ni son todos los que están, ni están todos los que son».

La foto muestra la frontera entre México y los Estados Unidos, en concreto las ciudades de Juárez y El Paso. ¿Has cruzado la frontera con México alguna vez? ¿Por qué medio de transporte lo hiciste?

¿Qué ideas asocias con una frontera?

¿Cómo defines el concepto de «sociedad»? ¿Con qué sociedad te identificas tú?

7

Nos-otros

EN ESTE CAPÍTULO

Minilectura
- «Dos idiomas, múltiples beneficios»

Palabras
- La identidad nacional
- La experiencia en otro país

Estructuras
17. Palabras indefinidas, negativas y positivas
18. El indicativo y el subjuntivo en cláusulas adjetivales

Cultura
- La lengua española: El gran vínculo
- «América»

Lectura
- «El año que viene estamos en Cuba»

Redacción
- Una biografía

Cortometraje
«Camión de carga»,
Juan Sebastián Jácome
(Estados Unidos, 2006)

Argumento: Un niño y su madre entran a los Estados Unidos ilegalmente en un camión.

Minilectura Dos idiomas, múltiples beneficios

Antes de leer

En tu opinión, ¿qué ventajas (*advantages*) o desventajas ofrece el hablar dos idiomas? ¿Por qué? ¿Cuáles pueden ser algunos de los motivos por los que algunas veces los hijos de los inmigrantes no aprenden la lengua de sus padres?

DOS IDIOMAS, MÚLTIPLES BENEFICIOS, ISIS ARTZE

Cada vez que su hijo Kian, de 5 años, le pregunta: «Mamá, ¿por qué tengo que hablar en español?», Jeannette Betancourt se recuerda que **criar** a hijos bilingües es una lucha continua. Esta madre colombiana, residente en Queens, Nueva York, y casada con un irlandés-americano, le responde que hablar el español le da una ventaja, y le cuenta las oportunidades que ella ha tenido por poder comunicarse en dos idiomas.

Bertha Pérez, profesora de educación y de estudios bilingües en la Universidad de Texas en San Antonio, y autora de *Learning in Two Worlds*, dice que muchos padres tienen el concepto erróneo de que los niños se confunden al ser **expuestos** a más de una lengua. «¡No ocurre!», afirma. «La realidad es que bien pueden aprender dos, y aún más idiomas, igual que aprenden otras **materias** como ciencias».

Otros padres se preguntan cuándo es el momento **debido** para enseñar una segunda lengua. Según Pérez: «**Mientras más pequeños, mejor**, porque tienen mayor posibilidades de **desarrollar** los sistemas de pronunciación y no tener acento en ninguno de los dos idiomas».

Betancourt, quien trabaja en el *Sesame Workshop* y tiene un doctorado en educación, les aconseja a los padres que no **se desanimen** cuando sus hijos, como el pequeño Kian, prefieren hablar solo un idioma, y que den el ejemplo al insistir en la práctica continua de la segunda lengua. Ella está segura de que, cuando sean mayores, sus niños le **agradecerán** el valor de ser bilingües.

Comprensión y análisis

Completa las siguientes oraciones con ideas de la lectura.

1. Lo mejor de ser bilingüe es (que) ________.
2. Lo más difícil de criar hijos bilingües es (que) _________.
3. Lo increíble para muchos padres es (que) __________.
4. Betancourt es una mujer que __________.

Antes de mirar

¿Conoces personalmente a algunas personas que sean emigrantes en este país? ¿Por qué vinieron?
¿Crees que hay razones que puedan justificar que una persona emigre ilegalmente a otro país? Da ejemplos.

Título: «Camión de carga»

País: Estados Unidos

Dirección: Juan Sebastián Jácome

Año: 2006

Reparto: Dolores Maldonado, Kevin Martínez, Antonio Barrera, Margarita Barrera, José Sánchez, Arturo Hernández

Premios: Premio del Público del Festival de Cine Cero Latitud

«Yo creo que si no te tratas en un buen hospital o allá en el extranjero… »

vocabulario útil

la carga	freight, cargo
el extranjero	abroad
las ronchas	hives
doler (ue)	to hurt

Comprensión y discusión

¿Cierto o falso? Señala las oraciones ciertas y corrige las falsas.

1. El médico le dice a Anabel que se va a curar pronto.
2. El camión lleva una carga de productos agrícolas.
3. Los policías estadounidenses que inspeccionan el camión no se dan cuenta (*realize*) de que lleva personas escondidas (*hidden*).
4. Anabel solo tiene dinero para pagar el transporte de Jesús, su hijo.
5. La hermana de Anabel la ayuda a pagar su transporte.

Interpreta Explica lo que entendiste y lo que se puede inferir.

1. ¿Qué tipo de enfermedad tiene Anabel?
2. ¿Cómo podría Jesús ayudar a su madre? ¿Por qué no quiere Anabel que su hijo la ayude?
3. ¿Por qué el policía estadounidense no abre la compuerta oculta del camión?
4. ¿Piensas que Anabel sabía lo que iba a pasar cuando comenzó el viaje?
5. ¿Crees que Anabel tomó una buena decisión? ¿Por qué?

Tertulia La solidaridad

Anabel y Jesús no son solo personajes de un cortometraje, sino que representan también la experiencia de personas reales que cada día se encuentran en situaciones igual de difíciles. Entre todos discutan cómo nuestra sociedad puede ayudar a personas como Anabel y Jesús para evitar la inmigración ilegal y el que padres e hijos tengan que separarse.

Para ver «Camión de carga» otra vez y realizar más actividades relacionadas con el cortometraje, visita: **www.connectspanish.com**

Palabras

La identidad nacional

DE REPASO

el barrio
la discriminación
el/la emigrante/inmigrante
el idioma / la lengua
el lenguaje
el nivel de vida
la nacionalidad
el origen
el país
el pasaporte
la población

crecer (zc)
nacer (zc)

la bandera	flag
la ciudadanía	citizenship
el/la ciudadano/a	citizen
el/la compatriota	fellow citizen
la costumbre	habit; tradition
la frontera	border
mi/tu/(. . .) gente	my/your/(. . .) people
la lengua materna	mother tongue
el nivel	level
el nivel económico	economic standard
el orgullo	pride
la patria	homeland
la pobreza	poverty
la raíz (las raíces)	root(s)
la riqueza	richness; wealth
el símbolo	symbol
la sobrepoblación	overpopulation
mi/tu/(. . .) tierra	my/your/(. . .) homeland
la zona residencial	residential area
avanzar (c)	to advance; to move up
criar(se) (me crío)	to raise; to be raised
estar (*irreg.*) **acostumbrado/a a**	to be accustomed to
orgulloso/a	proud

Lugar natal del ecuatoriano Eduardo Kingman.

La experiencia en otro país

el bilingüismo	bilingualism
la desesperanza	hopelessness; despair
la desilusión	disappointment; disillusionment
la esperanza	hope; expectation
la ilusión	hope; wish; delusion
el rechazo	rejection
la residencia	residence
la tarjeta de residente	resident (green) card

Cognado: **la nostalgia**

acostumbrarse a	to get used to
echar de menos	to miss
faltar*	to miss
rechazar (c)	to reject
superar(se)	to advance (in life); to excel
tener (*irreg.*) **papeles**	to have legal papers

Cognados: **adaptarse a, legalizar (c)**

bilingüe	bilingual

Cognado: **(i)legal**

---

*__Faltar__ es un verbo como **gustar.**

■ ACTIVIDAD 1 Asociaciones

¿Qué palabras del vocabulario asocias con las siguientes cosas?

1. los colores rojo, blanco y azul
2. el inglés
3. Tijuana y San Diego; Detroit y Windsor
4. el pasaporte
5. una ciudad de más de 20 millones de personas
6. ganar menos de 30.000 dólares / más de 400.000 dólares al año para una familia de cuatro personas
7. pasar la niñez y la adolescencia y llegar a ser adulto
8. romperse una pierna y dos años después ganar un maratón en los juegos olímpicos
9. tener muchas ganas de volver a casa y estar con la familia
10. esperar y desear una cosa que después no llega

■ ACTIVIDAD 2 Palabras con las mismas raíces

¿Cuántas palabras conoces que tengan las mismas raíces que las palabras de la lista que aparece a continuación? Piensa en todo el vocabulario en español que tú ya sabes, y no solo en el vocabulario de esta lección.

1. el origen
2. la discriminación
3. la población
4. la lengua
5. la ciudadanía
6. la residencia
7. legal
8. pobre
9. la esperanza
10. la patria

ACTIVIDAD 3 Símbolos

Paso 1 Haz dos listas: una con cinco cosas o ideas que para ti sean símbolos de tu país; y otra con cinco cosas que en tu opinión representen la comunidad latina de tu país.

Paso 2 Compara tus listas con las de dos o tres compañeros/as de la clase. ¿En qué coinciden y en qué son diferentes? ¿Cómo explican sus diferencias?

ACTIVIDAD 4 Un retrato muy personal

Paso 1 Llena este formulario con tu información personal.

Nacionalidad ____________________

País de residencia ____________________

País(es) de origen de tu familia ____________________

Lugar(es) donde tienes tus raíces ____________________

Lengua materna ____________________

Otras lenguas ____________________

Ciudad(es) donde creciste ____________________

Algo que hayas tenido que superar en la vida ____________________

____

Tu mayor ilusión en la vida ____________________

____

Tu mayor desilusión hasta ahora ____________________

____

Paso 2 Compara tu información con la de uno/a o dos compañeros/as. ¿Qué tienen en común? ¿En qué aspectos notan grandes diferencias?

ACTIVIDAD 5 ¿Qué es lo mejor de América?

Usando el vocabulario del capítulo y en pequeños grupos, hagan una lista de lo mejor y lo peor que su país les ofrece a las personas que en él habitan. El anuncio de Dodge puede darles algunas ideas.

ACTIVIDAD 6 La nostalgia

Imagínate que por alguna razón tienes que emigrar de tu país. ¿De qué sentirías nostalgia y por qué? Puedes empezar con la frase «Sentiría nostalgia de… »

Cultura

La lengua española: El gran vínculo*

«Es el mayor lazo[a] de unión que puede existir entre los países americanos, es nuestro tesoro[b] más grande. El oro[c] que nos dejaron los españoles, como dijo Borges, a cambio del que se llevaron». Carlos Fuentes, escritor mexicano (1928–2012)

«Lenguaje de blancos y de indios, y de negros, y de mestizos, y de mulatos; lenguaje de cristianos católicos y no católicos, y de no cristianos, y de ateos; lenguaje de hombres que viven bajo los más diversos regímenes políticos». Miguel de Unamuno, escritor español (1846–1936)

[a]*tie* [b]*treasure* [c]*gold*

Población de los países hispanohablantes

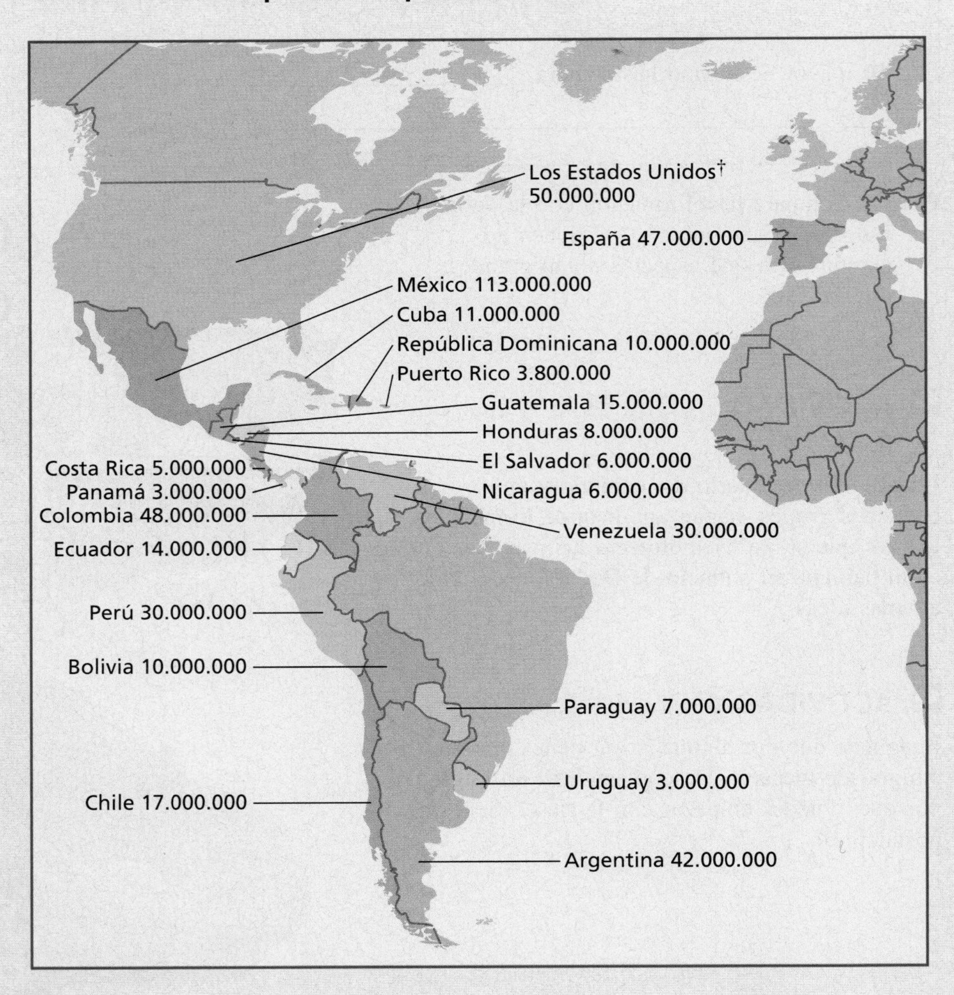

**link*

†De acuerdo con la Oficina del Censo de los Estados Unidos, se estima que la población general en el año 2012 era de 314.601.404 millones de personas. En la actualidad se calcula que hay alrededor de 50,7 millones de personas de origen hispano, de los cuales la mayoría habla español como lengua materna o lengua de herencia familiar.

El español es una de las lenguas derivadas del latín, como el italiano, el francés, el portugués, el catalán, el gallego y el rumano. También se le puede llamar castellano, pues su origen es Castilla, uno de los reinos de la península ibérica antes de que España fuera[d] el país unificado que hoy conocemos. Los conquistadores y colonizadores españoles llevaron su lengua a América, donde el español terminó por convertirse en el idioma de todos los países donde hubo dominación española. Hoy día existe una comunidad de entre 470 y 500 millones de personas que hablan español y viven en veintiún países. Los Estados Unidos es uno de estos países, pues aunque el castellano no es lengua oficial, sus más de 50 millones de hispanos lo hacen el cuarto o quinto país en número de hispanohablantes. En los países de Guinea Ecuatorial y las Filipinas el español es una lengua de importancia histórica, aunque ahora esté perdiendo hablantes.

El español coexiste con otras muchas lenguas en los países donde se habla. En España hay otras tres lenguas oficiales (el catalán, el euskera y el gallego). En América, el panorama lingüístico es impresionantemente rico. En Sudamérica, por ejemplo, hay 375 lenguas identificadas en la actualidad, estos son algunos datos.

- Tan solo en Bolivia hay aproximadamente 35 lenguas indígenas.
- En el Perú hay más de 4 millones de hablantes de quechua.
- En Chile hay unas 250.000 personas que hablan mapuche y araucano.
- En el Paraguay, el guaraní es una lengua oficial junto con el castellano, y lo habla más del 90 por ciento de la población.

[d] *was*

Mapa lingüístico de España

Tertulia La lengua como vínculo

- La lengua es uno de los rasgos (*features*) culturales que más identifica a una comunidad. ¿Qué otros elementos o ideas pueden ser la base del concepto de comunidad?
- Piensen en el papel del español en los Estados Unidos. ¿Por qué creen que es importante (o no es importante) que lo estudien y lo hablen personas que no son hispanas?
- Si fueran inmigrantes, ¿sería importante para Uds. que sus hijos aprendieran su lengua? Si algunos de Uds. son hijos de inmigrantes, ¿aprendieron la lengua de sus padres? Hablen un poco sobre su experiencia.

LearnSmart™
LearnSmart: Para aprender MÁS
www.connectspanish.com

Estructuras

17 Palabras indefinidas, negativas y positivas

Palabras positivas		Palabras negativas		Palabras indefinidas	
todo el mundo	*everyone*	ningún, ninguno/a(s)	*none, no*	algún, alguno/a(s)	*some*
siempre	*always*	nada	*nothing*	algo	*something*
también	*also*	nadie	*no one*	alguien	*someone*
o (…o)	*or/either (…or)*	nunca; jamás	*never*	algunas veces	*sometimes*
		tampoco	*neither*		
		ni (…ni)	*neither (…nor)*		

RECORDATORIO

Double negative. Spanish, unlike English, can take more than one negative word in the same sentence. This happens if the word **no** is the first negative word in a sentence.

- In a negative sentence either the word **no** or a negative word precedes the verb.

No puede ayudarme **nadie.** = **Nadie** puede ayudarme.
No one can help me.
No vino **nadie.** = **Nadie** vino.
No one came.
Yo **no** tengo hermanos **tampoco.** = Yo **tampoco** tengo hermanos.
I don't have siblings either.
Tú **no** quieres bailar **nunca.** = Tú **nunca** quieres bailar.
You never want to dance.

- **Alguno** and **ninguno** have two singular masculine forms: **algún/alguno** and **ningún/ninguno.** Like **un/uno,** these words are shortened when used as an adjective before a masculine noun. The longer forms, **alguno** and **ninguno,** are pronouns.

Algún día vengo a visitarte. — *Someday I will come visit you.*
Estoy buscando mi paquete, pero no hay **ninguno** aquí. (**ningún paquete**) — *I am looking for my package, but there isn't one (are none) here.*

- **Algunos/as** can be substituted by **varios/as,** although not usually in questions.

—¿Tienes **algún** pariente en otro país? — *—Do you have any relative(s) in another country?*
—Sí, tengo **algunos/varios.** — *—Yes, I have some/several.*

- **Ninguno** is not used in the plural, except with words that are always plural.

No hay **ningunas** tijeras en la mesa. — *There are no scissors on the table.*

- **O… o / ni… ni:** Often only one of the pair is used.

(O) Hablas ahora **o** te callas para siempre. — *(Either) You speak now or you stay quiet forever.*
No prefiero **(ni)** este **ni** el otro. — *I don't prefer this one or that one.*

«…tienen más posibilidades de no tener acento en ninguno de los dos idiomas».*

*«Dos idiomas, múltiples beneficios», Isis Azarte

■ ACTIVIDAD 1 Nuestra comunidad universitaria

Corrige las siguientes frases para que muestren la realidad de tu universidad.

1. Hay un programa de aviación.
2. Siempre hay fiestas los miércoles por la noche.
3. Todo el mundo habla más de dos lenguas.
4. No hay ningún profesor aburrido.
5. Todos los servicios para los estudiantes son totalmente gratuitos.
6. Muchos profesores tienen 18 años.
7. Todos los estudiantes son irresponsables y perezosos.
8. Los deportes y los equipos deportivos nunca son importantes aquí.

«Ningún ser humano es ilegal».

ACTIVIDAD 2 Collage

Paso 1 ¿Qué se ve en este collage? Corrige las siguientes oraciones para que sean ciertas.

1. Se ve a una persona jugando al baloncesto.
2. No hay ningún animal.
3. Todas las palabras e imágenes son muy negativas.
4. Se ven muchas banderas.
5. Hay muchas fotos de zonas residenciales.
6. No hay nadie con barba y bigote.
7. No hay nada escrito en japonés.
8. Todo el mundo en estas fotos lleva algo en la cabeza.

Paso 2 En parejas discutan qué pondrían en un collage para representar su identidad nacional, momentos importantes de sus vidas o las cosas y personas que son importantes para ustedes.

■ ACTIVIDAD 3 En el control de inmigración y aduanas (*customs*) del aeropuerto

Completa las siguientes oraciones con las palabras indefinidas y negativas que faltan.

1. —¿Tiene ________ que declarar?
   —No, no tengo ________ que declarar.
2. —¿Viaja con ________ más?
   —No, señor. Viajo sola.
3. —En su visado faltan ________ datos. ¿No tiene ________ otro documento?
   —Creo que no. ________ me dio nada más en el consulado.
4. —Lo siento, pero no se puede pasar ________ producto agrícola. ________ puede pasar nada de carne.
5. —¿________ hay que esperar tanto tiempo en la cola de inmigración?
   —Yo ________ he tenido que esperar tanto. ________ he visto nunca tanta gente.

ACTIVIDAD 4 ¿Somos como ellos?

Inventa varias preguntas sobre las personas de las fotos: su aspecto, su talento y su personalidad. Después hazles esas preguntas a algunos compañeros de clase. **¡OJO!** Las preguntas deben generar respuestas que requieran una de las palabras o expresiones indefinidas o negativas.

Ejemplos: Santana → ¿Hay alguien en tu familia / entre tus amigos que lleve un gorro como Santana? ¿Siempre llevas gorro como Santana?

Isabel Allende → ¿Has leído todas las novelas de Isabel Allende? ¿Tienes parientes en Chile como ella?

Jennifer López → ¿Te interesa algo de Jennifer López (su música, su actuación, su persona)? ¿Alguien en esta clase canta tan bien como Jennifer López?

Bruno Mars → ¿Has oído alguna canción en español de Bruno Mars?

Carlos Santana

Isabel Allende

Bruno Mars

Jennifer López

18 El indicativo y el subjuntivo en cláusulas adjetivales

« ... y le cuenta de las oportunidades **que ella ha tenido por poder comunicarse en dos idiomas**».*

Capítulo 5 and **Capítulo 6** presented noun clauses (**cláusulas nominales**). This section deals with adjective or relative clauses.

CLÁUSULAS SUBORDINADAS
Nominales
(Adjetivales)
Adverbiales

Adjective clauses (**cláusulas adjetivales o relativas**) function like adjectives. They add information about a noun that appears in the main clause. Look at the examples.

En el mundo hay veintiún países <u>hispanohablantes</u>. — (*In the world there are twenty-one Spanish-speaking countries.*)

↑ adjetivo que describe **países**

Hay veintiún países <u>que tienen el español como lengua oficial</u>. — (*There are twenty-one countries that have Spanish as the official language.*)

↑ cláusula adjetival que describe **países**

The adjective clause **que tienen el español como lengua oficial** is comparable in function to the adjective **hispanohablantes.**

A *relative pronoun* (**pronombre relativo**)† connects the main and adjective clauses (hence, adjective clauses are also referred to as *relative* clauses). There are several relative pronouns in Spanish, but the most frequent one is **que.** Two other common relative pronouns are **quien** and **donde.**

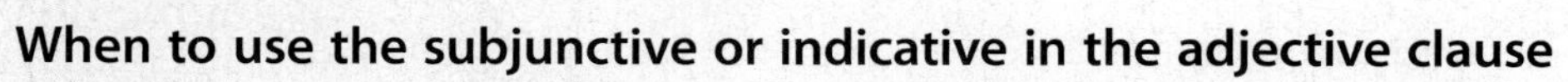

When to use the subjunctive or indicative in the adjective clause

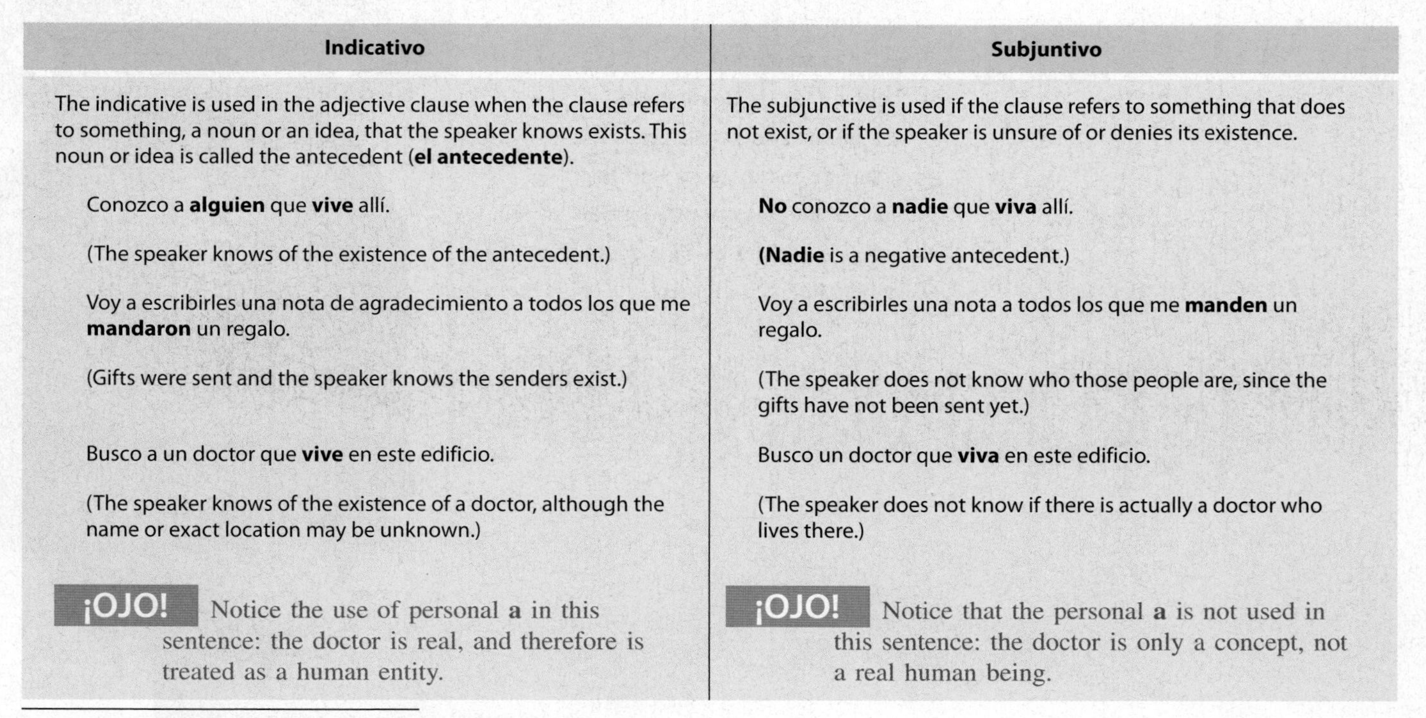

Indicativo	Subjuntivo
The indicative is used in the adjective clause when the clause refers to something, a noun or an idea, that the speaker knows exists. This noun or idea is called the antecedent (**el antecedente**).	The subjunctive is used if the clause refers to something that does not exist, or if the speaker is unsure of or denies its existence.
Conozco a **alguien** que **vive** allí.	**No** conozco a **nadie** que **viva** allí.
(The speaker knows of the existence of the antecedent.)	(**Nadie** is a negative antecedent.)
Voy a escribirles una nota de agradecimiento a todos los que me **mandaron** un regalo.	Voy a escribirles una nota a todos los que me **manden** un regalo.
(Gifts were sent and the speaker knows the senders exist.)	(The speaker does not know who those people are, since the gifts have not been sent yet.)
Busco a un doctor que **vive** en este edificio.	Busco un doctor que **viva** en este edificio.
(The speaker knows of the existence of a doctor, although the name or exact location may be unknown.)	(The speaker does not know if there is actually a doctor who lives there.)
¡OJO! Notice the use of personal **a** in this sentence: the doctor is real, and therefore is treated as a human entity.	¡OJO! Notice that the personal **a** is not used in this sentence: the doctor is only a concept, not a real human being.

*«Dos idiomas, múltiples beneficios», Isis Artze

†You will study all relative pronouns in Spanish in **Capítulo 9.**

- If the antecedent of a relative pronoun is a negative word, the subjunctive is used in the adjective clause.

No hay nada que **podamos** hacer por ahora.	*There's nothing we can do for now.*
No hay ningún estudiante que no **sepa** la importancia de aprender español.	*There is no student who does not know the importance of learning Spanish.*

- If the antecedent is an indefinite word, the mood of the adjective clause is decided depending on whether the speaker knows the actual existence of the antecedent.

Busco a **alguien** en la compañía que **sepa** chino.	*I'm looking for someone in the company who knows Chinese. (I don't know if there is such a person.)*
Busco a **alguien** que sabe chino; me han dicho que trabaja en este departamento.	*I'm looking for someone who knows Chinese; I've been told he or she works in this department.*

ACTIVIDAD 1 En la clase

¿Qué tipo de personas hay en la clase? Entérate (*Find out*) si hay personas en la clase que tengan una de las siguientes características.

Ejemplo: tener una moto (*motorcycle/moped*) →
—¿Hay alguien que tenga una moto?
—En la clase hay una persona que tiene una moto. / En la clase no hay ninguna persona que tenga una moto.

1. tener una moto
2. ser hispano/a
3. estar enamorado/a
4. hablar más de dos lenguas
5. ser ciudadano de otro país
6. echar de menos a su familia
7. sentirse orgulloso/a de su país
8. sentir nostalgia de la escuela secundaria
9. deber dinero a alguien

¿Hay alguien que tenga una moto?

■ ACTIVIDAD 2 El desfile (*parade*) del Día de la Raza

Paso 1 El 12 de octubre, *Columbus Day* en los Estados Unidos, se celebra en los países hispanos el encuentro (*meeting*) de las culturas europeas con las civilizaciones americanas y el nacimiento de una nueva raza, la mestiza. Para los hispanos que viven en los Estados Unidos, el Día de la Raza es una oportunidad para celebrar la existencia de la pluralidad cultural, étnica y racial. Mira la escena y di si las siguientes oraciones son ciertas. Corrige las falsas.

1. Hay alguien que lleva una bandera de los Estados Unidos.
2. No hay nadie que lleve una bandera de México.
3. Hay varias personas que visten trajes típicos.
4. No hay ninguna persona que esté mirando el desfile.
5. Hay un hombre que está saludando (*greeting*) a la gente.

Paso 2 Usa las oraciones del **Paso 1** como modelo para describir otras cosas que se ven (o no se ven).

■ ACTIVIDAD 3 Temas de inmigración

Completa las oraciones con las palabras indefinidas, negativas o positivas apropiadas (ve las palabras en la sección anterior, **Estructuras 17**) y conjuga los verbos entre paréntesis en el presente de indicativo o de subjuntivo.

1. ______________ conoce bien el problema: no hay ______________ que ______________ (negar) que tenemos un alto nivel de pobreza en nuestro país.
2. Muchos de los inmigrantes que ______________ (estar) en peligro con las nuevas leyes de inmigración no tienen visa ______________ permiso de manejar.
3. No conozco a ______________ emigrante que no ______________ (echar) de menos su país de origen. ______________ conozco a ______________ que no ______________ (sentir) ilusión por adaptarse bien al nuevo país.
4. ______________ se debe tener cuidado con el pasaporte, porque para entrar en otro país no se acepta ______________ otro documento que ______________ (permitir) su identificación.
5. —¿Me puedes dar el nombre de ______________ abogado que se ______________ (especializar) en temas de inmigración?

   —Sí, tengo ______________ compañeras que ______________ (trabajar) en esa área.

■ ACTIVIDAD 4 México: Más allá de tu imaginación

Paso 1 Completa las siguientes oraciones basadas en el anuncio de «México: más allá de tu imaginación», de acuerdo con tu opinión.

1. Este anuncio está dirigido a las personas que _______________.
2. Si una persona es de origen mexicano, lo bueno de viajar a México es que _______________.
3. Seguro que este anuncio les interesa a los hijos de los emigrantes que _______________.
4. No creo que este anuncio esté dirigido a las personas que _______________.

Paso 2 Imagínate que un pequeño grupo de compañeros y tú han fundado una nueva compañía especializada en organizar viajes al lugar de Latinoamérica que ustedes elijan. Ahora necesitan una buena campaña de publicidad. Primero, pónganle un nombre a su compañía que refleje (*reflects*) sus objetivos geográficos y comerciales. Después, escriban un anuncio comercial que integre al menos tres de las siguientes oraciones (que deben completar).

1. _______________ (Nombre de la compañía), al servicio de las personas que…
2. Si quiere visitar un lugar que…
3. No va a encontrar otra compañía que…
4. Tenemos precios que…
5. Viaje con nosotros, hará el viaje que…
6. ¿?

Cultura

«América»

«Poco a poco todo americano nacido o venido del sur del Río Grande deja de ser americano y se convierte en latinoamericano forzoso.[a] Lo que en sí[b] no está ni bien ni mal, con una sola condición: que los otros americanos, los anglos, dejen también de ser americanos a secas[c] y se vuelvan angloamericanos… Hay que[d] resistirse a la usurpación por medio de la palabra. Americanos son todos, y no solo los del norte, el inglés y la *Church of England*».*

«América» no significa lo mismo para todos ni en todos los contextos. De hecho,[e] como puede verse en la cita[f] anterior, algunas personas rechazan el término «América» para referirse a los Estados Unidos, puesto que[g] este uso excluye al resto de los países del inmenso continente que se llama América.

Por otra parte, existe una gran conciencia de hermandad[h] y de «americanismo» entre los habitantes de los países americanos de lengua española y portuguesa, que con frecuencia se refleja[i] en el arte y en las canciones populares. Las coincidencias lingüísticas e históricas, así como la lucha común por casi todos los países para conseguir economías y gobiernos estables, hace que sea muy fácil para las personas de un país americano identificarse con las de otros.

[a]*compulsory* [b]Lo… *Which in itself* [c]*a… only* [d]Hay… *Es necesario* [e]De… *In fact* [f]*quote* [g]puesto… *since* [h]*brotherhood* [i]se… *is reflected*

Tertulia ¿Sienten hermandad?

¿Creen que los estadounidenses sienten hermandad hacia otros países? ¿Con cuáles países se sienten hermanos? Y tú, ¿hay algún país con el que te identifiques aunque no sea el tuyo y no vivas allí? Expliquen sus respuestas.

«*This is not America*», del artista de origen chileno Alfredo Jaar, apareció en forma de un anuncio de neón cambiante en Times Square.

*(*Cambio 16,* 18/5/1992, p. 5)

Lectura

El año que viene estamos en Cuba

Texto y autor

Gustavo Pérez-Firmat nació en Cuba (1949) y se crió en Miami. Es profesor de Literatura en Columbia University, además de escritor y ensayista. La lectura de este capítulo es parte del prólogo de su obra autobiográfica *El año que viene estamos en Cuba* (Arte Público, 1997).

Antes de leer

¿Es lo mismo ser bilingüe que ser bicultural?
¿Cuáles son las ventajas de ser estas cosas? ¿Puede que haya alguna desventaja? Explícalo con algunos ejemplos, a ser posible.

Vocabulario útil

Cayo Hueso	Key West
el humo	smoke
la mezcla	mixing
el vínculo	link
la vivencia	**experiencia en la vida**
criollo/a	**original y típico del país**
disminuir	decrease
no quedar más remedio (que)	not to have any other choice but
Pártagas	**Una famosa marca de tabacos cubanos**

■ ACTIVIDAD 1 Asociaciones

Piensa en vocabulario que asocies con cada palabra o expresión de la lista del **Vocabulario útil.** Pueden ser sinónimos, antónimos, palabras con la misma raíz o simplemente asociaciones léxicas.

Estrategia

En este texto el autor representa la contradicción en la que llega a vivir la generación de emigrantes que culturalmente se identifican tanto con el país que dejaron como con el país donde viven. Para comunicar esta realidad, Pérez-Firmat explota la relación léxica de diversas palabras, uniendo antónimos dentro de la misma oración, o recombinando términos de expresiones diferentes. Esto puede dificultar la comprensión, pero hace la lectura más entretenida y refuerza la sensación de tensión. Fíjate en estos ejemplos:

> «El biculturalismo no es ni una bendición, como dicen algunos, ni una maldición, como dicen otros: es una contradicción».
> «Los singulariza al hacerlos plural».

EL AÑO QUE VIENE ESTAMOS EN CUBA,
GUSTAVO PÉREZ-FIRMAT

El biculturalismo no es ni una bendición, como dicen algunos, ni una **maldición**, como dicen otros: es una contradicción. Biculturalistas de naturaleza, los miembros de la generación «uno y **medio**» ocupan una posición intermedia que los singulariza. Pero los singulariza al hacerlos plural, al convertirlos en hombres híbridos y mujeres múltiples. A mi padre, por ejemplo, no le queda más remedio (y más **consuelo**) que ser cubano. Sus treinta y tantos años de residencia en este país casi no **han hecho mella** en sus costumbres criollas. Domina el inglés algo mejor que cuando llegó, pero todavía siente hacia los americanos esa mezcla de incomprensión, admiración y **desdén** que siempre lo caracterizó. El hecho de que mi madre y todos sus hijos y nietos son ciudadanos americanos no parece haber disminuido su despego de la cultura de este país. Mi padre nunca será americano, y no le hablen de solicitar la ciudadanía, porque se enfada. A pesar de que dentro de unos años va a haber vivido más tiempo en Miami que en Marianao, sigue tan poco asimilado ahora como ese día de octubre en 1960 cuando se bajó del *ferry* en Cayo Hueso. Puede ser «residente permanente» de Estados Unidos, pero seguirá siendo ciudadano eterno de Cuba. Mis hijos, que nacieron en este país de padres cubanos, y a quienes **he sometido** a fuertes dosis de cubanía, son americanos **por los cuatro costados**. Igual que mi padre no puede ser «**rescatado**» de su cubanía, ellos no pueden ser «rescatados» de su americanidad. Aunque pertenecen a la denominada «Generación ABC» (*American-Born-Cubans*), son cubanos solo en nombre, o mejor dicho, en apellido. Un **mote** más justo sería «Generación CBA» (*Cuban-Bred-Americans*), ya que ellos mantienen vínculos con Cuba, pero son vínculos **forjados** por las vivencias de sus padres y sus abuelos, y no por experiencia propia. Para David y Miriam, que actualmente tienen diez y trece años, la tierra donde yo nací es como el humo de los tabacos de su abuelo —ubicua pero impalpable.

curse

half

consolation

han... *have not left a mark*

disdain

he... *I have forced to*

por... *through and through*

rescued

nickname

forged

La generación del autor es como un [illegible] entre la generación de su hijo y su padre. Esta generación cree que su biculturalismo es una contradicción porque es una bendición y una maldición. Esta en el medio de la generación ABC y el de su padre la generación CBA. Tiene vivencias de Cuba y EE. UU.

long-haired

half

light disappear

Hace referencia a un famoso tango con el mismo nombre pero heavy weight rooted

bridge

Como mi padre, yo también fumo tabacos, pero en vez de comprarlos por caja en una tabaquería de Miami, los compro uno a uno en la tienda de un **melenudo** «tabaquista» de Chapel Hill. Si fumar tabacos es un índice de cubanía, soy cubano **a medias**, puesto que solo fumo dos o tres veces a la semana después de la comida. Mientras mis hijos ven sus programas favoritos de televisión —*Step by Step* o *Seinfeld*— yo **prendo** mi Partagás y contemplo cómo mis raíces **se desvanecen** en el aire. **Fumando espero —mas** no sé bien qué. Si para mi padre Cuba es un **peso pesado**, y si para mis hijos es una ficción feliz, para mí Cuba es una posibilidad. Al estar **arraigado** tanto en Cuba como en Estados Unidos, pertenezco a un grupo de exiliados que podría genuinamente escoger si regresar o no. Mi padre no tiene esa opción porque, de cierta manera, nunca abandonó la isla. Él sueña con un regreso irrealizable, porque más que regreso es retroceso. Mis hijos tampoco pueden volver, porque no es posible regresar a un lugar donde nunca han vivido. A mi hijo le agrada decirles a sus amigos que él es cubano, pero David solo puede afirmar su cubanía en inglés. Acunados entre la primera y la segunda generación, aquellos que pertenecen a la generacion intermedia comparten la nostalgia de sus padres y el olvido de sus hijos. Para nosotros, volver es también irnos. Se nos ha llamado una generación **puente**; yo añadiría que con igual justeza se nos podría llamar una generación abismo.

Comprensión y análisis

■ ACTIVIDAD 2 Correspondencias

Di a qué generación se refiere cada una de las siguientes ideas, al autor, al padre del autor o al hijo del autor.

1. Ocupa una posición intermedia: autor
2. Solo se siente cubano: padre
3. Es completamente estadounidense: hijo
4. Sueña con regresar: padre
5. Para él, regresar es irse: autor
6. Para él, Cuba es como el humo de los tabacos: hijo
7. Siente su biculturalidad como una contradicción: autor
8. Para él, Cuba no es una vivencia: hijo

Comprensión y análisis

■ ACTIVIDAD 3 Generaciones

Describe las tres generaciones representadas en la lectura con toda la información del texto que puedas dar.

Ejemplo: El padre del autor representa la primera generación. Habla español mejor que inglés. Es un hombre que…

■ ACTIVIDAD 4 Contradicciones

Identifica en el texto oraciones que contengan términos o expresiones contradictorias, explicando cómo funciona la tensión entre ellas.

■ ACTIVIDAD 5 Con tus propias palabras

Explica lo que quiere decir el autor con estas palabras y expresiones:

cubanía/americanidad
Generación «uno y medio»
Generación Puente
hombres híbridos y mujeres múltiples
Generación CBA
Generación abismo

Tertulia Raíces

- Explica el uso del término «las raíces» en cuanto a la familia. ¿Qué implica esta palabra?
- ¿Qué quiere decir «ser de un país»?
- ¿Qué pasa con las muchas personas con experiencias similares a las de la familia de Pérez-Firmat?
- ¿Creen Uds. que uno puede «ser de un país» aunque se sienta de otro?

Producción personal

Redacción: Una biografía

Entrevista a un(a) inmigrante. Antes de la entrevista, prepara diez preguntas para obtener información sobre su vida y su experiencia como inmigrante. Con esta información escribe una biografía de esa persona para compartirla con tu clase de español.

Prepárate

- Antes de la entrevista, prepara diez preguntas con cuidado. Piensa en el enfoque de tu entrevista y en lo que les puede interesar a tus lectores.

¡Escríbelo!

- Introducción y tesis: A pesar de que escribes una biografía, todavía necesitas una presentación y una explicación que reflejen la importancia de la persona de quien escribes.
- Párrafos: Asegúrate de que usas párrafos bien organizados y que cada uno trata de los aspectos que quieres destacar de la vida de tu entrevistado/a.
- Citas: Como tu ensayo se basa en una entrevista, es pertinente citar algunas de las palabras de tu entrevistado/a. Para ello recuerda usar las comillas (« / »). Pero no abuses de las citas. Cita solo cuando sea una expresión muy relevante en tu opinión. Y en este caso, asegúrate de escribir entre comillas lo que dijo tu entrevistado/a palabra por palabra correctamente. Si no puedes citar verbatim es mejor que uses el estilo indirecto para encapsular lo que la persona dijo.

¿Y ahora?

- Repasa los siguientes puntos.
  - ❒ el uso de los tiempos verbales
  - ❒ la concordancia verbal y nominal
  - ❒ la ortografía y los acentos
  - ❒ el uso de un vocabulario variado
  - ❒ el orden y el contenido: párrafos claros, principio y final

¡No te equivoques!: *Actual* y *real*

actual	*current*	**La situación actual económica es más inestable que hace 50 años.**
en la actualidad	*now, nowadays*	**En la actualidad, se sabe que ser bilingüe reporta beneficios personales de muchos tipos.**
real	*real*	**El problema real está en el proceso de legalización largo y burocrático.**
	royal	**El mensajero real buscaba a la señorita que había bailado con el príncipe.**
en realidad	*actually, in fact, in actuality*	**En realidad, la mayoría de los emigrantes son gente muy trabajadora con mucha ilusión por avanzar en la vida.**

En tu comunidad

Entrevista

Entrevista a alguna persona hispana de tu ciudad sobre lo que él/ella considera su comunidad. Estas son algunas de las preguntas que se pueden hacer: ¿Quiénes forman su comunidad? ¿Hay una comunidad de personas de su lugar de origen? ¿Es esa comunidad importante en su vida? ¿Por qué? Podrías preguntarle también sobre si desea volver a su país de origen en el futuro y sobre lo que le gusta y no le gusta de la vida en este país.

Producción audiovisual

Prepara un collage audiovisual sobre una o varias de las asociaciones y comunidades de las que tú te sientes parte.

¡Voluntari@s! Comunidades locales, comunidades globales

Cualquier trabajo de voluntario implica, sin duda, querer ser parte de la comunidad, una comunidad que puede ser muy local o completamente global. ¿Has trabajado alguna vez enseñando inglés a niños o adultos que acaban de llegar al país? Puede ser una tarea muy enriquecedora. Y si prefieres un voluntariado más «físico», ¿qué tal Hábitat para la humanidad? Con esta organización podrías trabajar en un país hispanohablante y así aprender español mientras colaboras con una buena causa.

Tertulia final Nuestras comunidades

¿Qué entienden Uds. por comunidad? ¿Puede uno/a pertenecer a más de una comunidad al mismo tiempo? ¿Cómo puede variar el concepto de comunidad de una persona a otra o de unas circunstancias a otras? ¿De qué comunidades se sienten parte? Entre las diferentes razones por las cuales se identifican con ciertas comunidades, ¿cuáles les molestan más? ¿Cuáles merecen su respecto? Expliquen por qué.

«Para recoger
hay que sembrar».
¿Te preocupa la situación del medio ambiente? ¿Qué es lo que más te preocupa?
¿Qué espacios naturales, plantas y animales crees que representan mejor tu país?
¿Qué espacios naturales y qué animales asocias con el mundo hispanohablante?

8

Nuestro pequeño mundo

EN ESTE CAPÍTULO

Minilectura
- «Cambio climático, Greenpeace Argentina»

Palabras
- El medio ambiente
- La ciudad y los servicios urbanos
- El desarrollo y la economía

Estructuras
19. El futuro y el futuro perfecto de indicativo
20. El indicativo y el subjuntivo en cláusulas adverbiales

Cultura
- Las «grandes» ciudades de Latinoamérica
- La importancia de la economía sustentable

Lectura
- «Hombre planetario» (estrofas sueltas)

Redacción
- Una entrada en un blog

Cortometraje
«Salomón», Ignacio Lasierra (España, 2008)

Argumento: Eusebio y Joaquín necesitan un compañero más para completar su equipo de petanca (*bocce ball*) y así poder participar en la competición anual. Su única opción es Bassir, un trabajador migrante africano.

De entrada

Minilectura Cambio climático, Greenpeace Argentina

Antes de leer

¿Cuál es tu opinión sobre el cambio climático? ¿Te preocupa el tema? ¿Por qué?
Según los expertos, ¿sabes cómo afectaría un grave cambio climático a la región donde vives? Piensa no solo en las personas, sino también en los animales, las plantas, etcétera.

CAMBIO **CLIMÁTICO,** GREENPEACE ARGENTINA

threat · *environmental* · *faces* · *burning* · *coal* · *greenhouse* · *Earth* · *crossroads* · *warn* · *threshold* · *hurt*

El cambio climático es la mayor **amenaza** **medioambiental** a la que **se enfrenta** nuestro planeta. Desde la revolución industrial hasta hoy, la **quema** de combustibles fósiles (petróleo, **carbón** y gas), que se usan para producir energía, libera gases de efecto **invernadero** (CO_2) a la atmósfera, aumentando la temperatura de la **Tierra** y provocando una distorsión en el sistema climático global.

La humanidad se encuentra ante una **encrucijada** histórica. Los científicos **advierten** que si la temperatura global supera los 2°C las consecuencias serán catastróficas. Si cruzamos este **umbral**, los impactos económicos, sociales, políticos, culturales y ambientales **perjudicarán** seriamente a todas las regiones del mundo.

Consecuencias e impactos

Melting · *masses of ice* · *risk* · *rise* · *Increase* · *waves* · *floods* · *droughts*

- **Derretimiento** de los glaciares y otras **masas de hielos** permanentes en todo el planeta (situación que pone en **riesgo** las más importantes reservas de agua dulce del mundo y que causará la **crecida** del nivel del mar)
- **Incremento** de **olas** de calor, **inundaciones** y **sequías**
- Expansión de enfermedades
- Colapso de numerosos ecosistemas

Nuestra propuesta

bets on / pledges · *capable* · *ruled out* · *sources* · *closing* · *support*

Greenpeace trabaja para lograr un modelo energético sostenible y **apuesta por** una revolución energética **capaz** de reducir las emisiones de CO_2 para evitar un cambio climático fuera de control en el que la opción nuclear esté definitivamente **descartada**.

Para esto es fundamental un cambio en la forma de producir y usar la energía. La sustitución de **fuentes** de energía sucias (carbón, gas, nuclear y petróleo) por otras limpias (solar y eólica) necesita: la paralización de los nuevos proyectos de centrales térmicas, el **cierre** progresivo de las centrales nucleares y el **apoyo** a las energías renovables.

Comprensión y análisis

Contesta las siguientes preguntas según el texto.

1. ¿Cómo describe este texto de Greenpeace Argentina el cambio climático?
2. ¿Cuáles son las fuentes de energía sucias y cuáles son las limpias?
3. ¿Cuáles serán las consecuencias del cambio climático, a menos que haya un cambio?
4. ¿Qué ventaja puede tener el comprometerse a crear un futuro energético sustentable?

Título: «Salomón»

País: España

Dirección: Ignacio Lasierra

Año: 2008

Reparto: Txema Blasco, Juan Manuel Chiapella, Baba Guegue, Emilio Bualé, Mbengue Gaye, Rufino Ródenas

Antes de mirar

¿Cómo imaginas la vida en un pequeño pueblo español?
¿Qué juegos o deportes asocias con las personas mayores?
¿Es común que las personas de diferente edad u origen compartan aficiones?

«¿Nos has apuntado?»
«Sí, a los tres. A él le he puesto (*I have named him*) Salomón».

vocabulario útil

el chaval / la chavala	**muchacho/a**
la huerta	orchard, vegetable garden
el mote	nickname
la petanca	game of bocce
el torneo	**la competición**
amargado/a	**triste, sin ilusiones**
cabezón/ cabezona	pig-headed
dejar a alguien en paz	to leave someone alone

Comprensión y discusión

¿Cierto o falso? Indica si las siguientes ideas son ciertas (C) o falsas (F).

1. A Eusebio siempre le ha gustado la presencia de los inmigrantes en su pueblo.
2. Bassir utiliza una máquina en su trabajo.
3. Eusebio y Joaquín descubren a Bassir jugando a la petanca con sus compañeros africanos en la huerta.
4. A Bassir le encanta el nombre de Salomón.
5. Al final, Bassir no puede jugar en el torneo porque ha vuelto a África.

Interpreta Contesta haciendo inferencias sobre lo que se ve y se oye en el corto.

1. ¿Cómo es el pueblo donde transcurre la acción? ¿Crees que hay mucha contaminación a causa del tráfico o de la industrialización?
2. Al principio del cortometraje hay un entierro. ¿Quién ha muerto y cómo afecta esta muerte la vida de Eusebio, Joaquín y Bassir?
3. Aunque Bassir es mucho más joven, ¿crees que le enseña algo a Eusebio?
4. ¿Por qué da Eusebio un nombre falso para Bassir cuando lo inscribe al torneo?
5. ¿Cómo interpretas el hecho de que al final del cortometraje Eusebio quiera que Bassir se quede con el juego de bolas de petanca de Martín?

Tertulia Cambios de opinión

Muchas veces las experiencias que tenemos con lugares o con personas nos hacen cambiar la opinión que teníamos sobre ellos antes de conocerlos mejor. ¿Has tenido una experiencia así? ¿Te ha pasado alguna vez con alguien de otro país u otro grupo social o étnico muy diferente al tuyo? ¿Cómo afectó esa experiencia tu manera de pensar en ese país o grupo?

Para ver «Salomón» otra vez y realizar más actividades relacionadas con el cortometraje, visita: **www.connectspanish.com**

Palabras

El medio ambiente

DE REPASO

el agua
el aire
el árbol
la atmósfera
la ciudad
la contaminación
el mar / el océano
la naturaleza
el planeta

el agujero	hole
el ahorro	saving
el bosque	forest
la capa de ozono	ozone layer
el cielo	sky; heaven
el combustible	fuel
el consumo	consumption
la cosecha	harvest; crop
el efecto invernadero	greenhouse effect
el gas	gas
la madera	wood
el pesticida	pesticide
el petróleo	oil
el recurso	resource
la selva	jungle; tropical rain forest
la sequía	drought
la tierra	soil
la Tierra	Earth (**el planeta**)

Cognados: **la agricultura, el desierto, la ecología, la erosión, la explotación, la extinción, el valle**

ahorrar	to save
cortar	to cut
crear	to create
desperdiciar	to waste
proteger (j)	to protect
sembrar (ie)	to sow

Cognados: **consumir, cultivar, extinguir (extingo), preservar, reducir (zc)**

agrícola	agricultural
medioambiental	environmental

Un olivar (*olive grove*) en Andalucía, España

La ciudad y los servicios urbanos

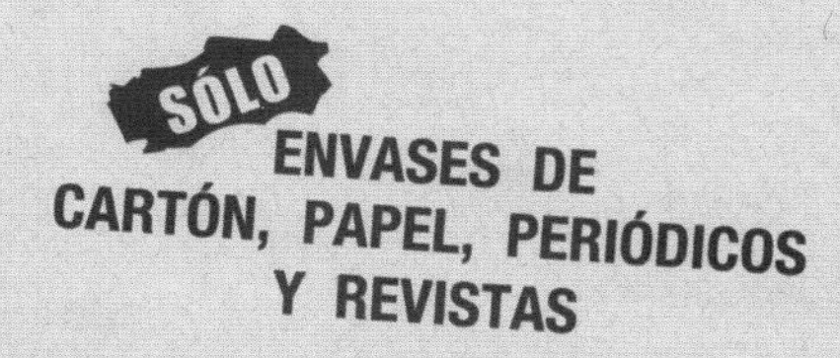

la acera	sidewalk
la basura	garbage
el contenedor (de basura, de reciclados)	(garbage, recycling) bin
el envase	container (bottle, can, etc.)
el humo	smoke
el mantenimiento	maintenance
el piso	floor
la recogida (de basura)	garbage pickup
botar	to throw away

Cognado: **reciclar**

desechable	disposable

Cognado: **reciclable**

El desarrollo y la economía

el acuerdo / el tratado	agreement/treaty
la bolsa	stock exchange
la deuda (externa)	(foreign) debt
el Fondo Monetario Internacional (FMI)	International Monetary Fund (IMF)
la inversión	investment
los inversionistas	investors
los países desarrollados / en vías de desarrollo	developed countries / developing countries
el PIB (Producto Interno Bruto)	GDP (Gross Domestic Product)
la sostenibilidad	sustainability

Cognados: **la gasolina, la globalización, la nacionalización, la privatización**

invertir (ie, i)	to invest
sostener (*irreg.*)	to sustain
sostenible/sustentable	sustainable

ACTIVIDAD 1 Asociaciones

¿Qué asocias con las siguientes palabras?

1. el agua	5. el campo
2. la economía	6. la botella
3. las empresas	7. la ciudad
4. los países	8. verde

¡OJO! **el** agua limpia → **agua** es una palabra femenina que toma el artículo masculino porque empieza con **a** tónica (fuerte).

ACTIVIDAD 2 ¡Busca al intruso!

Indica la palabra que no pertenece al grupo y explica por qué es distinta a las demás.

1. la agricultura	el desierto	la cosecha
2. el cielo	el bosque	la madera
3. consumir	explotar	proteger
4. sembrar	reciclar	cultivar
5. reducir	cortar	crear
6. la deuda	la inversión	el acuerdo
7. la madera	el petróleo	la bolsa
8. la acera	el envase	el piso

ACTIVIDAD 3 Problemas medioambientales

Paso 1 Haz una lista de los cuatro o cinco problemas medioambientales que te preocupan a ti más, tanto a nivel local como a nivel global.

Paso 2 Ahora compara tu lista con las de dos o tres compañeros/as. ¿Están de acuerdo en general? ¿En qué difieren? Digan por qué escogieron esos problemas.

ACTIVIDAD 4 Palabras relacionadas

Relaciona las siguientes palabras con otras de la lista de vocabulario. ¿Qué significan? Da un sinónimo o un antónimo, o explica su significado con otras palabras.

Ejemplo: basurero → basura. Es el hombre que trabaja recogiendo la basura.

1. el desperdicio	4. seca	7. el consumo
2. la creación	5. deber	8. pisar
3. la inversión	6. celestial	9. el cultivo

ACTIVIDAD 5 Juanito en la playa

Juanito, un niño imaginario que vive en una zona muy pobre de la ciudad, es un personaje que aparece en una serie de collages del artista argentino Antonio Berni. En grupos pequeños, comenten lo que se ve en la pintura y lo que esta representa, en su opinión. No olviden usar el subjuntivo para expresar juicios de valor (*value judgment*).

Ejemplo: Creo que el artista quiere expresar que **es horrible** que muchos niños **vivan** en estas condiciones.

Juanito en la playa (1973), de Antonio Berni.

ACTIVIDAD 6 Todo puede ser motivo para una sonrisa

Paso 1 En parejas, expliquen por qué es graciosa (*funny*) la viñeta cómica y qué mensaje quiere promover.

«. . .Súbelo un par de grados más, a ver si se conciencian de una vaz con lo del cambio climático. . .»

Paso 2 Ahora creen su propia viñeta sobre un tema relacionado con el medio ambiente. Puede ser cómica o puede ser seria.

Cultura

Las «grandes» ciudades de Latinoamérica

conjunction → subjunctive
S in que
A fin de que
C on tal de que
A menos que
P ara que
E n caso que
S iempre cuando
A ntes de que

Área masificada de los suburbios de México, D.F.

La calidad de vida no mejorará pronto a menos que la población pare a crecer.

La calidad de vida no mejorará pronto a menos que los negocios no boten su basura en los ríos.

La calidad de vida no mejorará pronto a menos que la gente sienta más sobre el medioambiente

* HASN'T HAPPENED + cuando = subj

Uno de los problemas que el deterioro de la vida en el campo causa en algunos países latinoamericanos es la emigración en masa de los campesinos[a] hacia las ciudades. Muchas personas de origen rural se marchan[b] a la ciudad en busca de mejor trabajo y condiciones sociales, que no siempre encuentran. Esto ha provocado una gran masificación en las ciudades. Según datos de la ONU más del 75 por ciento de la población de los países latinoamericanos vive en las ciudades y este porcentaje seguirá creciendo.

En el área de México, D.F., por ejemplo, viven más de 21 millones de habitantes, por lo que es la mayor área metropolitana del Hemisferio Occidental, y una de las más grandes del mundo. Otras ciudades masificadas de Latinoamérica son Buenos Aires (12 millones), Lima (7,5 millones) y Santiago de Chile (5 millones), sin contar con las megalópolis del Brasil: San Pablo y Río de Janeiro.

El crecimiento rápido de las ciudades impide que se lleve a cabo[c] una adecuada planificación urbanística, por lo que algunos barrios no reciben un suministro apropiado de luz y agua. Esto tiene como consecuencia el que millones de personas vivan en condiciones terribles. Además, ciudades como México, D.F. están muy contaminadas, por lo que algunos de sus habitantes sufren de enfermedades respiratorias, especialmente los niños. Afortunadamente, las autoridades mexicanas no son ajenas[d] al problema de la mala calidad del aire y buscan medios de aminorarlo. Por ejemplo, se han establecido turnos para usar los coches y así, dependiendo de la matrícula del auto, este no puede circular un determinado día de la semana.

[a]*farmers* [b]se... *van* [c]se... *they carry out* [d]*unfamiliar*

Tertulia Nuestro aire

- Este estudio cultural trata de la masificación urbana y los efectos que esta tiene en la calidad del aire que respiramos. ¿Existen problemas similares en el país de Uds.? ¿En qué lugares?
- ¿Qué cosas se pueden hacer, que no se están haciendo ahora, para solucionar estos problemas?

Estructuras

LearnSmart
LearnSmart: Para aprender MÁS
www.connectspanish.com

19 El futuro y el futuro perfecto de indicativo

Forms

The base form for regular verbs is the infinitive form plus the following endings for all three types of infinitives: **-é, -ás, -á, -emos, -éis, -án.** The future and future perfect are tenses of the indicative.

Indicativo
Presente Presente perfecto
Pretérito Imperfecto Pluscuamperfecto
Futuro Futuro perfecto

Verbos regulares					
-ar: crear		**-er: proteger (j)**		**-ir: invertir (ie, i)**	
crear**é**	crear**emos**	proteger**é**	proteger**emos**	invertir**é**	invertir**emos**
crear**ás**	crear**éis**	proteger**ás**	proteger**éis**	invertir**ás**	invertir**éis**
crear**á**	crear**án**	proteger**á**	proteger**án**	invertir**á**	invertir**án**

The irregular verbs use the same endings, but have irregular stems.

Verbos irregulares					
decir	diré, dirás...	**poder**	podré, podrás...	**salir**	saldré, saldrás...
haber	habré, habrás...	**poner**	pondré, pondrás...	**tener**	tendré, tendrás...
hacer	haré, harás...	**saber**	sabré, sabrás...	**venir**	vendré, vendrás...

Este semestre **estudiaré** todos los días.

Uses

- **An action that is expected to happen.** The use of the future instead of the present tense or the expression **ir a** + *verb* usually implies a more formal style.

  Habrá un examen final. — *There will be a final exam.*

- **A future action that includes an act of will or power,** such as a personal resolution or telling someone what he or she will do. This is the equivalent to *will / will not* and the old-fashioned and formulaic *shall / shall not.*

  No **matarás.** No **robarás.** — *Thou shall not kill. Thou shall not steal.*
  Este semestre **estudiaré** todos los días. — *This semester I'll study every day.*

- **Probability about an action occurring in the present** (*I wonder . . . , Probably . . .*). This use of the future tense is probably the most frequent one when speaking. (The counterpart for the past is the conditional, which you will see in **Capítulo 10.**)

  —Son ya las 9:00. ¿Dónde **estará** David? — *—It's already 9:00. I wonder where David is.*
  —Estará a punto de llegar. — *—He must be almost here.*

  This use also occurs in the present progressive form.

  —¿Qué estarán haciendo los niños? — *I wonder what the kids are doing.*
  —Estarán jugando con la Wii. — *They are probably playing with the Wii.*

El futuro perfecto

Forms

The future perfect is formed with the future of **haber** followed by a past participle.

REPASO

past participle forms:
Capítulo 4

futuro de haber + participio pasado	
habré desarroll**ado**	**habremos** desarroll**ado**
habrás desarroll**ado**	**habréis** desarroll**ado**
habrá desarroll**ado**	**habrán** desarroll**ado**

Si no hacemos nada para protegerla, **habremos destruido** la Amazonia antes de que termine este siglo.

Uses

As in English, the future perfect is used to refer to a future action that will be completed by a certain time.

Si no hacemos nada para protegerla, **habremos destruido** la Amazonia antes de que termine este siglo.	*If we don't do anything to protect it, we will have destroyed the Amazon before this century ends.*

Nota lingüística El presente con significado de futuro

Future actions are expressed by the present tense, both indicative and subjunctive, more often than with the future tense.

Present Indicative

Like in English, the present tense—including the present of **ir a** + infinitive—can be used to express future. (The future tense could also be used, although this is uncommon.)

Vamos a salir a las 8:00.	*We are going to leave* (*We are leaving*) *at 8:00.*
Mi hermana **llega** mañana.	*My sister arrives* (*is arriving*) *tomorrow.*
El lunes te **traigo** el libro.	*I'll bring you the book on Monday.*

¡OJO! The present progressive (**estar** + **-ndo**) is never used to express future in Spanish.

Present Subjunctive

The present subjunctive often refers to actions that have not occurred yet. (It cannot be substituted by the future tense.)

Quiero que **vengas** a verme.	*I want you to come to see me.*
(The action of coming will happen later.)	
No olvides llamarme cuando **llegues.**	*Don't forget to call me when you arrive.*
(The action of arriving will happen later.)	

ACTIVIDAD 1 ¿Qué ves en tu futuro?

Paso 1 Forma oraciones con el futuro o el futuro perfecto usando la siguiente información. Las oraciones deben expresar cómo te imaginas tu futuro dentro de diez o quince años.

Ejemplos: trabajar de ______ → **Trabajaré** de arquitecto/a (profesor/a, etcétera).
casarme → No **me habré casado** todavía.

1. trabajar de ________
2. (no) casarme
3. tener ________ hijos
4. poder hablar _________ perfectamente
5. decirle a todo el mundo que la universidad __________ es la mejor
6. saber todo lo que hay que saber sobre ____________
7. hacer buenas acciones por ____________
8. poner toda mi confianza en ___________
9. salir un nuevo aparato que ___________
10. en general, en el mundo (no) haber _________

Paso 2 Ahora pregúntale a un compañero / una compañera sobre su futuro usando las frases del **Paso 1.**

ACTIVIDAD 2 ¿Qué estarán haciendo en este momento?

¿Qué crees que estarán haciendo en este momento las personas de la lista? ¿Dónde estarán? Recuerda usar las formas del futuro.

1. el presidente de los Estados Unidos
2. los japoneses / los australianos / el equipo de fútbol de la universidad
3. algún miembro de tu familia
4. tu mejor amigo/a
5. tus compañeros que no están en clase hoy

■ ACTIVIDAD 3 Los diez mandamientos (*commandments*)

En parejas, escriban diez reglas sobre el comportamiento que debe observar un ciudadano modelo en este mundo. Recuerda usar las formas del futuro.

Ejemplo: Los ciudadanos no arrojarán basura en la calle; siempre usarán las papeleras.

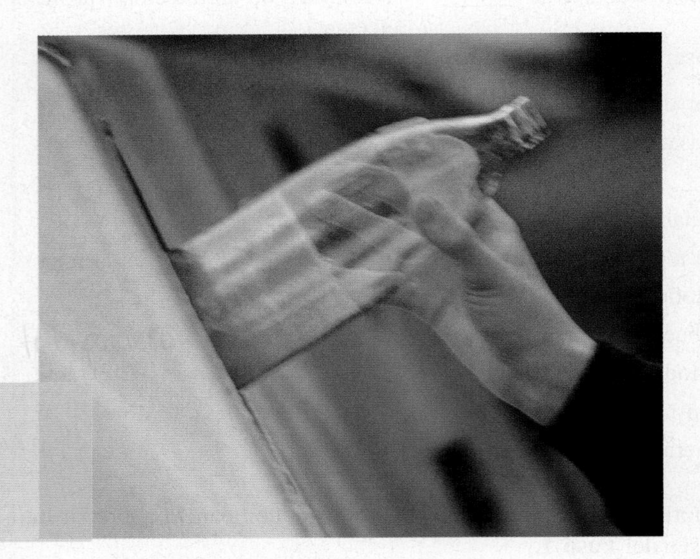

Nadie desperdiciará nada.
Todo el mundo reciclará.

■ ACTIVIDAD 4 ¿Presente, futuro o futuro perfecto?

¿Qué tiempo en español se puede usar para expresar las siguientes ideas? Escoge una de las opciones e intenta explicar por qué.

a. el futuro perfecto
b. el futuro simple = probabilidad
c. el futuro simple = mandato
d. el futuro simple = intención
e. el presente de indicativo
f. el presente de subjuntivo

Ejemplo: b-Carol <u>must be</u> in a traffic jam, as usual. →

1. ______ *You <u>will go</u> to bed no later than 10:00. Is that clear?*
2. ______ *I <u>wonder</u> where the kids are.*
3. ______ *This year I <u>will be</u> more patient with my parents, I promise.*
4. ______ *I hope you <u>write</u> me sooner this time.*
5. ______ *They <u>will not have left</u> yet by the time you arrive.*
6. ______ *I <u>am leaving</u> tomorrow around 10:00.*
7. ______ *My flight <u>departs</u> at 7:10.*
8. ______ *By the end of the year, we <u>will have finished</u> the addition in the house.*

ACTIVIDAD 5 ¿Cómo será la vida dentro de treinta años?

En pequeños grupos, describan cómo imaginan la vida dentro de treinta años. Piensen no solo en su propia vida y en la de sus familias, sino también en la situación mundial en cuanto a avances tecnológicos, problemas medioambientales o políticos y cualquier otro aspecto de la vida que les parezca interesante.

20 El indicativo y el subjuntivo en cláusulas adverbiales

Adverbs express time, manner, or location (when, how, and where) in relation to the verb in a sentence, for example, **pronto, bien, nunca, allí.** An adverbial clause functions as an adverb in relation to the main clause of a sentence.

Adverbial clauses are easy to identify because of their conjunctions, that is, the word or group of words that join the main and subordinate clauses. Adverbial conjunctions include **aunque, para que, tan pronto como, después de (que),** and so on.

Adverbial clauses take either indicative or subjunctive, depending on whether the action they express has taken place or not. A few conjunctions occur only with the indicative, a group of conjunctions is associated only with the subjunctive, and yet another group can appear with both indicative and subjunctive.

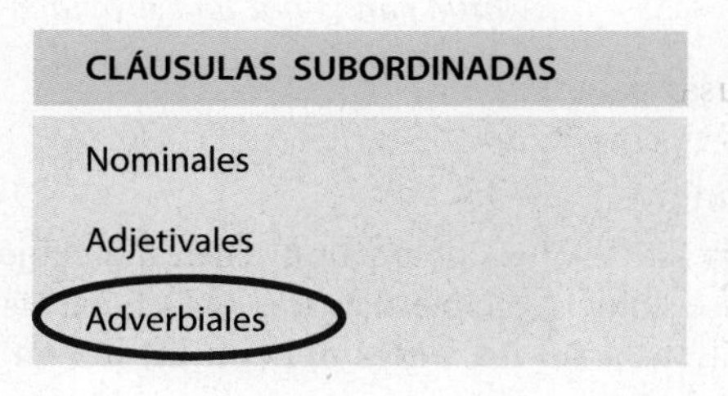

A menos que protejamos los espacios verdes, las generaciones futuras se quedarán con un planeta hostil a la vida humana.

Adverbial conjunctions that require the indicative: Explaining facts

These clauses explain facts and their causes, often translated as *because* or *since* in English. The most common conjunction of this kind is **porque.**

Juan no quiere ir **porque** tiene miedo.	*Juan doesn't want to go because he is afraid.*
Es importante reciclar, **puesto que** los recursos del planeta **son** limitados.	*It's important to recycle, given that the planet's resources are limited.*
Como la población mundial es tan grande, debemos aprender a ahorrar recursos.	*Because the population of the world is so large, we must learn to save resources.*

Other conjunctions that require the indicative	
como	*as, given that, since*
puesto que	*since*
ya que	*due to the fact that*

Adverbial conjunctions that require the subjunctive: Contingency, purpose, and actions that do not take place

All the conjunctions in this group imply that the action in its clause has not occurred, because they express contingencies (**a menos que, con tal que**) or purpose (**para que, a fin de que**), or because the action cannot happen or will not happen before the action in the main clause (**antes de que, sin que**).

sin que	*without*
a fin de que	*in order to; so that*
con tal de que	*provided that*
a menos que	*unless*
para que	*in order to; so that*
en caso de que	*in case*
siempre y cuando	*as long as, provided that*
antes de que	*before*

¡OJO! You can try to memorize this list by remembering the nonsense word **SACAPESA,** made up of the first letters of all eight conjunctions in the list.

Los países ricos deben ayudar a los pobres, a fin de que estos puedan salir de la pobreza. — *Rich countries must help the poor ones so that the latter can overcome their poverty.*

Un poco de sol no es malo, siempre y cuando te protejas bien la piel. — *A little sun is not bad provided that you protect your skin well.*

Debemos cuidar el planeta **para que** nuestros nietos también lo **puedan** disfrutar.

Same subject → preposition + infinitive

The infinitive is used after the preposition of a conjunction when the subject of the adverbial clause and the main clause coincide. Note that this only happens with conjunctions that include a preposition: **a fin de, antes de, con tal de, en caso de, para, sin.** The word **que** is not used in this case.

Cuidemos (nosotros) nuestro mundo para que las próximas generaciones también puedan vivir en él. — *Let's take care of our world so that the next generations can also live in it.*

Cuidemos (nosotros) nuestro mundo para disfrutarlo (nosotros) por más tiempo. — *Let's take care of our world to enjoy it (so that we can enjoy it) longer.*

Conjunctions that take the indicative and subjunctive: *When* and *how*

The conjunctions in this group take the indicative or subjunctive depending on whether the action in their clauses has taken place (indicative), is an action that takes place habitually (indicative), or is a pending action that has not occurred yet (subjunctive). The subjunctive in this case expresses an action that will occur in the future.

Time conjunctions		Manner conjunctions	
cuando	*when*	**aunque**	*although*
después de (que)	*after*	**como**	*as*
en cuanto	*as soon as*	**de modo que**	*in a way that*
hasta que	*until*		
mientras / mientras que	*while*		
tan pronto como	*as soon as*		

- habitual action → indicative

  Me llama en cuanto llega a casa. — *He calls me as soon as he gets home.*

- past action → indicative

  Mientras hubo comida los invitados no se fueron. — *While there was food, the guests didn't leave.*

- pending action → subjunctive

  Debemos seguir luchando hasta que no haya más problemas con la capa de ozono. — *We must continue to fight until there are no more problems with the ozone layer.*

  Me llamará en cuanto llegue a casa. — *He'll call me as soon as he gets home.*

Debemos seguir luchando **sin que haya** problemas con respecto a la capa de ozono.

■ ACTIVIDAD 1 Cambiemos el mundo sin cambiar el planeta

Completa las siguientes ideas con conjunciones de la lista. Puede haber más de una conjunción posible en algunos casos. **¡OJO!** Presta atención a las conjunciones que requieren subjuntivo o indicativo en cada contexto.

SOLO SUBJUNTIVO	**SOLO INDICATIVO**	**INDICATIVO O SUBJUNTIVO**
antes de (que)	porque	tan pronto como
a fin de (que)		aunque
para (que)		cuando
siempre y cuando		después de (que)
sin (que)		

1. El gobierno español hace campañas publicitarias ________________ los españoles ahorren energía.
2. En este anuncio, el mensaje es que podemos hacer cosas importantes por el planeta ____________ hacemos pequeños cambios en nuestra manera de vivir y consumir.
3. En los años 80, hubo otra campaña del gobierno español cuyo lema decía: « ____________ Ud. pueda pagarlo, España no puede».
4. Es obvio que se pueden hacer cambios importantes en cuestiones medioambientales, ________________ todos se preocupen seriamente por el planeta y no solo por el desarrollo económico.
5. Me parece bien que haya una ley que obligue a todo el mundo a reciclar ________________ reducir la cantidad de recursos que usamos.
6. Por ejemplo, ________________________ no tengamos más petróleo, seguro que habrá muchos carros que funcionen con energía solar o eléctrica.
7. Mucha gente ya recicla todos los envases que usa, ____________ sería más fácil botarlos.
8. Mira el número dentro del triángulo en el envase ____________ de botarlo, ________________________ lo recicles si es posible. No tires nada ________________ saber antes si es reciclable o no. Otro consejo: aplasta y reduce los cartones de la leche, ____________ así no ocupan tanto espacio en la basura.

■ ACTIVIDAD 2 Cada oveja (*sheep*) con su pareja

Usa las frases para completar las siguientes oraciones de una manera lógica. No te olvides de conjugar los verbos de las frases en el subjuntivo o indicativo, según el caso.

1. Todos los días cuando llego a casa ___________.
2. Sin embargo ayer tan pronto como llegué a casa ___________.
3. Suelo ducharme con poca agua aunque ___________.
4. Sé que todos los lunes llevas los envases a reciclar antes de que ___________.
5. Pero la semana que viene los tendrás que llevar después de que ___________.
6. Toda mi clase de biología piensa que los países deben llegar a acuerdos para proteger el medio ambiente mientras ___________.
7. Mis profesores de economía confían en que los países en vías de desarrollo seguirán probando nuevas técnicas agrícolas hasta que ___________.
8. Las generaciones posteriores pueden sufrir una gran escasez de recursos naturales puesto que ___________.
9. Es esencial que ahorremos tantos recursos como ___________.

a. ser posible
b. Manuel regresar, porque necesitas que te ayude
c. conseguir resolver los problemas sobre la alimentación de la población
d. gustar las duchas largas
e. echar una siesta porque estaba muy cansada
f. (nosotros) gastar demasiados recursos
g. Manuel llegar del trabajo
h. regar (*to water*) las plantas
i. el agujero negro ser una amenaza

■ ACTIVIDAD 3 El congreso (*conference*)

Completa el siguiente mensaje electrónico con la forma correcta en el subjuntivo o el indicativo de los verbos entre paréntesis.

¡Hola, Juan!

¿Cómo estás? Yo muy bien, aunque, como siempre, ___________[1] (tener) muchas cosas que hacer. Aquí en esta universidad, como sabes, todos los años el departamento de agricultura celebra un congreso cuando ___________[2] (comenzar) el semestre de primavera. Este año el tema del congreso es sobre productos transgénicos y se hará un poco antes, tan pronto como ___________[3] (volver: nosotros) de las vacaciones. Tenemos mucho que organizar antes de que los visitantes ___________[4] (llegar). El año pasado asistieron científicos de diversos estados y todos los estudiantes graduados trabajamos mucho mientras ___________[5] (tener) lugar las sesiones. Este año también trabajaremos hasta que todo ___________[6] (estar) listo. De hecho,[a] en cuanto ___________[7] (terminar: yo) de escribir este mensaje, tengo una reunión con el fin de hacer nuestros horarios para el evento. Tenemos que organizarnos bien a fin de que todos nosotros ___________[8] (poder) descansar. Lo mejor de estos congresos es que siempre después de que ___________[9] (terminar) la última sesión hay una gran cena para todos los organizadores.

Te dejo. Te escribo otra vez tan pronto como ___________[10] (tener: yo) un rato libre.

David

[a]De... *In fact*

Cultivo de maíz transgénico

■ ACTIVIDAD 4 Tu opinión

En parejas, completen las siguientes ideas.

1. La destrucción de la Amazonia continuará a menos que...
2. Los países latinoamericanos ceden (*give*) derechos de explotación de sus recursos a compañías internacionales para (que)...
3. Los países menos desarrollados tendrán serias preocupaciones ecológicas a menos que...
4. Yo creo que es bueno explotar ______ (un recurso) siempre y cuando / con tal que...
5. Es fácil reciclar cuando...
6. Los países desarrollados usarán menos petróleo tan pronto como...

ACTIVIDAD 5 Mi granito de arena

¿Sientes algún compromiso con el medio ambiente? ¿Cómo puedes tú completar las siguientes ideas? Puedes usar una variedad de conjunciones: **ya que, puesto que, tan pronto como, para (que), a fin de (que)...** ¡Sé honesto/a!

Ejemplo: Instalaré placas de energía solar... **cuando tenga una casa propia y tan pronto tenga dinero suficiente para instalarlas.**

1. Al final de este semestre reciclaré todos los papeles de las clases a menos que...
2. Apago las luces cuando salgo de un cuarto siempre y cuando...
3. Instalaré placas de energía solar...
4. Intentaré tomar el transporte público...
5. Para mí, es importante ahorrar y reciclar...

ACTIVIDAD 6 La ciudad del futuro

En un seminario se discutió cómo serán las ciudades del futuro: más verdes y con menos coches. En parejas, imagínense la ciudad ideal del futuro. ¿Cuándo será? ¿Cómo será? ¿Quiénes vivirán en ella? **¡OJO!** En muchos casos necesitarán usar conjunciones adverbiales para explicar sus ideas.

Ejemplo: La ciudad del futuro no tendrá tantos coches para que no haya tanta contaminación atmosférica.

Cultura

La importancia de la economía sustentable

Los países latinoamericanos se enfrentan a un doble reto[a] de difícil solución. Por un lado, está la necesidad de explotar sus recursos naturales —petróleo, gas natural, bosques, minerales, etcétera— para avanzar en el camino de su desarrollo económico. Por otro lado, queda la necesidad imperiosa de preservar esos mismos recursos, no solo por el bienestar actual de sus propias comunidades y los habitantes de todo el planeta, sino también porque son recursos que los países latinoamericanos necesitarán para seguir desarrollando sus economías en el futuro. Abusar de los recursos naturales puede suponer agotarlos, es decir, el equivalente a matar la gallina de los huevos de oro.[b]

La idea de economía sustentable (o sostenible, como se dice en algunos países) parte de la premisa de que los recursos deben ser utilizados de manera que no se agoten, es decir, de modo que puedan sostenerse o mantenerse los recursos, y por tanto la economía que depende de ellos. Esto, claro está, no es tan fácil de llevar a cabo, y casi siempre requiere el acuerdo y la participación activa de los países desarrollados que explotan los recursos en los países en vías de desarrollo.

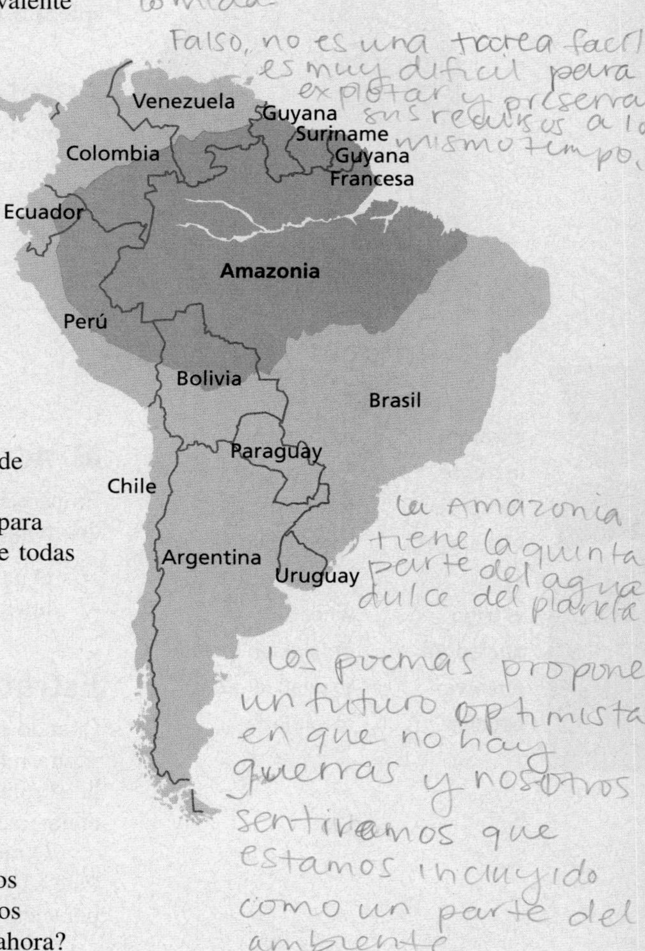

Quizás el ejemplo más típico de la importancia y la necesidad de buscar una economía sustentable en los países en vías de desarrollo es el de la Amazonia. Esta área, compartida por ocho países (el Brasil, Colombia, Bolivia, el Perú, el Ecuador, Venezuela, Guyana y Surinam), es la selva más grande del mundo, donde habitan hasta un 30 por ciento de todas las especies vivas del planeta y donde se encuentra una quinta parte de toda el agua dulce del mundo. La Amazonia se está deforestando a pasos agigantados. Pero la pérdida de esta selva no solo representa un problema para los ocho países latinoamericanos que la comparten, sino para absolutamente todas las personas que vivimos en la Tierra.

[a]*challenge* [b]gallina... *the hen who lays the golden egg*

Tertulia El nivel de vida frente a los recursos naturales

- ¿Qué les parece más importante o eficiente a Uds.: explotar los recursos naturales ahora para mejorar el nivel de vida de un país o preservar esos recursos como sea necesario aunque muchas personas no vivan mejor ahora?
- ¿Es esta pregunta pertinente en su país? ¿Están Uds. de acuerdo con la posición de su gobierno sobre este tema?
- ¿Por qué es la selva amazónica tan importante para todos los habitantes del planeta?
- ¿De quién es la responsabilidad de proteger la Amazonia? ¿Por qué?

Lectura

Hombre planetario (estrofas sueltas)

Texto y autor

El ecuatoriano Jorge Carrera Andrade (1902–1978) fue poeta, ensayista, traductor y diplomático. Su poesía refleja una preocupación tanto por el paisaje y lo natural como por lo social. Aquí se ofrecen dos estrofas de «Hombre planetario» (1959), cada una con su propio tema, aunque ambas forman parte de una idea central que coloca a la humanidad inseparablemente dentro de la vida orgánica del planeta.

Antes de leer

¿Cómo imaginas el futuro de la humanidad y de nuestro planeta? Marca todas las ideas que te parezcan apropiadas.

_______ La vida será mejor que ahora.

_______ Habrá más paz que hoy día

_______ El medio ambiente estará peor que hoy.

_______ Nunca habrá paz completa.

_______ La humanidad cuidará mejor del planeta.

_______ No habrá nadie que muera de hambre.

Vocabulario útil

el camino	road, path
la frente	forefront
la fuente	fountain
el paisaje	landscape
el ser	being
el trigo	wheat
anciano/a	old person (*polite*)
envolver	to wrap (around)
estallar	to explode

■ ACTIVIDAD 1 Asociaciones

Empareja las siguientes palabras con alguna de las del **Vocabulario útil** de manera que tengan sentido.

el pan	el regalo	el mar	la vejez	el agua
la vida	el vehículo	una bomba	la acuarela	la naturaleza

Estrategia: La elipsis y el encabalgamiento

Cuando no se menciona una palabra que esperaríamos en una frase estamos ante la figura retórica llamada **elipsis.** Se puede ver un ejemplo en los primeros versos de la estrofa XVI, cuando el verbo «soy» solo aparece una vez en una larga enumeración que describe al poeta.

Otra figura retórica que encontramos en este poema es el **encabalgamiento.** Este se produce cuando la unidad sintáctica de un verso se prolonga en el siguiente: por ejemplo, «y de la sangre verde que circula / por el frágil, alado cuerpecillo».

La elipsis y el encabalgamiento son figuras muy frecuentes en poesía, pero a veces pueden producir algo de confusión en la lectura. Al leer el poema, intenta identificar ejemplos de elipsis (en la estrofa XVI) y casos de encabalgamiento.

HOMBRE PLANETARIO,
JORGE CARRERA ANDRADE

Estrofa XVI

1	Soy hombre, mineral y planta **a un tiempo**,	al mismo tiempo
	relieve del planeta, pez del aire,	*relief (as in a map)*
	un ser terrestre en suma.	
	Árbol del Amazonas mis arterias,	
5	mi frente de París, ojos del trópico,	
	mi lengua americana y española,	
	hombros de Nueva York y de Moscú,	
	pero fija, invisible,	*fixed*
	mi raíz en el suelo **equinoccial**,	***equinoctial***
10	nutriéndose de los ríos	
	y de la sangre verde que circula	
	por el frágil, alado cuerpecillo	*winged little body*
	del loro, profesor de **ortología**,	*parrot* arte y técnica de hablar bien
	del saltamontes y del colibrí,	*grasshopper* *hummingbird*
15	mis **ínfimos aliados** naturales.	***minimal allies***

Estrofa XIX

1	Vendrá un día más puro que los otros:	
	estallará la paz sobre la tierra	
	como un sol de cristal. Un fulgor nuevo	*brightness*
	envolverá las cosas.	
5	Los hombres cantarán en los caminos,	
	libres ya de la muerte solapada.	*sly*
	El trigo crecerá sobre los restos	
	de las armas destruidas	
	y nadie **verterá**	***to pour***
10	la sangre de su hermano.	
	El mundo será entonces de las fuentes	
	y las espigas, que impondrán su imperio	*spikes/empires*
	de abundancia y frescura sin fronteras.	*freshness*
	Los ancianos tan sólo, en el domingo	
15	de su vida **apacible**,	***placid***
	esperarán la muerte,	
	la muerte natural, fin de jornada,	*day*
	paisaje más hermoso que el poniente.	*west, sunset*

Comprensión y análisis

■ ACTIVIDAD 2 Versos e ideas

Identifica la estrofa y los versos donde aparecen cada una de las siguientes ideas.

		ESTROFA	VERSO(S)
Ejemplo:	1. El poeta se identifica como parte de la Tierra ante todo.	XVI	1–2
	2. Es una mezcla de muchos lugares de to do el mundo.	______	______
	3. En lo más profundo se siente ecuatoriano.	______	______
	4. Los animales son parte esencial de su medio ambiente.	______	______
	5. La gente morirá sin violencia.	______	______
	6. La naturaleza ocupará el lugar de la destrucción.	______	______
	7. Comenzará una nueva era para la humanidad.	______	______
	8. La muerte no llegará por sorpresa y con violencia.	______	______
	9. No habrá guerra.	______	______

■ ACTIVIDAD 3 Interpretación

¿Cómo interpretas tú las siguientes ideas del poema? Explica por qué crees que el poeta eligió esas palabras específicas y qué efecto espera provocar en los lectores.

1. «en el domingo / de su vida apacible»
2. «paisaje más hermoso que el poniente»
3. «estallará la paz sobre la tierra»
4. «[e]l loro, profesor de ortología»
5. «mi lengua americana y española»
6. «mi raíz equinoccial»

■ ACTIVIDAD 4 Comparación de las dos estrofas

Aunque la lectura de este capítulo son dos partes de un mismo poema, resultan muy diferentes. Haz una comparación entre las dos, fijándote en el tema y mensaje de cada una de estas estrofas, y en cómo el poeta usa una expresión diferente en cada caso. ¿En qué estrofa aparecen más verbos, nombres o adjetivos? ¿Te parece el uso de estos elementos de la oración apropiado en cada caso? Explica por qué.

■ ACTIVIDAD 5 Poema colectivo

En parejas, escriban uno o dos versos que pudieran ser parte de una de las dos estrofas del poema *Hombre planetario* y leánselos al resto de la clase.

Tertulia ¿Optimistas o pesimistas?

Carrera Andrade propone un futuro muy optimista, que se basa en el fin de la guerra como el gran cambio para el futuro de la humanidad. ¿Creen Uds. que eso es posible? ¿Por qué sí o por qué no? ¿Son Uds. tan optimistas como Carrera o mucho más pesimistas? ¿En qué se basan para sentirse así?

«Árbol del Amazonas mis arterias... »

Producción personal

Redacción: Una entrada en un blog

Escribe una entrada en tu blog en el que expreses tu descontento y preocupación por un problema medioambiental, que puede ser local o global. Describe el problema y ofrece soluciones.

Prepárate

Haz un borrador con los puntos más importantes que debe tocar tu entrada: descripción del problema, causas, impactos, posibles soluciones. Busca en el diccionario el vocabulario básico que te haga falta.

¡Escríbelo!

Ordena y desarrolla las ideas de tu borrador. Presta atención al tono: ¿serio y científico? ¿humorístico e irónico? Piensa también para quién escribes: ¿jóvenes universitarios? ¿personas de todo tipo? ¿lectores de tu propia ciudad?

Repasa

- ❒ el uso de los tiempos de pasado y del subjuntivo
- ❒ la concordancia verbal y nominal
- ❒ la ortografía y los acentos
- ❒ el uso de un vocabulario variado, evitando repeticiones

¡No te equivoques!: Maneras de expresar *to support*

apoyar	*to support* *to give emotional support*	Si crees que vas a caerte, **apóyate** en mí. Te **apoyamos** en todo lo que necesites.
mantener	*to support financially* *to keep*	Ella **mantiene** a su familia con su sueldo. Nos gusta **mantener** las tradiciones familiares.
sostener	*to support, to sustain* *to hold*	Esas columnas **sostienen** el edificio. El hombre **sostiene** al niño en sus brazos.
soportar	*to hold, support* *to bear* *to put up with*	El ser humano no puede **soportar** la presión del agua a gran profundidad. Este material **soporta** temperaturas de más de 100°. No **soporto** el calor.

En tu comunidad

Entrevista

Entrevista a una persona hispanohablante sobre la naturaleza de su país de origen (que pueden ser los Estados Unidos o el Canadá) y los problemas ambientales que se consideran más serios. Se puede preguntar:

- cuáles son algunos de los lugares naturales más apreciados y visitados
- si hay algún parque o área con especial protección del gobierno y por qué
- cuáles son algunos problemas medioambientales y que efecto tienen en la población o el país
- si cree que el gobierno está tomando las medidas (*measures*) necesarias para mejorar la situación

Producción audiovisual

Haz una producción audiovisual que trate sobre un problema medioambiental que afecte de alguna manera a alguna comunidad hispanohablante.

¡Voluntari@s! Cultivar, cuidar . . . y crecer

Cada día más jóvenes y adultos se interesan en participar en programas que tengan un efecto positivo medioambiental. Si este es tu caso, lo tuyo puede ser colaborar con organizaciones internacionales como Greenpeace, que están representados en muchos países. Y si prefieres algo más local, ¿qué tal trabajar en una huerta escolar o de la ciudad, o enseñando a los más pequeños a tener un impacto positivo en nuestro planeta?

Tertulia final Organizaciones ambientales

¿Qué organizaciones conocen Uds. que luchen por conservar en buen estado el ambiente de nuestro planeta? ¿En qué consisten sus esfuerzos? ¿Existe alguno de estos grupos en tu universidad o ciudad? ¿Has tomado parte de alguna forma en lo que hacen? ¿Por qué?

«Hoy por ti, mañana por mí».

¿Qué haces tú por otras personas? ¿Qué hacen otros por ti?

¿Para qué grupos ha habido grandes avances en el tema de la igualdad social en los últimos 50 años?

En tu opinión, ¿hay algún grupo social que todavía no disfrute de igualdad total?

¿Conoces a alguien que se haya sentido discriminado/a alguna vez?

9

En busca de la igualdad

EN ESTE CAPÍTULO

Minilectura
- «La ONU declara el acceso a Internet como un derecho humano»

Palabras
- El individuo
- Para hablar de temas sociales
- Para expresar opiniones

Estructuras
21. Presente perfecto de subjuntivo
22. Los pronombres relativos

Cultura
- El machismo
- El movimiento chicano: «Sí se puede»

Lectura
- «Convocación de palabras»

Redacción
- Escribir una reseña cinematográfica

Cortometraje
«Quince años», Liliana Torres (México, 2012)

Argumento: Una chica quiere celebrar su quinceañera igual que cualquier otra chica.

De entrada

Minilectura La ONU declara el acceso a Internet como un derecho humano

Antes de leer

¿Cómo se define «un derecho humano»? ¿Cuántos derechos humanos puedes nombrar? ¿Hay alguno que te parezca especialmente importante?

LA ONU DECLARA **EL ACCESO A INTERNET COMO UN DERECHO HUMANO***

tool *indispensable*

El uso de Internet se está convirtiendo en una **herramienta** **imprescindible** para la libertad de expresión. Más que una posibilidad de comunicación se está convirtiendo en una necesidad debido al período de globalización que hoy se vive. Por ello, la Asamblea General de las Naciones Unidas ha declarado el acceso a Internet como un derecho humano.

handles *promotes* *growth* *in its totality* *any*

Entre los argumentos que **maneja** la ONU, defienden que Internet es una herramienta que **favorece** el **crecimiento** y el progreso de la sociedad **en su conjunto.** Asimismo, consideran que debería ser un derecho universal de fácil acceso para **cualquier** individuo y exhorta a los gobiernos a facilitar su acceso.

changing *press release reported*

«La única y **cambiante** naturaleza de Internet no solo permite a los individuos ejercer su derecho de opinión y expresión, sino que también forma parte de sus derechos humanos y promueve el progreso de la sociedad en su conjunto», indicó el Relator Especial de la ONU, Frank La Rue, en un **comunicado de prensa recogido** por la CNN.

Importante en movimientos políticos

valuable *key*

La ONU afirma que el acceso a la web debe mantenerse y es especialmente **valioso** «en momentos políticos **clave** como elecciones, tiempos de intranquilidad social o aniversarios históricos y políticos», según recoge la CNN.

De hecho, esta herramienta se considera ta importante que Estados Unidos ha desarrollado tecnologías que le permiten restaurar la conexión a Internet en un determinado país que las hubiera bloqueado, en caso de que deseara hacerlo.

to exert *commitment* *develop*

Por último, la ONU señala que Internet, como un medio para **ejercer** el derecho a la libertad de expresión, «solo puede servir a estos propósitos si los estados asumen su **compromiso** por **desarrollar** políticas efectivas para lograr el acceso universal».

Comprensión y análisis

Completa las ideas según el texto.

1. El Internet hoy día es fundamental para…
2. La Asamblea de las Naciones Unidas considera que deben tener acceso a Internet…
3. La ONU considera el acceso al Internet como una herramienta necesaria para…
4. La Asamblea de las Naciones Unidas opina que el acceso a Internet depende de…

---

*http://www.eleconomista.es/tecnologia-internet/noticias/3141485/06/11/La-ONU-declara-el-acceso-a-Internet-como-un-derecho-humano.html

Cortometraje Quince años

Antes de mirar

¿Has tenido alguna vez una gran fiesta para celebrar algo personal (cumpleaños, graduación, etcétera)? ¿Qué hubo de especial en esa celebración? ¿Tuviste que hacer algo ensayado (*rehearsed*) durante la fiesta?
¿Conoces a alguna persona físicamente discapacitada (*physically challenged*)? ¿Qué tipo de limitaciones hay en su vida a causa de la discapacidad? ¿Cómo adapta su vida para responder a esas limitaciones?

«No creo que haya caballo que aguante (*that can take it*)».

Título: «Quince años»

País: México

Dirección: Liliana Torres

Año: 2012

Reparto: Vianney Marlen Trejo, Elvira Richards, Vanessa Navari, Antonio Zagaceta

Premio: Ganador del 5º Concurso Nacional de Apoyo a la Posproducción de Cortometrajes

Vocabulario útil

el cabello	**hair**
el perico	**parrot**
a un lado	**on/to the side**
arrepentirse	**to regret**
(ir) a *X* (kilómetros) por hora	**(to go) *X* (km) an hour**
planchar(le) el cabello (a alguien)	**to iron (someone's) hair**
¡Qué barbaridad!	**My goodness!**

Comprensión y discusión

Señala las cosas que le preocupan a Vianney, según lo que se ve en el corto.

A Vianney le preocupa…

_______ que le planchen bien el pelo.

_______ que el DJ sepa lo que tiene que hacer.

_______ desayunar hotcakes.

_______ contestar las preguntas de su hermana.

_______ moverse con rapidez.

_______ su próximo reto (*challenge*).

_______ tener un novio.

Interpreta

1. ¿Te parece que la escena que se observa en la peluquería es una situación normal o inusual? ¿En qué manera?
2. ¿Qué palabra usa el padre para referirse a su hija quinceañera?
3. ¿Qué expresiones notas en las caras de los invitados a la fiesta?
4. ¿Cómo interpretas el final del cortometraje? ¿Te parece un final alentador (*encouraging*) o descorazonador (*disheartening*)? Explica por qué.

Tertulia Aunque parezca imposible

Hay veces que las personas llegan a alcanzar metas que parecían imposibles. Discute con tus compañeros de clase algunos de estos casos que tú conozcas. ¿Hasta qué punto el apoyo de los demás ha contribuido a esas historias de superación?

Para ver «Quince años» otra vez y realizar más actividades relacionadas con el cortometraje, visita: **www.connectspanish.com**

Palabras

DE REPASO

la diversidad
el estereotipo
el feminismo
el machismo
la manifestación
la oportunidad
el rechazo
la sociedad
la violencia

estar a favor / en contra

El individuo*

el esfuerzo	effort
la hembra	female
el varón	male

Cognados: **el homosexual, la lesbiana**

esforzarse (ue)	to make an effort

ciego/a	blind
discapacitado/a (físicamente /mentalmente)	(physically/mentally) handicapped
mudo/a	mute
sordo/a	deaf

Cognado: **individual***

Para hablar de temas sociales

el analfabetismo	illiteracy
la asistencia social/pública	social work / welfare
el compromiso	commitment
los derechos civiles/humanos	civil/human rights
la discriminación de género	gender/sexual discrimination
la discriminación positiva	affirmative action
la igualdad	equality
la ley	law
la libertad	liberty; freedom
la lucha	struggle
el modelo	model; pattern
el/la modelo	(fashion) model
la ONG (organización no gubernamental)	NGO (nongovernmental organization)
el/la preso/a	inmate; prisoner
el principio	principle; beginning
la prisión	prison; jail

Cognados: **el abuso, la actitud, la discriminación social/sexual/racial/religiosa, la legalización, el privilegio**

El Ángel de la Independencia; México, D.F.

*__El individuo__ es sustantivo, equivalente a *the individual*. __Individual__ es un adjetivo en español.

Repaso: **el rechazo**

comprometerse a	to commit; to promise to
condenar	to condemn; to convict
exigir (j)	to demand
mejorar	to improve
oponerse (*irreg.*) **a**	to oppose
plantear(se)	to consider; to pose (a question)
promover (ue)	to promote

Cognados: **incluir (y), integrar, legalizar (c)**
Repaso: **rechazar (c)**

analfabeto/a	illiterate
marginado/a	marginalized; alienated

Cognado: **(in)justo/a**

Para expresar opiniones

la cuestión	issue, question
la posición / la postura	position; opinion
el tema	issue; topic
la voz	voice

Cognado: **la protesta**

con respecto a. . .	with respect to . . .
en cuanto a. . .	regarding . . .
sobre (el tema de). . .	about . . .

ACTIVIDAD 1 Asociaciones

¿Qué palabras del vocabulario asocias con las siguientes ideas?

1. hablar
2. votar en contra de algo
3. hacer pública una idea, por ejemplo, en los medios de comunicación
4. la acción afirmativa
5. pensar
6. la mujer / el hombre
7. no respetar los derechos de una persona
8. las drogas
9. un comportamiento correcto/incorrecto

ACTIVIDAD 2 Definiciones

Paso 1 Da la palabra correspondiente a cada definición.

1. Describe a una persona que no sabe leer ni escribir.
2. Hacer que una cosa se vuelva (*becomes*) mejor.
3. Es pedir con determinación algo a lo que se tiene derecho.
4. Es un adjetivo para describir a una persona que siempre considera las necesidades de los demás antes de tomar una decisión.
5. Es una persona a quien la sociedad rechaza.

Paso 2 Ahora te toca a ti definir dos palabras del vocabulario para que tu compañero/a dé la palabra correcta.

ACTIVIDAD 3 Martin Luther King, Jr.

Completa el párrafo con las palabras de la lista.

diversidad	**exigir**	**igualdad**	**lucha**
marginados	**mejorar**	**modelo**	**voz**

Yo creo que Martin Luther King, Jr. es un ________________[1] para todos, sin importar nuestro origen o etnicidad. Él luchó por ________________[2] la situación de los africanoamericanos, pero al mismo tiempo les dio ________________[3] a todos aquellos que se sentían ________________.[4] Su ________________[5] pacífica es un ejemplo de cómo ________________[6] la ________________[7] sin violencia. Gracias a él hemos dado un paso gigante hacia la aceptación de la ________________[8] de nuestra sociedad.

■ ACTIVIDAD 4 Palabras relacionadas y derivadas

En parejas, piensen en verbos, adjetivos o participios pasados relacionados con cada sustantivo de la siguiente lista. Luego, escriban una oración que ilustre el significado de cada uno de los verbos.

Ejemplo: ley → legalizar, legal
Muchas personas están a favor de que se legalice el matrimonio entre homosexuales.

1. el abuso	3. la libertad	5. la lucha	7. la condena
2. el modelo	4. la igualdad	6. la discriminación	8. el estereotipo

ACTIVIDAD 5 Una manifestación

Paso 1 ¿Qué se ve en esta escena? ¿Por qué están allí esas personas? En parejas, describan lo que se ve. Usen su imaginación para crear un contexto para esta escena, usando las palabras del vocabulario.

Paso 2 Ahora van a hacer sus propios carteles para esta manifestación. Si lo prefieren, pueden buscar otra causa que tenga que ver con la igualdad.

ACTIVIDAD 6 ¿A favor o en contra?

¿Cuál es tu posición con respecto a la política de discriminación positiva? ¿Por qué la defiendes o la atacas? Repasa el vocabulario sobre cómo expresar opiniones antes de comunicar tus ideas al resto de tu grupo.

Cultura

El machismo

El *Diccionario de la Lengua Española de la Real Academia* define la palabra «machismo» como «actitud de prepotencia de los varones respecto a las mujeres». Prepotente es aquella persona que se considera con más poder que los otros. La palabra «machismo» se deriva de la palabra «macho», que significa animal del sexo masculino.

El machismo, que predomina en muchas sociedades, no solo en las latinas, contribuye en gran medida[a] a los problemas de desigualdad social, laboral y educacional entre hombres y mujeres. La mujer en estas sociedades es considerada como un ser inferior al hombre e incapaz, por ejemplo, de tomar decisiones importantes con respecto a su vida o a la de su familia, o de ejercer[b] profesiones y ocupar puestos de importancia política y social. Si bien[c] se asocia la actitud machista con los hombres, hay que tener en cuenta que muchas mujeres transmiten y apoyan esta ideología. El machismo no solo es responsable de las diferencias entre hombres y mujeres en el entorno[d] social, laboral y educacional, sino también de problemas muy serios como es la violencia doméstica.

Afortunadamente, la sociedad hispana está experimentando cambios, y hoy en día empiezan a condenarse comportamientos[e] machistas que hasta ahora habían sido considerados normales. Este cambio de actitud viene acompañado de cambios en la legislación, los cuales son esenciales para asegurar la igualdad femenina en todos los campos de la vida social.

[a]*extent* [b]*practicing* [c]Si... *Although* [d]*environment* [e]*behavior*

Michelle Bachelet fue presidenta de Chile (2006–2010). Anteroriamente había sido la primera ministra de Defensa de un país latinoamericano. Ahora es la directora de ONU Mujeres.

En 2009, Sonia Sotomayor fue nombrada la primera Juez Asociada hispana de la Corte Suprema de los Estados Unidos.

Tertulia El sexismo

- ¿Ven Uds. actitudes sexistas en su comunidad y en su país? ¿En qué aspectos de la vida? Den ejemplos concretos.
- ¿Cómo creen Uds. que es posible que una mujer defienda una actitud machista? ¿Qué pensarían que implica el hecho de que una mujer tenga una actitud machista?
- ¿Cuáles son, en su opinión, los cambios legales más importantes en su país que favorecen la igualdad de la mujer?
- ¿Creen que hay casos en que se discrimina al hombre?

Cristina Fernández de Kirchner es presidenta de Argentina desde 2007. Anteriormente fue senadora de la nación.

Estructuras

21 Presente perfecto de subjuntivo

REPASO

El presente perfecto de indicativo **(Capítulo 4)**

Formas irregulares del participio pasado **(Capítulo 4)**

Tabla de tiempos

Forms

Presente de subjuntivo de *haber* + participio pasado	
haya desarrollado	hayamos dicho
hayas crecido hayás crecido	hayáis hecho
haya consumido	hayan visto

The present perfect subjunctive for the expression **hay** (*there is/are*) is **haya habido.**

Uses

The present perfect subjunctive is used in contexts where the present perfect tense and the subjunctive mood are required.

«Es increíble que nos **hayamos acostumbrado** a tanta desigualdad».

Nominal clauses

Es importante que las mujeres hayan conseguido posiciones de poder. — *It's important that women have achieved representation in the positions of power.*

Adjectival clauses

¿Hay alguien en la clase que alguna vez se haya sentido discriminado/a? — *Is there anyone in class who has ever felt discriminated against?*

Adverbial clauses

Aunque ya hayamos avanzado mucho en la lucha por la igualdad, queda mucho por hacer. — *Although we may have advanced a lot in the struggle for equality, there is much left to do.*

Hace tres días que falta la chica sin que se haya dado cuenta nadie. — *The girl has been missing for three days without anyone having noticed.*

■ ACTIVIDAD 1 La nueva mujer

Paso 1 Este cuadro fue pintado en la década de los 70, cuando se empiezan a ver más fuertes. ¿Crees que las siguientes ideas están bien representadas en el cuadro? Escribe la forma correspondiente de cada verbo en el presente perfecto de indicativo.

Las nuevas generaciones de mujeres…

1. ________________ (negarse) a ser comparada con la Virgen María.
2. ________________ (rechazar) la imagen angelical como ideal de la mujer.
3. ________________ (oponerse) a la humildad como característica definidora de la mujer.
4. ________________ (incorporarse) con fuerza al mundo profesional y deportivo.
5. ________________ (volverse) menos recatada (*modest*) en su forma de vestir.
6. ________________ (ver) su cuerpo no como algo débil, sino lleno de fuerza.
7. ________________ (negarse) a representar la imagen de tentadora y culpable de todo mal.
8. ________________ (mirar) hacia el futuro con optimismo y sin temor.
9. ________________ (sentirse) independiente y segura.

Paso 2 Ahora usa el presente perfecto de subjuntivo para completar las siguientes afirmaciones de esta feminista latina y di si estás de acuerdo con ellas.

1. Es bueno que este cuadro ________________ (hacerse) famoso.
2. Me parece interesante que Yolanda López ________________ (usar) la serpiente de esa manera.
3. No creo que nosotros ________________ (ver) un cuadro que represente mejor el cambio de actitud de las mujeres del siglo XX.
4. Ella expresa un mensaje muy importante, sin que el mérito artístico de la obra ________________ (sufrir).
5. Cuando las mujeres ________________ (conseguir) igualdad completa, este cuadro todavía representará la época de cambio.

***Retrato de la artista como la Virgen de Guadalupe* (1978), de la artista chicana Yolanda López**

ACTIVIDAD 2 Encuesta: Lo que han hecho y no han hecho

Paso 1 Prepara cinco preguntas para encuestar (*to poll*) a tus compañeros de clase sobre cosas inusuales que hayan hecho. Como no sabes si lo han hecho o no, deberás usar la forma del presente perfecto de subjuntivo.

Ejemplo: ¿Hay alguien que haya ganado un premio de lotería?

Paso 2 Prepara un pequeño informe con los resultados de tu encuesta.

Ejemplo: En la clase hay dos personas que han ganado premios de lotería, pero no hay nadie que haya ganado un premio de más de 2.000 dólares.

ACTIVIDAD 3 Hacia el reconocimiento de la voz indígena

Completa el siguiente párrafo con la forma correcta del presente perfecto de subjuntivo o indicativo de cada verbo entre paréntesis, según sea necesario.

No hay ninguna otra persona indígena que __haya recibido__[1] (recibir) tanta atención como Rigoberta Menchú, quien recibió el Premio Nobel de la Paz en 1992. Su fama __ha puesto__[2] (poner) el problema de los indígenas en la mente de todos. Obviamente, es bueno para los pueblos indígenas latinoamericanos que Menchú __haya hecho__[3] (hacerse) una persona tan famosa y respetada.

Otra persona que __ha llegado__[4] (llegar) a ser un portavoz reconocido de los indígenas es el Subcomandante Marcos, líder del Movimiento Zapatista originado en los pueblos de Chiapas, México. Desde los años 90, este movimiento __han sido__[5] (ser) fundamental para que la legislación mexicana __haya empezado__[6] (empezar) a tomar en serio la situación de los indígenas.

En las universidades estadounidenses, desde los años 70 __han existido__[7] (existir) programas de estudios relacionados específicamente con las minorías o con grupos históricamente desprivilegiados, como estudios africanoamericanos, chicanos, de las mujeres, etcétera. Es posible que esta tendencia también __haya surgido__[8] (surgir) en Latinoamérica. Por ejemplo, es interesante que en la facultad de Derecho de la Universidad de Buenos Aires ya se __haya creado__[9] (crear) una cátedra[a] de Derecho de los Pueblos Indígenas.

[a]departamento

ACTIVIDAD 4 Reacciones

¿Cómo reaccionas a las siguientes noticias?

Ejemplo: «Hemos descubierto una medicina que cura cualquier cáncer», afirma un equipo de investigadores. →
Es fantástico que hayan descubierto una cura para todos los tipos de cáncer.

1. «Hemos descubierto una medicina que cura cualquier tipo de cáncer», afirma un equipo de investigadores.
2. «Se ha firmado un tratado de paz en el Medio Oriente. Tanto los israelíes como los palestinos han expresado su completa y profunda alegría».
3. «Un informe del gobierno ha publicado los resultados de un estudio sobre la diferencia entre los sueldos de las mujeres y los hombres: los sueldos de las mujeres latinoamericanas están por arriba de los de sus compañeros varones».
4. «El matrimonio entre homosexuales se ha convertido en una realidad indiscutible en nuestra sociedad».

22 Los pronombres relativos

A relative pronoun (**pronombre relativo**) is a word or phrase that introduces an adjective clause. They make our speech more efficient by referring to an antecedent (**antecedente**)—a word or phrase that has already been expressed—without having to repeat it. The antecedents are highlighted in the following example.

El hombre es Manuel. El hombre está sentado a la izquierda de la presidenta. →
El hombre que está sentado a la izquierda de la presidenta es Manuel.

antecedente | pronombre relativo

¡OJO! Relative pronouns can never be omitted in Spanish, as they are sometimes in English: *Américas* es la revista **que** recibimos mensualmente. (Américas *is the magazine (that) we receive monthly.*)

No hay ninguna otra persona indígena que haya recibido tanta atención como Rigoberta Menchú, **quien** recibió el Premio Nobel de la Paz.

RECORDATORIO

Cláusulas que funcionan como adjetivo: El indicativo y el subjuntivo en cláusulas adjetivales (Capítulo 7).

Spanish has a rich system of relative pronouns.

que	*that; which; who*
quien(es)	*(he / she / the one) who*
el/la/los/las que	*that; (he / she / the one) which/who*
el/la/los/las cual(es)	*that, which, who* formal
cuyo/a(s)	*whose*
donde	*where; in which*
lo que	*what; which*
lo cual	*what; which*

Que

The most commonly used relative pronoun in Spanish is **que. Que** is used to refer to things and people. It is considered "restrictive" in that it is used to indicate a particular person, thing, or group.

Las personas que hablan más de una lengua tienen una gran ventaja.	*People who speak more than one language have a great advantage.*
Los idiomas que no se estudian en la escuela son difíciles de conservar.	*Languages that are not studied at school are difficult to maintain.*

¡OJO! **Que** cannot be used after a preposition to refer to a person, and is often avoided to refer to things. Instead, **el/la/los/las que** (or **quien/es** only with human antecedents) are used.

Aprendí mucho de la organización **para la que** trabaja Sara.
I learned a lot about the organization for which Sara works.

Héctor es el hombre con quien/el que trabajó.
Héctor is the man with whom she worked.

Las personas **que** hablan más de una lengua tienen una gran ventaja.

Este es el autobús en el que visité el Distrito Federal.

El/La/Los/Las cual(es)

- These relative pronoun forms must agree in gender and number with the antecedent.
- These forms, a more formal option for **que** and **quien(es)** in nonrestrictive clauses, offset additional descriptive information that is nonessential to the main idea of the sentence. That is, the intended message does not change even if the relative clause (often found between commas) is removed.

Las Torres Gemelas, las cuales (que) fueron destruidas en un ataque terrorista, son ahora un símbolo de sufrimiento y perseverancia.	*The Twin Towers, which were destroyed in a terrorist attack, are now a symbol of suffering and perseverance.*

El/La/Los/Las que

- These relative pronoun forms must agree in gender and number with the antecedent.
- They are most frequently used after a preposition. (In this case, they are interchangeable with **el/la/los/las cuales,** and **quien(es),** which are more formal.)

Esta es la guía turística con la que (que / la cual) he viajado por toda Guatemala.	*This is the tourist guide with which I have traveled through all of Guatemala.*
Hay circunstancias **en las que** es difícil decidirse.	*There are circumstances in which it's difficult to decide.*

- **El/la/los/las que,** as well as **quien(es),** are used in sentences without an antecedent. There are many sayings starting with these pronouns.

Los que lleguen a clase más de 15 minutos tarde tendrán una falta de asistencia.	*Those who arrive to class more than 15 minutes late will get an absence.*
Al que madruga, Dios le ayuda.	*God helps the one who gets up early.*

Lo que / lo cual

- These gender-neutral relative pronouns are used to express ideas or actions (which are not masculine or feminine). **Lo cual** requires an antecedent, but **lo que** does not.

Lo que más me gusta es estar rodeada de mi familia.	*What I like most is to be surrounded by my family.*
Lo que no mata, engorda.	*What doesn't kill you, makes you fatter.*
Su marido tuvo que emigrar a España, por lo que / lo cual está criando sola a sus cuatro hijos.	*Her husband had to emigrate to Spain, due to which she is raising their four children alone.*

Quien(es)

- **Quien(es)** refers exclusively to people. It is required after a preposition.

Las personas con quienes trabajo son de muchos grupos étnicos diferentes.	*The people with whom I work are from many different ethnic groups.*

- When not following a preposition, **quien(es)** can only be used in nonrestrictive clauses, which are clauses that offer information that is not essential to identify the antecedent. A comma always precedes these clauses.

La mujer de Manuel, quien me había prometido que me ayudaría, nunca vino a la reunión.	*Manuel's wife, who had promised to help me, never came to the meeting.*

¡OJO! The use of **quien(es)** in this context is restricted to formal spoken or written language, and cannot be used unless there is a comma (,) or a preposition.

Donde

This pronoun expresses the idea *in* (*the place*) *which* or simply *where*.

Te espero **donde** (en el lugar en que) nos reunimos siempre.	*I'll wait for you* (*at the place*) *where we always meet.*
Fuimos al pueblo **donde** nació el abuelo.	*We went to the town where Grandpa was born.*

Cuyo/a(s)

Cuyo/a(s) is a possessive relative adjective (*whose*). Like all adjectives, it must agree with the noun it modifies, while it relates to the owner.

Rigoberta Menchú es de Guatemala. El grupo étnico de Rigoberta Menchú es maya quiché. → Rigoberta Menchú, cuyo grupo étnico es maya quiché, es de Guatemala.

de Rigoberta Menchú

Guatemala es un país. La población de Guatemala es predominantemente indígena. → Guatemala es un país cuya población es predominantemente indígena.

de Guatemala

RECORDATORIO

In Spanish, unlike English, a preposition must always precede the noun or phrase to which it is related.

Estas son las personas **con quienes** trabajo.	*These are the people* ***with whom*** *I work. / These are the people I work* ***with.***
¿**Para qué** es esto?	*What is this for?*

Quien bien te quiere te hará sufrir.

Nota lingüística Usos de que

- **Conjunción** *that* **(Capítulos 5, 6** y **8)**
  Introduces nominal or adverbial subordinate clauses. The equivalent (*that*) is not always used in English.

Espero **que** vuelvas pronto.	*I hope* (*that*) *you come back soon.*
Creo **que** eso es justo.	*I think* (*that*) *that is fair.*

- **Pronombre relativo** *that/which/who* **(Capítulo 9)**
  Introduces adjective subordinate clauses.

El hombre **que** canta es mi novio.	*The man who is singing is my boyfriend.*
Es el libro con el **que** aprendí a leer.	*It's the book with which I learned to read.*

- **Interrogativo** *what? which?*
  Forms questions. It has a stress mark.

¿**Qué** es esto?	*What is this?*
¿**Qué** asiento prefieres?	*Which seat do you prefer?*

- **Comparativo** *than* **(Capítulo 1)**
  Forms part of the comparative construction of inequality.

Te quiero más **que** a mi vida.	*I love you more than my life.*
En Canadá hace más frío que en México.	*It's colder in Canada than it is in Mexico.*

- **Exclamativo** *What . . . ! / How . . . !*
  Introduces emphatic expressions. It has a stress mark.

¡**Qué** bonito!	*How nice!*
¡**Qué** maravilla de casa!	*What a wonderful house!*

Médicos Sin Fronteras es la organización que ha estado cuidando a las víctimas.

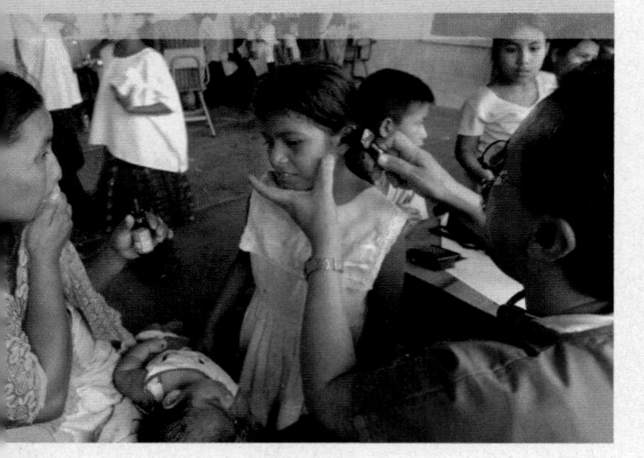

■ ACTIVIDAD 1 ¿Cuál falta?

Completa las siguientes oraciones con los pronombres relativos necesarios, según las opciones que se ofrecen.

¿Que* o *quien(es)?

1. El machismo es una actitud ________ perjudica el avance social de las mujeres.
2. Igualdad y libertad son los principios en ________ se basan los derechos humanos.
3. Martin Luther King, Jr. y Malcolm X son los líderes afroamericanos ________ más influenciaron los años 60 en los Estados Unidos.
4. El héroe de mi padre es César Chávez, a ________ tuvo el honor de conocer en su juventud.
5. Fernanda y Octavio son los muchachos con ________ trabajé en la ONG en Malawi.

¿Que* o *el/la que?

6. Fernanda y Octavio son los muchachos ________ trabajan en Malawi, y Médicos Sin Fronteras es la ONG para ________ trabajan.
7. Esa es la razón por ________ no nos vemos frecuentemente.
8. Finalmente conocí a los amigos de Sami, de ________ tanto había oído.
9. El libro con ________ vamos a estudiar es ***MÁS.***
10. El libro ________ compramos para esta clase se llama ***MÁS.***

¿Cuyo(s), donde* o *lo que / lo cual?

11. ________ más me molesta es que me digan que las cosas son así porque sí (*just because*).
12. Me gusta mucho la aventura de conocer otras culturas, por ________ me entusiasma la idea de pasar dos años en el Cuerpo de Paz (*Peace Corps*).
13. Trabajaré ________ me necesiten; no me importa el lugar.
14. El presidente de la universidad, ________ esfuerzos por reclutar a minorías son admirables, hablará en nuestra escuela mañana.
15. La universidad admitió un 4 por ciento más de estudiantes hispanos este año, ________ ha alegrado a toda la comunidad.

■ ACTIVIDAD 2 Unión de ideas

Une las siguientes ideas en una sola oración por medio de los pronombres relativos. En este ejercicio usa solo los pronombres **que** y **quien(es).**

Ejemplo: Pepe es mi amigo. Te hablé de Pepe ayer. → Pepe es el amigo de quien te hablé ayer.

1. Pepe y Tina son hermanos. Los conocí en el aeropuerto.
2. Pepe trabaja en una agencia de viajes. Su agencia de viajes se especializa en viajes a Sudamérica y Centroamérica.
3. La madre de Pepe es la dueña de la agencia. Ella es vecina de mi tía Camila.
4. Tina tiene su propia agencia. Su agencia se llama *Splendid Tours*.
5. Mi hermano fue a Buenos Aires el año pasado. Compró los boletos en una agencia. La agencia se llama *Splendid Tours*.

■ ACTIVIDAD 3 Es obvio que aún queda mucho por cambiar

El siguiente párrafo está basado en este anuncio. Complétalo con los pronombres apropiados (puede haber más de una posibilidad).

Es obvio que aún queda mucho por cambiar. Esto es ________[1] pensé cuando vi este anuncio en el periódico ________[2] recibimos en casa: un anuncio para las mujeres ________[3] maridos son economistas u hombres de empresa. ________[4] más me duele es que sé que muchas mujeres pensarán que es una idea magnífica y que esta revista es el regalo ________[5] sus maridos necesitan. Y tampoco creo que haya muchos hombres ________[6] se paren a pensar que el anuncio es abiertamente sexista. Voy a guardar el anuncio para mis hijas, para ____________________[7] deseo un mundo mucho menos machista. Espero que ellas lleguen a conocer un país _____[8] los anuncios de este tipo no tengan sentido.

¿QUIERE HACER QUE SU ESPOSO
SEA EL PRESIDENTE
DE UNA MULTINACIONAL?
REGÁLELE UNA SUSCRIPCIÓN

■ ACTIVIDAD 4 Definiciones

Paso 1 Completa con el vocabulario de **Palabras** de este capítulo.

1. Algo que condenar: ___________
2. Algo a lo que se oponen: ___________
3. Algo que ha mejorado mucho en la última decada: ___________
4. Algo que se han planteado recientemente: ___________
5. Algo por lo que se esfuerzan: ___________
6. Lo que se hace si se quiere incluir algo, como por ejemplo nuevos inmigrantes en el país: ___________

Paso 2 Ahora crea tus propias definiciones usando las fórmulas del **Paso 1.**

ACTIVIDAD 5 Información personal

Completa las siguientes oraciones de manera lógica y con información personal.

Ejemplo: Mi mejor amigo/a es una/la persona a quien/la que puedo contarle mis problemas…

1. Mi mejor amigo/a es una/la persona…
2. Mi profesor(a) de español es una/la persona…
3. Mi madre/padre es una/la persona que...
4. Mi compañero/a de cuarto/casa es una/la persona…
5. Lo que más me gusta / odio de esta universidad es…
6. Mi lugar ideal para vivir es donde… (**¡OJO!** Recuerda usar el subjuntivo si es un lugar imaginario.)

■ ACTIVIDAD 6 Refranes

Paso 1 En castellano hay muchos refranes y expresiones que comienzan o incluyen **el que/quien** o **lo que.** Aquí puedes ver varios ejemplos. A ver (*Let's see*) cuántos reconoces:

1. El que ríe último, ríe mejor.
2. Quien no llora, no mama.
3. Que sea lo que Dios quiera.

Paso 2 Ahora en parejas, creen sus propios refranes sobre la vida estudiantil.

Ejemplo: Quien estudia a tiempo, descansa mejor.

Cultura

El movimiento chicano: «Sí se puede»

«Paredes hablando, Walls that speak» (2010), un mural de artista Lucero que representa a los hispanos de Laramie, Wyoming

La década de los 60 del siglo XX se caracteriza por las protestas de los jóvenes y algunos grupos minoritarios para promover y defender los derechos civiles y conseguir así una sociedad más igualitaria. En este contexto surge el movimiento chicano, a través del cual unieron sus esfuerzos los estudiantes y los trabajadores de origen mexicano en los Estados Unidos. Antes de los 60, la palabra «chicano» era considerada un insulto que pretendía menospreciar a las personas de origen mexicano. Sin embargo, durante esa década empieza a ser utilizada por los mexicoamericanos para demostrar el orgullo que sentían por sus raíces. De hecho, aquellos que formaron parte del movimiento chicano no solo defendieron la justicia social, sino también se preocuparon por informar a la sociedad sobre la rica herencia cultural de su comunidad.

Entre los objetivos del movimiento chicano estaba alcanzar poder político, terminar con la discriminación en las escuelas, proteger los derechos de los trabajadores del campo y recuperar la tierra perdida. Algunos de sus métodos de lucha fueron las huelgas, las manifestaciones pacíficas y los boicots. Además del entusiasmo de los jóvenes chicanos, líderes como Reies López Tijerina, Corky González, César Chávez y Dolores Huerta fueron fundamentales para que el movimiento chicano consiguiera varios de sus objetivos.

El impulso del movimiento chicano se refleja en la integración de los mexicoamericanos, y los latinos en general, en todos los aspectos de la vida en los Estados Unidos, mejores sueldos y condiciones laborales y una mayor representación política. Además, el movimiento contribuyó a la creación de departamentos de Estudios Chicanos en muchas universidades. Estos se encargan de documentar y analizar la situación de la numerosa población de origen mexicano que habita en este país, así como su contribución artística. A este respecto hay que recordar que el movimiento chicano usó la música, el teatro, la poesía y los murales para hacer llegar a todos el mensaje de que la desigualdad no es aceptable y que los miembros de una comunidad deben unirse para luchar por un trato más justo.

Tertulia ¡El pueblo! ¡Unido!

- ¿Qué otros grupos se organizaron para cambiar su situación durante las décadas de los 60 y los 70? ¿Consiguieron sus objetivos? ¿Crees que la lucha de esos grupos ha terminado o piensas que hoy día siguen reivindicando (*claiming*) algunas cuestiones? ¿Conoces alguna obra de arte (pintura, literatura, cine, música, etcétera) que refleje las luchas de esos grupos?
- ¿Hay algunos temas sociales que preocupen a ciertos grupos de tu comunidad (tu ciudad, alguna asociación religiosa o iglesia, compañeros de la universidad, etcétera)? ¿Qué métodos utilizan para cambiar la situación?

Lectura

Convocación de palabras

Texto y autor

El autor del poema «Convocación de palabras» es Tino Villanueva (San Marcos, Texas 1941–), considerado por la crítica como uno de los mejores poetas chicanos. Es autor de varios libros de poemas, entre los que se encuentran *Hay otra voz* (1972), *Shaking off the Dark* (1984) y *Scene from the movie* Giant (1993). «Convocación de palabras» pertenece a *Crónicas de mis años peores* (1987), libro autobiográfico en el que el poeta habla de los cambios en su educación gracias al esfuerzo personal.

vocabulario útil

el deseo	desire
la fe	faith
la huella	mark, footprint
la ofrenda	offering
la vergüenza	shame
la voluntad	will
deshacer	to undo
equivocar	to confuse, to mistake
rescatar	to rescue
inagotablemente	inexhaustibly

■ ACTIVIDAD 1 Definiciones

Empareja las siguientes definiciones con una palabra de la lista del **Vocabulario útil.**

1. fuerte creencia en algo
2. de una manera sin límite
3. sentimiento de humillación que una persona siente por un fallo (*failure*) propio o de alguien relacionado
4. intención y deseo de hacer una cosa
5. ganas
6. revertir la acción de hacer
7. salvar de una situación difícil o de pérdida (*loss*)
8. marca que dejan los pies de un animal u otra cosa
9. confundir
10. algo que se da como un acto religioso

■ ACTIVIDAD 2 Lo que nos hace sentir completos

En «Convocación de palabras» se expresa la sensación de estar completo y de satisfacción que la voz poética adquiere al ser capaz de comprender y usar una segunda lengua. ¿Y a ti, qué cosas en la vida te hacen sentir completo/a o satisfecho/a?

Marca todas las categorías que te parezcan apropriados.

_____ tu educación
_____ tu(s) lengua(s)
_____ tu nombre
_____ tu familia y amigos
_____ tus posesiones
_____ tu tierra
_____ otras cosas (especifica)

Estrategia: El uso del bilingüismo en la literatura hispana de los Estados Unidos

El poema «Convocación de palabras» está escrito en español, pero contiene algunas palabras en inglés. El uso del español y el inglés en un mismo texto es una de las características de la literatura de los escritores latinos en los Estados Unidos. Algunas veces en las obras de estos autores ocurre lo contrario que en el poema de Villanueva, es decir, el texto está escrito en inglés con algunas palabras en español. Otras veces, ambos idiomas aparecen sin que uno predomine sobre el otro. El uso del bilingüismo es una manera de reconocer la importancia de ambos idiomas y culturas en su identidad personal y artística.

En algunas ocasiones los autores eligen la lengua de acuerdo a sus personajes, en otras, pretenden expresar sentimientos o ideas que el autor asocia con uno u otro idioma. En el caso de «Convocación de palabras», el bilingüismo nos ayuda a comprender la importancia del inglés para el poeta. Mientras lees el poema, fíjate en los términos del inglés que Tino Villanueva incorpora en su texto. ¿A qué uso o usos del inglés pertenecen (familiar, formal, académico, literario)? ¿Qué parte de la identidad y del desarrollo personal del poeta representan estas palabras?

CONVOCACIÓN DE PALABRAS, TINO VILLANUEVA

1	Yo no era mío todavía.	
	Era 1960…	
	y lo recuerdo bien	
	porque equivocaba **a diario**	diariamente
5	el **sentido** de los **párrafos**;	*sense paragraphs*
	en la **umbría** de una tarde	*shade*
	enmugrecida con aire desvalido	*grimy, stale-aired*
	asistía a la vergüenza	
	de no entender del todo	
10	lo que el televisor	
	estaba **resonando en blanquinegro**	*chattering in black and white*
	Desharás, me dije,	
	las sanciones **en tu contra**.	*against you*
	Irresoluto adolescente,	*Indecisive*
15	**recién** graduado	*just*
	y **tardío** para todo,	*late*
	disciplinado a no aprender nada,	*taught*
	harás por ti	
	lo que no pudo el salón de clase.	
20	Esta será tu fe:	
	Infraction	
	bedlam	
	ambiguous.	
	Las convoqué	
25	en el altar de mi deseo,	
	llevándolas por necesidad	

a la memoria.
En la fecundidad de un instante
me fui multiplicando:
affable 30
prerogative
egregious.
One time after another — **Cada vez tras otra**
asimilé su historia,
lo que equivale a rescatar 35
lo que era mío:
priggish
eschew
impecunious.
Porque las hice doctrina 40
repetida horariamente,
suddenly — **de súbito**
yo ya no era el mismo de antes:
assiduous
faux pas 45
suffragette.
Ahora desciendo inagotablemente
de ellas; son
mi hereditaria ofrenda,
huellas de sangre vivida 50
sobre el papel constante:
exhume
querimonious
kibitzer.
Tenacious — **Tenaz** oficio 55
el de crearme en mi propia imagen
cada vez con cada una al pronunciarla:
postprandial
Subsequently
y de escribir por fin con voluntad 60
las catorce letras de mi nombre
y por encima
la palabra
libertad.

Comprensión y discusión

■ ACTIVIDAD 3 Ideas y versos

Escribe delante de cada una de las siguientes ideas los números de los versos donde aparecen. Si la idea se reparte durante varios versos, escribe el número de cada uno de ellos separados por una coma.

Ejemplo: ___1, 2___ No empezó a sentirse libre hasta 1960.

a. ________ El inglés también era su lengua.
b. ________ No entendía bien los medios de comunicación.
c. ________ Saber inglés lo cambió.
d. ________ No se sentía educado para aprender.
e. ________ Decidió aprender por sí solo.
f. ________ Aprender inglés lo hizo libre.
g. ________ Decidió aprender vocabulario en inglés.
h. ________ Aprender inglés lo hizo poeta.

■ ACTIVIDAD 4 ¿Qué piensas ahora?

Vuelve a leer las palabras en inglés que aparecen en el poema.

1. ¿A qué uso de la lengua pertenecen?
2. ¿Por qué crees que Villanueva seleccionó estas palabras y no otras de uso más común?
3. ¿Crees que el conocer bien un idioma tiene relación con el grado de educación y capacidad para expresarse de una persona?
4. ¿Es importante conocer bien la lengua en que uno necesita expresarse para todas las profesiones? ¿Y para la que Tino Villanueva eligió?

ACTIVIDAD 5 Interpretación

¿Cómo interpretas los siguientes versos del poema? Explica por qué crees que el poeta eligió esas palabras específicas y qué efecto espera provocar en los lectores.

a. «recién graduado y tardío para todo»
b. «Esta será tu fe»
c. «Desharás… las sanciones en tu contra»
d. «En la fecundidad de un instante me fui multiplicando»
e. «rescatar lo que era mío»
f. «mi hereditaria ofrenda»

Tertulia final «Harás por ti lo que no pudo el salón de clase».

En este verso, Villanueva nos da a conocer cómo algunas veces el sistema educativo no responde a las necesidades de todas las personas. En grupos, discutan los efectos que una educación inadecuada puede tener en una persona. A continuación se encuentran algunas preguntas que pueden servirles como punto de partida para su conversación.

- ¿Qué factores pueden influir en la educación que una persona recibe?
- ¿Qué efectos puede tener en la vida de una persona el no recibir la educación adecuada?
- ¿De qué manera puede una persona educarse a sí misma, es decir, fuera del salón de clase?

Producción personal

Redacción: Cuatro estrellas: Escribir una reseña cinematográfica

Escribe una reseña (*review*) sobre alguna película que sea una producción hispanohablante.

Prepárate

Haz un borrador con todos los aspectos positivos y negativos de la película. No te preocupes ahora del orden ni de la gramática, pero piensa y escribe en español. Si hay alguna palabra que no sepas, deja un espacio o haz un símbolo.

¡OJO! No se trata de contar el argumento (*plot*), sino de escribir una crítica que incluya una idea de la trama y el género de la película. Además la reseña debe incluir comentarios sobre los aspectos técnicos: la música, la actuación, la fotografía, etcétera.

¡Escríbelo!

- Ordena las ideas de tu borrador.
- No hay una forma fija de escribir una reseña, aunque como siempre tienes que pensar en tu posible lector e intentar contestar las preguntas que puedan tener sobre la película. Por ejemplo: director/a, año y país de la producción, actores principales, calidad y estilo de la banda sonora (*sound track*), etcétera.
- Busca en el diccionario y en tu libro de español aquellas palabras y expresiones sobre las que tengas dudas.

Repasa

- ❒ el uso del pretérito y el imperfecto
- ❒ el uso de **ser** y **estar**
- ❒ la concordancia entre sujeto y verbo
- ❒ la concordancia de género y número entre sustantivos, adjetivos y pronombres
- ❒ la ortografía y los acentos
- ❒ el uso de un vocabulario variado y correcto: evita las repeticiones
- ❒ el orden y el contenido: párrafos claros, principio y final

vocabulario útil

la actuación	acting
el actor / la actriz	actor / actress
el argumento/ la trama	plot
la cámara	camera
la cinematografía	
la dirección	directing
el/la director(a)	director
el guión	script
el/la guionista	scriptwriter
el papel	role
el personaje	character
principal/ secundario	main / secondary
el plano	take
primer plano	close up
plano general	

¡No te equivoques!: Cómo se expresan *to go* y *to leave*

ir	*to go somewhere* (requires a specific destination)	**Este año queremos ir a las Islas Galápagos para las vacaciones.**
irse	*to leave* (destination not emphasized or specified)	**¡Me voy! Ya no puedo soportarlo.**
salir	*to leave, to depart*	**El vuelo sale a las 8:30.**
salir de/ para	*to leave from/for*	**La expedición salió de Puerto Montt para la Antártida.** **El activista no puede salir del país.**
partir	*to leave, to depart* (more formal than **salir**)	**El tren partió sin un pasajero.**
dejar	*to leave/abandon someone or something*	**¡No dejes los libros en el carro!**

En tu comunidad

Entrevista

Entrevista a algunas personas hispanohablantes sobre cómo se sienten con respecto al tema de la igualdad y la discriminación. Se puede preguntar:

- si han sentido discriminación alguna vez, y de ser así, en qué contexto
- si creen que la situación de igualdad es mejor que en tiempos de sus padres, y en qué se basan para opinar así
- qué áreas deben mejorar, en su opinión, para que la comunidad latina se siente totalmente integrada y en condiciones de igualdad en este país

Producción audiovisual

Desarrolla una producción audiovisual sobre algún tema relacionado con la desigualdad incluyendo ideas para mejorar nuestra sociedad.

¡Voluntari@s! ¿Quién es lo tuyo?

¡Todas las organizaciones de voluntariado existen para ayudar a las personas desprivilegiadas! Algunas para cubrir las necesidades más básicas de comida, salud y vivienda (como los comedores locales o Hábitat para la Humanidad), mientras otras se dedican a la acción política (como el National Council of La Raza [http://www.nclr.org]), que se dedica a defender los derechos y necesidades de la comunidad latina estadounidense. ¿Qué es lo tuyo? (*Who's your ally?*)

Tertulia final «Hoy por ti. . .»

En este capítulo hemos hablado de algunos aspectos sobre la marginación y discriminación. Sin embargo, hay otros aspectos que no hemos comentado todavía, por ejemplo, la reacción de la sociedad ante los matrimonios interraciales o la adopción de niños por personas de una raza diferente. También, ¿creen Uds. que en nuestra sociedad se discrimina por razones religiosas? ¿Hay discriminación contra la gente obesa? ¿contra los no agraciados físicamente?

¿Qué pueblos indígenas habitaban tu estado natal o de residencia antes de la llegada de los europeos a este continente?

¿En qué siglo llegaron tus antepasados a este país?

¿Hay alguna época histórica que te parezca especialmente interesante? ¿Por qué?

«Yo quiero que a mí
me entierren como a mis
antepasados, en el vientre[a]
oscuro y fresco de
una vasija de barro[b]».*

---

*De la canción «Vasija de barro» (1950), de los ecuatorianos Jorge Carrera Andrade, Hugo Alemán, Jaime Valencia, Gonzalo Benítez y Víctor Valencia

[a]*belly* [b]vasija... *clay pot*

10

Los tiempos precolombinos

EN ESTE CAPÍTULO

Minilectura
- *Popol Vuh* (Fragmento)

Palabras
- Para hablar de la historia
- El paso del tiempo

Estructuras
23. El imperfecto de subjuntivo
24. El condicional

Cultura
- Culturas indígenas de Latinoamérica
- La España precolombina

Lectura
- «Mi tierra»

Redacción
- Un ensayo (Paso 1)

Cortometraje
«El último viaje del Almirante», Iván Sainz-Pardo (España, 2006)

Argumento: Poco antes de morir Cristóbal Colón, el Almirante, reflexiona sobre el impacto de sus viajes a las nuevas tierras y les pide a sus hijos que reclamen sus honores como navegante, colonizador y exportador de la fe católica.

De entrada

Minilectura Popol Vuh, Libro del Consejo o de lo Común

Antes de leer

El *Popol Vuh* es el libro sagrado de los quichés. De autor desconocido, fue compuesto en el siglo XVI y traducido al español en el siglo XVIII. En este libro se cuentan la historia y tradiciones de los mayas quiché. ¿Qué cuenta la tradición judeocristiana sobre la creación del mundo? ¿Crees que hay otras civilizaciones con tradiciones similares?

POPOL VUH (FRAGMENTO), VERSIÓN DE FRAY FRANCISCO XIMÉNEZ

II *Donde se declara cómo todo era un caos y suspensión sin moverse cosa alguna antes de la creación y cuando estaba el cielo despoblado*

Lo primero que se nos ofrece tratar es que antes de la creación, no había todavía ni hombres ni animales, pájaros, pescados, **cangrejos, palos, piedras, hoyos, barrancos, paja ni mecate,** y ni se manifestaba la haz de la tierra; el mar estaba en suspenso, el cielo estaba sin haber cosa alguna que hiciera ruido, no había cosa en orden, cosa que **tuviese ser**, sino es el mar y el agua que estaba en calma y así todo estaba en silencio y oscuridad, como noche, solamente estaba el Señor y Creador Culebra fuerte, Madre y Padre de todo lo que hay en el agua, estaba en una suma claridad adornado y oculto entre **plumas** verdes (que son las de los quetzales de que usaban los señores por majestad y grandeza) y así se llama Qucumatz, Culebra fuerte y **sabia** por su grande sabiduría y entendimiento, y se llama aqueste dios: Corazón del cielo, porque está en él y en él reside.

crabs, trees, stones, holes, ravines, hay, nor maguey rope — haz: superficie — hiciera: *made* — tuviese ser: *had life* — Culebra: *Snake* — suma: *supreme* — plumas: *feathers* — de que: *which* — majestad y grandeza: *majesty and grandeur* — sabia: wise — sabiduría y entendimiento: *wisdom and understanding* — aqueste: este

Comprensión y análisis

Identifica las siguientes ideas en el texto.

1. Al principio no había ninguna cosa viva.
2. No había luz.
3. El dios supremo es femenino y masculino.
4. El señor creador vive en la luz y está cubierto por un adorno verde.
5. Su nombre significa «corazón del cielo».

Cortometraje El último viaje del Almirante

Antes de mirar

¿Conoces algunas de las civilizaciones originales americanas? ¿Cómo eran esas civilizaciones en comparación con las de Europa? En tu opinión, ¿qué injusticias hubo durante la Conquista (*Conquest*) de América?

«Aquellas gentes y aquellas tierras conservaban la huella (*trace*) del Paraíso y descubrirlas fue como regresar a él».

Título: «El último viaje del Almirante»

País: España

Dirección: Iván Sáinz-Pardo

Año: 2006

Reparto: Juan Antonio Quintana, Paco Rojo, Andrés Ruiz, Juan Ignacio Miralles «Licas», Gabriel Omar Monroy, J. Carlos Boyer

Premios: Ganador del Festival de Aguilar de Campo, del Festival Internacional de Cine de Elche

vocabulario útil

el almirante	admiral
la carta de navegación/ marear	navigation discusión
la cigüeña	stork
el crucifijo	crucifix
el infierno	hell
el Santo Oficio	Inquisition
el virrey	viceroy
fiarse	to trust
¡fuera!	go away!

Comprensión y discusión

Personajes históricos En este cortometraje se mencionan a varias figuras asociadas con la historia de España. Señala si las siguientes personas son mencionadas y quiénes son.

1. Rodrigo de Triana Sí No
2. Américo Vespucio Sí No
3. Diego Sí No
4. la Reina Isabel Sí No
5. el Padre Marchena Sí No
6. el Rey Juan Carlos I Sí No
7. Alonso Sánchez de Huelva Sí No

Interpreta Contesta según lo que se ve y se oye en el corto.

1. ¿Qué le preocupa a Colón a la hora de su muerte?
2. ¿Cuál es el pecado (*sin*) que Cristóbal Colón quiere confesar?
3. ¿Qué piensa Cristóbal Colón de las personas y las tierras de América antes de la llegada de los europeos?
4. ¿Quién podría ser el hombre americano que espera a la puerta de la casa de Colón?
5. ¿Por qué persona sentía Colón gran admiración y respeto?

Tertulia ¿Hay justificación?

La historia está llena de episodios terribles de destrucción y aniquilación (*annihilation*) humana. ¿Hay episodios así en la historia de tu propio país o grupo étnico? ¿Cómo se pueden explicar estas acciones? ¿Son de alguna manera justificables? ¿Crees que los países que perpetraron un acto barbárico tienen algún tipo de deuda (*debt*) o responsabilidad con respecto a los descendientes de las víctimas?

Para ver «El último viaje del Almirante» otra vez y realizar más actividades relacionadas con el cortometraje, visita: **www.connectspanish.com**

Palabras

DE REPASO

el/la azteca
la civilización
la cultura
el/la inca
el latín
el/la maya
el pueblo
la raza

mestizo/a

Para hablar de la historia

Mesoamérica es una región cultural prehispánica que comprende el centro y sur de México, Guatemala, El Salvador, el oeste de Honduras y Belice.

el ancestro / el/la antepasado/a	ancestor
el asentamiento	settlement
la conquista	conquest
el/la conquistador(a)	conqueror
Cristóbal Colón	Christopher Columbus
el/la defensor(a)	defender
el desarrollo	development
el descubrimiento	discovery
la etnia	ethnicity
el/la indígena	indigenous man/woman
el emperador / la emperatriz	emperor/empress
el establecimiento	establishment
la fundación	foundation (such as a city)
el imperio	empire
la reina	queen
el reino	kingdom
el rey	king

Cognados: **la arqueología, el/la arqueólogo/a, la defensa, el/la indio/a, la invasión, el/la invasor(a), la pirámide, las ruinas, el territorio**

asentarse (ie)	to settle
conquistar	to conquer
desarrollar	to develop

descubrir to discover
dominar to dominate; to rule
establecer (zc) to establish
fundar to found
invadir to invade
reinar to reign

Cognado: **defender (ie)**

Cognado: **ancestral**

El paso del tiempo

la época epoch; times
la fecha date
el siglo* century

Cognados: **la era, el milenio**

antes de Cristo (a. C.) BC
después de Cristo (d. C.) AD

Calendario azteca

*Los siglos en español se expresan con números romanos: siglo XX = *20th century*.

■ ACTIVIDAD 1 Campos del saber (*Fields of knowledge*)

¿Con qué disciplinas o campos del saber relacionas las siguientes palabras? Puede haber más de una asociación.

la ciencia ficción	el gobierno	la religión
la economía	la historia	el urbanismo

Ejemplo: el desarrollo ⟶ la economía: desarrollo económico

1. el desarrollo
2. la invasión
3. el descubrimiento
4. Mesoamérica
5. la pirámide
6. el siglo
7. el indígena
8. la guerra

■ ACTIVIDAD 2 Personas, lugares y situaciones

¿Qué palabra del vocabulario asocias con las siguientes situaciones, personas y lugares?

1. Juan Carlos I de España
2. Alguien entra en tu casa y se instala en ella contra tu voluntad.
3. Tus padres no te permiten hacer nada de lo que tú quieres y exigen que hagas solo lo que ellos desean.
4. un portero (*goalie*) de un equipo de fútbol
5. unos monumentos famosísimos de Egipto
6. los años 80 (del siglo XX) o los años después de la Segunda Guerra Mundial
7. el tiempo de los dinosaurios o el tiempo después de Cristo
8. los mayas y los mochicas, entre otros
9. el día exacto de tu examen final de español

ACTIVIDAD 3 Creatividad

En parejas, escriban una frase utilizando por lo menos cuatro de las palabras del vocabulario. Luego compártanla con el resto de la clase. ¿Cuáles son las frases más originales?

■ ACTIVIDAD 4 Verdades históricas

Forma oraciones sobre la historia de los pueblos indígenas de Latinoamérica, de España o de tu país usando los siguientes verbos. Si quieres, puedes sustituir palabras derivadas de los verbos.

Ejemplos: defender ⟶
Los mapuches fueron buenos estrategas y **defendieron** su tierra con valor. Para los mapuches fue importante la **defensa** de su territorio.

1. defender
2. conquistar
3. desarrollar
4. dominar
5. descubrir
6. invadir
7. reinar
8. fundar

ACTIVIDAD 5 ¡Peligro! (*Jeopardy!*): Concurso (*Game*) entre equipos

Paso 1 ¿Conoces el concurso televisivo «*Jeopardy!*»? Pues, ¡a jugar! En equipos, piensen en una categoría y escriban cinco oraciones que sirvan de pistas (*clues*), asignando valores de 1, 2, 3, 4 ó 5 puntos a cada pista. Cada oración o su pregunta correspondiente debe incluir una palabra del vocabulario.

Ejemplos:

PISTA: Este pueblo no africano construyó pirámides.
RESPUESTA: ¿Quiénes son los mayas?
PISTA: Son unas ruinas muy famosas en la península de Yucatán.
RESPUESTA: ¿Qué es Chichén Itzá?

Paso 2 Por turno, cada equipo lee sus pistas para que los otros equipos den las respuestas/preguntas. Gana el equipo que consiga más puntos.

ACTIVIDAD 6 La historia de tu estado o país

En parejas, hablen de la historia de sus respectivos estados, provincias o países. Si son del mismo lugar, pueden hacerse preguntas para ver quién de los/las dos sabe más. Pueden usar las siguientes ideas para empezar.

- primeros pobladores y civilizaciones posteriores
- invasiones/colonizaciones
- personajes históricos importantes
- fundación de las ciudades más importantes

Ejemplo: México, D.F. → La ciudad de México, también llamada «Distrito Federal» (o «el D.F.») es un territorio que ha tenido ocupación humana desde hace más de 7.000 años. Primero era una zona de influencia olmeca, la civilización más antigua de Mesoamérica. Después se desarrolló en esa zona la cultura de Teotihuacán. Finalmente, hacia el siglo XIV, llegaron los mexicas o aztecas, quienes fundaron su capital en lo que hoy es el D.F., llamándola Tenochtitlán.

Cuando Hernán Cortés conquistó el territorio mexica de Moctezuma quiso que la gran ciudad imperial siguiera siendo esta ciudad central, pero le cambió el nombre al de México.

México es una ciudad que conserva claramente la marca del paso del tiempo: sus pobladores originales, el tiempo colonial y su etapa más reciente como capital de México.

La Plaza de las Tres Culturas en México, D.F. es una plaza dedicada a la compleja historia mexicana: un pasado indígena, una colonización española y, finalmente, una era moderna que es resultado de las anteriores.

Cultura

Culturas indígenas de Latinoamérica

El mapa muestra las áreas de asentamiento de varios grandes grupos en Centro y Sudamérica.

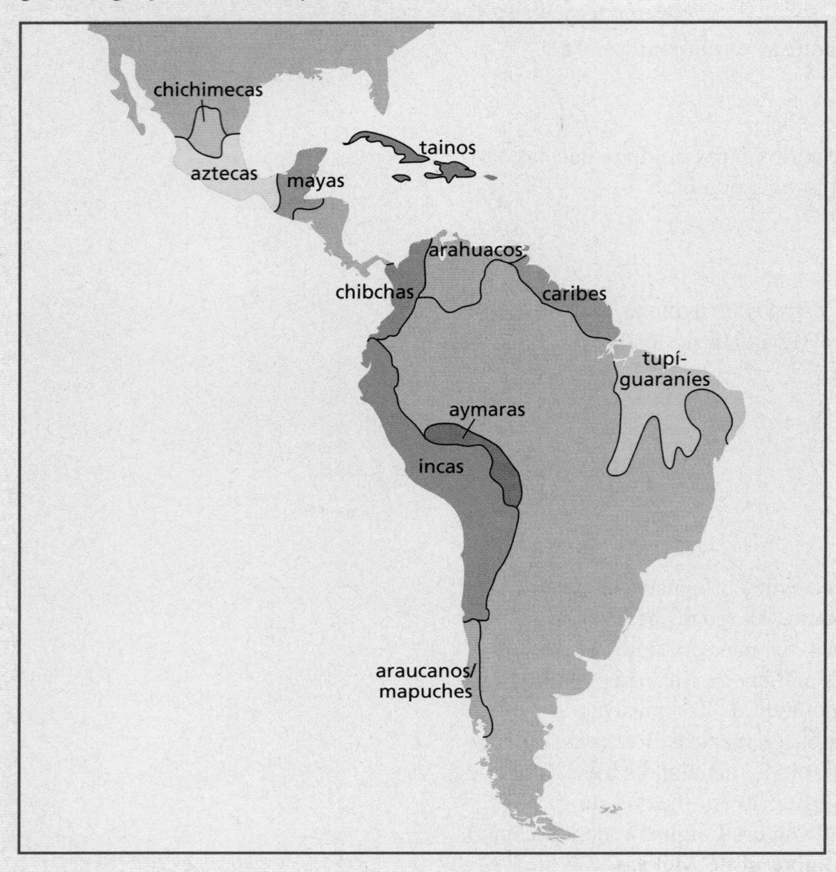

Es posible que todo el mundo haya oído hablar de los aztecas, mayas e incas. Pero estas son solo algunas de las civilizaciones que habían amalgamado a otros pueblos y etnias cuando los españoles llegaron a América. Por ejemplo, los aztecas y mayas heredaron aspectos culturales primero de los olmecas y más tarde de los zapotecas y los toltecas, entre otros. De igual manera, los incas formaron un pueblo que tomó fuerza ya en el siglo XV de nuestra era, y con ellos culminaron civilizaciones previas como las de los nazca y los mochica. Esto no es sorprendente, pues hoy se cree que ha habido habitantes en América por más de 30.000 años.

La lengua española ha sido enriquecida por su contacto con las culturas y lenguas indígenas de América. La lista que sigue muestra algunos de los ejemplos más conocidos que también son semejantes en inglés.

náhuatl (de los aztecas) y lenguas mexicanas

aguacate	chacal	tomate
chocolate	coyote	

arahuaco / taíno

banana	huracán	manatí
barbacoa	iguana	tabaco
caimán	maíz	yuca
canoa		

quechua (de los incas)

cóndor	mate
llama	pampa

tupí-guaraní

jaguar	petunia	tapir
maraca	tapioca	

Tertulia Intercambio léxico

- Las palabras originarias del continente americano que aparecen en la lista no están traducidas, porque son fáciles de entender. ¿Cuántas han pasado al inglés con pocos cambios?
- ¿Qué otras palabras de idiomas indígenas americanos conocen Uds. en inglés o en español? ¿Vienen algunas de lenguas indígenas norteamericanas de su país?
- ¿Creen que las culturas indígenas americanas han dejado una clara marca en las sociedades y países americanos actuales? ¿En qué países más y en cuáles menos? Intenten justificar sus respuestas.

Estructuras

23 El imperfecto de subjuntivo

Tabla de tiempos

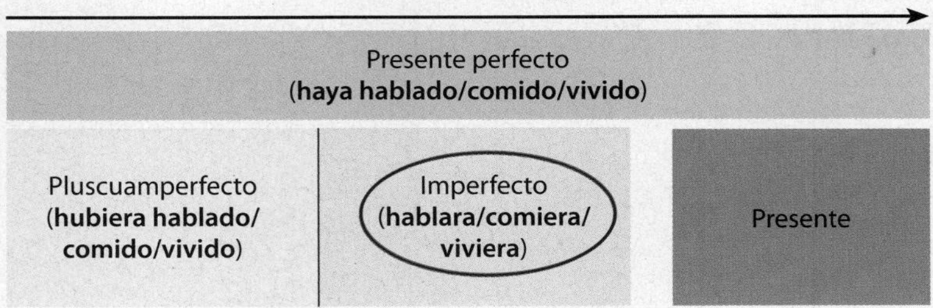

REPASO

Formas del pretérito de indicativo **(Capítulo 3)**

As you have already seen when you practiced the use of the subjunctive in the present perfect (**el presente perfecto**) in **Capítulo 9,** the subjunctive mood is used in the past as well as in the present.

In this chapter you will practice the use of the imperfect subjunctive, the only simple past tense in the subjunctive (versus the two simple past forms of the indicative mood: the imperfect and the preterite).

Forms

The imperfect subjunctive is formed by dropping the **-ron** ending from the third-person plural (**ellos/as, Uds.**) of the preterite of indicative and adding these endings:

pagar: pagaron → paga- + *ending*		**beber: bebieron → bebie- +** *ending*		**vivir: vivieron → vivie- +** *ending*	
pagara	pagáramos	bebiera	bebiéramos	viviera	viviéramos
pagaras	pagarais	bebieras	bebierais	vivieras	vivierais
pagara	pagaran	bebiera	bebieran	viviera	vivieran

There is another set of endings for the imperfect subjunctive, widely used in Spain but less so in most parts of Latin America, where it tends to be used only in formal speech or writing.

pagar		**beber**		**vivir**	
pagase	pagásemos	bebiese	bebiésemos	viviese	viviésemos
pagases	pagaseis	bebieses	bebieseis	vivieses	vivieseis
pagase	pagasen	bebiese	bebiesen	viviese	viviesen

¡OJO!

hacer → hiciera / hiciese

ir → fuera / fuese

poder → pudiera / pudiese

poner → pusiera / pusiese

querer → quisiera / quisiese

ser → fuera /fuese

tener → tuviera / tuviese

venir → viniera / viniese

«...el mar estaba en suspenso, el cielo estaba sin haber cosa alguna que **hiciera** ruido, no había cosa en orden, cosa que **tuviese** ser... »*

Uses

- The imperfect subjunctive appears in contexts that require the subjunctive and a past tense. In other words, the main sentence clause requires the use of the subjunctive in the subordinate clause, which includes an action that refers to the past. Compare the examples in present and past tenses in each of the three types of clauses.

In noun clauses: Expressions of influence, doubt, judgment, and emotion

El jefe dice que vayas a su oficina.	*The boss says (for you) to go to his office.*
El jefe dijo que fueras a su oficina.	*The boss said (for you) to go to his office.*

In adjective clauses: Clauses that function like adjectives

Busco a alguien que pueda ayudarme.	*I'm looking for someone who can help me.*
Buscaba a alguien que pudiera ayudarme.	*I was looking for someone who could help me.*

In adverbial clauses: Clauses that function like adverbs

No haré nada hasta que la jefa me dé el visto bueno.	*I won't do anything until the boss gives me the go-ahead.*
No iba a hacer nada hasta que la jefa me diera el visto bueno.	*I wasn't going to do anything until the boss gave me the go-ahead.*

**Popol Vuh,* versión de Fray Francisco Ximénez

Although it is common for the imperfect subjunctive to appear in sentences where the main verb is in the past (preterite or imperfect), this is not always the case. It is the context of the situation and the meaning of the main verb that determine the use of the imperfect (versus the present or another subjunctive tense).

Lamento que no te estés divirtiendo mucho esta noche.	*I regret that you are not having much fun tonight.*
Lamento que no te divirtieras mucho anoche.	*I regret you didn't have much fun last night.*
Busco a alguien que estuviera allí cuando ocurrió el accidente. (La búsqueda ocurre ahora.)	*I am looking for someone who was there when the accident happened.*
Buscaba a alguien que estuviera allí cuando ocurrió el accidente. (La búsqueda ocurrió ayer.)	*I was looking for someone who was there when the accident happened.*

- ***Como si* + imperfect subjunctive** **Como si** (*As if*) is always followed by the imperfect subjunctive (or pluperfect subjunctive*).

John habla español como si fuera nativo.	*John speaks Spanish as if he were a native speaker.*
¡No me trates como si no me conocieras!	*Don't treat me as if you didn't know me!*

- ***Ojalá* + imperfect subjunctive = *I wish*** To express wishes that are unlikely or impossible to come true, **ojalá** is followed by the imperfect subjunctive (similar to the use of the past tense after *I wish* in English).

Ojalá que supiera usar perfectamente el subjuntivo.	*I wish I knew how to use the subjunctive perfectly well.*
Ojalá que hubiera paz en el mundo.	*I wish there were peace in the world.*

Nota lingüística Otros usos del imperfecto de subjuntivo

- **Courtesy** With the verbs **querer, poder,** and **deber,** the imperfect subjunctive is often used as the main verb to soften requests and advice. In English, this is expressed with *would, could,* and *should*, depending on each case.

Quisiera hablar con Ud. un momento.	*I would like to speak to you for a moment.*
¿Pudiera decirme la hora?	*Could you tell me the time?*
Debieras tomarte unas vacaciones.	*You should take a vacation.*

- **Wishes** The imperfect subjunctive is used in wishing expressions for things that are unlikely or impossible.

Ojalá + imperfecto de subjuntivo	*I wish*
Ojalá que pudieras venir esta noche.	*I wish you could come tonight.*
¡Quién + imperfecto de subjuntivo... !	*I wish*
¡Quién pudiera volar!	*I wish I (someone) could fly!*
¡Quién supiera lo que va a pasar en el futuro!	*I wish I knew what's going to happen in the future!*

¡Mira la tele como si no hubiera otra cosa que hacer!

Debieras tomarte unas vacaciones

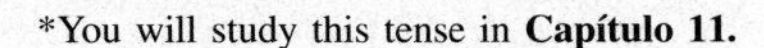
*You will study this tense in **Capítulo 11.**

RECORDATORIO

Ojalá + presente de subjuntivo = *I hope*

Ojalá que **puedas** venir esta noche. — *I hope you can come tonight.*

■ ACTIVIDAD 1 La leyenda de Aztlán

Completa el siguiente párrafo con la forma apropiada del presente o del imperfecto de subjuntivo de los verbos entre paréntesis.

«¿Hay alguien en la clase que ______________[1] (saber) qué es Aztlán?», nos preguntó la profesora. En ese momento todos nos alegramos de que Jaime ______________[2] (levantar) la mano y ______________[3] (saber) la respuesta. Explicó que Aztlán es el lugar de donde partieron los mexicas, también conocidos como aztecas. El dios Huitzlopotchtli les había dicho que ______________[4] (buscar: ellos) un lugar en el cual ______________[5] (ver: ellos) un águila devorando una serpiente. Insistió en que en ese lugar ______________[6] (fundar: ellos) la ciudad de Tenochtitlán para que el pueblo azteca ______________[7] (establecerse) y desde allí ______________[8] (dominar) el mundo.

«Muy bien, Jaime», dijo la profesora. «Actualmente nadie sabe donde está el lugar que los mexicas llamaban Aztlán y no creo que nunca se ______________[9] (encontrar). Según algunos expertos, es probable que Aztlán ______________[10] (estar) en lo que hoy llamamos Alta California, pero otros piensan que es posible que solo ______________[11] (ser) un lugar mítico y que nunca ______________[12] (existir) en realidad», explicó la profesora.

El dios Huitzlopotchtli mandó que los aztecas construyeran su ciudad en un lugar muy específico.

■ ACTIVIDAD 2 Ahora y antes

¿Cómo era la vida hace cien años? ¿Cómo es ahora? Las siguientes oraciones expresan lo que ocurre en nuestro tiempo para que tú digas cómo era la situación hace unos cien años. Estas son algunas posibles opciones para abrir tus comentarios:

Era poco/muy común que...
No era normal que…
(No) Era típico que…

Ejemplo: Ahora es normal que las mujeres sean profesionales. →
Hace cien años, era poco común que las mujeres fueran profesionales.

1. Hoy día es normal que la mayoría de los jóvenes estadounidenses estudien en la universidad.
2. Ahora hay leyes que protegen los derechos de los indígenas en los Estados Unidos.
3. En la actualidad hay mucha gente que sabe de las culturas maya, azteca e inca.
4. Ahora, cada vez más (*more and more*), los padres quieren que sus hijos aprendan otro idioma además del suyo.
5. En nuestra era, la mayoría de los padres prefiere que sus hijos no se casen antes de los 25 años.

ACTIVIDAD 3 Perfil (*Profile*) de la adolescencia

Paso 1 Completa las siguientes oraciones de manera que reflejen tu vida de adolescente.

Cuando yo tenía 14 ó 15 años...

1. (no) me gustaba (que)...
2. odiaba (que)...
3. mis padres no me permitían que...
4. mis padres se aseguraban (*made sure*) de que...
5. (no) me gustaban las personas que...
6. tenía amigos que...
7. mis padres no me daban mi asignación (*allowance*) a menos que...
8. trabajaba de (ocupación) para (que)...

Paso 2 Compara tus respuestas con las de un compañero / una compañera. ¿Tenían Uds. muchas cosas en común?

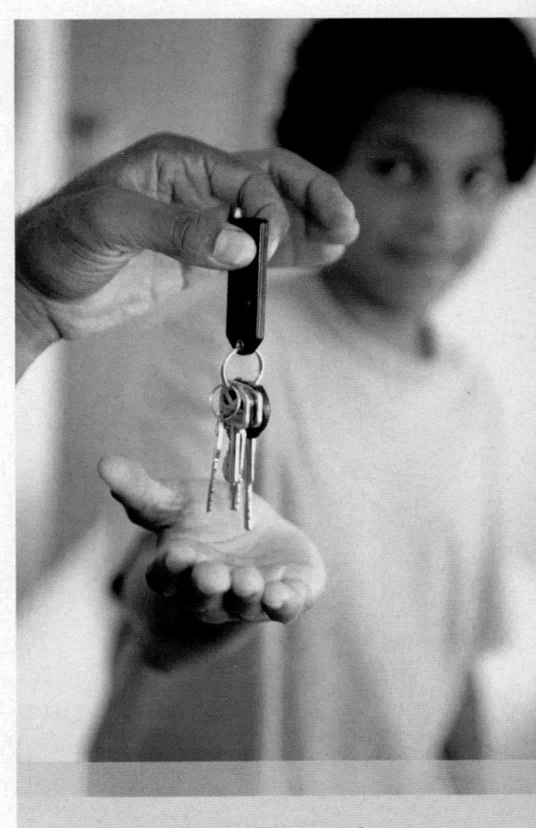

Ojalá que mi mamá me **preste** su coche este fin de semana.

ACTIVIDAD 4 Deseos

Paso 1 Usa la expresión **ojalá** para expresar tres deseos sobre algo que es posible que ocurra y otros tres sobre algo más improbable o imposible. **¡OJO!** El presente de subjuntivo sirve para expresar cosas que bien pueden ocurrir (*I hope . . .*), mientras que el imperfecto de subjuntivo expresa deseos que no son factibles (*I wish . . .*).

Ejemplos: Ojalá que encuentre un trabajo que me pague más de diez dólares por hora. (posible)

Ojalá que hubiera en el mundo igualdad de derechos y protección legal para todas las personas. (improbable/imposible)

Paso 2 Ahora compara tus deseos con los de varios compañeros. ¿Tienen Uds. deseos y preocupaciones comunes?

ACTIVIDAD 5 Como si...

Paso 1 Completa las siguientes oraciones, según el modelo.

Ejemplo: Sonia trabaja como si / no tener nada que hacer para divertirse → Sonia trabaja como si no **tuviera** nada que hacer para divertirse.

1. Diego toca la guitarra como si / ser músico profesional
2. Mi padre me trata como si / yo no saber nada
3. Algunos políticos hablan como si / los votantes no poder pensar
4. Algunos estudiantes vuelven de un año en una universidad extranjera hablando como si / ser hablantes nativos

Paso 2 Ahora haz tus propias oraciones con **como si** sobre las siguientes personas o instituciones.

1. Tu amigo/a _______
2. Tu compañero/a de cuarto o casa
3. Tu pareja
4. Tu madre o tu padre o tus padres
5. Un político / una política (o los políticos en general)
6. Esta universidad
7. Este gobierno

24 El condicional

TIEMPOS DEL INDICATIVO
Presente Presente perfecto
Pretérito Imperfecto Pluscuamperfecto
Futuro Futuro perfecto
Condicional Condicional perfecto

The conditional is considered a tense within the indicative mood. There is no equivalent in the subjunctive.

¿Cómo **sería** tu vida si fueras indígena?

Forms

The base forms of the conditional tense, both regular and irregular, are the same as those of the simple future tense and there are no irregularities in the endings.

Verbos Regulares					
pagar		**beber**		**vivir**	
pagaría	pagaríamos	bebería	beberíamos	viviría	viviríamos
pagarías	pagaríais	beberías	beberíais	vivirías	viviríais
pagaría	pagarían	bebería	beberían	viviría	vivirían

Verbos Irregulares					
decir		**haber**		**hacer**	
diría	diríamos	habría	habríamos	haría	haríamos
dirías	diríais	habrías	habríais	harías	haríais
diría	dirían	habría	habrían	haría	harían
poder		**poner**		**saber**	
podría	podríamos	pondría	pondríamos	sabría	sabríamos
podrías	podríais	pondrías	pondríais	sabrías	sabríais
podría	podrían	pondría	pondrían	sabría	sabrían
salir		**tener**		**venir**	
saldría	saldríamos	tendría	tendríamos	vendría	vendríamos
saldrías	saldríais	tendrías	tendríais	vendrías	vendríais
saldría	saldrían	tendría	tendrían	vendría	vendrían

Uses

The conditional in Spanish is used in the following cases.

- **Hypothetical actions** They often include a **si** (*if*) clause and they have a rigid structure, just like in English.

Si + imperfecto de subjuntivo, condicional

Si **nevara** mucho, se **cerraría** el colegio.	*If it snowed (were to snow) a lot, the school would close.*

As in English, the order of the clauses is interchangeable.

Si **nevara** mucho, se **cerraría** el colegio.	Se **cerraría** el colegio si **nevara** mucho.

Si nevara mucho, cerrarían el colegio.

¡OJO! The imperfect subjunctive in a **si**-clause does not refer to a past action, but to an unlikely or impossible event in the present.

The **si**-clause may be implicit in an earlier question or statement, or a similar premise may be presented in a different format.

Ponte en el lugar de los indígenas. ¿Cómo te **sentirías** (si tú **fueras** indígena)?	*Put yourself in the place of the indigenous people. How would you feel (if you were indigenous)?*
Yo no sé qué **haría** en esa situación (si yo **estuviera** en esa situación).	*I don't know what I would do in that situation (if I were in that situation).*

Nota lingüística Cláusulas con *si* en el indicativo

Si + *present indicative* → *present indicative, future, imperative*

Si clauses in the indicative express hypothetical situations that take place routinely or are likely to occur, just like in English.

Si **nieva** mucho, **cierran** el colegio.	*If it snows a lot, the school closes.*
cerrarán el colegio.	*the school will close.*
cierren el colegio.	*close the school.*

Si + *imperfect indicative* → *imperfect indicative*

In this case **si** is equivalent to **cuando,** and it refers to a repeated action in the past (not a hypothetical clause). It works the same in English as well.

Si **nevaba** mucho, se **cerraba** el colegio.	*If it snowed a lot, the school closed / would close.*

¡OJO! The present subjunctive is never used in the **si**-clause.

- **Future in the past** The conditional is used to express a future action with respect to another action in the past.

Colón le **dijo** a la reina Isabel que **encontraría** un camino más corto a Asia.	*Columbus told Queen Isabella that he would find a shorter route to Asia.*

- **Courtesy** With certain verbs (**poder, querer, ser, estar, deber, tener**) the conditional adds courtesy to a request or a question.

¿**Podría** decirme la hora?	*Could you tell me the time?*
¿Les **gustaría** / **Querrían** acompañarnos a cenar?	*Would you like to accompany us for dinner?*

In the courtesy contexts, the conditional and the imperfect subjunctive are interchangeable.

- **Probability in the past** This use of the conditional is equivalent to *I wonder* and *probably*. It is the past counterpart of the probability future (**Capítulo 8**).

—¿Dónde **estaría** Manuel ayer durante la fiesta?	—*I wonder where Manuel was yesterday during the party.*
—**Tendría** un partido de béisbol.	—*He probably had a baseball game.*

RECORDATORIO

When *would* refers to actions that used to happen in the past, the imperfect indicative is needed in Spanish.

Cuando yo era pequeña **visitábamos** a mis abuelos todos los veranos.	*When I was a child, we* ***would visit*** *my grandparents every summer.*

■ ACTIVIDAD 1 Hipótesis

Combina las frases de las dos columnas y forma preguntas para hacérselas a tus compañeros. Son situaciones hipotéticas: No olvides usar el imperfecto de subjuntivo y el condicional. Sigue el modelo.

Ejemplo: ir a la playa nudista con la clase de español / bañarse desnudo/a (*to skinny-dip*)
Si fueras a una playa nudista con la clase de español, ¿te bañarías desnudo/a?

Si...

A
- ir a una playa nudista con la clase de español
- quedarse solo/a en el cuarto de un amigo / una amiga
- ganar un millón de dólares en la lotería esta semana
- tener dudas sobre algo relacionado con el español
- necesitar dinero urgentemente
- saber que un amigo tuyo ha cometido un crimen serio
- ¿?

B
- bañarse desnudo/a
- robar algo
- abrir sus cajones (*drawers*)
- volver a la universidad el próximo semestre
- llamar a la policía
- hacer una cita con el/la profesor(a) inmediatamente
- ¿?

¿Irías a una playa nudista?

■ ACTIVIDAD 2 ¿Presente, imperfecto o condicional?

Completa las siguientes oraciones con un tiempo del indicativo (el presente, el futuro, el imperfecto de indicativo o el condicional) y explica por qué se usa cada verbo.

> ***Ejemplo:*** Si paso menos tiempo en Facebook, tengo/tendré más tiempo para estudiar.
> Es una acción rutinaria o predecible (*predictible*).

1. Si no se viene nunca a clase de español, se ________ (recibir) una «F» al final del semestre.
2. Si no me preparo antes de venir a clase, ________ (ser) más difícil participar.
3. En la escuela secundaria, si no iba a clases, la escuela ________ (llamar) a mis padres por teléfono.
4. El verano pasado, si teníamos un auto disponible, mis amigos y yo ________ (ir) a la playa a pasar el día.
5. Si tuviera dinero este verano, ________ (tomar) un curso de español en otro país.
6. Si quisieras, __________ (poder: nosotros) ir de camping este fin de semana.

■ ACTIVIDAD 3 Situaciones del presente y el pasado

Completa los párrafos con la forma correcta de los verbos de las listas. Los verbos pueden conjugarse en el condicional, el presente de indicativo o el imperfecto de indicativo.

llamar **mimar** (*to spoil*) **ser**

De niña, si me enfermaba, mi mamá me __________[1] mucho. Ahora que estoy en la universidad, si me enfermo, ella me ________[2] por teléfono. ________[3] maravilloso si mi mamá pudiera cuidarme cuando estoy enferma.

estudiar **gustar** **hacer** **querer** **viajar**

Este verano, si tuviera dinero suficiente, lo cual es muy dudoso, ________[4] por los países andinos y __________[5] sus culturas precolombinas. Cuando tengo dinero, me ________[6] viajar. Si tú tuvieras dinero este verano, ¿qué ________[7]? ¿ ________[8] acompañarme en mi viaje?

hacer **ganar** **poder** **tener**

Cuando mis hermanos y yo éramos pequeños, mis padres no ________[9] tanto dinero como ahora y por eso mi familia y yo no __________[10] viajar con frecuencia. Pero si había un año en que mis padres ________[11] dinero extra, ese año con toda seguridad __________[12] un viaje.

Si tuviera dinero, viajaría al Lago Titicaca en el Perú.

■ ACTIVIDAD 4 El futuro visto hace mucho tiempo...

Paso 1 ¿Qué dijeron o pensaron estas personas en ese entonces (*in their time*)?

Ejemplo: Cristóbal Colón

Cristóbal Colón les dijo a los Reyes Católicos que encontraría una nueva ruta a las Indias por el occidente.

1.

Un maya le comentó a otro maya...

2. 3.

2. Galileo pensaba que la gente era muy bruta y que pronto...

3. César Chávez dijo en su discurso que si los trabajadores del campo se unieran...

Paso 2 Piensa ahora en ti y en la gente que conoces. ¿Recuerdas alguna predicción que tú u otra persona haya hecho? ¿Se cumplió esa predicción?

ACTIVIDAD 5 ¿Cómo lo harían?

Los historiadores se sienten impresionados ante la belleza y complejidad de Machu Picchu, la ciudad sagrada de los incas. Uno de los misterios en torno a esta ciudad es cómo pudieron subir las piedras a grandes alturas sin conocer la rueda. En grupos, usando el condicional para expresar hipótesis sobre el pasado, piensen en algunas de las posibles maneras en que fueron capaces de hacerlo, y luego compártanlas con la clase. ¡Usen su imaginación! ¿Cuál sería la forma más probable?

RECORDATORIO

Se usa el condicional para expresar probabilidad en el pasado (*they must have done*).

ACTIVIDAD 6 La turista maleducada

Sue acaba de llegar al Ecuador para pasar un semestre y estudiar español, pero todavía no sabe bien decir las cosas con cortesía. ¿Cómo se podrían decir las siguientes cosas de manera más cortés?

1. A un camarero en un restaurante: «Otra cerveza».
2. En la parada del autobús a un desconocido (*stranger*): «¿Qué hora es?»
3. A una dependienta en una tienda: «Otra camiseta más grande».
4. A los padres de la familia con quienes se queda: «Llévenme a la universidad».
5. Al taxista que la lleva al aeropuerto: «Más rápido. Estamos retrasados (*late*)».

Machu Picchu, la ciudad sagrada de los incas, está cerca de la ciudad peruana de Cuzco.

ACTIVIDAD 7 ¿Qué harías tú en ese caso?

Paso 1 En parejas, comenten lo que harían en las siguientes situaciones. Por ser situaciones improbables, deberían usar la estructura **si** + imperfecto de subjuntivo.

Ejemplo: Acabas de cenar en un restaurante y te das cuenta de que no tienes dinero. →
Si yo acabara de cenar en un restaurante y me diera cuenta de que no tenía dinero, se lo pediría prestado a mis amigos.

1. Acabas de cenar en un restaurante y te das cuenta de que no tienes dinero.
2. Tus padres quieren pasar el fin de semana contigo, pero tú tienes un examen importante el lunes.
3. Tu compañero/a de cuarto siempre usa tu champú y tu jabón.
4. Estás invitado/a a comer en casa de una familia mexicana. El primer plato es menudo (*tripe*).
5. Uno de tus mejores amigos te pide que escondas un pequeño paquete suyo en tu cuarto por unos días, pero no puede decirte por qué ni qué hay dentro del paquete.

Paso 2 Ahora inventen dos situaciones y cambien de pareja para preguntarles a otros compañeros cómo reaccionarían.

Cultura

La España precolombina

El Acueducto de Segovia

Hasta el momento de la llegada de los españoles a América y durante la época de las grandes civilizaciones precolombinas en América, España también vivió un largo proceso de evolución marcado por la llegada de diversas culturas a la península ibérica. Habitada originalmente por los íberos, de los que poco se sabe, vio como muchos otros pueblos de toda Europa, entre ellos los celtas, los vikingos y los griegos se asentaron en su territorio. Pero son los romanos en el siglo III a. C. los que definitivamente dejan su marca en la península, especialmente su lengua, el latín, que sería la base del español. El nombre España se deriva de *Hispania*, el nombre latino de la región. Tras la caída del imperio romano, un pueblo germánico, los visigodos,[a] se asentó en lo que hoy es España, y en el año 711 una invasión árabe llegó desde el sur, dando comienzo a ocho siglos de dominación musulmana, lo que también dejó una profunda huella[b] en la península. Durante estos ocho siglos, se produce igualmente lo que se llama la «Reconquista», la lucha constante de los cristianos (descendientes de los visigodos) por volver a dominar la península y tomar el control de los musulmanes.

[a]*Visigoths* [b]*mark*

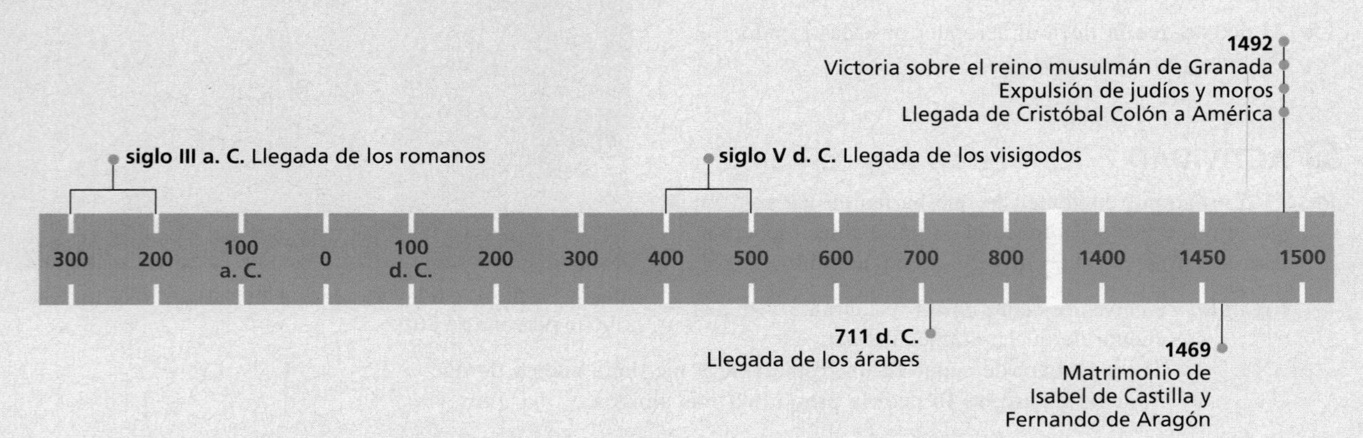

Antes de 1492, curiosamente el año en que Cristóbal Colón llegó a América, España no era un país como el que hoy conocemos. En ese año, los Reyes Católicos Isabel y Fernando ganaron la batalla contra el último reino árabe que quedaba en España: el reino de Granada. Con esa victoria, Isabel y Fernando, quienes habían unido con su matrimonio los dos poderosos reinos de Castilla y Aragón, empezaban a ver realizado su proyecto de unificar todos los reinos de la península bajo su poder. Ese mismo año decidieron unificar religiosamente el país y decretaron[c] la expulsión de todas las personas que no fueran católicas, es decir, los judíos y musulmanes que no quisieran convertirse a la religión católica. Se puede decir que el año 1492 fue un año crucial en la historia de América y de España.

[c]*decreed*

Tertulia Un poco de historia

- ¿Ven diferencias o semejanzas entre los comienzos históricos de España y los de su país?
- En su opinión, ¿cuáles han sido los años cruciales en la historia de su país?

Lectura

Mi tierra

Texto y autora

Rigoberta Menchú Tum (Guatemala, 1959–) es una activista maya-quiché que ganó el Premio Nobel de la Paz en 1992 por su labor en defensa de los indígenas de su país. Es autora, junto con Elizabeth Burgos-Debray, del libro testimonial *Me llamo Rigoberta Menchú y así me nació la conciencia*, donde se recoge la triste y difícil historia de muchos indígenas guatemaltecos durante los largos años de violencia contra ellos.

El poema «Mi tierra» apareció en un libro que reúne escritos de diversos tipos de varios autores titulado *1492–1992: La interminable conquista* (1992). En este libro se critica la desgraciada situación de los pueblos indígenas de Latinoamérica; su publicación coincidió precisamente con el 500 aniversario del llamado «encuentro» entre España y América.

Rigoberta Menchú

Antes de leer

¿Hay algún lugar que tú consideras «tu tierra»?
¿Sabes de dónde son tus antepasados? ¿y dónde están enterrados?

■ ACTIVIDAD 1 Práctica de vocabulario

Completa el párrafo con las palabras adecuadas de la lista.

acariciadas	enterrados	lágrimas	regatear
antepasados	enterrar	lejano	reposan
ardiente	huesos	ombligo	

El verano pasado mi madre y yo visitamos el lugar donde están __________ mis ____________ maternos. Está en un sitio __________, a muchos kilómetros de la capital. Sus _______ ahora __________ en una verde colina __________ por la brisa y la suave lluvia. Mi madre me contó que en su tierra existe la tradición de ________ el ________ de los recién nacidos. Antes de llegar al lugar, mi madre había comprado unas flores: las compró sin ________, aunque ella siempre regatea cuando hace compras en su país. Frente a la tumba de sus familiares muertos mi madre no pudo evitar las ________ y me dijo que era su _______ deseo que yo aprendiera bien la lengua de su familia.

■ ACTIVIDAD 2 ¿Qué crees tú?

¿Qué tipo de ideas esperarías ver en un poema sobre tu tierra?

Marca todas las categorías que te parezcan apropiadas.

______ datos históricos
______ descripción del paisaje
______ mención al nacimiento del país
______ cosas cotidianas
______ expresiones de afecto
______ una visión local de «tierra», como lugar donde una persona creció

vocabulario útil

el antepasado	ancestor
el hueso	bone
la lágrima	tear
el ombligo	umbilical cord
ardiente	ardent
lejano/a	**distante**
acariciar	to caress
enterrar	to bury
regatear	to bargain
reposar	to rest

Un ayote

Estrategia: La repetición

En los textos literarios, como en este de Rigoberta Menchú, es normal encontrar el recurso estilístico de la repetición. La repetición se produce cuando una palabra o sonido se usa varias veces en el texto con la intención de destacarlos y producir algún tipo de efecto; por ejemplo, la repetición de la palabra «hueso» en «hueso tras hueso» nos comunica un proceso constante que se extiende a través de las generaciones. Las palabras repetidas pueden aparecer en diferentes posiciones: al principio y al final de una oración, al principio de cada oración o verso, etcétera. Fíjate en la repetición de ciertas palabras en el poema de Menchú. ¿Por qué crees que elige la poeta repetir esas palabras?

MI TIERRA, RIGOBERTA MENCHÚ

Madre tierra, madre patria, 1
aquí reposan los huesos y
memorias de mis antepasados
en tus espaldas se enterraron
los abuelos, los nietos y los hijos. 5

se... formaron una montaña
Aquí **se amontaron** huesos tras huesos
de los tuyos, los huesos de las
muchachas *fertilized* cassavas
lindas **patojas** de esta tierra, **abonaron** el maíz, las **yucas**,
malangas... *pumpkins, types of squash*
las **malangas**, los **chilacayotes**,
los **ayotes**, los **güicoyes** y los **güisquiles**. 10
Aquí se formaron mis huesos,
aquí me enterraron el ombligo
y por eso me quedaré aquí
años tras años
generaciones tras generaciones. 15

Tierra mía, tierra de mis abuelos
bunches
tus **manojos** de lluvias,
tus ríos transparentes
tu aire libre y cariñoso
tus verdes montañas y 20
el calor ardiente de tu Sol
hicieron crecer y multiplicar
el sagrado maíz y formó los
huesos de esta nieta.

Un chilacayote

Tierra mía, tierra de mis abuelos 25
quisiera acariciar tu belleza
contemplar tu serenidad y
acompañar tu silencio,
quisiera calmar tu dolor
llorar tu lágrima al ver 30
tus hijos dispersos por el mundo
lodging
regateando **posada** en tierras
lejanas sin alegría, sin paz,
sin madre, sin nada.

Comprensión y análisis

■ ACTIVIDAD 3 ¿Está claro?

Paso 1 Clasifica las estrofas del poema de acuerdo con el tema principal de cada una.

_____ La tristeza de la tierra por sus hijos emigrados o exiliados.
_____ _____ La tierra como lugar de su familia.
_____ _____ El ciclo natural de vida y muerte entre la tierra y la gente.

Paso 2 Elige la respuesta correcta.

1. En la tierra están enterrados los restos de...
   a. las frutas.
   b. los familiares de la poeta.
2. La poeta se quedará en su tierra...
   a. unos cuantos años.
   b. para siempre.
3. Los alimentos y las personas del país de la poeta deben su existencia a...
   a. los elementos de la naturaleza.
   b. los esfuerzos de los hombres.
4. En este poema **tierra** es sinónimo de...
   a. hija.
   b. madre.

■ ACTIVIDAD 4 Análisis de versos

Explica los siguientes versos con tus propias palabras.

1. «en tus espaldas se enterraron / los abuelos, los nietos y los hijos»
2. «tus manojos de lluvias»
3. «el sagrado maíz»
4. «aquí me enterraron el ombligo»
5. «quisiera calmar tu dolor, / llorar tu lágrima»
6. «al ver / tus hijos dispersos por el mundo»
7. «regateando posada /en tierras lejanas»

ACTIVIDAD 5 ¿Qué piensas ahora?

Haz una lista con todas las palabras que se repiten y luego discute con tus compañeros el significado que tienen en el poema. También discutan el efecto que se consigue con la repetición de estas palabras.

Tertulia Tradiciones

Como han podido leer en el poema de Rigoberta Menchú, el enterrar el ombligo de una persona que acaba de nacer es una tradición entre algunos pueblos indígenas de Latinoamérica. Se hace porque se piensa que así la persona nunca se olvidará del lugar donde nació y, aunque se vaya de allí, siempre volverá. ¿Qué tradiciones existen en tu comunidad o tu familia cuando nace un bebé? ¿y cuando una persona se va de viaje o se casa?

Producción personal

Redacción Un ensayo (Paso 1)

Prepárate

- En esta última unidad vas a escribir un trabajo de investigación, en el cual podrás repasar las técnicas de escritura practicadas en capítulos anteriores, esta vez aplicadas a un texto un poco más extenso. Tu profesor(a) decidirá la extensión que debe tener tu trabajo y las opciones de tema.
- Para este capítulo, vas a preparar el borrador de tu ensayo. Un borrador es la primera versión de un escrito y es un paso importantísimo para un trabajo de investigación. (En el **Capítulo 11,** tendrás la oportunidad de trabajar sobre la segunda versión.)
- Escoge un tema y haz la investigación necesaria.
- Decide a qué tipo de posibles lectores estará orientado el texto y cuál es su propósito: ¿informar? ¿convencer?

¡Escríbelo!

- Crea un primer esqueleto del texto, aunque este puede cambiar en la siguiente versión. Utiliza una o más de las técnicas de pre-escritura: la lluvia de ideas, la escritura automática o el esquema.
- El borrador debe ser pensado y escrito en español, aunque no sepas expresar perfectamente todas las ideas o cometas errores gramaticales y ortográficos: lo importante es poner en el papel las ideas que te vayan ocurriendo.
- Es importante incorporar en el borrador todos los aspectos del tema que podrías tratar, aunque luego decidas solo centrarte en algunos.
- Finalmente, es aconsejable hacer una lista de palabras útiles relacionadas con el tema, aunque algunas estén al principio en inglés: la segunda versión del borrador será el momento de buscarlas en el diccionario.

RECORDATORIO

el borrador	*draft*
el ensayo	*essay*
la ortografía	*spelling*

¡No te equivoques!: Significados de la palabra *time*

tiempo	*time (undetermined period)*	**¡Cómo pasa el tiempo!** **Cuando tengas tiempo, me gustaría hablar contigo.**
hora	*hour* *time (by the clock)*	**Sesenta minutos son una hora.** **¿Qué hora es?**
la hora de	*the moment or time to/ for something*	**Es la hora de trabajar.**
rato	*while, short period of time*	**Vuelvo en un rato.**
vez	*time, occasion*	**Esta vez no digas nada.** **Lo hice una sola vez.**
a veces	*sometimes*	**A veces me llama cuando necesita dinero.**
época/tiempos	*old times*	**En esa época / En esos tiempos yo era muy pequeña.**

En tu comunidad

Entrevista

Entrevista a una persona hispanohablante de tu comunidad para ver si tienen antepasados indígenas o si hay una importante comunidad indígena en su país de origen. Se le puede preguntar:

- cuál(es) son las etnias indígenas más numerosas en su país
- si el/la entrevistado/a tiene contacto personal con alguna de estas etnias y cómo es su contacto
- si cree que el gobierno de su país está haciendo lo suficiente por estos grupos o qué debe hacer que no esté haciendo
- si sabe alguna tradición o leyenda de los indígenas de su país

Producción audiovisual

Prepara una presentación sobre un pueblo indígena de Latinoamérica, incluyendo su historia, su arte y su presencia actual (si no es un pueblo extinto, como los taínos).

¡Voluntari@s! Hacer historia

Si te interesa la historia y la situación de los pueblos indígenas americanos, hay varias maneras en las que puedes ayudar, desde trabajar directamente con algún grupo, hasta involucrarte en sus causas de una manera indirecta. Por ejemplo, hay muchos pueblos amazónicos que necesitan desesperadamente que se respeten sus territorios ancestrales, porque están siendo explotados por las industrias farmaceútica, maderera o petrolera. Y la mayoría están luchando por un mejor acceso a la educación y que haya planes de estudio que respeten y promuevan sus lenguas nativas.

Tertulia final Los pueblos indígenas en los Estados Unidos y el Canadá

En este capítulo Uds. han leído un poco sobre el pasado y el presente de los pueblos indígenas en países latinoamericanos. ¿Cómo se comparan su civilización y su historia a la de los pueblos indígenas de su país? ¿Cómo es la situación actual de estos pueblos? ¿Tienen una presencia importante en su estado o provincia? Deben intercambiar la información que sepan y buscar algunos hechos de los que no estén seguros.

¿Cuáles son algunos de los lugares históricos más importantes de tu país o estado? ¿Hay alguno en tu ciudad?

¿Hay algún lugar de tu país que tenga una asociación con riqueza y prosperidad? Por ejemplo, una ciudad o región donde en el pasado fuera mucha gente a ganar dinero y buscar una vida mejor.

¿Crees que el desarrollo urbanístico de tu ciudad es aceptable o deficiente? ¿Por qué opinas así?

«Vale un Perú».*

«Esto es Jauja».†

*Una expresión para referirse a algo muy rico o costoso: el Perú tiene importantes minas de plata.

†Jauja, la primera capital del Perú, por su riqueza y clima agradable se convirtió en sinónimo de vivir muy bien.

La fortaleza de San Felipe del Morro, en San Juan de Puerto Rico, domina la entrada a la bahía de San Juan. Fue construida en el siglo XVI, y es uno de los varios puestos de defensa que se construyeron para proteger la isla de los ataques extranjeros.

11

Los tiempos coloniales: Después del encuentro entre América y España

EN ESTE CAPÍTULO

Minilectura
- «En busca del Nuevo Mundo»

Palabras
- La vida en la colonia
- El arte y el urbanismo
- Expresiones útiles para explicar ideas

Estructuras

25. El pasado perfecto o pluscuamperfecto de subjuntivo
26. El condicional perfecto

Cultura
- El barroco
- Simón Bolívar

Lectura
- «El eclipse»

Redacción
- Un ensayo (Paso 2)

Cortometraje

Medianeras (*Side walls*), Gustavo Taretto (Argentina, 2011)

Argumento: El protagonista del largometraje describe la ciudad de Buenos Aires como reflejo (*reflection*) de la actitud ante la vida y los problemas de sus habitantes.

De entrada

Minilectura En busca del Nuevo Mundo

Antes de leer

El autor del siguiente artículo es el político y escritor venezolano Arturo Uslar Pietri (1906–2001). Uslar Pietri defiende la idea de que América es un continente mestizo y que esta es la verdadera razón para llamarlo «Nuevo Mundo». ¿Crees que los Estados Unidos y el Canadá también encajan (*fit*) en esa descripción? ¿Por qué?

EN BUSCA DEL **NUEVO MUNDO,**

ARTURO USLAR PIETRI

Lo que vino a realizarse en América no fue ni la permanencia del mundo indígena, ni la prolongación de Europa. Lo que ocurrió fue otra cosa y por eso fue Nuevo Mundo desde el comienzo. El **mestizaje** empezó de inmediato por la lengua, por la cocina, por las costumbres. Entraron las nuevas palabras, los nuevos alimentos, los nuevos usos. Podría ser ejemplo de esa viva confluencia creadora aquella casa del capitán Garcilaso de la Vega en el Cuzco recién conquistado. En un **ala** de la edificación estaba el capitán con sus compañeros, con sus **frailes** y sus **escribanos,** metido en el viejo y **apretado pellejo** de lo hispano, y en la otra, opuesta, estaba la **ñusta** Isabel, con sus parientes incaicos, comentando en quechua el perdido esplendor de los viejos tiempos. El niño que iba a ser el Inca Garcilaso iba y venía de una a otra ala como **la devanadera que tejía la tela** del nuevo destino.

mestizaje: miscegenation (mixing of races)
ala: wing
frailes: friars
escribanos: scribes
apretado pellejo: tight skin
ñusta: princesa
la devanadera que tejía la tela: spool that wove the fabric

Garcilaso de la Vega, el Inca, (1539–1616) —escritor peruano, hijo de noble español y princesa inca— escribió *Comentarios reales,* sobre la historia y las instituciones del imperio inca, y la *Historia general del Perú,* sobre la conquista de esas tierras por los españoles y las guerras civiles.

Comprensión y análisis

Decide si las siguientes oraciones son ciertas o falsas, y corrige las falsas según el texto.

1. Para Uslar Pietri el «Nuevo Mundo» lo fue porque antes era desconocido en Europa.
2. El mestizaje solo es una cuestión de raza.
3. La familia del Inca Garcilaso tenía que vivir en dos casas diferentes.
4. El mestizaje en América implica creación y novedad.

Cortometraje *Medianeras* (segmento)

Título: ***Medianeras*** **(segmento)**

País: Argentina

Dirección: Gustavo Taretto

Año: 2011

Reparto: Javier Drolas, Pilar López de Ayala, Inés Efrón

Premios: Festival de Cine de Valladolid

Antes de mirar

¿Cómo es tu ciudad en cuanto a su plan urbanístico? ¿Te parece bien desarrollada o más bien (*rather*) desarrollada sin criterios urbanísticos?

¿Hay un estilo predominante en los edificios (colonial, art deco, de principios/mitad del siglo XX, neogótico, etcétera)?

¿Qué es lo que más te importa a ti de una vivienda? ¿la vista? ¿la luminosidad? ¿que tenga suficientes cuartos? ¿que esté en una zona privilegiada? ¿otras cosas?

«Exactamente igual es nuestra vida: la vamos haciendo sin la más mínima idea de cómo queremos que nos quede (*how we want it to go*)».

vocabulario útil

el ambiente	**cuarto, espacio en una casa**
la categoría	**standing, prestige**
el departamento	**apartamento**
el/la inquilino/a	**tenant**
el mal	**enfermedad**
chico/a	**pequeño/a**
erguirse (yergue)	**to be erected**
padecer	**sufrir**
reflejar	**to reflect; to show**

Comprensión y discusión

¿Cierto o falso? Marca todo lo que se vea o se oiga en el corto.

¿Se ve... ?	¿Se oye... ?
mucha agua	«irracional»
una grua (*crane*)	«como si estuviésemos de paso»
una caja de zapatos (*shoe box*)	«la cultura del inquilino»
un edificio muy estrecho (*narrow*)	«monoambiente»
un hombre limpiando una ventana	«caja de zapato»
	«arquitectos con talento»

Interpreta Contesta haciendo inferencias sobre lo que se ve y se oye en el corto.

1. ¿Qué tipo de visión de la ciudad presentan las imágenes? ¿Cómo crees que esta visión representa al narrador?
2. Según el narrador, ¿cómo refleja Buenos Aires a sus habitantes?
3. ¿Por qué compara el narrador la vida con la planificación urbanística?
4. ¿Qué males padecen los habitantes de Buenos Aires? ¿Cuáles son las causas de esos males, según el narrador?

Tertulia Lugares

Según se desprende de este fragmento del largometraje, la ciudad de Buenos Aires refleja en cierta medida a sus habitantes. ¿Cómo refleja el lugar donde vives (tu casa, tu habitación) tu manera de ser o tu historia? ¿De qué manera el lugar donde has crecido (tu ciudad o pueblo) ha influido en tu manera de ser?

Para ver *Medianeras* otra vez y realizar más actividades relacionadas con el cortometraje, visita: **www.connectspanish.com**

Palabras

DE REPASO

la arquitectura
el arte → las artes
el comercio
la conquista
la escultura
el gobierno
la pintura

conquistar

mestizo/a

La vida en la colonia

el alcalde / la alcaldesa	mayor
el colono	settler
el/la criollo/a*	Creole
la esclavitud	slavery
el/la esclavo/a	slave
el/la gobernador(a)	governor
el mestizaje	miscegenation; mixing (of race/culture)
la mina de oro/plata	gold/silver mine
la plantación de cacao / caña de azúcar	cocoa/sugar-cane plantation

Cognados: **el comercio marítimo, la misión, la provincia**

Repaso: **el emperador, la emperatriz, la reina, el rey**

Una plantación de caña de azúcar

El arte y el urbanismo: Los edificios

el ayuntamiento	town hall
el castillo	castle
la catedral	cathedral (main church in a city)
el fuerte	fort
la iglesia	church
la oficina de correos	post office

Cognados: **el convento, la hacienda, el monasterio, el palacio**

El Ayuntamiento de Guadalajara, México

*En Latinoamérica originalmente, **criollo/a** era una persona de ascendencia española pero nacida en el Nuevo Mundo. En la actualidad, el adjetivo **criollo/a** también se refiere a algo que es nativo de América, en contraste con lo extranjero.

El arte y el urbanismo: Las partes de un edificio

el arco	arch
la bóveda	vault
el campanario	bell tower
la cúpula	dome
la escalera	stair
la fachada	façade
el piso	floor/story
la torre	tower

Cognados: **el altar, la columna**

Altar mayor de la Iglesia de la Compañía de Jesús, Quito, Ecuador

El arte y el urbanismo: Los estilos artísticos

el Renacimiento	Renaissance
bello/a	beautiful, pretty
hermoso/a	beautiful, pretty
recargado/a	**con exceso de ornamentación**
renacentista	Renaissance (*adj.*)

Cognados: **abstracto/a, barroco/a, colonial, impresionista, muralista, neoclásico/a, surrealista**

Expresiones útiles para explicar ideas

de hecho	in fact / de facto
o sea	that is
por (lo) tanto	therefore

El templo de Santo Domingo de Guzmán, Oaxaca, México

■ ACTIVIDAD 1 Asociaciones

Paso 1 ¿Qué palabras del vocabulario asocias con las siguientes cosas y personas? ¿Por qué?

1. la comida de Nueva Orleáns
2. Napoleón Bonaparte y Josefina
3. una corona
4. un cartero
5. un monje (*monk*)
6. un servicio religioso
7. el mar
8. el azúcar
9. una misión de California

Paso 2 Di cuál de las palabras no pertenece a cada grupo y por qué.

1. la emperatriz — la reina — la gobernadora
2. la iglesia — el convento — el castillo
3. barroco — abstracto — surrealista
4. la torre — el piso — la bóveda
5. el criollo — mestizo — el conquistador
6. la plantación — la provincia — la hacienda

■ ACTIVIDAD 2 Definiciones

Define los siguientes términos, intentando incorporar las palabras entre paréntesis en tu definición.

Ejemplo: la oficina de correos (cartas) →
Es el edificio desde donde se envían cartas y paquetes a otras personas.

1. el ayuntamiento (el gobierno)
2. la catedral (principal)
3. la esclavitud (libertad)
4. el monasterio (monjes)
5. el palacio (riqueza)
6. la provincia (territorio)
7. el mestizaje (raza)
8. la plantación (cacao)
9. el fuerte (defensa)
10. los criollos (Nuevo Mundo)

■ ACTIVIDAD 3 Arquitectura

¿Qué elementos arquitectónicos se ven en estos edificios?

ACTIVIDAD 4 Los artistas y sus movimientos

Empareja los adjetivos relativos a movimientos artísticos con los artistas u obras.

COLUMNA A	COLUMNA B
1. ____ Salvador Dalí y Frida Kahlo	a. abstracto/a
2. ____ Diego Velázquez y El Greco	b. barroco/a
3. ____ Pablo Picasso y Joan Miró	c. impresionista
4. ____ Leonardo Da Vinci	d. muralista
5. ____ Diego Rivera y Judith Baca	e. renacentista
6. ____ Joaquín Sorolla	f. surrealista
7. ____ catedrales latinoamericanas del siglo XVII	
8. ____ edificios italianos del siglo XV	

Saliendo del baño, del pintor español Joaquín Sorolla ¿A qué estilo corresponde esta pintura?

ACTIVIDAD 5 La catedral de México

Completa este párrafo usando las siguientes palabras del vocabulario.

barroco	**fachada**
bóveda	**iglesias**
catedral	**por (lo) tanto**
de hecho	**torres**

La ____________[1] de México se empezó a construir en 1535 y se terminó dos siglos después; ____________,[2] en su construcción participaron varios arquitectos diferentes. Uno diseñó sus altas ____________,[3] otro, la ____________.[4] La estupenda ____________ [5] exterior muestra elementos del neoclasicismo, el plateresco y de la ornamentación recargada del ____________.[6] Es un edificio muy bello, ____________[7] está considerado como una de las ____________[8] más hermosas del Nuevo Mundo.

ACTIVIDAD 6 Edificios famosos

Averigua cuál de los edificios que conoce le gusta más a uno/a de tus compañeros/as de clase. Estas son algunas de las preguntas que le puedes hacer.

¿Cuándo fue construido? ¿Cómo es? ¿Para qué sirve?
¿Dónde se encuentra? ¿A qué estilo pertenece?

ACTIVIDAD 7 Lo esencial en una ciudad

En parejas, comenten cuáles son los edificios esenciales en una ciudad o pueblo grande. ¿Por qué son tan importantes esos edificios? ¿Existen en la ciudad de origen de Uds.? ¿Son especiales en cuanto a su arquitectura? ¿Creen Uds. que hay diferencias entre la arquitectura de una ciudad hispánica y la de una ciudad de su país?

La Catedral de México, D.F.

Cultura

El barroco

«El barroco, asimismo, abre un espacio donde el pueblo conquistado puede enmascarar su antigua fe y manifestarla en la forma y el color, ambos abundantes, de un altar de ángeles morenos y diablos blancos.»*

El barroco es un movimiento artístico que comienza en Europa en el siglo XVII y dura más o menos un siglo. En España es el movimiento preponderante en lo que se llama el Siglo de Oro de las artes. Es un estilo muy dramático que en arquitectura demuestra un gusto por el exceso de ornamentación. El barroco coincide con una época de gran actividad religiosa por toda Europa y, por consiguiente, en España. A las reformas propugnadas por Martín Lutero, la Iglesia Católica responde con una «Contrarreforma», es decir, con una defensa extrema de los valores tradicionales católicos. Esta actitud se refleja en las artes visuales, donde se producen obras que quieren enseñar e inspirar respeto: nada más provocador de piedad y miedo por la vida eterna que un Cristo sangrante[a] y moribundo, un mártir en sus últimos momentos de dolor o la imagen de la Virgen María como madre resignada[b] y sufriente. Estos símbolos fueron poderosísimos en la cristianización de los nuevos pueblos.

Aunque el barroco llega a América un poco más tarde, lo hace en un momento de gran expansión colonial y se convierte en un vehículo extraordinario de expresión artística en las nuevas colonias. Muchas iglesias bellísimas del Nuevo Mundo se hacen en esta época. La importancia del barroco en América se debe a que es capaz de incorporar las estructuras europeas con detalles pertenecientes al acervo[c] cultural indígena, lo cual da lugar a una estética mestiza. De esa manera, los artistas indígenas, entrenados por los españoles, podían con frecuencia dejar su marca, como lo muestra el escritor Carlos Fuentes en la cita que abre esta sección.

[a]bleeding [b]defeated [c]wealth

La iglesia de Santa María de Tonanzintla, en Cholula, Puebla, México: un ejemplo del barroco mexicano

Tertulia Arte y espíritu

- ¿Qué tendencias espirituales piensan Uds. que forman la base de su país? ¿Les parece una situación similar a la de los países hispanoamericanos?
- ¿Qué movimientos estéticos asocian más con su país o con su estado o provincia de origen? ¿Qué edificios o espacios públicos?

**Los cinco soles de México. Memoria de un milenio,* Carlos Fuentes, Seix Barral, 2000

25 El pasado perfecto o pluscuamperfecto de subjuntivo

Tabla de tiempos

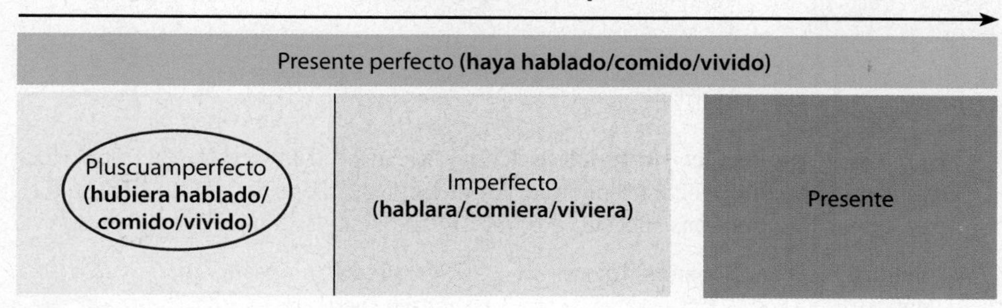

This is the last tense of the subjunctive and the third of the three subjunctive tenses that deals with the past.

Forms

The pluperfect subjunctive is formed with the imperfect subjunctive of **haber** followed by a past participle.

imperfecto de subjuntivo de *haber* + participio pasado	
hubiera **habl**ado	hubiéramos **habl**ado
hubieras **habl**ado	hubierais **habl**ado
hubiera **habl**ado	hubieran **habl**ado

Uses

- The pluperfect subjunctive appears in contexts that require the subjunctive and a pluperfect tense. Look at the examples for each type of clause.

In noun clauses: Expressions of influence, doubt, judgment, and emotion

Los criollos se quejaban de que el gobierno no les **hubiera otorgado** todos sus derechos. — *The Creoles complained that the government had not granted them all of their rights.*

In adjective clauses: Clauses that function like adjectives

En su opinión, no había ningún país que **hubiera hecho** lo suficiente para preservar sus culturas indígenas. — *In his opinion there was no country that had done enough to preserve its indigenous cultures.*

In adverbial clauses: Clauses that function like adverbs

El profesor se fue sin que yo le **hubiera dado** el examen. — *The professor left without my having given him the exam.*

Aunque sus antepasados **hubieran nacido** en España, los criollos se sentían americanos. — *Although their ancestors would have been born in Spain, the Creoles felt American.*

REPASO

El imperfecto de subjuntivo **(Capítulo 10)**

El participio **(Capítulo 4)**

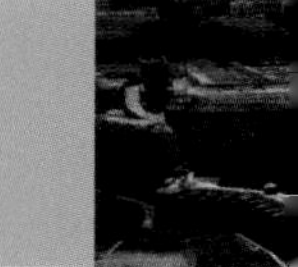

RECORDATORIO

The form of the imperfect subjunctive ending in **-ese** can also be used for the pluperfect subjunctive, but it is less common.

yo **hubiese** consumido
ellos **hubiesen** ganado

Si no **hubieran venido** los conquistadores, la historia de este continente sería muy distinta.

- ***Si*-clauses in the past** These clauses represent circumstances that cannot be changed because the time of the action has passed. They are followed or preceded by a conditional clause. (See also **Estructuras 26** in this chapter.)

  Habría estudiado más si **hubiera tenido** más tiempo. — *I would have studied more if I had had more time.*

***Si*-clauses in the past**
Si + pluperfect indicative, perfect conditional (or vice versa)

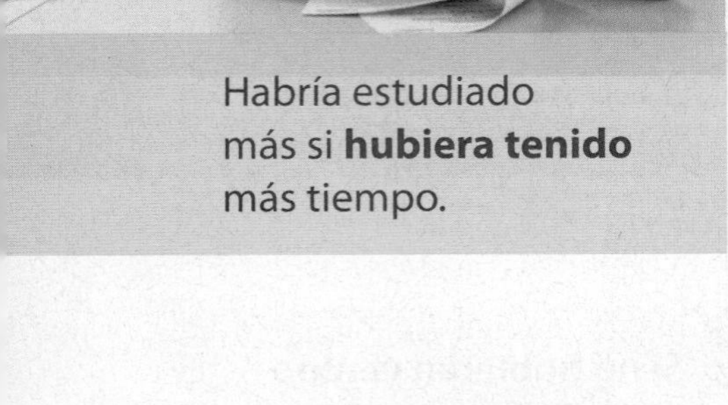

Habría estudiado más si **hubiera tenido** más tiempo.

- ***Como si* + pluperfect subjunctive** **Como si** can be followed by the pluperfect subjunctive or imperfect subjunctive. As in English, these actions are not real past actions, but actions that are contrary to the actual situation in the present.

  John habla español como si **fuera** nativo. — *John speaks Spanish as if he were a native speaker.*

  John habla español como si **hubiera crecido** en la Argentina. — *John speaks Spanish as if he had grown up in Argentina.*

- ***Ojalá* + pluperfect subjunctive** Followed by the pluperfect subjunctive **ojalá** expresses a wish for the past that is impossible because the time of the action has passed.

  Ojalá **hubiera estudiado** más para el examen. — *I wish I had studied harder for the exam.*

  Ojalá la conquista de América **no hubiera costado** tantas vidas indígenas. — *I wish the conquest of America had not cost so many indigenous lives.*

Nota lingüística Resumen de los contextos con ojalá

The expression **ojalá** (which is *not* a verb) combines with all tenses in the *subjunctive* to express the speaker's hopes and wishes.

***Ojalá* + present subjunctive** = *I hope* + present

Ojalá que no haga mucho frío hoy. — *I hope it doesn't get too cold today (and it may not).*

***Ojalá* + present perfect** = *I hope* + present perfect

Ojalá que haya ganado mi equipo. — *I hope my team has won. (They have played, but I don't know the results yet.)*

***Ojalá* + imperfect subjunctive** = *I wish* + past

Ojalá que no hiciera tanto frío. — *I wish it weren't so cold (but it is).*

Ojalá que pudiéramos terminar con el hambre. — *I wish we could stop hunger.*

***Ojalá* + pluperfect subjunctive** = *I wish* + pluperfect

Ojalá que no hubiera hecho tanto frío ayer. — *I wish it had not been so cold yesterday (but it was).*

■ ACTIVIDAD 1 Reflexiones sobre la historia

Completa las siguientes oraciones con la forma adecuada del pluscuamperfecto de subjuntivo o de indicativo, según sea necesario. Explica por qué en cada caso.

1. Los aztecas pensaron que Cortés era un dios porque nunca ________________ (ver) una persona pelirroja y a caballo.
2. Más tarde, los aztecas desearon que los españoles nunca ________________ (llegar).
3. En el siglo XVIII muchos criollos decían que ya ________________ (pagar) demasiados impuestos a España.
4. Al principio del siglo XIX los criollos estaban horrorizados de que Francia ________________ (ocupar) España, pues eso les afectaba directamente.
5. Los españoles se sentían como si gran parte de América siempre ________________ (ser) suya.
6. A finales del siglo XIX, los españoles lamentaban que se ________________ (perder) sus colonias.
7. En el siglo XX, los lingüistas buscaban gente que ________________ (oír) las lenguas indígenas de niños.
8. A los lingüistas les dio lástima que tan pocos niños ________________ (aprender) la lengua de sus antepasados.
9. Los lingüistas habrían estudiado los libros tan pronto como los ________________ (encontrar), pero no había muchos.

Los aztecas nunca **habían visto** un caballo.

■ ACTIVIDAD 2 Otra historia

Combina las ideas de las columnas A y B para formar oraciones condicionales con **si.** Adapta el contenido de las oraciones de la columna B como se muestra en el ejemplo (debes usarlo en forma negativa).

Ejemplo: El inglés no se hablaría en Estados Unidos si… / los separatistas ingleses *fundaron* una colonia en los Estados Unidos →
El inglés no se hablaría en los Estados Unidos si los separatistas ingleses **no hubieran fundado** una colonia en los Estados Unidos.

COLUMNA A	COLUMNA B
1. La mayoría de los latinoamericanos no hablaría español si…	a. durante el siglo XVI y XVII España *defendió* el catolicismo y esto *influyó* en su arte.
2. Es posible que Hernán Cortés no hubiera tenido éxito en la conquista de México si…	b. algunos pueblos indígenas *ayudaron* a los españoles a derrotar a los aztecas.
3. No habría habido tanto mestizaje en Latinoamérica si…	c. Colón *llegó* a América en una expedición financiada por los Reyes Católicos.
4. No hablaríamos ahora del barroco si…	d. los españoles *tuvieron* hijos con mujeres indígenas.

Quería estudiar en la Universidad de Salamanca ya que todos me habían dicho que era muy bonita.

ACTIVIDAD 3 Oraciones incompletas sobre ti

Paso 1 Completa las siguientes oraciones con una cláusula que contenga un verbo en el pluscuamperfecto o en el imperfecto de subjuntivo o indicativo, de tal manera que tengan sentido para ti.

Ejemplo: Yo quería estudiar en la universidad de ________________ porque… → había oído decir que es muy buena.

1. Yo quería estudiar en la universidad de ________________ porque…
2. Yo esperaba que la universidad de ________________ …
3. Yo sabía que quería asistir a ________________ antes de que…
4. Habría aceptado ir a ________________ con tal de que…
5. Ahora me siento en esta universidad como si…
6. En la escuela secundaria yo quería que…
7. En la escuela secundaria no conocía a ningún estudiante que…
8. Ojalá que mi amigo/a…

Paso 2 Ahora hazle preguntas a un compañero / una compañera para saber si sus experiencias coinciden con las tuyas.

Ejemplo: Yo quería estudiar en la universidad de ________________ porque había oído decir que es muy buena. → ¿En qué universidad querías estudiar tú? ¿Por qué?

ACTIVIDAD 4 Deseos

Expresa tres deseos usando **ojalá:** un deseo posible de realizar (con presente o presente perfecto de subjuntivo), un deseo improbable o imposible en el presente (con imperfecto de subjuntivo) y un deseo imposible para un tiempo que ya haya pasado (con el pluscuamperfecto de subjuntivo).

Ejemplo:

deseo posible → Ojalá que **encuentre** un trabajo que me **pague** más de diez dólares por hora.

deseo improbable → Ojalá que en el mundo **existiera** igualdad de derechos y protección legal para todas las personas.

deseo imposible → Ojalá que el Holocausto nunca **hubiera ocurrido.**

26 El condicional perfecto

REPASO

El condicional **(Capítulo 10)**

TIEMPOS DEL INDICATIVO
Presente Presente perfecto
Pretérito Imperfecto Pluscuamperfecto
Futuro Futuro perfecto
Condicional Condicional perfecto

This is the last tense of the indicative presented in ***MÁS.*** This tense has no counterpart in the subjunctive.

Forms

The perfect conditional is formed with the conditional of **haber** followed by a past participle.

condicional de *haber* + participio pasado	
habría salido	habríamos salido
habrías salido	habríais salido
habría salido	habrían salido

Uses

The perfect conditional is used to express hypothetical actions in the past. These are actions that cannot be changed. Often they are accompanied by a **si**-clause, but not always.

Si Colón no hubiera llegado a América probablemente los españoles no **habrían sido** tan influyentes en el continente.

If Columbus had not arrived in America, the Spaniards probably would not have been so influential on the continent.

There are several common expressions used in the **si**-clause, such as **"Si yo fuera tú (él, ella...)"** or **"Yo en tu (su) lugar... "**

Si yo fuera tú (él/ellos),
Yo que tú (él/ellos),
(Yo) En tu/su lugar,
} no lo habría hecho.

If I were you (him/them), I wouldn't have done it.

Si Bolívar **hubiera podido** realizar su sueño, hoy **habría** un país similar a los Estados Unidos de Sudamérica.

Estatua de Simón Bolívar, «El Libertador»

■ ACTIVIDAD 1 ¿Qué habría pasado si... ?

Completa las siguientes ideas con las formas apropiadas del condicional perfecto o del pluscuamperfecto de subjuntivo.

1. Si Cristóbal Colón ________________ (creer) que la Tierra terminaba en el océano Atlántico, nunca ________________ (hablar) con los Reyes Católicos para pedirles que le financiaran una expedición.
2. Si los Reyes Católicos ________________ (ser) poco aventureros, nunca le ________________ (dar) el dinero a Colón para su viaje.
3. Si los marineros de Colón ________________ (hacer) lo que preferían, nunca ________________ (llegar) al Caribe, sino que ________________ (volver) a España.
4. Los españoles ________________ (respetar) más a los indígenas si la gente de entonces ________________ (tener) un concepto más firme de los derechos humanos.
5. ¿Qué ________________ (ocurrir) con los imperios azteca e inca si los europeos no ________________ (descubrir) América para su propio beneficio?

ACTIVIDAD 2 ¿Qué habría ocurrido si... ?

Mira los siguientes acontecimientos históricos importantes y piensa en lo que habría pasado si algo hubiera sido diferente.

Ejemplo: la llegada del Apolo XI a la Luna → Si los astronautas del Apolo XI hubieran encontrado vida en la Luna, se habrían asustado mucho / hoy estaríamos haciendo intercambios culturales con los «lunáticos».

1. la llegada del Apolo XI a la Luna
2. la llegada del Mayflower a la costa noreste americana
3. el ataque terrorista contra las Torres Gemelas en 2001
4. el ataque a Pearl Harbor
5. el asesinato del presidente Kennedy
6. el descubrimiento de la penicilina

Si **hubieran encontrado** vida en la Luna, se **habrían asustado** mucho.

ACTIVIDAD 3 Sor Juana Inés de la Cruz (México 1651–1695)

Completa este párrafo con la forma apropiada del imperfecto o pluscuamperfecto de subjuntivo o del condicional perfecto de los verbos entre paréntesis.

Sor Juana Inés de la Cruz es una de las escritoras latinoamericanas más importantes de la época colonial, autora de comedias, poesía y un montón de cosas más. Juana se hizo monja (*nun*) muy joven para que la sociedad le ________________[1] (permitir) que ________________[2] (dedicarse) a la escritura como era su deseo. Para una mujer bella e inteligente como Sor Juana, nunca ________________[3] (ser) posible vivir de manera independiente en esa época. En el siglo XVII la sociedad exigía que una mujer ________________[4] (casarse) o ________________[5] (ser) monja. Si su madre le ________________[6] (dejar) que ________________[7] (disfrazarse) de hombre para asistir a la universidad, ________________[8] (poder) aprender todo lo que deseaba. En el convento ella estudiaba en su celda y cuando murió sabía tanto como si ________________[9] (pasar) su vida estudiando en la universidad.

Hoy parece increíble que, en el pasado, una mujer ________________[10] (tener) que ser monja para desarrollar su capacidad creativa e intelectual. Ojalá que la sociedad de siglos anteriores ________________[11] (tratar) a las mujeres de manera más igualitaria y respetuosa.

ACTIVIDAD 4 Una vida diferente

¿Cómo habría sido tu vida si algunos hechos en tu pasado hubieran sido diferentes? Escribe tres oraciones contestando esta pregunta y luego compártelas con la clase.

Ejemplo: Si mis abuelos no hubieran emigrado de China, probablemente mis padres nunca se habrían conocido y, por tanto, yo no habría nacido / existiría.

ACTIVIDAD 5 Traducción

Con un compañero / una compañera traduzcan los siguientes párrafos. **¡OJO!** No traduzcan palabra por palabra, porque las construcciones gramaticales no siempre coinciden entre el español y el inglés. Lo más importante es el contenido.

1. *The Spanish teacher returned the exam to us today, and my grade could have been better. The problem was that I was working on a play last week, and I didn't have much time to study. I wish I had had more time. If I had had the evening before the test free to study, I know I would have made a better grade.*
2. *Had the Spaniards not reached America in 1492, I wonder how much time would have passed until other Europeans would have found the unknown continent. It is fascinating that Europeans had visited Africa and Asia, but had no idea that America existed until the XVI century.*

Cultura

Simón Bolívar

Simón Bolívar (1783–1830) es conocido en toda Latinoamérica como el «Libertador». Esto se debe a su papel de líder en las guerras de independencia que tuvieron lugar en América del Sur en el siglo XIX. Pertenecía a una familia criolla privilegiada tanto social como económicamente. Por esta razón, aunque sus padres murieron cuando Bolívar era un niño, este pudo recibir una excelente educación tanto en Venezuela como en Europa, donde aprendió sobre los ideales de la Revolución Francesa y la Ilustración. Fue en Europa también donde, delante de Simón Rodríguez, su influyente tutor, hizo con estas palabras el célebre juramento de liberar a su patria: «Juro ante usted; juro por el Dios de mis padres; juro por ellos; juro por mi honor y juro por mi patria que no daré descanso a mi brazo ni reposo a mi alma hasta que haya roto las cadenas que nos oprimen por voluntad del poder español».

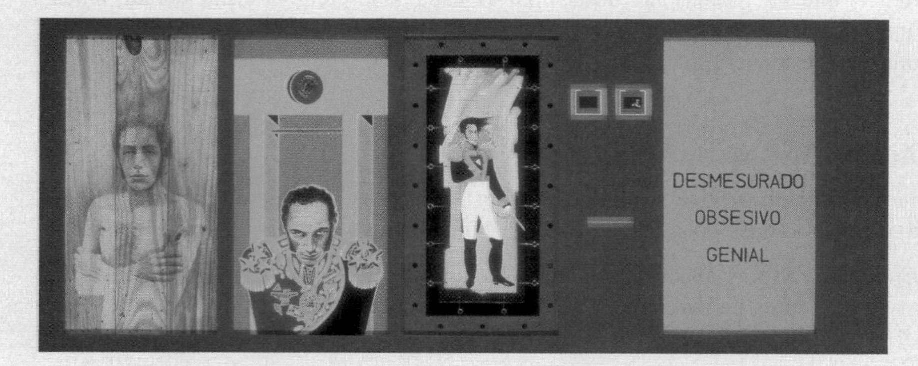

Así es cómo representa a Bolívar el pintor hiperralista boliviano Roberto Valcárcel (1994). ¿Qué crees que representa cada una de las imágenes?

Bolívar cumplió su promesa. A pesar de no contar con un gran ejército, consiguió la independencia de lo que hoy conocemos como Colombia, Venezuela, el Ecuador, el Perú y Bolivia. Para ello fueron muy importantes su astucia (*astuteness*) y la colaboración de otros héroes de la independencia como Antonio José de Sucre. Simón Bolívar soñaba con constituir una gran federación con los nuevos países liberados, similar a los entonces recién nacidos Estados Unidos y a la actual Unión Europea. Pero, a pesar de sus esfuerzos por mantener la paz, pronto hubo conflictos internos y guerras civiles, por lo que Bolívar decidió abandonar la política. La tuberculosis acabó con su vida cuando solo tenía 47 años y veía cómo su gran sueño difícilmente se haría realidad.

Aunque murió prácticamente solo, el Libertador es hoy una figura muy querida y admirada en toda Latinoamérica, ya que representa el ideal de libertad e independencia que los países latinoamericanos han buscado y siguen buscando hasta el momento actual. Bolívar reflexionó sobre la historia, la sociedad y el futuro de Latinoamérica en varios escritos, entre los que se encuentran «Carta desde Jamaica» (1815) y «Mensaje al Congreso Constituyente de la República de Colombia» (1830).

Tertulia

- ¿Con qué figura histórica de tu país se puede comparar a Bolívar? ¿En qué son comparables y en qué no lo son?
- A pesar de las guerras del pasado, hoy en día las relaciones entre España y los países latinoamericanos son buenas y existe gran colaboración en proyectos sociales y económicos. ¿Cómo son las relaciones políticas y culturales entre tu país y Europa?

Lectura

El eclipse

Texto y autor

El autor del relato «El eclipse» es Augusto Monterroso (1921–2003), quien es considerado por la crítica como el cuentista guatemalteco más importante del siglo XX. Monterroso es además el mayor representante del microrrelato en la literatura hispana. Su cuento «El dinosaurio», que solo tiene ocho palabras, es el más breve en la literatura en español. «El eclipse» pertenece a su colección de relatos *Obras completas y otros relatos* (1959).

Antes de leer

Usa las palabras del **Vocabulario útil** para dar ideas contrarias a las siguientes. Algunas ideas pueden ser metafóricas.

1. Que no es muy útil o interesante.
2. Que se mueve.
3. Al salir.
4. Hacerse de día.
5. No tener idea de lo que va a pasar.
6. No tener ganas de prepararse para hacer algo.
7. Decaer o empezar a morir.
8. Actuar honestamente.
9. Sentir seguridad.

ACTIVIDAD 1 Los agentes de la historia: Conquistadores y conquistados

En grupos pequeños, hagan una lista de adjetivos y frases descriptivas que asocian con los españoles y las personas indígenas de la época antes de la independencia de los países americanos, considerando diferentes aspectos como educación, religión, estatus social, etcétera.

Conquistadores	Conquistados
________________	________________
________________	________________
________________	________________
________________	________________

vocabulario útil

el temor	fear
fijo/a	fixed, fixated
valioso/a	precious
engañar	to trick; to lie
florecer	to bloom
oscurecer	to get dark
prever	to foresee
al + *infinitivo*	upon + gerund (verb + -ing)
disponerse a + *infinitivo*	to get ready to

Estrategia: Referentes culturales

En el relato «El eclipse» se ponen en contacto dos culturas, por lo tanto el texto menciona referentes culturales de ambas. No cabe duda que conocer el significado y la historia detrás de estos referentes culturales nos ayuda a comprender mejor el texto. Por ejemplo, en el poema de la sección de **Lectura** del capítulo anterior, «Mi tierra», entendemos la relevancia que tiene el verso «aquí me enterraron el ombligo» cuando conocemos lo que simboliza enterrar el cordón umbilical en algunas culturas.

En la primera mitad del cuento «El eclipse» se han subrayado varios referentes culturales importantes. Al leer, piensa qué otras palabras o frases pueden ser consideradas referentes culturales.

EL ECLIPSE,

AUGUSTO MONTERROSO

Cuando fray Bartolomé Arrazola se sintió perdido aceptó que ya nada podría salvarlo. La selva poderosa de Guatemala lo había **apresado** (*trapped*), implacable y definitiva. Ante su ignorancia topográfica se sentó con tranquilidad a esperar la muerte. Quiso morir allí, sin ninguna esperanza, aislado, con el pensamiento fijo en la España distante, particularmente en el convento de Los Abrojos, donde Carlos Quinto **condescendiera** (*condescended*) una vez a bajar de su **eminencia** (*elevated status*) para decirle que confiaba en el **celo** (*zeal*) religioso de su labor **redentora** (*redeeming*).

Al despertar se encontró rodeado por un grupo de indígenas de rostro impasible que se disponían a sacrificarlo ante un altar, un altar que a Bartolomé le pareció como el **lecho** (*bed*) en que descansaría, al fin, de sus temores, de su destino, de sí mismo.

Tres años en el país le habían conferido un mediano **dominio** (*control*) de las lenguas nativas. Intentó algo. Dijo algunas palabras que fueron comprendidas.

Entonces floreció en él una idea que **tuvo por digna de su talento** (*he had worthy of his intellect*) y de su cultura universal y de su **arduo** (*hard-earned and complex*) conocimiento de Aristóteles. Recordó que para ese día se esperaba un eclipse total de sol. Y **dispuso** (*resolved*), en lo más íntimo, **valerse de** (*to use*) aquel conocimiento para engañar a sus opresores y salvar la vida.

—Si me matáis —les dijo— puedo hacer que el sol se oscurezca **en su altura** (*in its heights*).

Los indígenas lo miraron fijamente y Bartolomé sorprendió la incredulidad en sus ojos. Vio que se produjo un pequeño **consejo** (*council*), y esperó confiado, no sin **cierto desdén** (*some disdain*).

Dos horas después el corazón de fray Bartolomé Arrazola **chorreaba** (*dripped*) su sangre, vehemente sobre la piedra de los sacrificios (brillante bajo la opaca luz de un sol eclipsado), mientras uno de los indígenas recitaba sin ninguna inflexión de voz, sin prisa, una por una, las infinitas fechas en que se producirían eclipses solares y lunares, que los astrónomos de la comunidad maya habían previsto y anotado en sus códices sin la valiosa ayuda de Aristóteles.

Comprensión y análisis

■ ACTIVIDAD 2 ¿Está claro?

Paso 1 Contesta las siguientes preguntas citando el texto para justificar tus respuestas.

1. ¿Dónde estaba Fray Bartolomé?
2. ¿En qué momento de su vida estaba?
3. ¿Estaba nervioso?
4. ¿Era un hombre instruido (*learned*)?
5. ¿En qué cosas encontraba consuelo (*comfort*) Fray Bartolomé?
6. ¿Cómo murió Fray Bartolomé?

Paso 2 Las siguientes preguntas te harán inferir, pero intenta justificar tus ideas usando el texto.

1. ¿Por qué estaría Fray Bartolomé en América?
2. ¿Por qué estaría solo en el momento del cuento?
3. ¿Qué tipo de hombre sería? ¿Cuáles serían sus creencias y valores personales?
4. ¿Cuánto entendimiento demuestra de los indígenas y su cultura?
5. ¿De qué hablarían los nativos antes del final?
6. ¿Por qué muere Fray Bartolomé de esa manera?

ACTIVIDAD 3 Referentes culturales

¿Qué referentes culturales puedes encontrar en el cuento, además de los ya subrayados? Una vez que hayas encontrado términos u oraciones que te parezcan referencias culturales, comparte el resultado con tus compañeros de clase.

ACTIVIDAD 4 Tema y mensaje

En grupos pequeños discutan las siguientes preguntas.

1. ¿Cuál es el tema de este cuento? (Quizá haya más de uno.)
2. ¿Hay un mensaje? ¿Cuál podría ser?
3. Si creen que hay un mensaje, ¿es un mensaje con validez para la actualidad? ¿Por qué?

Tertulia ¿Justicia poética?

¿Qué sentimiento les produce el final del cuento y por qué? ¿Se merece (*deserves*) Fray Bartolomé ese final? ¿Creen que habría podido hacer algo diferente para salvar su vida? ¿Qué habrían hecho Uds.?

Producción personal

Redacción Un ensayo (Paso 2)

Preparar la segunda versión del ensayo cuyo borrador escribiste en el **Capítulo 10.**

Prepárate

Decide si tu ensayo será argumentativo o un análisis donde utilices las técnicas de comparación y contraste, o causa y efecto.

¡Escríbelo!

- Organiza tu ensayo: Introducción, cuerpo y conclusión.
  - ❒ Introducción: Expresa cuál es tu tema y tu tesis.
  - ❒ Cuerpo: Escribe varios párrafos que apoyen tu tesis. Recuerda el uso de las citas directas entre comillas y no olvides indicar cuáles son tus fuentes.
  - ❒ Conclusión: Haz un pequeño resumen de las ideas más importantes.
- Busca en el diccionario y en tu libro de español aquellas palabras y expresiones sobre las que tengas dudas.
- Piensa en un título para tu ensayo que resuma el contenido del mismo. Sé creativo/a.

Repasa

En preparación para la versión final, presta mucha atención a:

- ❒ el uso de los tiempos verbales
- ❒ el uso de **ser** y **estar**
- ❒ la concordancia de todo tipo
- ❒ la ortografía y los acentos
- ❒ el uso de un vocabulario variado y correcto: evita las repeticiones

¡No te equivoques!: Cómo se expresa *to ask*

pedir	*to ask for* (*something*), *request, order*	**Me gustaría pedirte un favor. Voy a pedir una hamburguesa.**
preguntar	*to ask* (as a question) (**¡OJO!** The noun **pregunta** cannot be used as the direct object of this verb.)	**El profesor le preguntó el nombre.**
hacer una pregunta	*to ask a question*	**¿Puedo hacerle una pregunta?**
preguntar por	*to inquire about, ask after*	**Me preguntó por mi familia.**
preguntar si	*to ask whether* (+ indicative)	**Pregúntale si quiere salir hoy.**
preguntarse	*to wonder* (lit. *to ask oneself*)	**Me pregunto cuántas personas hay aquí.**

En tu comunidad

Entrevista

Entrevista a una persona hispanohablante que haya visitado o vivido en un país hispano para saber un poco más sobre la arquitectura de los edificios de ese país. Algunas preguntas posibles son:

- si en ese país hay edificios antiguos y modernos
- cuáles son algunos de los edificios que más le gustaron
- pedirle que describa algunos edificios y en qué parte de la ciudad o pueblo se encuentran
- pedirle que comente un poco sobre la diferencia entre los edificios del país hispanohablante que visitó o donde vivió y los edificios del lugar donde vive en la actualidad

Producción audiovisual

Prepara una presentación sobre algún edificio de tu ciudad, estado o país que sea simbólico por representar una época, un hecho histórico, un modelo de modernidad, etcétera.

¡Voluntari@s! Embellecer nuestra comunidad

Si te interesan el trabajo comunitario, el arte y el urbanismo, puedes colaborar en un proyecto que tenga como misión embellecer la apariencia de la ciudad donde vives, ya sea (*be it*) trabajando en un museo o dando *tours* de la ciudad a través del ayuntamiento o la cámara de comercio, o haciendo labor de mantenimiento medioambiental. ¡Hay un trabajo voluntario para cada tipo de persona!

Tertulia final La conquista y la cultura

- Como hemos visto, la conquista de América puso en contacto varias culturas. ¿Qué opinan Uds. del contacto cultural? ¿Hasta qué punto es bueno o malo? ¿En qué se basan para dar su opinión?
- ¿Ha habido contacto cultural intenso en su país? ¿Es similar al que ha habido en Latinoamérica?

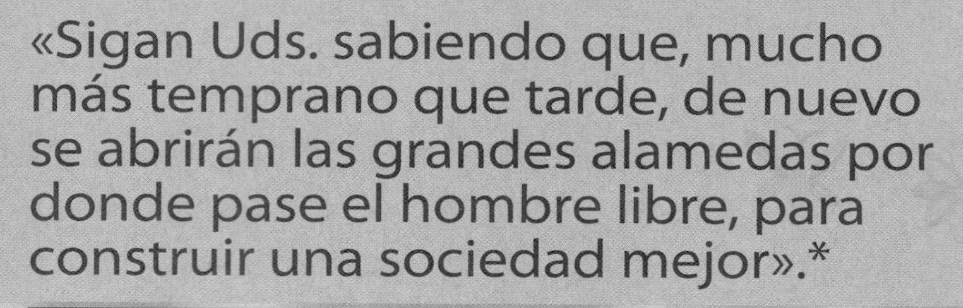
«Sigan Uds. sabiendo que, mucho más temprano que tarde, de nuevo se abrirán las grandes alamedas por donde pase el hombre libre, para construir una sociedad mejor».*

*Salvador Allende, presidente de Chile (1908–1973)

¿Has visto alguna vez la ceremonia de toma de posesión del cargo de un nuevo presidente? Describe la atmósfera. ¿Quiénes son algunos de los participantes? ¿Cuáles son las varias partes de la celebración?

¿Ha habido presidentas de gobierno o senadoras en tu país?

¿Has votado en todas las elecciones en las que has sido mayor de edad (*legally of age*)? Explica por qué sí o por qué no.

12

La democracia: ¡Presente!

EN ESTE CAPÍTULO

Cortometraje
«El amor a las cuatro de la tarde», Sebastián Alfie (Argentina, España, 2006)

Argumento: Diferentes compromisos sociales y profesionales le impiden a una señora ver los capítulos finales de su telenovela favorita. Debido a esto, la señora le pide a su empleada doméstica que vea la telenovela y le cuente lo que pasa.

De entrada

Minilectura El espejo enterrado

Antes de leer

El siguiente texto es parte de la introducción del libro *El espejo enterrado*, en el que Carlos Fuentes explora la importancia de la mezcla de culturas que une al mundo hispano. Este libro fue publicado en 1992, coincidiendo con el Quinto Centenario de la llegada de Colón a América. ¿Cómo celebrarían el Quinto Centenario los diferentes grupos étnicos y culturales latinoamericanos?

EL ESPEJO **ENTERRADO (FRAGMENTO),**

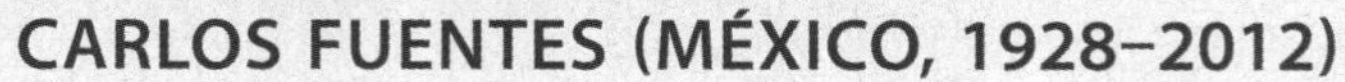

CARLOS FUENTES (MÉXICO, 1928–2012)

La crisis que **nos empobreció** también puso en nuestras manos la riqueza de la cultura, y nos obligó a darnos cuenta de que no existe un solo latinoamericano, desde el río Bravo hasta el **Cabo de Hornos**, que no sea **heredero** legítimo de todos y cada uno de los aspectos de nuestra tradición cultural. Es esto lo que deseo explorar en este libro. Esa tradición que se extiende de las piedras de Chichén Itzá y Machu Picchu a las modernas influencias indígenas en la pintura y la arquitectura. Del barroco de la era colonial a la literatura contemporánea de Jorge Luis Borges y Gabriel García Márquez. Y de la múltiple presencia europea en el hemisferio —ibérica, y a través de Iberia, mediterránea, romana, griega y también árabe y judía— a la singular y **sufriente** presencia negra africana. De las cuevas de Altamira a los **grafitos** de Los Ángeles. Y de los primerísimos inmigrantes a través del **estrecho** de Bering, al más reciente trabajador indocumentado que anoche cruzó la frontera entre México y los Estados Unidos.

nos empobreció: made us poor
Cabo de Hornos: Cape Horn
heredero: heir
sufriente: suffering
grafitos: graffiti
estrecho: strait

Comprensión y análisis

Corrige las siguientes preguntas, según el texto.

1. En su libro, Fuentes analiza las grandes diferencias culturales en el continente americano.
2. Fuentes cree que los latinoamericanos no deben prestar atención a la cultura, solo a la economía.
3. Para este escritor, la cultura latinoamericana excluye a España y los Estados Unidos.
4. Cada país debe establecer su propia identidad cultural, independiente de los otros países.

Antes de mirar

¿Qué crees que queremos expresar cuando decimos en español que una persona tiene una «vida de telenovela»?
¿Cómo son las relaciones entre la gente rica y sus empleados en las telenovelas? En tu opinión, ¿qué tipo de personas ven las telenovelas? ¿Por qué les gustan las telenovelas?

Título: «El amor a las cuatro de la tarde»

País: Argentina, España

Dirección: Sebastián Alfie

Año: 2006

Reparto: Alejandra Majluf, Flor Ramírez, Ricardo Darín

Premios: Premio del Festival de Cine del Mar del Plata; Interfilm Berlín, mención especial

«Ahora vas y prendés la tele y la mirás».
«Pero Ud. me dijo que esta tarde limpiara la casita».

vocabulario útil

el cianuro	cyanide
la criada / la doméstica	maid/ housekeeper
el cura	priest
la telenovela	soap opera
echar (a alguien)	to fire (someone)
grabar	to record
sonar (el timbre)	to ring (the doorbell)

Comprensión y discusión

¿Cierto o falso? Contesta y corrige las oraciones falsas.

1. La señora es ingeniera, por eso es muy buena con la tecnología.
2. La señora está muy ocupada y por eso no puede ver el final de la telenovela.
3. La señora es muy amable con Nelma.
4. Nelma es perezosa.
5. El marido de la señora está muerto.
6. La doméstica tiene que dejar el empleo porque llora mucho con las telenovelas.

Interpreta Responde haciendo inferencias sobre lo que se ve y se oye en el corto.

1. ¿Es la señora la única de sus amigas interesadas en la telenovela? ¿Cómo sabemos eso?
2. ¿Cómo te caen la señora y sus amigas? ¿Por qué? ¿Crees que el director intenta que tú sientas esta reacción? Explícalo.
3. ¿Qué podemos inferir de la vida matrimonial y familiar de la señora?
4. ¿Cómo usa Nelma la necesidad de la señora de saber el final de la telenovela en su propio beneficio?
5. ¿Por qué despide la señora a Nelma? ¿Qué indica esto de la señora?

Tertulia Cosas que unen

Hay cosas que nos unen, más allá de diferencias sociales y educacionales, y a veces hasta culturales, geográficas y lingüísticas. Por ejemplo, hay programas de televisión que han cruzado todo tipo de fronteras como la famosa serie *Dallas* o la más reciente *Esposas desesperadas.* ¿Cómo es posible esto? ¿En qué manera puede ser algo bueno o malo? ¿Qué comportamientos o valores son dignos de exportar?

Para ver «El amor a las cuatro de la tarde» otra vez y realizar más actividades relacionadas con el cortometraje, visita: **www.connectspanish.com**

Palabras

DE REPASO

la democracia
la dictadura
el/la gobernador(a)
la independencia
la libertad
la patria
el PIB
el presidente / la presidenta
los recursos
el tratado
firmar

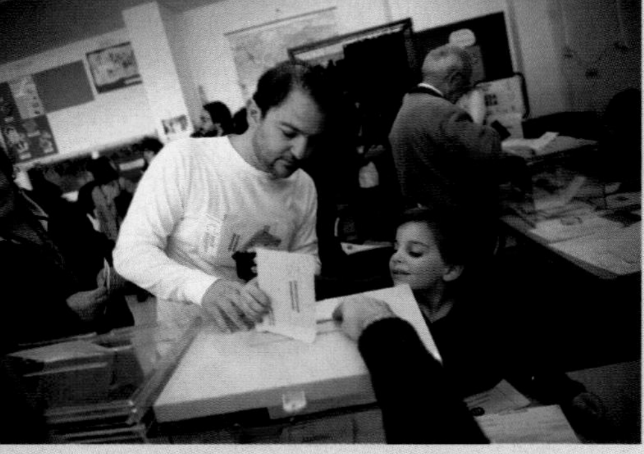

Un niño ayuda a su padre a poner su papeleta de voto en la urna en unas elecciones españolas.

El gobierno y el proceso democrático

el afiche/cartel	poster
el cargo	political office (the role, not the place)
el golpe de estado	coup d'etat
el ministerio	ministry/department (as in Department of Agriculture)
el/la ministro/a	minister/secretary (in U.S. government, as in Secretary of Agriculture)
el plebiscito	plebiscite
el senado	senate
la sublevación	revolt; uprising

Cognados: **el/la candidato/a, la constitución, la elección, el referéndum, la represión, el/la senador(a), el voto**

beneficiar	to benefit
elegir (j)	to elect
perjudicar (qu)	to harm
postular al cargo de (*job title*)	to run for the office of

Cognado: **gobernar (ie), votar**

Cognados: **electoral, represivo/a**

Asuntos* internacionales

el compromiso	commitment
la conferencia	conference; lecture
la cumbre	summit
el impuesto (sobre)	tax (on)
la mano de obra	labor; manpower
la OEA (Organización de Estados Americanos)	Organization of American States
el TLC (Tratado de Libre Comercio)	NAFTA (North American Free Trade Agreement)
la UE (Unión Europea)	European Union

Expresiones útiles para conectar ideas

a pesar de	despite
en conclusión	to conclude
finalmente / para terminar	finally
por fin	at last
sin embargo	however

---

*affairs

■ ACTIVIDAD 1 Identificaciones

En parejas, traten de identificar lo siguiente.

1. nombre de un candidato que perdió la última elección nacional
2. nombre de un ministro actual y su ministerio
3. nombre de un gobierno represivo en la actualidad
4. nombre de los senadores de tu estado/provincia (o del estado / la provincia donde se encuentra tu universidad)
5. porcentaje de impuestos que se paga en tu estado/provincia sobre las compras
6. un tratado importante para tu país
7. una cumbre o conferencia internacional reciente

■ ACTIVIDAD 2 Definiciones

Paso 1 Estas son las definiciones que el *Diccionario de la Real Academia de la Lengua Española* ofrece de algunas de las palabras del vocabulario. ¿Cuáles crees tú que son esas palabras?

1. ley fundamental de la organización de un Estado
2. reunión de máximos dignatarios nacionales o internacionales, para tratar asuntos de especial importancia
3. emisión de votos para elegir cargos políticos
4. obligación contraída, palabra dada, fe empeñada
5. papel en que hay inscripciones o figuras y que se exhíbe con fines noticieros, de anuncio, propaganda, etcétera
6. hacer bien
7. mandar con autoridad o regir una cosa
8. violación deliberada de las normas constitucionales de un país y sustitución de su gobierno, generalmente por fuerzas militares

Paso 2 Ahora te toca a ti inventar las definiciones de las siguientes palabras.

1. la mano de obra
2. el tratado
3. firmar
4. la sublevación
5. perjudicar
6. la represión

José Daniel Ortega, presidente de Nicaragua, y José Miguel Insulza, Secretario General de la OEA, conversan en la cumbre del SICA (Sistema de Integración Centroamericana) en Managua.

ACTIVIDAD 3 Palabras derivadas

Explica el significado de las palabras subrayadas, las cuales están relacionadas con algunas de las palabras del vocabulario.

1. Es perjudicial para las democracias que los ciudadanos no voten.
2. Mantenerse informado en cuestiones políticas tiene muchos beneficios.
3. No puedo comprometerme a organizar esa reunión.
4. En la pared había un cartel con el nombre de todos los conferenciantes.
5. Los sublevados fueron detenidos por la policía.
6. El gobernador del estado aprobó la ley.

Marco Rubio, senador de la Florida, y Julián Castro, alcalde de San Antonio, Texas

ACTIVIDAD 4 El debate

Completa el siguiente párrafo con las palabras de la lista.

a pesar de en conclusión finalmente por fin sin embargo

Ayer todos los candidatos participaron amigablemente en el debate, _______________[1] las diferencias políticas que los separan. Creí que me iba a aburrir mucho oyéndolos; _______________,[2] encontré muy interesantes sus comentarios. Primero discutieron sobre el problema del desempleo, luego hablaron sobre el terrorismo, y _______________,[3] de la reforma universitaria. Fue un diálogo que me aclaró muchas ideas, además de hacerme reflexionar sobre cosas en las que nunca había pensado. _______________,[4] el debate me ayudó a entender mejor las diferencias entre los partidos políticos de mi país. Ahora, _______________,[5] creo que estoy preparado para participar en las próximas elecciones.

ACTIVIDAD 5 Encuesta

Haz una encuesta entre cinco compañeros/as de clase para averiguar lo que saben sobre los procesos electorales y su participación en ellos. Luego presenta a la clase tus resultados.

Ejemplo: si tiene edad para votar → ¿Tienes edad para votar?

1. si tiene edad para votar
2. en qué elecciones votó por primera vez
3. si sabe cuándo serán las próximas elecciones estatales/provinciales/nacionales
4. si vota asiduamente en las elecciones universitarias
5. si sabe el nombre de algunos de los representantes estudiantiles en la universidad
6. si sabe cuál es la diferencia entre una elección y un referéndum
7. si ha participado alguna vez en una campaña electoral: en cuál y de qué forma participó en esa campaña

Cultura

El realismo mágico

«Lo real maravilloso se encuentra a cada paso en la historia del continente».*

El realismo mágico es un estilo literario que se asocia con la literatura latinoamericana contemporánea, y refleja la forma en que algunos escritores expresan su creencia de que la realidad americana tiene un carácter distinto de la europea. El realismo mágico transforma la realidad en un mundo mágico sin deformarla: escenas y detalles de gran realismo se insertan en situaciones completamente inverosímiles, ante las que los personajes no reaccionan con extrañeza. Según el crítico Luis Leal, el realismo mágico trata de captar el misterio que se oculta tras la realidad, sin cambiarla.

El término realismo mágico tiene su origen en Europa a principios del siglo XX. Se utilizó entonces para definir los trabajos imaginarios, fantásticos e irreales de los pintores alemanes de la posguerra. El novelista cubano Alejo Carpentier empezó a usar el término realismo mágico para definir la literatura latinoamericana a finales de los años cuarenta.

Otros escritores a cuya obra se aplica el término realismo mágico son, además de Carpentier, Gabriel García Márquez e Isabel Allende. Isabel Allende (Chile, 1942–), sobrina del ex presidente Allende, es una escritora de fama mundial, cuyas novelas y cuentos son claros exponentes del realismo mágico. Entre sus libros más famosos destacan *La casa de los espíritus*, *Los cuentos de Eva Luna* y *Paula*.

Isabel Allende

> Barrabás llegó a la familia por vía marítima, anotó la niña Clara con su delicada caligrafía. Ya entonces tenía el hábito de escribir las cosas importantes y más tarde, cuando se quedó muda, también las trivialidades, sin sospechar que cincuenta años después, sus cuadernos me servirían para rescatar la memoria y para sobrevivir a mi propio espanto.†

Tertulia El realismo mágico

- ¿Han leído alguna novela de los autores que se mencionan en la sección **Cultura**? ¿Podrían dar un ejemplo de realismo mágico que Uds. recuerden?
- ¿Conocen alguna novela o película que no sea latinoamericana que asocien con el realismo mágico? Descríbanla para el resto del grupo.

**El reino de este mundo,* Alejo Carpentier
†Primeras líneas de *La casa de los espíritus* (1982), Isabel Allende

Estructuras

27 La voz pasiva

REPASO

Se accidental (**Capítulo 4**);
se impersonal (**Capítulo 6**)

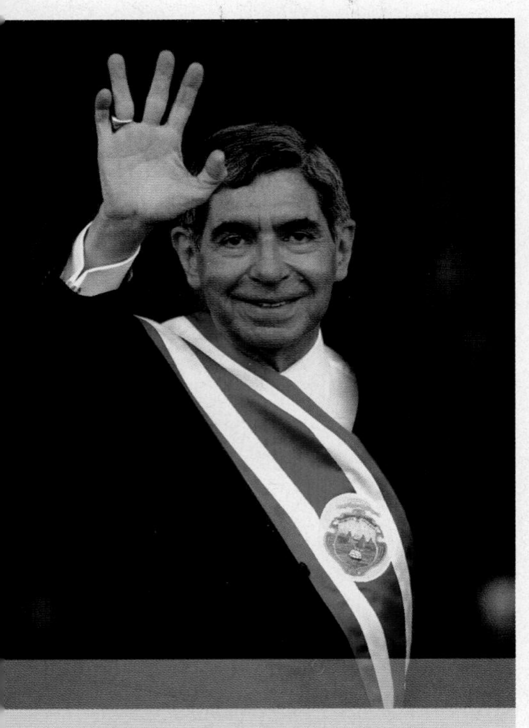

«El mundo del siglo XXI no podrá ser gobernado con la ética del siglo XX».*

Both in English and Spanish, the emphasis of a sentence is sometimes on the object, the consequence of someone's action. In these cases, the real agent/doer of the action (usually the subject) seems to lose its importance in the sentence. This is called the passive voice (**la voz pasiva**). Compare the two sentences below.

Los presidentes latinoamericanos firmaron un acuerdo.
subject *verb* *direct object*

The Latin American presidents signed an agreement.

Un acuerdo fue firmado por los presidentes latinoamericanos.
subject *verb* *agent*

An agreement was signed by the Latin American presidents.

Although both sentences have the same meaning, each puts emphasis on a different part of the message—the first one on the presidents as signers, and the latter on the treaty being signed.

Passive voice: object = subject of verb

Forms

Similar to English, the passive voice is formed by a conjugated form of **ser** followed by the past participle of another verb, which behaves as an adjective, that is, it takes the ending of the subject.

The passive voice can occur with any tense and mood, as needed by the context.

Sujeto	***ser* + participio pasado**	**(*por* + agente)**
Un tratado *A treaty*	será firmado *will be signed*	(por los países). (*by the countries*).
Varios tratados *Several treaties*	fueron firmados *were signed*	(por los países). (*by the countries*).
El metro *The metro*	es utilizado a diario *is used daily*	(por miles de personas). (*by thousands of people*).
Me sorprendió que el presidente *I was surprised that the president*	fuera abucheado tanto *was booed so much*	(por el público). (*by the audience*).

*Discurso del Presidente de Costa Rica, Óscar Arias, para la Confederación Parlamentaria de las Américas COPA, Quebec,1997

Uses

The passive voice with **ser** + *past participle* is used less frequently in Spanish than it is in English—its use is restricted to formal and written contexts in Spanish. The **ser** + *past participle* construction is used when the agent (doer) of the action is known, even if it is not mentioned.

Alternatives to the passive construction with **ser** + past participle

- ***Se* construction:** This is much more commonly used, whether or not the agent is known. (See **Capítulos 4** and **6**.)

¡OJO! The agent is not mentioned in this construction.

Se firmó un acuerdo de cooperación entre todos los países durante la cumbre boliviana.	*A cooperation treaty was signed by all countries during the Bolivian summit.*
Se invitó a todos los presidentes a la cumbre.	*All of the presidents were invited to the summit.*

- **Active verb in the third person plural form:** This construction is also used in English.

Hoy **dijeron** en la radio que hubo muchos problemas durante la votación.	*They said on the radio today that there were many problems during the election.*
Piden que se done sangre habitualmente.	*They ask that blood be donated regularly.*

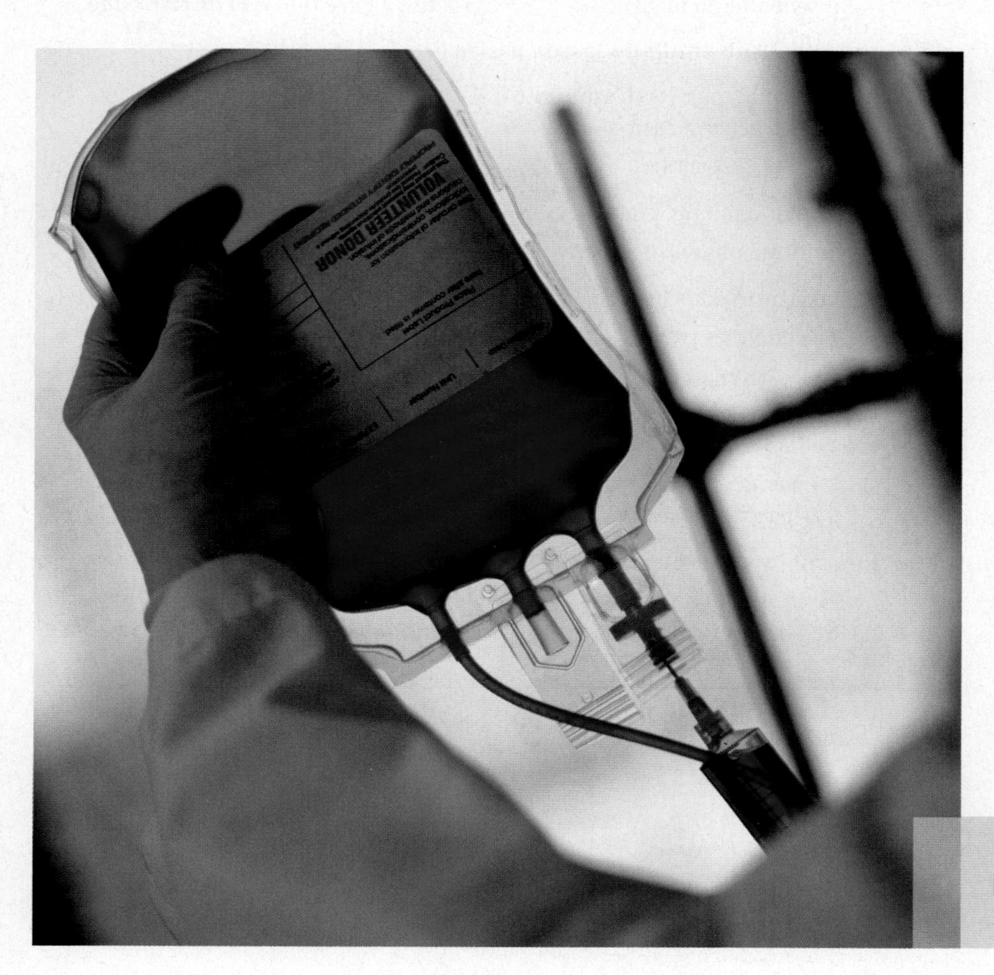

Piden que se done sangre.

Se cortan las patatas.

Nota lingüística Resumen de los usos de *se*

***Se* variable: pronombre de objeto**

- **Verbos reflexivos (Capítulo 2)**
  Verbos que requieren pronombres reflexivos para completar su significación y verbos cuya acción afecta al sujeto, como objeto directo o indirecto

Yo me acosté a las 8:00, pero Julio no **se** acostó hasta las 11:00.	*I went to bed at 8:00, but Julio didn't go to bed until 11:00.*
Me rompí un brazo el año pasado. Yo me reí un poco pero ellos **se** rieron muchísimo.	*I broke my arm last year. I laughed a little, but they laughed a great deal.*

- **Verbos recíprocos (Capítulo 2)**
  Estas formas siempre son plurales. Tienen las mismas funciones que los reflexivos.

Tú y yo nos vemos tanto como **se** ven José y María.	*We see each other as much as José and María see each other.*
Nosotras nos dimos un abrazo, pero ellos ni siquiera **se** dieron la mano.	*We hugged each other, but they didn't even shake hands.*

- **«Falso» *se* (Capítulo 2)**
  Los pronombres de objeto indirecto **le/les** se convierten en **se** delante de **lo(s)/la(s)**.

—¿Le diste el libro a Mario?	*—Did you give Mario the book?*
—Sí, **se** lo di esta mañana.	*—Yes, I gave it to him this morning.*

***Se* invariable: substituto de la voz pasiva**

- **Impersonal / pasivo (Capítulo 6)**
  Para hacer generalizaciones

Se habla español.	*Spanish is spoken.*

  Para evitar nombrar a la(s) persona(s) que hace(n) la acción

Se firmó un nuevo tratado.	*A new contract was signed.*

  Para dar instrucciones, como en recetas

Se cortan las patatas.	*Cut the potatoes.*

- **Accidental (Capítulo 4)**
  Un sustantivo inanimado parece convertirse en sujeto de la acción, como una acción reflexiva.

La puerta **se** abrió.	*The door opened.*
Las puertas **se** abrieron.	*The doors opened.*

  Esta construcción puede admitir un objeto indirecto.

Se me perdió la cartera.	*I lost my wallet.*
Se nos murió el pez.	*Our goldfish died.*

■ ACTIVIDAD 1 Oraciones lógicas

Forma oraciones completas combinando un elemento de cada columna y usando el verbo en la voz pasiva (**ser** + *participio pasado*). Conjuga el verbo en el presente o en el pasado, según sea necesario.

Ejemplo: la vacuna contra la polio / descubrir / en el siglo XX ⟶
La vacuna contra la polio **fue descubierta** en el siglo XX.

A	B	C
la vacuna contra la polio	colonizar	democráticamente
el Tratado de Libre Comercio	organizar	por los organizadores
gran parte de América	contratar	**en el siglo XX**
el presidente de México	**descubrir**	por los españoles
las leyes en los Estados Unidos	gobernar	por los senadores
muchos documentos	aprobar	por los presidentes de México y los Estados Unidos
las conferencias	firmar	por correo urgente
la mano de obra	elegir	con mano de hierro (*iron fist*) por el dictador
el país	enviar	en el extranjero

■ ACTIVIDAD 2 De activa a pasiva

Las siguientes oraciones están en la voz activa. Cámbialas a la voz pasiva. **¡OJO!** No olvides respetar el tiempo del verbo.

Ejemplo: Los presidentes de Argentina y Chile firmarán (futuro) los tratados. ⟶
Los tratados **serán** (futuro) **firmados** por los presidentes de Argentina y Chile.

1. Los gobiernos de los países andinos ratificaron el plan de ayuda.
2. Los estudiantes van a poner los carteles en las paredes mañana.
3. El nuevo gobierno hará enmiendas (*amendments*) en la constitución.
4. Los senadores están considerando la propuesta ahora mismo.
5. Mañana los ciudadanos ya habrán elegido a un nuevo presidente.
6. Dudo que los ciudadanos acepten la represión política.

La propesta de ley fue aprobada por el Senado.

■ ACTIVIDAD 3 ¿Recuerdas los usos de **se**?

Di qué tipo de **se** (variable o invariable) es el que se encuentra en las siguientes oraciones y explica por qué.

Ejemplo: Se habla español. ⟶ **se** invariable, expresa generalización

1. A la senadora se le olvidaron los datos.
2. ¿Los afiches? Se los di a Pilar ayer.
3. Los partidarios del referéndum no se cansan de pedirle al gobierno que lo convoque.
4. Primero se escucha con atención a los candidatos, luego se vota.
5. Los ministros de economía y política exterior se hablan por teléfono todos los días.

■ ACTIVIDAD 4 Traducción

Traduce las siguientes oraciones usando una de las opciones para expresar la voz pasiva en español. Puede haber más de una posibilidad.

1. *What was said at the conference?*
2. *The tax on the property* (la propiedad) *is paid by the buyer.*
3. *The president is elected every four years.*
4. *My favorite candidate has been elected president.*
5. *Manpower is not always well paid.*
6. *Nobody doubts that the coup d'etat was organized from outside the country.*
7. *December 8 will be proclaimed Constitution Day by the government.*

■ ACTIVIDAD 5 Otra manera de decirlo

Las siguientes oraciones suenan muy formales en español. Conviértelas en oraciones con **se** o con el verbo en tercera persona plural (3ª persona).

Ejemplo: Los documentos fueron enviados por el personal de la oficina. (**se** o/y 3a persona) ⟶
Se enviaron los documentos. / Enviaron los documentos.

1. Me fue recomendado que volviera a hablar con mi consejera. (3ª persona)
2. Los anuncios fueron publicados en el periódico. (**se** o/y 3ª persona)
3. Los estudiantes de la manifestación fueron arrestados. (3ª persona)
4. Las senadoras fueron contactadas por sus ayudantes inmediatamente. (3ª persona)
5. La verdad fue dicha finalmente. (**se** o/y 3ª persona)

Primero, se escucha y se piensa. Después, ¡se vota!

28 El subjuntivo en cláusulas independientes

¡Que siga la fiesta!

Throughout ***MÁS,*** you have studied the subjunctive as it appears in subordinate clauses of complex sentences.

Quiero que vengas a mi fiesta.	*I want you to come to my party.*
Espero que te sientas mejor.	*I hope that you feel better.*
Siento que no haya ganado el candidato del PPR.	*I'm sorry that the PPR candidate didn't win.*

But you have also been using the subjunctive in independent clauses after **ojalá,** which is not a verb:

Ojalá que pueda dormir ocho horas esta noche.	*I hope I can sleep eight hours tonight.*

There are other contexts in which the subjunctive appears without a main clause, both to give commands or wishes, and they are quite common in everyday speech.

Que no hagan nada hasta que yo llegue.	*(Make sure / Tell them) that they don't do anything (not to do anything) until I arrive.*
¡Que tengas un buen viaje!	*Have a good trip!*
¡Qué descansen bien!	*Rest well!*

Actually, one can easily infer that the full thought includes a tacit **deseo/espero/quiero/ordeno/ojalá,** or some other idea that expresses a wish. In fact, we know the expressions are incomplete because there is a trace of the full thought: the conjunction **que** that starts every sentence, which you know is a mark of a subordinate clause with a conjugated verb.

Uses

- **Some common expressions of leave-taking and good wishes**

These are some of the most commonly heard expressions of this kind.

¡Que te diviertas! ¡Que se divierta(n)!	*Have fun!*
¡Que lo pases bien! ¡Que lo pase(n) bien!	*Have a good time!*
¡Que te mejores! ¡Que se mejore(n)!	*Feel better!*
¡Que te/le(s) vaya bien!	*Good luck with everything!*
¡Que Dios te/le(s) bendiga!	*May God bless you.*
¡Que en paz descanse!	*May he/she rest in peace.*

- **Indirect commands**

The present subjunctive appears in sentences that express commands or directions, either to people who are not present or to people with whom you are speaking. In fact, like the well-wishing expressions above, they also are subordinate clauses whose main clauses have been dropped.

¡Que Jaime diga lo que quiera!	*Let Jaime say whatever he wants.*
¡Que te vayas de vacaciones!	*[I'm telling you] Take a vacation!*
¡Que se haga la luz!	*Let there be light!*
¡Que venga tu hermano inmediatamente!	*Tell your brother to come immediately!*

¡Que te **vaya** bien!

Nota lingüística Otros casos del subjuntivo en cláusulas independientes

Besides the expressions with **ojalá** and the uses on the preceding page, the subjunctive in independent clauses also appears in the following contexts.

- Following **quizá(s), tal vez** = *maybe*

  These expressions may take both indicative and subjunctive, the latter adding more uncertainty to the event.

Tal vez pueda ir a Chile el próximo semestre, pero no voy a saberlo hasta el próximo mes.	*Maybe I can go to Chile next semester, but I won't know it until next month.*

- Courtesy: with **deber, poder,** and **querer** in imperfect subjunctive → **debiera, pudiera, quisiera (Capítulo 10)**

No **debieras** trabajar tanto.	*You shouldn't work so hard.*
Quisiera poder ayudarte más.	*I would like to be able to help you more.*

- **¡Quién** + *imperfect subjunctive*! (*I wish I could... !*) **(Capítulo 10)**

¡Quién **pudiera** ser totalmente libre!	*I wish I could be completely free!*

ACTIVIDAD 1 Situaciones

¿Qué se diría en las siguientes situaciones? Empareja cada una de las situaciones con la frase correspondiente.

1. _____ Un abuelo se despide de su nieta.
2. _____ Un compañero de cuarto se queda estudiando mientras sus amigos salen a una fiesta.
3. _____ La directora de una compañía que ha entregado todos los pedidos tarde esta semana.
4. _____ Un director de seguridad es informado de que hay peligro en una sala de baile.
5. _____ Una persona habla con otra que está enferma.

a. ¡Que te mejores!
b. ¡Que se diviertan!
c. ¡Que salgan todos inmediatamente!
d. ¡Que todo el mundo haga su trabajo a tiempo y nada de excusas!
e. ¡Que Dios te bendiga!

¡Que te mejores!

ACTIVIDAD 2 Refranes y dichos

En parejas, lean los siguientes refranes y expresiones y traten de adivinar lo que significan. ¿Existen algunos refranes similares en inglés?

1. Que cada palo (*stick*) aguante su vela (*sail*).
2. Que la haga el que la deshizo.
3. ¡Que Dios se lo pague!
4. Que Dios me dé contienda (batalla), pero con quien me entienda.

28 El subjuntivo en cláusulas independientes

¡Que siga la fiesta!

Throughout ***MÁS***, you have studied the subjunctive as it appears in subordinate clauses of complex sentences.

Quiero que vengas a mi fiesta.	*I want you to come to my party.*
Espero que te sientas mejor.	*I hope that you feel better.*
Siento que no haya ganado el candidato del PPR.	*I'm sorry that the PPR candidate didn't win.*

But you have also been using the subjunctive in <u>independent clauses</u> after **ojalá,** which is not a verb:

Ojalá que pueda dormir ocho horas esta noche.	*I hope I can sleep eight hours tonight.*

There are other contexts in which the subjunctive appears without a main clause, both to give commands or wishes, and they are quite common in everyday speech.

Que no hagan nada hasta que yo llegue.	(*Make sure / Tell them*) *that they don't do anything* (*not to do anything*) *until I arrive.*
¡Que tengas un buen viaje!	*Have a good trip!*
¡Qué descansen bien!	*Rest well!*

Actually, one can easily infer that the full thought includes a tacit **deseo/espero/quiero/ordeno/ojalá,** or some other idea that expresses a wish. In fact, we know the expressions are incomplete because there is a trace of the full thought: the conjunction **que** that starts every sentence, which you know is a mark of a subordinate clause with a conjugated verb.

Uses

- **Some common expressions of leave-taking and good wishes**

These are some of the most commonly heard expressions of this kind.

¡Que te diviertas! ¡Que se divierta(n)!	*Have fun!*
¡Que lo pases bien! ¡Que lo pase(n) bien!	*Have a good time!*
¡Que te mejores! ¡Que se mejore(n)!	*Feel better!*
¡Que te/le(s) vaya bien!	*Good luck with everything!*
¡Que Dios te/le(s) bendiga!	*May God bless you.*
¡Que en paz descanse!	*May he/she rest in peace.*

- **Indirect commands**

The present subjunctive appears in sentences that express commands or directions, either to people who are not present or to people with whom you are speaking. In fact, like the well-wishing expressions above, they also are subordinate clauses whose main clauses have been dropped.

¡Que Jaime diga lo que quiera!	*Let Jaime say whatever he wants.*
¡Que te vayas de vacaciones!	[*I'm telling you*] *Take a vacation!*
¡Que se haga la luz!	*Let there be light!*
¡Que venga tu hermano inmediatamente!	*Tell your brother to come immediately!*

¡Que te **vaya** bien!

Nota lingüística Otros casos del subjuntivo en cláusulas independientes

Besides the expressions with **ojalá** and the uses on the preceding page, the subjunctive in independent clauses also appears in the following contexts.

- Following **quizá(s), tal vez** = *maybe*

  These expressions may take both indicative and subjunctive, the latter adding more uncertainty to the event.

Tal vez pueda ir a Chile el próximo semestre, pero no voy a saberlo hasta el próximo mes.	*Maybe I can go to Chile next semester, but I won't know it until next month.*

- Courtesy: with **deber, poder,** and **querer** in imperfect subjunctive ⟶ **debiera, pudiera, quisiera (Capítulo 10)**

No **debieras** trabajar tanto.	*You shouldn't work so hard.*
Quisiera poder ayudarte más.	*I would like to be able to help you more.*

- **¡Quién** + *imperfect subjunctive*! (*I wish I could... !*) **(Capítulo 10)**

¡Quién **pudiera** ser totalmente libre!	*I wish I could be completely free!*

■ ACTIVIDAD 1 Situaciones

¿Qué se diría en las siguientes situaciones? Empareja cada una de las situaciones con la frase correspondiente.

1. _____ Un abuelo se despide de su nieta.
2. _____ Un compañero de cuarto se queda estudiando mientras sus amigos salen a una fiesta.
3. _____ La directora de una compañía que ha entregado todos los pedidos tarde esta semana.
4. _____ Un director de seguridad es informado de que hay peligro en una sala de baile.
5. _____ Una persona habla con otra que está enferma.

a. ¡Que te mejores!
b. ¡Que se diviertan!
c. ¡Que salgan todos inmediatamente!
d. ¡Que todo el mundo haga su trabajo a tiempo y nada de excusas!
e. ¡Que Dios te bendiga!

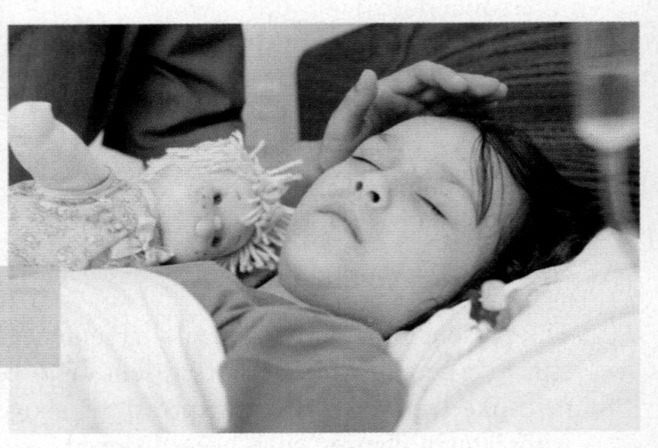

¡Que te mejores!

■ ACTIVIDAD 2 Refranes y dichos

En parejas, lean los siguientes refranes y expresiones y traten de adivinar lo que significan. ¿Existen algunos refranes similares en inglés?

1. Que cada palo (*stick*) aguante su vela (*sail*).
2. Que la haga el que la deshizo.
3. ¡Que Dios se lo pague!
4. Que Dios me dé contienda (batalla), pero con quien me entienda.

■ ACTIVIDAD 3 «Que te vaya bonito», de José Alfredo Jiménez

Completa esta famosa canción mexicana, que usa varias expresiones de **que** + *subjuntivo*. Fíjate que la expresión se alterna con el uso de **ojalá.**

Ojalá que te ____________[1] (ir) bonito.[a]
Ojalá que ____________[2] (acabarse) tus penas.
Que te ____________[3] (decir) que yo ya no existo
y ____________[4] (conocer) personas más buenas.
Que te ____________[5] (dar) lo que no pude darte
Aunque yo te haya dado de todo.
Nunca más volveré a molestarte
Te adoré, te perdí, ya ni modo.[b]
¡Cuántas cosas quedaron prendidas[c]
hasta dentro del fondo de mi alma!
¡Cuántas luces dejaste encendidas
yo no sé cómo voy a apagarlas!
Ojalá que mi amor no te ____________[6] (doler)
y te ____________[7] (olvidar) de mí para siempre.
Que ____________[8] (llenarse) de vida tus venas
y te vista la vida de suerte.
Yo no sé si tu ausencia me mate
aunque tengo mi pecho de acero.[d]
Pero que nadie me ____________[9] (llamar) cobarde
sin saber hasta donde la quiero.[e]

[a]que... *that life goes well* [b]ya... *what does it matter now* [c]caught [d]tengo... *my chest has turned to steel* [e]hasta... *the extent to which I love you*

José Alfredo Jiménez (1926–1973) es un famoso compositor y cantante mexicano.

■ ACTIVIDAD 4 Contextos varios

¿Qué replicarías (*would you reply*) a las siguientes oraciones? Puedes usar las palabras que se ofrecen entre paréntesis en tus respuestas.

Ejemplo: Este año me han invitado a la ceremonia de los Óscars. (quién) → ¡Quién pudiera ir contigo!

1. ¿Vas a ir a una fiesta este fin de semana? (quizás)
2. Voy a viajar por Latinoamérica durante 3 meses. (quién)
3. ¡Tengo mucha tarea para el final del semestre y tengo mucho trabajo fuera de la universidad! (quisiera)
4. ¿Vas a ganar mucho dinero este verano? (quién)
5. No puedo más. Me voy a la cama. (que)

ACTIVIDAD 5 El «gran» dictador

Paso 1 Imagínate que eres un(a) gobernante absoluto/a de tu país por un día. ¿Qué mandatos les darías a tu gobierno y a los ciudadanos? En este contexto, es apropiado usar los mandatos indirectos.

Ejemplo: Que los ministros se reúnan y busquen una solución inmediata al desempleo.
Que todos los trabajadores tengan un día de fiesta pagado.

Paso 2 Ahora compara tu lista de mandatos con la de dos compañeros/as. ¿En qué coinciden y en qué se diferencian? ¿Quién tiene más conciencia social? ¿Quién es más «egocéntrico/a»?

Cultura

Democracia: ¡Presente!

«Pero en el resto del continente, mal que mal,[a] la democracia está funcionando, apoyada en amplios consensos populares, y, por primera vez en nuestra historia, tenemos una izquierda y una derecha que, como en Brasil, Chile, Uruguay, Perú, Colombia, República Dominicana, México y casi todo Centroamérica, respetan la legalidad, la libertad de crítica, las elecciones y la renovación en el poder. Ese es el buen camino y, si persevera en él, combate la insidiosa corrupción y sigue integrándose al mundo, América Latina dejará por fin de ser el continente del futuro y pasará a serlo del presente».

Mario Vargas Llosa. Discurso de aceptación del Premio Nobel de Literatura, 2011

Tras la muerte de Francisco Franco en 1975 termina en España una época de casi 40 años de gobierno dictatorial, el cual había suprimido muchas de las libertades de los ciudadanos. Tras un proceso de transición pacífica, en 1977 se celebran las

[a]mal... *by hook or by crook*

Ojo de luz (1987), del ecuatoriano Oswaldo Viteri. En sus collages, Viteri usa objetos fabricados por las comunidades indígenas de su país. ¿Qué te sugiere este collage?

primeras elecciones democráticas desde 1936. De igual manera, como declara Vargas Llosa en su discurso, uno de los mayores avances sociales y políticos de Latinoamérica en las últimas décadas es su desarrollo democrático. Con la excepción de Cuba, los países americanos de habla española han dejado atrás la figura del dictador como líder político. En la actualidad disfrutan de sistemas políticos multipartidistas con sufragio universal y elecciones periódicas libres. Aunque también es cierto que en algunos países la calidad democrática es mayor que en otros.

Una manera en la que los gobiernos latinoamericanos están procurando[b] ofrecer a sus ciudadanos un mejor presente es aunando[c] fuerzas con otros países a través de organismos[d] de colaboración internacional, tal como la Organización de Estados Americanos o la Asociación de Estados del Caribe. Esta última tiene como propósito «promover el desarrollo sostenido en lo cultural, económico, social, científico y tecnológico de los Estados caribeños».* Asimismo, existen asociaciones comerciales como la Asociación Latinoamericana de Integración, una de cuyas finalidades es agilizar[e] el transporte y venta[f] entre diferentes países latinoamericanos. De esta forma, se pretende[g] mejorar la economía de los países de la región. Los avances en Latinoamérica no se están dando solo a nivel político y económico. También habría que mencionar los esfuerzos de algunos países por destacar en el ámbito científico. Tal es el caso, por ejemplo, de Chile donde la Iniciativa Científica Milenio está llevando a cabo[h] importantes proyectos de investigación y de formación[i] de futuros científicos.

En definitiva, como señala José Miguel Insulza, secretario general de la Organización de Estados Americanos (OEA), Latinoamérica está viviendo una etapa de esperanza política y social, aunque todavía tiene que superar algunos retos[j] como la brecha entre pobres y ricos.† Esta disparidad trae consigo los problemas de narcotráfico y violencia que hoy día sufren países como México. Para algunos intelectuales, la solución a esta situación es la educación. En este sector se ha avanzado considerablemente durante las últimas décadas, pero aún queda mucho por hacer. La cultura es la clave para terminar con la desigualdad y mantener sociedades democráticas, puesto que se contaría con ciudadanos que garanticen[k] el funcionamiento de la libertad.

[b]intentando [c]uniendo [d]*associations* [e]*to improve* [f]*sale* [g]se… intenta [h]llevando… *carrying out* [i]educación [j]*challenges* [k]*guarantees*

Tertulia La libertad y la democracia

- ¿De qué manera piensas que una persona con educación avanzada puede garantizar el funcionamiento de la libertad?
- ¿A qué tipo de organizaciones internacionales de cooperación pertenece tu país?
- ¿Cómo crees que puede haber variación en la calidad de la democracia de países que son democráticos?

*http://www.flacsoandes.org/internacional/?page_id=149
†http://www.laprensa.com.ni/2012/04/11/planeta/97568-insulza-celebra-avances-latinoamerica

Lectura

Luisa Valenzuela

Aquí nace la inocencia

Texto y autora

Luisa Valenzuela (Argentina, 1938–) es cuentista, novelista y ensayista, además de profesora de literatura. El cuento «Aquí nace la inocencia» apareció en el libro *Aquí pasan cosas raras* (1975), en el que la autora reacciona a la violencia que ya se vivía en Buenos Aires incluso antes del sangriento período de la dictadura argentina (1976–1983). Una curiosidad de este libro es que lo escribió en un mes a causa de un reto que le presentó su hija. La autora recuerda en el prólogo de uno de sus libros: «Entonces iba a los cafés, pescaba una frase al vuelo, y después todo el cuento venía detrás. Por eso son cuentos que a veces empiezan de una manera extraña. La corrección me llevó tiempo, pero todo fue una experiencia muy vital y muy agotadora. Y realmente estaban pasando cosas raras en esa ciudad...».

vocabulario útil

la clínica	hospital
el feto	fetus
el parto	birth
el ser	being
el vientre	womb, belly
borrar	to erase
preguntarse	to wonder; to ask oneself
tener en cuenta	to keep in mind
inagotable	inexhaustible
(algo) es mucho pedir	(something) is too much to ask

Antes de leer

La palabra **inocencia** en español puede significar dos cosas:

- falta de culpabilidad, en cuanto a un crimen
- candor e ingenuidad, falta de mala intención, como los niños; es decir, los niños son «inocentes» por no tener maldad ni información suficiente.

Teniendo en cuenta las connotaciones de la palabra **inocencia,** ¿crees que una persona puede cometer un crimen y ser inocente? ¿En qué circunstancias? Indica algún contexto en el que se puede decir que alguien ha perdido la inocencia. ¿Hay algún contexto en que puedas relacionar inocencia con falta de conocimiento?

■ ACTIVIDAD 1 Cosas de niños

Completa las ideas con la palabra o expresión adecuada de la lista.

clínica	**feto**	**parto**	**seres**	**vientre**
borrar	**se pregunta**	**tener en cuenta**	**inagotable**	**mucho pedir**

1. Es probable que los ________________ humanos tengan el período de infancia más largo del mundo animal. Pero hay que ________________ que el cerebro humano tiene mucho más que aprender para la vida diaria como adulto.
2. El ________________ humano se desarrolla durante nueve meses en el ________________ materno antes del ________________.
3. Con frecuencia uno ________________ cómo es posible que los niños no se hagan más daño físico cuando juegan: los niños pequeños parecen tener una energía ________________ y poco sentido del peligro.
4. No creo que sea ________________ que todo el mundo tenga acceso a cuidado médico en las ________________ y hospitales.
5. Los padres tuvieron que ________________ todos los dibujos que su hija hizo en la pared.

Estrategia: El uso de la ironía

La ironía consiste en expresar una idea de forma opuesta a lo que realmente se quiere decir. Es un recurso muy usado no solo en literatura, sino en la expresión cotidiana (*daily*). El cuento que vas a leer es muy irónico: la ironía se refleja desde el tema hasta las ideas específicas. Mira este ejemplo: «Como puede ser mucho pedir que la gente piense o algo por el estilo». Literalmente parece decir que es injusto esperar que las personas tomen algo en serio y mediten, cuando, efectivamente, hace burla (*mocks*) de la actitud de las masas de no pensar racionalmente.

La Boca, Buenos Aires, Argentina

AQUÍ NACE LA INOCENCIA,

LUISA VALENZUELA

Cuando se encontró frente a este cartel no tuvo ni un instante de duda. No se preguntó por qué aquí y no en cualquier otro lado. Supo. Allí y **niente di più** porque eso de que la inocencia cunda y ande naciendo por doquier ya es mucho pedir. Como puede ser mucho pedir que la gente piense o **algo por el estilo**. Se lo damos todo masticado y la inocencia no nace: muere. Pero gracias a esta clínica experimental íntegramente argentina, algo puede rescatarse todavía. Se sabe hasta qué punto el feto percibe las sensaciones de la madre y oye lo que se está diciendo, para no hablar de los hogares donde **impera** la televisión, brrr, y entonces aun dentro del vientre no se gesta la inocencia sino algo muy distinto. En cambio aquí no, aquí *nace* la inocencia. Es una casa en La Boca pintada de colores pálidos en **franco** contraste con las otras tan abigarradas. En el interior las paredes y los techos están totalmente **recubiertos** de telgopor y una televisión en circuito cerrado pasa todo tipo de programas bucólicos y noticias optimistas, evidentemente inventadas. Las parejas se internan allí para **engendrar** y la madre debe quedar en ese paraíso artificial hasta el momento del parto, sin siquiera asomar la nariz a la calle. Respira un aire tamizado, la temperatura es siempre agradable, por las falsas ventanas siempre **brilla** el sol.

Se trata de una clínica obstétrica experimental y aunque los precios son bastante accesibles teniendo en cuenta los servicios que ofrece, pocas son las futuras madres que aceptan someterse a semejante aislamiento. Por lo pronto, una vez que la señora ha sido fecundada, el marido ya no puede visitarla más para no traer contaminaciones del mundo exterior. Ni siquiera puede escribirle cartas o llamarla por teléfono. Y todo está tan cuidado y regulado que se ha dicho que la **pureza** crea acostumbramiento y las mujeres que han pasado por la clínica de la inocencia nunca más son las mismas al volver a sus casas. En compensación **los allí nacidos** se convierten casi automáticamente en delincuentes juveniles. Es evidente que este problema ya no concierne a los obstetras sino a los sociólogos, pero se sabe que tiene relación directa con la falta de anticuerpos. Al no estar inmunizados contra el mundo exterior, estos jóvenes y muchachas **impolutos** se transforman al tiempo en seres descontrolados y agresivos. El director del establecimiento no se preocupa por estas nimiedades; sabe que no hay **desenfreno** ulterior que pueda borrar lo que se les ha brindado: una inocencia primordial que es tema de conversación inagotable con los compañeros de calabozo.

expresión italiana que se usa también en Argentina: nada más — *spreads* — *goes spreading out everywhere* — ***something like that*** — *chewed, spoonfed* — *to be rescued* — ***rules*** — *is not born* — Famoso barrio de Buenos Aires, que se distingue por sus casas de colores fuertes — ***clear*** — *multicolored* — *ceilings* — ***covered*** — *polystyrene* — *pastoral* — ***to conceive*** — *without showing as much as her nose in the street* — *sifted* — ***shines*** — *to go under such an isolation* — *has been inseminated* — ***purity*** — *habit* — *when they return home* — ***the ones born there*** — *lack of antibodies* — *As they are not immunized* — ***unpolluted*** — *establishment* — *trivialities* — ***wild life style*** — *what has been offered to them* — *jail cell*

Comprensión y análisis

■ ACTIVIDAD 2 ¿Cierto o falso?

Indica si las siguientes descripciones de la clínica y de los bebés que nacen en ella son ciertas o falsas según el cuento, e identifica la parte del texto que confirma tu idea.

1. _____ La clínica es argentina, pero pertenece a una organización internacional.
2. _____ Los bebés pueden escuchar y sentir desde que son fetos.
3. _____ Las mujeres embarazadas entran en la clínica tan pronto como saben que están embarazadas.
4. _____ Las condiciones físicas de esta clínica son muy tranquilas: nada de cosas desagradables.
5. _____ Esta clínica no es popular, a pesar de ser barata.
6. _____ Durante el embarazo las madres se sienten cambiadas por las condiciones tan puras de la clínica.
7. _____ Los niños que nacen allí se convierten en adolescentes maduros y responsables.
8. _____ El problema de la delincuencia entre los nacidos en la clínica es de origen social.
9. _____ Los jóvenes nacidos en la clínica tienen una gran ventaja.

■ ACTIVIDAD 3 La inocencia

Se puede decir que este cuento está jugando con diversos significados de la palabra **inocencia.** Teniendo esto en cuenta, contesta a las siguientes preguntas, identificando las partes del texto que apoyen tu opinión.

1. ¿Por qué no hay muchas mujeres que quieran someterse a los cuidados de la clínica?
2. ¿Cómo se podría explicar que los nacidos en la clínica se conviertan en delincuentes?
3. ¿Por qué se habla de la inocencia de los jóvenes nacidos en la clínica en la cárcel?
4. ¿Qué piensas del narrador? ¿Te parece «inocente»?

■ ACTIVIDAD 4 Ironías

Identifica varias ironías en el texto, y explica lo que la autora/narradora está realmente queriendo decir o criticar.

Tertulia ¿Demasiada información?

Alguna gente tiende a pensar que el contacto con el mundo exterior nos enseña demasiadas cosas malas. ¿Estás de acuerdo con esa idea?
¿Crees que hay veces en que es necesario que uno preste menos atención a las noticias negativas de lo que pasa en el mundo (su ciudad, universidad)? ¿Por qué? Por otro lado, ¿consideras que los medios de comunicación deben dar a conocer todo tipo de información, sea cual sea?

Producción personal

Redacción Un ensayo (Paso 3)

Ahora es el momento de preparar la versión final del ensayo que has escrito durante las últimas semanas.

Prepárate

Lee con atención tu segunda versión y señala aquellas partes en las que crees que necesitas cambiar algo.

¡Escríbelo!

- Asegúrate para que tu ensayo tenga los siguientes elementos y características:
  - ❒ un título
  - ❒ una introducción que presente el tema que exploras y contenga una tesis
  - ❒ párrafos con una idea principal que no se repita en otros párrafos
  - ❒ ideas ordenadas
  - ❒ una conclusión
  - ❒ una bibliografía

Repasa

- ❒ la concordancia y la ortografía
- ❒ el uso de un vocabulario variado y diversidad de conectores
- ❒ el orden y el contenido: párrafos claros; principio y final
- ❒ la corrección en los tiempos verbales
- ❒ el uso de pronombres de objeto y relativos para evitar repeticiones innecesarias u oraciones muy simples

¡No te equivoques!: Cuándo usar *ir, venir, llevar* y *traer*

ir	*to go; to come* [speaker is not in the place where the action of going is directed; unlike English, in which the point of reference can also be the interlocutor, as in *I'm coming* (to meet you).]	¿Me estás llamando? Ya **voy.** Juan **va** al cine todos los domingos.
venir	*to come* (speaker is in the place where the action of coming is directed; also expresses the fact of accompanying someone to another place)	Juan, quiero que **vengas** enseguida. María **viene** mucho a visitarme a casa. Los inmigrantes **vienen** a nuestro país buscando mejores condiciones de vida. Voy de compras. ¿**Vienes** conmigo?
traer	*to bring* (like **venir**, used only to express moving something to the speaker's location)	María, ¿me **traes** un vaso de agua, por favor? Los inmigrantes **traen** consigo a nuestro país una rica herencia cultural.
llevar	*to take; to bring* (like **ir**, used to express moving something to a location that the speaker does not occupy; unlike English, location of interlocutor is not relevant)	María, **lleva** los platos a la cocina. (*Neither the speaker nor María is in the kitchen.*) José, cuando **vaya** a tu casa, ¿quieres que **lleve** el postre? (*Speaker is not at José's house.*)

En tu comunidad

Entrevista

Entrevista a una persona de origen latinoamericano de tu comunidad que haya llegado a tu país en los últimos quince o veinte años. Hazle preguntas sobre los siguientes temas.

- ¿Cuáles considera él/ella los problemas más graves de su país?
- ¿Cómo piensa que se podrían resolver?
- ¿Qué aspectos sociales y políticos de este país le gustan más y cuáles le gustan menos?

Antes de empezar, haz una investigación en el Internet sobre la historia reciente del país latinoamericano de donde viene la persona entrevistada.

Producción audiovisual

Prepara una presentación audiovisual sobre la historia reciente y la economía de un país hispanohablante de tu interés.

¡Voluntari@s! Correr la voz

Si te interesa escribir y el periodismo, siempre puedes crear o participar en un blog que beneficie a la comunidad. ¿O qué te parece contribuir con un programa en español en la radio local o de la universidad? ¡Hay tantas maneras de ser voluntario!

Tertulia final ¿Qué hemos aprendido?

¿De qué manera ha influido en su conocimiento del mundo hispano lo que han aprendido Uds. en este libro? ¿Cuáles son sus planes en cuanto al español? ¿Cómo les gustaría utilizar lo que aprendieron?

Appendix I

Stress and Written Accent Marks

All Spanish words have a stressed syllable—that is, a syllable that is pronounced with more intensity than the others. This syllable is called a **sílaba acentuada.**

The vast majority of Spanish words do not need a written accent mark because they follow these syllable and stress patterns.

1. The stress is on the second-to-last syllable **(palabra llana),** and the word ends in a vowel, **-n,** or **-s**. This is by far the largest group of Spanish words.

   mano perros comen vienes leche cantan

2. The stress falls on the last syllable (**palabra aguda**), and the word does not end in a vowel, **-n**, or **-s.**

   amor comer rapidez salud reloj papel

WHEN TO WRITE AN ACCENT MARK		
Type of word	**Write the accent**	**Examples**
aguda (stress on the last syllable)	when the last letter is **-n**, **-s**, or a vowel	**andén** **inglés** **pasé**
llana (stress on the second-to-last syllable)	when the last letter is not **-n**, **-s**, or a vowel	**árbol** **dólar** **lápiz**
esdrújula (stress on third-to-last syllable or before)	always	**teléfono** **matrícula** **América**
interrogativas **(cómo, cuál, cuándo, dónde, qué, quién)**	always	**¿Quién** es? Ella sabe por **qué** lo hice
algunas monosílabas	when there is another word with the same spelling, in order to differentiate their meaning	**té** (*tea*) vs. te *(you)* **mí** (*me*) vs. mi *(my)* **tú** (*you*) vs. tu *(your)*
hiatos (words containing these vowel combinations: **ía/ío/íe, aí/eí/oí, úo/úa/úe, aú/eú/oú, úi**)	when the word contains a **hiato,** the opposite of a **diptongo** (diphthong), in which the weak vowel (**i** or **u**) is stressed and forms a separate syllable*	**tía/tío/ríe** **caí/leí/oí** **búho/púa/continúes** **aúna/reúna**

For more information and practice, see the **Pronunciación y ortografía** section in ***Cuaderno de práctica,*** **(Capítulos 3 y 4).**

*A dipthong, or **diptongo,** is a sequence of two vowels in which the sounds blend to form a single syllable. In Spanish, this happens when a "strong" vowel (**a, e,** or **o**) is followed or preceded by a "weak" vowel (**i** or **u**) and the strong vowel carries the stress, as in the words **miedo, causas,** or **puente.** If the diphthong contains two weak vowels, the second one carries the stress: **fuiste, bilingüismo.**

Appendix II

Verbs

A. Regular Verbs: Simple Tenses

Infinitive Present participle Past participle	INDICATIVE					SUBJUNCTIVE		IMPERATIVE
	Present	**Imperfect**	**Preterite**	**Future**	**Conditional**	**Present**	**Imperfect**	
hablar	hablo	hablaba	hablé	hablaré	hablaría	hable	hablara	habla tú, no
hablando	hablas	hablabas	hablaste	hablarás	hablarías	hables	hablaras	hables
hablado	habla	hablaba	habló	hablará	hablaría	hable	hablara	hable Ud.
	hablamos	hablábamos	hablamos	hablaremos	hablaríamos	hablemos	habláramos	hablemos
	habláis	hablabais	hablasteis	hablaréis	hablaríais	habléis	hablarais	hablen
	hablan	hablaban	hablaron	hablarán	hablarían	hablen	hablaran	
comer	como	comía	comí	comeré	comería	coma	comiera	come tú, no
comiendo	comes	comías	comiste	comerás	comerías	comas	comieras	comas
comido	come	comía	comió	comerá	comería	coma	comiera	coma Ud.
	comemos	comíamos	comimos	comeremos	comeríamos	comamos	comiéramos	comamos
	coméis	comíais	comisteis	comeréis	comeríais	comáis	comierais	coman
	comen	comían	comieron	comerán	comerían	coman	comieran	
vivir	vivo	vivía	viví	viviré	viviría	viva	viviera	vive tú, no
viviendo	vives	vivías	viviste	vivirás	vivirías	vivas	vivieras	vivas
vivido	vive	vivía	vivió	vivirá	viviría	viva	viviera	viva Ud.
	vivimos	vivíamos	vivimos	viviremos	viviríamos	vivamos	viviéramos	vivamos
	vivís	vivíais	vivisteis	viviréis	viviríais	viváis	vivierais	vivan
	viven	vivían	vivieron	vivirán	vivirían	vivan	vivieran	

B. Regular Verbs: Perfect Tenses

INDICATIVE

Present Perfect		Past Perfect		Preterite Perfect		Future Perfect		Conditional Perfect	
he		había		hube		habré		habría	
has	hablado	habías	hablado	hubiste	hablado	habrás	hablado	habrías	hablado
ha	comido	había	comido	hubo	comido	habrá	comido	habría	comido
hemos	vivido	habíamos	vivido	hubimos	vivido	habremos	vivido	habríamos	vivido
habéis		habíais		hubisteis		habréis		habríais	
han		habían		hubieron		habrán		habrían	

SUBJUNCTIVE

Present Perfect		Past Perfect	
haya		hubiera	
hayas	hablado	hubieras	hablado
haya	comido	hubiera	comido
hayamos		hubiéramos	
hayáis	vivido	hubierais	vivido
hayan		hubieran	

C. Irregular Verbs

Infinitive Present participle Past participle	INDICATIVE					SUBJUNCTIVE		IMPERATIVE
	Present	Imperfect	Preterite	Future	Conditional	Present	Imperfect	
andar	ando	andaba	anduve	andaré	andaría	ande	anduviera	anda tú, no
andando	andas	andabas	anduviste	andarás	andarías	andes	anduvieras	andes
andado	anda	andaba	anduvo	andará	andaría	ande	anduviera	ande Ud.
	andamos	andábamos	anduvimos	andaremos	andaríamos	andemos	anduviéramos	andemos
	andáis	andabais	anduvisteis	andaréis	andaríais	andéis	anduvierais	anden
	andan	andaban	anduvieron	andarán	andarían	anden	anduvieran	
caer	caigo	caía	caí	caeré	caería	caiga	cayera	cae tú, no
cayendo	caes	caías	caíste	caerás	caerías	caigas	cayeras	caigas
caído	cae	caía	cayó	caerá	caería	caiga	cayera	caiga Ud.
	caemos	caíamos	caímos	caeremos	caeríamos	caigamos	cayéramos	caigamos
	caéis	caíais	caísteis	caeréis	caeríais	caigáis	cayerais	caigan
	caen	caían	cayeron	caerán	caerían	caigan	cayeran	
dar	doy	daba	di	daré	daría	dé	diera	da tú, no des
dando	das	dabas	diste	darás	darías	des	dieras	dé Ud.
dado	da	daba	dio	dará	daría	dé	diera	demos
	damos	dábamos	dimos	daremos	daríamos	demos	diéramos	den
	dais	dabais	disteis	daréis	daríais	deis	dierais	
	dan	daban	dieron	darán	darían	den	dieran	
decir	digo	decía	dije	diré	diría	diga	dijera	di tú, no digas
diciendo	dices	decías	dijiste	dirás	dirías	digas	dijeras	diga Ud.
dicho	dice	decía	dijo	dirá	diría	diga	dijera	digamos
	decimos	decíamos	dijimos	diremos	diríamos	digamos	dijéramos	digan
	decís	decíais	dijisteis	diréis	diríais	digáis	dijerais	
	dicen	decían	dijeron	dirán	dirían	digan	dijeran	
estar	estoy	estaba	estuve	estaré	estaría	esté	estuviera	está tú, no
estando	estás	estabas	estuviste	estarás	estarías	estés	estuvieras	estés
estado	está	estaba	estuvo	estará	estaría	esté	estuviera	esté Ud.
	estamos	estábamos	estuvimos	estaremos	estaríamos	estemos	estuviéramos	estemos
	estáis	estabais	estuvisteis	estaréis	estaríais	estéis	estuvierais	estén
	están	estaban	estuvieron	estarán	estarían	estén	estuvieran	
haber	he	había	hube	habré	habría	haya	hubiera	
habiendo	has	habías	hubiste	habrás	habrías	hayas	hubieras	
habido	ha	había	hubo	habrá	habría	haya	hubiera	
	hemos	habíamos	hubimos	habremos	habríamos	hayamos	hubiéramos	
	habéis	habíais	hubisteis	habréis	habríais	hayáis	hubierais	
	han	habían	hubieron	habrán	habrían	hayan	hubieran	
hacer	hago	hacía	hice	haré	haría	haga	hiciera	haz tú, no
haciendo	haces	hacías	hiciste	harás	harías	hagas	hicieras	hagas
hecho	hace	hacía	hizo	hará	haría	haga	hiciera	haga Ud.
	hacemos	hacíamos	hicimos	haremos	haríamos	hagamos	hiciéramos	hagamos
	hacéis	hacíais	hicisteis	haréis	haríais	hagáis	hicierais	hagan
	hacen	hacían	hicieron	harán	harían	hagan	hicieran	

C. Irregular Verbs (continued)

Infinitive Present participle Past participle	INDICATIVE					SUBJUNCTIVE		IMPERATIVE
	Present	Imperfect	Preterite	Future	Conditional	Present	Imperfect	
ir	voy	iba	fui	iré	iría	vaya	fuera	ve tú, no
yendo	vas	ibas	fuiste	irás	irías	vayas	fueras	vayas
ido	va	iba	fue	irá	iría	vaya	fuera	vaya Ud.
	vamos	íbamos	fuimos	iremos	iríamos	vayamos	fuéramos	vayamos
	vais	ibais	fuisteis	iréis	iríais	vayáis	fuerais	vayan
	van	iban	fueron	irán	irían	vayan	fueran	
oír	oigo	oía	oí	oiré	oiría	oiga	oyera	oye tú, no
oyendo	oyes	oías	oíste	oirás	oirías	oigas	oyeras	oigas
oído	oye	oía	oyó	oirá	oiría	oiga	oyera	oiga Ud.
	oímos	oíamos	oímos	oiremos	oiríamos	oigamos	oyéramos	oigamos
	oís	oíais	oísteis	oiréis	oiríais	oigáis	oyerais	oigan
	oyen	oían	oyeron	oirán	oirían	oigan	oyeran	
poder	puedo	podía	pude	podré	podría	pueda	pudiera	
pudiendo	puedes	podías	pudiste	podrás	podrías	puedas	pudieras	
podido	puede	podía	pudo	podrá	podría	pueda	pudiera	
	podemos	podíamos	pudimos	podremos	podríamos	podamos	pudiéramos	
	podéis	podíais	pudisteis	podréis	podríais	podáis	pudierais	
	pueden	podían	pudieron	podrán	podrían	puedan	pudieran	
poner	pongo	ponía	puse	pondré	pondría	ponga	pusiera	pon tú, no
poniendo	pones	ponías	pusiste	pondrás	pondrías	pongas	pusieras	pongas
puesto	pone	ponía	puso	pondrá	pondría	ponga	pusiera	ponga Ud.
	ponemos	poníamos	pusimos	pondremos	pondríamos	pongamos	pusiéramos	pongamos
	ponéis	poníais	pusisteis	pondréis	pondríais	pongáis	pusierais	pongan
	ponen	ponían	pusieron	pondrán	pondrían	pongan	pusieran	
querer	quiero	quería	quise	querré	querría	quiera	quisiera	quiere tú,
queriendo	quieres	querías	quisiste	querrás	querrías	quieras	quisieras	no quieras
querido	quiere	quería	quiso	querrá	querría	quiera	quisiera	quiera Ud.
	queremos	queríamos	quisimos	querremos	querríamos	queramos	quisiéramos	queramos
	queréis	queríais	quisisteis	querréis	querríais	queráis	quisierais	quieran
	quieren	querían	quisieron	querrán	querrían	quieran	quisieran	
saber	sé	sabía	supe	sabré	sabría	sepa	supiera	sabe tú, no
sabiendo	sabes	sabías	supiste	sabrás	sabrías	sepas	supieras	sepas
sabido	sabe	sabía	supo	sabrá	sabría	sepa	supiera	sepa Ud.
	sabemos	sabíamos	supimos	sabremos	sabríamos	sepamos	supiéramos	sepamos
	sabéis	sabíais	supisteis	sabréis	sabríais	sepáis	supierais	sepan
	saben	sabían	supieron	sabrán	sabrían	sepan	supieran	
salir	salgo	salía	salí	saldré	saldría	salga	saliera	sal tú, no
saliendo	sales	salías	saliste	saldrás	saldrías	salgas	salieras	salgas
salido	sale	salía	salió	saldrá	saldría	salga	saliera	salga Ud.
	salimos	salíamos	salimos	saldremos	saldríamos	salgamos	saliéramos	salgamos
	salís	salíais	salisteis	saldréis	saldríais	salgáis	salierais	salgan
	salen	salían	salieron	saldrán	saldrían	salgan	salieran	

C. Irregular Verbs (continued)

Infinitive Present participle Past participle	INDICATIVE					SUBJUNCTIVE		IMPERATIVE
	Present	Imperfect	Preterite	Future	Conditional	Present	Imperfect	
ser siendo sido	soy eres es somos sois son	era eras era éramos erais eran	fui fuiste fue fuimos fuisteis fueron	seré serás será seremos seréis serán	sería serías sería seríamos seríais serían	sea seas sea seamos seáis sean	fuera fueras fuera fuéramos fuerais fueran	sé tú, no seas sea Ud. seamos sean
tener teniendo tenido	tengo tienes tiene tenemos tenéis tienen	tenía tenías tenía teníamos teníais tenían	tuve tuviste tuvo tuvimos tuvisteis tuvieron	tendré tendrás tendrá tendremos tendréis tendrán	tendría tendrías tendría tendríamos tendríais tendrían	tenga tengas tenga tengamos tengáis tengan	tuviera tuvieras tuviera tuviéramos tuvierais tuvieran	ten tú, no tengas tenga Ud. tengamos tengan
traer trayendo traído	traigo traes trae traemos traéis traen	traía traías traía traíamos traíais traían	traje trajiste trajo trajimos trajisteis trajeron	traeré traerás traerá traeremos traeréis traerán	traería traerías traería traeríamos traeríais traerían	traiga traigas traiga traigamos traigáis traigan	trajera trajeras trajera trajéramos trajerais trajeran	trae tú, no traigas traiga Ud. traigamos traigan
venir viniendo venido	vengo vienes viene venimos venís vienen	venía venías venía veníamos veníais venían	vine viniste vino vinimos vinisteis vinieron	vendré vendrás vendrá vendremos vendréis vendrán	vendría vendrías vendría vendríamos vendríais vendrían	venga vengas venga vengamos vengáis vengan	viniera vinieras viniera viniéramos vinierais vinieran	ven tú, no vengas venga Ud. vengamos vengan
ver viendo visto	veo ves ve vemos veis ven	veía veías veía veíamos veíais veían	vi viste vio vimos visteis vieron	veré verás verá veremos veréis verán	vería verías vería veríamos veríais verían	vea veas vea veamos veáis vean	viera vieras viera viéramos vierais vieran	ve tú, no veas vea Ud. veamos vean

D. Stem-Changing and Spelling-Change Verbs

Infinitive Present participle Past participle	INDICATIVE					SUBJUNCTIVE		IMPERATIVE
	Present	Imperfect	Preterite	Future	Conditional	Present	Imperfect	
pensar (ie) pensando pensado	pienso piensas piensa pensamos pensáis piensan	pensaba pensabas pensaba pensábamos pensabais pensaban	pensé pensaste pensó pensamos pensasteis pensaron	pensaré pensarás pensará pensaremos pensaréis pensarán	pensaría pensarías pensaría pensaríamos pensaríais pensarían	piense pienses piense pensemos penséis piensen	pensara pensaras pensara pensáramos pensarais pensaran	piensa tú, no pienses piense Ud. pensemos piensen
volver (ue) volviendo vuelto	vuelvo vuelves vuelve volvemos volvéis vuelven	volvía volvías volvía volvíamos volvíais volvían	volví volviste volvió volvimos volvisteis volvieron	volveré volverás volverá volveremos volveréis volverán	volvería volverías volvería volveríamos volveríais volverían	vuelva vuelvas vuelva volvamos volváis vuelvan	volviera volvieras volviera volviéramos volvierais volvieran	vuelve tú, no vuelvas vuelva Ud. volvamos vuelvan
dormir (ue, u) durmiendo dormido	duermo duermes duerme dormimos dormís duermen	dormía dormías dormía dormíamos dormíais dormían	dormí dormiste durmió dormimos dormisteis durmieron	dormiré dormirás dormirá dormiremos dormiréis dormirán	dormiría dormirías dormiría dormiríamos dormiríais dormirían	duerma duermas duerma durmamos durmáis duerman	durmiera durmieras durmiera durmiéramos durmierais durmieran	duerme tú, no duermas duerma Ud. durmamos duerman
sentir (ie, i) sintiendo sentido	siento sientes siente sentimos sentís sienten	sentía sentías sentía sentíamos sentíais sentían	sentí sentiste sintió sentimos sentisteis sintieron	sentiré sentirás sentirá sentiremos sentiréis sentirán	sentiría sentirías sentiría sentiríamos sentiríais sentirían	sienta sientas sienta sintamos sintáis sientan	sintiera sintieras sintiera sintiéramos sintierais sintieran	siente tú, no sientas sienta Ud. sintamos sientan
pedir (i, i) pidiendo pedido	pido pides pide pedimos pedís piden	pedía pedías pedía pedíamos pedíais pedían	pedí pediste pidió pedimos pedisteis pidieron	pediré pedirás pedirá pediremos pediréis pedirán	pediría pedirías pediría pediríamos pediríais pedirían	pida pidas pida pidamos pidáis pidan	pidiera pidieras pidiera pidiéramos pidierais pidieran	pide tú, no pidas pida Ud. pidamos pidan
reír (i, i) riendo reído	río ríes ríe reímos reís ríen	reía reías reía reíamos reíais reían	reí reíste rio reímos reísteis rieron	reiré reirás reirá reiremos reiréis reirán	reiría reirías reiría reiríamos reiríais reirían	ría rías ría riamos riáis rían	riera rieras riera riéramos rierais rieran	ríe tú, no rías ría Ud. riamos rían
seguir (i, i) (g) siguiendo seguido	sigo sigues sigue seguimos seguís siguen	seguía seguías seguía seguíamos seguíais seguían	seguí seguiste siguió seguimos seguisteis siguieron	seguiré seguirás seguirá seguiremos seguiréis seguirán	seguiría seguirías seguiría seguiríamos seguiríais seguirían	siga sigas siga sigamos sigáis sigan	siguiera siguieras siguiera siguiéramos siguierais siguieran	sigue tú, no sigas siga Ud. sigamos sigan

D. Stem-Changing and Spelling-Change Verbs (continued)

Infinitive Present part. Past part.	INDICATIVE					SUBJUNCTIVE		IMPERATIVE
	Present	Imperfect	Preterite	Future	Conditional	Present	Imperfect	
construir (y) construyendo construido	construyo construyes construye construimos construís construyen	construía construías construía construíamos construíais construían	construí construiste construyó construimos construisteis construyeron	construiré construirás construirá construiremos construiréis construirán	construiría construirías construiría construiríamos construiríais construirían	construya construyas construya construyamos construyáis construyan	construyera construyeras construyera construyéramos construyerais construyeran	construye tú, no construyas construya Ud. construyamos construyan
producir (zc) produciendo producido	produzco produces produce producimos producís	producía producías producía producíamos producíais	produje produjiste produjo produjimos produjisteis	produciré producirás producirá produciremos produciréis	produciría producirías produciría produciríamos produciríais	produzca produzcas produzca produzcamos produzcáis	produjera produjeras produjera produjéramos produjerais	produce tú, no produzcas produzca Ud. produzcamos produzcan

Vocabulario español-inglés

The Spanish-English Vocabulary contains all the words that appear in the text, with the following exceptions: (1) most close or identical cognates that do not appear in the thematic vocabulary lists; (2) most conjugated verb forms; (3) diminutives in **-ito/a;** (4) absolute superlatives in **-ísimo/a;** (5) most adverbs ending in **-mente;** (6) most numbers; (7) subject and object pronouns, possessive adjectives, and demonstrative adjectives and pronouns; (8) some vocabulary from realia and authentic readings. Only meanings that are used in the text are given.

The gender of nouns is indicated, except for masculine nouns ending in **-o** and feminine nouns ending in **-a.** Stem changes and spelling changes are indicated for verbs: **dormir (ue, u); llegar (gu).** The letter **ñ** follows the letter **n: añadir** follows **anuncio.** The following abbreviations are used:

adj.	adjective	*irreg.*	irregular
adv.	adverb	*L.A.*	Latin America
Arg.	Argentina	*m.*	masculine
C.Am.	Central America	*Mex.*	Mexico
coll.	colloquial	*n.*	noun
conj.	conjunction	*p.p.*	past participle
def. art.	definite article	*pl.*	plural
f.	feminine	*poss. pron.*	possessive pronoun
fam.	familiar	*prep.*	preposition
form.	formal	*pron.*	pronoun
gram.	grammatical term	*rel. pron.*	relative pronoun
inf.	infinitive	*s.*	singular
interj.	interjection	*v.*	verb
inv.	invariable in form		

A

a to; at; **a la(s)** at (*time*); **al** (*contraction of* **a + el**) to the
abajo *adv.* below
abandonar to abandon
abarcar (qu) to comprise, cover; to take on (*a task*)
abastecimiento supply
abierto/a (*p.p. of* **abrir**) open
abigarrado/a multicolored
abismo abyss
abogado/a lawyer (4)
abonar to fertilize
aborto abortion
abrazo hug (3)
abreviatura abbreviation
abrigo coat
abril *m.* April
abrir (*p.p.* **abierto**) to open; **abrirse paso** to make one's way
abrumado/a overwhelmed
absoluto/a absolute; **en absoluto** completely
absorber to absorb
absorción *f.* absorption
abstenerse (*like* **tener**) to abstain
abstracto/a abstract (11)
abuchear to boo, jeer at
abuelo/a grandfather/grandmother; **abuelos** *pl.* grandparents
abundancia abundance
aburrido/a boring; bored; **estar** (*irreg.*) **aburrido/a** to be bored; **ser** (*irreg.*) **aburrido/a** to be boring
aburrir to bore; **aburrirse** to get/become bored
abuso abuse (9)
acabar to finish; to run out (*of something*); **acabar de +** *inf.* to have just (*done something*)
academia academy
académico/a academic; **curso académico** academic year (2)
acaparar to monopolize, hoard
acaso perhaps, maybe; **por si acaso** just in case
acceder to have access
accesible accessible
acceso access
accesorio accessory
accidente *m.* accident
acción *f.* action; **Día** *m.* **de Acción de Gracias** Thanksgiving
acecho observation; **estar** (*irreg.*) **al acecho** to be lying in wait
aceite *m.* oil; **aceite de oliva** olive oil
acelerado/a fast
acentuado/a accented
aceptable acceptable
aceptación *f.* acceptance
aceptar to accept
acera sidewalk (8)
acercarse (qu) (a) to approach, come near
acero steel
acervo wealth
acitrón (*m.*) *typical Mexican candy*
aclarar to clarify
acoger (j) to accept; to welcome; **acogerse a** to participate voluntarily

acompañar to accompany
aconsejable advisable
aconsejar to advise; to give advice
acontecimiento happening; event
acordar (ue) to agree; **acordarse** to remember
acordeón *m.* accordion
acosador(a) harasser
acoso harassment
acostar(se) (ue) to go to bed
acostumbrado/a accustomed; **estar** (*irreg.*) **acostumbrado/a a** to be accustomed to (7)
acostumbramiento
acostumbrarse a to get used to (7)
actitud *f.* attitude (9)
activar to activate
actividad *f.* activity
activista *m., f.* activist
activo/a active
acto act
actor *m.* actor
actriz *f.* (*pl.* **actrices**) actress
actuación *f.* acting
actual current, present-day
actualidad *f.* present
actualmente at present, nowadays
actuar(se) (actúo) to act
acuarela watercolor
acudir to attend
acuerdo agreement (8); **estar** (*irreg.*) **de acuerdo** to agree
acuífero/a *adj.* water (*pertaining to*); **manto acuífero** water stratum
acumular to accumulate
acunado/a rocked
adaptación *f.* adaptation
adaptar(se) a to adapt to (7); **capacidad** *f.* **de adaptarse** ability/capacity to adapt (4)
adecuado/a adequate; appropriate
adelante *adv.* ahead; **de ahí en adelante** from that point on
adelanto *n.* advance
además moreover; furthermore; **además de** *prep.* besides; in addition to
aderezo dressing
adivinanza riddle, puzzle
adivinar to guess
administración *f.* administration
administrador(a) administrator
administrar to administrate
administrativo/a administrative
admiración *f.* admiration
admitir to admit
adolescencia adolescence
adolescente *m., f.* adolescent
¿adónde? to where?
adopción *f.* adoption (3)
adoptar to adopt (3)
adoptivo/a
adorar to adore
adornado/a decorated, adorned
adorno ornament; decorative detail
adquirir (ie) to acquire
adquisición *f.* acquisition
adquisitivo/a acquisitive; **poder** *m.* **adquisitivo** purchasing power
adulterio adultery
adulto/a *n.* adult; *adj.* adult, mature
advenedizo/a outsider
advertir (ie, i) to warn
aéreo/a air, air travel (*pertaining to*); **base** *f.* **aérea** air base
aeronave *m.* airplane
aeropuerto airport
afanoso/a laborious
afectar to affect
afecto affection
afeitar(se) to shave (oneself)
afiche *m.* poster (12)
afiliación *f.* affiliation
afiliarse to become a member
afirmación *f.* statement
afirmar to state
afirmativo/a affirmative
afortunadamente fortunately
afortunado/a fortunate
africano/a African
afroamericano/a African American; **programa** *m.* **de estudios afroamericanos** African American studies program
afrontar to face, confront
agencia agency
agigantado/a gigantic, huge; exaggerated
agilizar (c) to speed up
agitar to shake, agitate
aglomerar(se) to amass, pile up
agnóstico/a agnostic (2)
agobiado/a burdened; weighed down; overwhelmed
agosto August
agotador(a) exhausting
agotamiento exhaustion
agotar to exhaust
agraciado/a attractive
agradable pleasant
agradar to please
agradecer (zc) to thank; to be grateful
agradecimiento thanks, thankfulness
agrario/a agricultural
agregar (gu) to add
agresivo/a aggressive
agrícola *adj. m., f.* agricultural (8); **sindicato de trabajadores agrícolas** farmworkers' union
agricultor(a) farmer (4)
agricultura agriculture (8)
agrio/a bitter
agua *f.* (*but* **el agua**) water
aguacate *m.* avocado
aguantar to put up with
agudización *f.* worsening
águila *f.* (*but* **el águila**) eagle
agujero hole (8); **agujero negro** black hole
ahí there
ahijado/a godson/goddaughter (3); **ahijados** *pl.* godchildren
ahora now; **ahora mismo** right now
ahorrar to save (up) (8)
ahorro *m.* saving (8)
aire *m.* air
aislado/a isolated
aislamiento isolation (5)
aislar(se) to isolate (oneself) (5)
ajedrez *m.* chess (6); **jugar (ue) (gu) al ajedrez** to play chess (6)
ajeno/a unfamiliar; of others
ajo garlic; **diente** *m.* **de ajo** clove of garlic
al (*contraction of* **a** + **el**) to the; **al** (+ *inf.*) upon (*doing something*); **al borde de** on the edge of
alado/a winged
alarma alarm
albañil *m., f.* construction worker (4)
alcalde *m.* mayor (*man*) (11)
alcaldesa mayor (*woman*) (11)
alcance *m.* reach; **estar** (*irreg.*) **al alcance** to be within reach
alcanzar (c) to reach; to achieve
alcurnia ancestry, lineage
aldea village
aleccionador(a) *adj.* learning
aledaño/a near, close
alegar (gu) to allege
alegrarse to get/become happy; to be happy
alegre happy
alegría happiness
alejar to take away; **alejarse** to get further away; to distance oneself
alemán *n. m.* German (*language*)
alemán, alemana *n., adj.* German

alertar to alert
alerto/a sharp; alert
alfabético/a alphabetic; **orden** *m.* **alfabético** alphabetic order
alfabetización *f.* literacy
algo something
alguien someone
algún, alguno/a some; any; **algún día** someday; **alguna vez** once; ever; **algunas veces** sometimes; **alguno/as** some
aliado/a allied
alimentación *f.* feeding, nourishment
alimentar to feed
alimentario/a *adj.* food
alimento food
aliviado/a relieved
aliviar to relieve
alivio relief
allá (over) there
allí there
alma *f.* (*but* **el alma**) soul
almacenamiento storage; **almacenamiento de datos** data storage
almacenar to store (5)
almendra almond
almohada pillow
almorzar (ue) (c) to eat lunch
almuerzo lunch
alquilar to rent; **alquilar películas** to rent movies (6)
alrededor de *prep.* around; about; approximately
altar *m.* altar (11)
alternar(se) to alternate
alto/a tall
altura height
alucinado/a haunting, wild; surprised
alumbrar to light
alusión *f.* allusion; **hacer** (*irreg.*) **alusión a** to allude to
alzar (c) to raise, lift; **alzar la mirada** to look up
amabilidad *f.* amiability, kindness
amable friendly
amalgamar to combine
amante *n., m., f.* lover
amar to love (3)
amargado/a bitter
amargura bitterness
amarillo/a yellow
Amazonas *m., sing.* Amazon
Amazonia Amazon basin
amazónico/a *adj.* Amazon
ambición *f.* ambition
ambiental environmental
ambiente *m.* atmosphere; **medio ambiente** environment
ambigüedad *f.* ambiguity
ambiguo/a ambiguous
ámbito environment; atmosphere; **ámbito laboral** workplace
ambos/as *pl.* both
ambulante *adj. m., f.* walking; **vendedor(a) ambulante** street vendor
amenaza threat
amenazado/a threatened
amenazar (c) to threaten
ameno/a pleasant
América Latina Latin America
americanidad *f.* Americanism
americanismo Americanism
americano/a American; **sueño americano** American dream
amigablemente amicably, in a friendly way
amigo/a friend
aminorar to minimize
amistad *f.* friendship (2)
amnistía amnesty
amo/a boss
amo/a de casa homemaker
amor *m.* love
amplio/a broad, wide
analfabetismo illiteracy (9)
analfabeto/a *adj.* illiterate (9)
análisis *m.* analysis
analista *m., f.* analyst
analizar (c) to analyze
ancestral ancestral (10)
ancestro ancestor (10)
anciano/a elderly man/woman
andar *irreg.* to walk; to go; to continue; to spend time (with someone); **¡Anda!** *interj.* Really! Wow!
andino/a *n., adj.* Andean
anécdota anecdote, story (3)
ángel *m.* angel
angloamericano Anglo-American
anglohablante *n. m., f.* English speaker; *adj.* English-speaking
anglosajón, anglosajona *n., adj.* Anglo-Saxon
angosto/a narrow
angustiante distressing
anidar to nest
anillo ring
animación *f.* animation
animal *m.* animal
animar to animate; to cheer up; to encourage
aniversario anniversary (3)
anoche last night
anónimo/a anonymous; **sociedad** *f.* **anónima** limited, incorporated (*business*)
anotar to note
ansia *f.* (*but* **el ansia**) anxiety
ansioso/a anxious
antaño *adv.* in the old days
ante before; faced with; in the face of
anteceder to precede
anteojos *pl.* eyeglasses (1)
antepasado/a *n.* ancestor (8)
antes *adv.* before; **antes (de)** *prep.* before; **antes de Cristo (a. C)** BC (10); **antes de que** *conj.* before
anticipar to anticipate
anticuerpo antibody
antigüedad *f.* antiquity
antiguo/a old
antioqueno/a *adj.* from Antioch
antipático/a unpleasant (1)
antiterrorista *adj. m., f.* anti-terrorist
antónimo antonym
anual annual
anunciar to announce
anuncio announcement; commercial; **anuncios clasificados** classified ads (4)
añadir to add
año year; **¿cuántos años tenías?** how old were you (*fam. s.*)?; **el año pasado** last year; **el año que viene** next year; **este año** this year; **hace un año** one year ago; **tener** (*irreg.*)**... años** to be . . . years old
añorar to desire, wish for; to miss
apacible quiet
apagar (gu) to turn off (*light*)
apagón *m.* blackout
aparato appliance (5); machine (5)
aparecer (zc) to appear
aparente apparent
aparición *f.* appearance
apariencia (física) (physical) appearance (1)
apartado section
apartamento apartment
aparte separate
apasionadamente passionately
apasionante passionate
apellido surname
apenas barely
apéndice *m.* appendix
apetito appetite; **¡Buen apetito!** Enjoy your meal! (6)
aplastar to flatten

aplauso applause
aplicación *f.* application
aplicar (qu) to apply; to use
apodo nickname (3)
apogeo peak
aportar to contribute
apostado/a stationed
apoyar to support (2)
apreciación *f.* appreciation
apreciar to appreciate
aprender to learn; **capacidad** *f.* **de aprender** ability/capacity to learn (4)
aprendizaje *n. m.* learning, training (4); **período de aprendizaje** learning/training period (4)
apresurado/a hurried
apretado/a tight
apretar (ie) to squeeze; to grip
aprobar (ue) to pass (*an exam, class*) (2); to approve (*a law, bill*)
apropiación *f.* appropriation
apropiado/a appropriate
apropiador(a) appropiator
aprovechar to make the most of
aproximación *f.* approximation
aproximadamente approximately
aproximado/a approximated
aptitud *f.* aptitude
apuesta bet
apuntar to write down; to take notes
apuntes *m., pl.* (class) notes (2)
apuñalar to stab
aquel, aquella *adj.* that (over there); *pron.* that one (over there)
aquí here
árabe *n. m.* Arabic (*language*); *n. m., f.* Arab; *adj.* Arabic
arado plow
árbol *m.* tree (8); **árbol genealógico/a** family tree
archivar to file (5)
archivo file (5)
arcilla clay
arco arch (11)
arder to burn
ardiente burning
área *f.* (*but* **el área**) area
arenal *m.* sandy terrain
argentino/a *n., adj.* Argentine
argumento argument
árido/a arid
arma *f.* (*but* **el arma**) weapon
armado/a armed
aroma *m.* aroma
arpa *f.* (*but* **el arpa**) harp
arqueología archeology (10)
arqueológico/a archeological
arqueólogo/a archeologist (10)
arquitecto/a architect (4)
arquitectónico/a architectural
arquitectura architecture (2)
arraigado/a deeply rooted
arrancar(se) (qu) to be uprooted
arrasar to demolish, raze
arrastrar to pull; to drag
arrebato *n.* fit
arreglar to repair
arreglo repair
arrepentirse (ie, i) to regret; to repent
arrestar to arrest
arriba up; above; **de arriba para abajo** from top to bottom; **por arriba de** above
arribar to arrive
arroba at (@) (5)
arrogancia arrogance
arrogante arrogant
arrojar to throw out
arroz *m.* rice
arruinar to ruin
arte *m.* (*but* **las artes**) art (11)
artefacto artifact
arteria artery
artesanal *adj. m., f.* craft
artesanía *s.* crafts; craftsmanship
articular to articulate
artículo article (5)
artista *m., f.* artist
artístico/a artistic
asamblea assembly
ascendencia ancestry, descent
ascender (ie) to promote (4)
ascenso promotion (4)
asediado/a besieged
asegurar to secure; to assure
asentamiento settlement (10)
asentarse (ie) to settle (10)
aseo cleanliness
asertivo/a assertive
asesinado/a murdered
asesinato assassination; murder
asesoría consultancy
asfalto asphalt
así thus, so; that way, this way; **así como** as well as; **así que** therefore, consequently
asiático/a *n., adj.* Asian
asiduo/a frequent, regular
asiento seat
asignar to assign
asignatura subject
asilo asylum
asimilar to assimilate
asimismo *adv.* also, in like manner
asistencia aid, assistance; attendance; **asistencia social/pública** social work/welfare (9)
asistente *m., f.* assistant; **asistente de vuelo** flight attendant (4)
asistir (a) to attend
asociación *f.* association (2); **asociación de estudiantes latinos** Latin students' association (2); **asociación de mujeres de negocios** business women's association (2)
asociar(se) to associate
asomar to show
asombrado/a surprised
asombrar(se) (de) to be shocked
asombrosamente surprisingly
aspecto look, appearance; **aspecto físico** physical appearance
aspiraciones *f. pl.* aspirations
aspirar to aspire
astilla splinter; **de tal palo, tal astilla** a chip off the old block
astro star
astronauta *m., f.* astronaut
astronómico/a astronomical
asumir to assume, take on (*expense, responsibility*)
asunto subject, topic; matter, affair
asustar to scare
atacar (qu) to attack
atajo short cut
ataque *m.* attack
atasco blockage; traffic jam
atención *f.* attention
atentamente attentively; sincerely (*to close a letter*)
atentar contrar attempt again
atento/a attentive
ateo/a atheist (2)
aterrado/a terrified
atlántico/a Atlantic; **Océano Atlántico** Atlantic Ocean
atmósfera atmosphere
atmosférico/a atmospheric
atónito/a astonished
atraer (*like* **traer**) to attract
atrás *adv.* back
atrasado/a backwards, behind; late
atravesar (ie) to cross
atreverse to dare
audaz *adj. m., f.* (*pl.* **audaces**) bold
audiencia audience
augusto/a august (*inspiring awe*)
aumentar to increase (4)
aumento increase; **aumento de sueldo** salary increase, raise (4)

aun even
aún still, yet
aunar (aúno) to combine
aunque although
auriculares *m. pl.* headphones
ausencia absence
ausente absent
auspicio auspice, protection
australiano/a *n., adj.* Australian
auténtico/a authentic
auto car
autobús *m.* bus
autogiro autogyro
autógrafo autograph
autoimagen *f.* self-image
automáticamente automatically
automático/a automatic
autonomía autonomy
autónomo/a autonomous
autopista freeway
autoproclamado/a self-proclaimed
autor(a) author
autoridad *f.* authority
autorrealización *f.* self-realization
auxilio aid, help
avance *m.* advance (5)
avanzar (c) to advance (7); to move up (7)
avaricia greed
avaricioso/a greedy
aventura adventure
aventurero/a adventurous
avergonzado/a embarrassed
avergonzar (ue) (c) to embarrass; **avergonzarse** to be ashamed
averiguar (gu) to find out, ascertain
aviación *f.* aviation
avión *m.* airplane
avisar to inform
avisos clasificados classified ads (4)
axioma *m.* axiom
ayer yesterday
ayuda help
ayudar to help
ayuntamiento town hall (11)
azteca *n. m., f.; adj.* Aztec
azúcar *m.* sugar; **plantación** *f.* **de caña de azúcar** sugarcane plantation (11)
azul blue; **ojos azules** blue eyes (1)

B

Babilonia Babylon
bachillerato high school (studies) (2)
bahía bay
bailar to dance (6)
baile *m.* dance (6)
baja *n.* drop, decrease
bajar to go down **bajo/a** low short
baloncesto basketball
bananero/a *adj.* banana (*pertaining to fruit or fruit-growing industry*)
banano banana tree
banco bank; **Banco Mundial** World Bank
bandera flag (7)
bandido/a bandit
banquete *m.* banquet (6)
bañar(se) to bathe (oneself); to swim (6)
bañera bathtub
baptista *m., f.* Baptist (2)
bar *m.* bar (6)
barato/a inexpensive, cheap
barba beard (1)
barbacoa barbecue; **hacer** (*irreg.*) **una barbacoa** to have a barbecue (6)
barbaridad *f.* atrocity
barco boat, ship; **en barco** (*travel*) by boat, ship
barranco ravine, gully
barrio neighborhood (7)
barroco baroque (11)
barroco/a baroque
basarse (en) to base be based (on)
base *f.* base
básico/a basic; **servicios básicos** basic services
bastante *adj.* enough; sufficient; *adv.* rather, quite
basura trash; garbage (8); **contenedor** *m.* **de basura** garbage bin (8); **recogida de basura** garbage pickup (8)
basurero/a garbage collector (4)
batalla battle
batería battery (5)
batir to bear
bautismo baptism (2)
bautista *n. m., f.; adj.* Baptist
bautizar (c) to baptize (3)
bautizo baptism (3)
bebé *m., f.* baby
beber to drink; **beberse** to drink up
bebida beverage, drink
beca grant, fellowship, scholarship (2)
beisbolista *n. m., f.* baseball player
Belén Bethlehem
Bélgica Belgium
Belice Belize
belleza beauty
bello/a beautiful, pretty (11)
bendecir (*like* **decir**) to bless, give a blessing (3)
bendición *f.* blessing (3)
beneficiar to benefit (12)
beneficio benefit (4)
beso *n.* kiss (2)
bibliografía bibliography
biblioteca library
bibliotecario/a librarian (4)
biculturalidad *n.* bicultural
biculturalismo biculturalism
biculturalista *m., f.* biculturist
bien *adv.* well; **caerle** (*irreg.*) **bien** to make a good impression (*on someone*); **llevarse bien** to get along well; **pasarlo/pasarla bien** to have a good time (6)
bienestar *m.* well-being (6)
bigote *m.* mustache (1)
bilingüe bilingual (7)
bilingüismo bilingualism (7)
biografía biography
biología biology (2)
biológico/a biological
biomedicina biomedicine
biotecnología biotechnology
bipartidista *adj. m., f.* bipartisan
bisabuelo/a great-grandfather/great-grandmother (3); **bisabuelos** *pl.* great-grandparents
blanco/a white; **pelo blanco** white hair (1)
bloquear to block
bobo/a foolish
boca mouth
boda wedding (3)
boicot *m.* boycott
bola ball
boleto ticket
boliviano/a *n., adj.* Bolivian
bolsa bag; purse; sack; stock exchange (8)
bomba bomb
bombardear to bomb; to shell
bombeo pumping
bombero, mujer *f.* **bombera** firefighter
bonito/a pretty
Borbón Bourbon
bordado/a embroidered
borde *m.* edge; **al borde de** on the edge of
boricua *adj. m., f.* Puerto Rican
Borinquen Puerto Rico
borrador *m.* rough draft (*of a written document*)
borrar to erase (5)

bosque *m.* forest (8)
bota boot
botar to throw away (8)
botella (de agua, cerveza, vino) (water, beer, wine) bottle (6)
bóveda vault (11)
Brasil *m.* Brazil
brasileño/a *n., adj.* Brazilian
bravamente bravely
brazo arm
brecha gap
breve *adj.* brief
brillante brillant
brillar to shine
brindar to toast (3)
brindis *m.* toast
británico/a *adj.* British
brotar to emerge; to sprout up
brujo/a wizard/witch
bruma mist; haze
brusco/a abrupt
bucólico/a bucolic
budismo Buddhism (2)
budista *n. m., f.; adj.* Buddhist (2)
buen, bueno/a good (1); **¡Buen apetito!** Enjoy your meal! (6); **buen viaje** have a good trip; **estar** (*irreg.*) **bueno/a** to be tasty (1); **estar** (*irreg.*) **de buen/mal humor** to be in a good/bad mood (1); **hace buen tiempo** the weather is nice; **ser** (*irreg.*) **bueno/a** to be (a) good (person) (1); **tener** (*irreg.*) **buen carácter** to have a nice personality (1)
bueno... *interj.* well . . .
bufete *m.* law office (5)
búlgaro/a *n., adj.* Bulgarian
buque *m.* **de guerra** warship
burbuja bubble
burlarse (de) to make fun (of)
buscador *m.* search engine (5)
buscar (qu) to look for (5); to search (5)
búsqueda search; **hacer** (*irreg.*) **una búsqueda** to look for, search (5)

C

caballería chivalry
caballo horse
cabecera (de la mesa) head (of the table)
cabello hair
caber *irreg.* to fit
cabeza head
cabezón, cabezona pig-headed
cable cable (*television*); **televisión** *f.* **por cable** cable television
cabo cape; **Cabo de Hornos** Cape Horn; **llevar a cabo** to carry out, fulfill
cacao cocoa bean, cacao; **plantación** *f.* **de cacao** cocoa-bean/cacao plantation (11)
cacerola casserole dish
cactus *m.* cactus
cada *adj., inv.* each, every; **cada día** every day; **cada uno/a** each one; **cada vez** every time; **cada vez más** more and more
cadáver *m.* cadaver
cadena chain
caer *irreg.* to fall; **caerle bien/mal** to make a good/bad impression; **caerse** to fall down
café *m.* coffee café; **color** *m.* **café** brown; **ojos color café** brown eyes (1)
cafetería cafeteria
caída fall (*accident*)
caído/a (*p.p. of* **caer**) fallen
caja box
cajón *m.* drawer
calabaza squash; pumpkin
calcinado/a roasted; burned
calculador/a *adj.* calculating
calculadora *n.* calculator
calcular to calculate (5)
cálculo calculus; calculation, estimate
calefacción *f.* heating (system)
calendario calendar
calentar(se) (ie) to heat
calidad *f.* quality
calificación *f.* grade (2)
callado/a quiet; silent
callar(se) to be quiet
calle *f.* street (6)
calloso/a calloused
calma calm, serenity
calmarse to calm (oneself) down
calor *m.* heat; **hace calor** it's hot (*weather*); **tener** (*irreg.*) **(mucho) calor** to be (very) hot
caluroso/a warm, hot
calvo/a bald; **ser** (*irreg.*) / **estar** (*irreg.*) **calvo/a** to be bald (1)
cámara camera
camarero/a waiter/waitress
cambiante *adj.* changing
cambiar to change
cambio change
caminante *m., f.* walker
caminar to walk
camino road, path; journey, trip
camisa shirt
camiseta T-shirt
campamento camp
campanada peal, ring (*of bells*)
campanario bell tower (11)
campaña campaign; **campaña publicitaria** publicity campaign
campesino/a farmer; farm worker; peasant
camping: hacer (*irreg.*) **camping** to go camping (6)
campo field; country (*rural region*); countryside
Canadá *m.* Canada
canadiense *n. m., f.; adj.* Canadian
canal *m.* **de televisión** television channel (5)
canas *pl.* gray, white hair (1)
cáncer *m.* cancer
canción *f.* song
candidato/a candidate (12)
cangrejo crab
cansado/a tired
cansancio tiredness
cansarse to get tired
cantante *m., f.* singer
cantar to sing
cantautor(a) singer/songwriter
cantidad *f.* quantity
cantina bar
caña de azúcar sugarcane; **plantación** *f.* **de caña de azúcar** sugarcane plantation (11)
caos *m.* chaos
capa layer; **capa de ozono** ozone layer (8)
capacidad *f.* **de (adaptarese/ aprender/trabajar en equipo)** ability/capacity to (adapt/learn/ work as a team) (4)
capacitación *f.* training; **curso de capacitación** training course (4)
capaz (*pl.* **capaces**) capable
caperuza hood; **Caperucita Roja** Little Red Riding Hood
capital *f.* capital
capitalino/a *adj.* capital
capitán *m.* captain
capítulo chapter
capó hood
captar to grasp
capturar to capture
cara face (1); **cara a cara** face to face (5)
caracol snail

carácter *m.* character (1); **tener** (*irreg.*) **buen/mal carácter** to have a nice/ unfriendly personality (1)
característica *n.* characteristic
característico/a *adj.* characteristic
caracterizar (c) to characterize
carbón *m.* coal
carbono: dióxido de carbono carbon dioxide
cárcel *f.* jail
carecer (zc) to lack
carga burden
cargador *m.* charger (5)
cargar (gu) to carry
cargo charge, responsibility; post (12)
Caribe *m.* Caribbean
caribeño/a Caribbean
cariño affection
cariñoso/a affectionate (1)
carnaval *m.* carnival (6)
carne *f.* meat; **carne de cerdo** pork
carrera career (4); course of study (4); race (7)
carreta cart
carta letter; **carta de interés** cover letter (4); **carta de recomendación** letter of recommendation (4)
cartear to correspond, write (a letter)
cartel *m.* poster (12)
cartera wallet
cartero/a mail carrier
cartón *m.* carton
casa house; **amo/a de casa** homemaker **compañero/a de casa** house/ roommate (2)
casado/a married
casarse (con) to get married (to) (3)
casco helmet; **cascos** *pl.* headphones
casi almost; **casi nunca** almost never; **casi siempre** almost always
caso case; **en caso de que** in case
castaño/a brown (*hair, eyes*); **pelo castaño** light brown, chestnut hair (1)
castellano *n.* Spanish (*language*)
castigado/a punished
castigo punishment
castillo castle (11)
casualidad *f.* coincidence; **por casualidad** by chance
Cataluña Catalonia
catástrofe *f.* catastrophe
catastrófico/a catastrophic
cátedra department (*university*)
catedral *f.* cathedral (11)
categoría category
católico/a *n., adj.* Catholic (2)
catorce fourteen
causa cause; **a causa de** because of; **ser** (*irreg.*) **causa de** to be the cause of
causante *m.* cause
causar to cause
cautivo/a captive
cauto/a cautious, wary
caza *n.* hunting
cebolla onion
ceder to give in, cede
celebración *f.* celebration
celebrar to celebrate
celoso/a jealous
celta *n. m., f.* Celt
celular *n. m.* cellular telephone; *adj. m., f.* cellular; **teléfono celular** cellular telephone (5)
cementero/a *adj.* cement
cemento *n.* cement
cena dinner
cenar to have dinner
Cenicienta Cinderella
ceniza ash
censo census
centenar *m.* hundred
centígrado/a *adj.* centigrade
centímetro centimeter
centrado/a centered
centralizar (c) to centralize
centrarse to focus
céntrico/a central
centro center (2); downtown; **centro comercial** shopping center
Centroamérica Central America
centroamericano/a *n., adj.* Central American
centuria century
cerámica *s.* ceramics
cerca *adv.* near; **cerca de** *prep.* close to
cercanía proximity
cercano/a close
cerdo pig; **carne** *f.* **de cerdo** pork
cereal *m.* cereal
cerebrito small brain
ceremoniosamente ceremoniously
cero zero
cerrar (ie) to close
certeza certainty; **tener** (*irreg.*) **la certeza de** to be sure about
certificado certificate
cerveza beer
cesar to cease; **sin cesar** relentlessly
champú *m.* shampoo
changarro *(Mex.) inexpensive café or restaurant*
chapulín *m.* grasshopper
charla *n.* chat
charlar to chat, converse (6)
chatear to chat (*online*) (5)
chaval(a) kid
chef *m.* chef
chicano/a *n., adj.* Chicano
chico/a *n. m., f.* young man/woman; *adj.* small
chile *m.* pepper
chileno/a *n., adj.* Chilean
chino *n.* Chinese (*language*)
chino/a *n., adj.* Chinese
chispa spark
chiste *m.* joke (6); **contar (ue) un chiste** to tell a joke (6)
chistoso/a funny (1)
chocolate *m.* chocolate
choque *m.* crash
cibernauta *m., f.* cyber-surfer
cicatriz *f.* (*pl.* **cicatrices**) scar (1)
ciclo cycle
ciego/a blind (9)
cielo sky (8); heaven (8)
cien, ciento one hundred; **por ciento** percent
ciencia science; **ciencia ficción** science fiction; **ciencias naturales** natural science (2); **ciencias políticas** political science (2); **ciencias sociales** social science (2)
científico/a *n.* scientist; *adj.* scientific
cierre *m.* closure
ciertamente certainly
cierto/a certain; true
cifra number
cigüeña stork
cinco five
cincuenta fifty
cincuentón, cincuentona *person in their fifties*
cine *m.* movies; cinema, film (*art/ industry*); movie theater; **ir** (*irreg.*) **al cine** to go to the movies (6)
cineasta *m., f.* filmmaker
cinematográfico/a cinematographic, (*pertaining to*) film; **reseña cinematográfica** film review
cinismo cynicism
cintura waist
circuito circuit
circular to circulate
circunstancia circumstance
cirugía (plástica) (plastic) surgery
cita date; appointment

citar to cite
ciudad *f.* city (8)
ciudadanía citizenship (7)
ciudadano/a citizen (7)
civil civil; **derechos civiles** civil rights (9); **guerra civil** civil war
civilización *f.* civilization (10)
clandestinamente clandestinely
claridad *f.* clarity
clarificar (qu) to clarify
claro/a clear; **estar** (*irreg.*) **claro** to be clear
clase *f.* class; **compañero/a de clase** classmate (2); **faltar a clase** to miss class (2)
clásico/a classic
clasificado/a classified; **anuncios clasificados** classified ads (4); **avisos clasificados** classified ads (4)
clasista *m., f.* classist
cláusula clause
clave *f.* key
clic: hacer (*irreg.*) **clic** to click (5)
cliente *m., f.* client
clima *m.* climate
climático/a climatic
clínico/a clinical **clínica** clinic
cloro chlorine
club *m.* club
cobarde *m., f.* coward
cobrar to charge
cobre *m.* copper
cobro collection (*of money*)
coca cocaine; coca plant
cochabambino/a *adj.* from Cochabamba, *n.* Cochabamba person
coche *m.* car
cocido/a cooked
cocina kitchen; cooking
cocinar to cook
cocinero/a cook (4)
codicia greed
código code
coexistir to coexist
cognado cognate
coincidir to coincide
colaboración *f.* collaboration
colaborar to collaborate
colapso collapse
colección *f.* collection
colectivo group
colega *m., f.* colleague
colegio school (2); **compañero/a de colegio** high school classmate (2)
cólera anger, rage; cholera
colgar (gu) to hang up
colibrí *m.* hummingbird
colmo peak, summit; **para colmo** to make matters worse
colocar (qu) to place
colombiano/a *n., adj.* Colombian
Colón: Cristóbal Colón Christopher Columbus
colonia colony
colonial colonial (11)
colonización *f.* colonization
colonizar (c) to colonize
colono/a settler (11)
color *m.* color; **color café** brown; **ojos color café/miel** brown/honey-colored eyes (1)
colorido/a color, coloring
columna column (11)
colusión *f.* pact
coma comma; **punto y coma** semi-colon
comadre *f.* godmother of one's child; very good friend (*female*)
comandado/a commanded
combate *m.* combat
combatido/a attacked
combinación *f.* combination
combinar to combine
combustible *n. m.* fuel (8); *adj.* combustible **combustible** (*m.*) **fósil** fossil fuel
comedor *m.* dining room/hall (6)
comentar to comment on
comentario comment
comenzar (ie) (c) to begin
comer to eat; **comerse** to eat up
comerciado/a sold
comercial commercial; **anuncios comerciales** commercials; **centro comercial** shopping center
comercio commerce (11); **comercio marítimo** maritime commerce (11); **Tratado de Libre Comercio (TLC)** North American Free Trade Agreement (NAFTA) (12)
cometer to commit; **cometer errores** to make mistakes
comida food; meal
comienzo beginning; **dar** (*irreg.*) **comienzo a** to initiate
comino cumin
comisión *f.* commission
comité *m.* committee
como as; as a; like; since; given that; **tan... como** as . . . as; **tan pronto como** as soon as; **tanto(s)/tanta(s)... como** as many . . . as
¿cómo? how? what?
cómodo/a comfortable; lazy; **estar** (*irreg.*) **cómodo/a** to feel comfortable; to be lazy; **ser** (*irreg.*) **cómodo/a** to be comfortable (object)
compacto/a compact
compadre *m.* godfather of one's child; very good friend (*male*)
compañero/a companion; **compañero/a de casa/cuarto** house/roommate (2); **compañero/a de clase** classmate (2); **compañero/a de colegio/universidad** high school/university classmate (2); **compañero/a de estudios** study partner (2); **compañero/a de fatigas** partner in hardships; **compañero/a de trabajo** work associate (2); **compañero/a sentimental** (life) partner (2)
compañía company
comparación *f.* comparison
comparado/a compared; **ser** (*irreg.*) **comparado/a con** to be compared with
comparar to compare
compartir to share
compatriota *m., f.* fellow citizen (7)
compensación *f.* compensation
competencia competition, contest
competición *f.* competition
competitivo/a competitive
complejidad *f.* complexity
complejo *n.* complex; **tener** (*irreg.*) **complejo de superioridad/inferioridad** to have a superiority/inferiority complex (1)
complejo/a *adj.* complex
complementar to complement
complementario/a complementary
complemento supplementary payment
completamente completely
completar to complete, finish
completo/a complete; **trabajo a tiempo completo** full-time job (4)
complicación *f.* complication
complicado/a complicated
complicar (qu) to complicate
cómplice *m., f.* accomplice
componente *m.* component

componer (*like* **poner**) (*p.p.* **compuesto/a**) to compose, make up
comportamiento behavior
comportarse to behave
composición *f.* composition
compostura composure
comprador(a) buyer
comprar to buy
compras purchases; **ir** (*irreg.*) **de compras** to go shopping
comprender to understand
comprensión *f.* understanding
comprometersea to commit oneself to; to compromise (9)
comprometido/a compromised
compromiso commitment (9)
compuesto/a (*p.p. of* **componer**) composed
computación *f.* computation; calculation
computadora computer (5) **computadora portátil** laptop (5)
común common
comunicación *f.* communication (5); **comunicaciones** communications (2) **medios de comunicación** media
comunicar(se) (qu) to communicate
comunidad *f.* community
comunión *f.* communion; **primera comunión** first communion (3)
comunista *n. m., f.* communist (2)
con with; **con respecto a…** with respect to . . . (9); **con tal (de) que** provided that
conceder to give; to grant
concentración *f.* concentration
concentrar to concentrate
concepto concept
concernir (ie) to concern
concha shell
conciencia conscience
concierto concert; **ir** (*irreg.*) **a un concierto** to go to a concert (6)
conciudadano/a fellow citizen
conclusión *f.* conclusion; **en conclusión** to conclude (12)
concluyente concluding
concordancia agreement
concreto/a *adj.* concrete
concurso contest
condado county
condena condemnation; conviction, sentence (*legal*)
condenar to condemn (9); to convict (9)
condición *f.* condition
cóndor *m.* condor
conducir *irreg.* to drive
conducta conduct
conectar to connect
conexión *f.* connection
confederación *f.* confederation
conferencia lecture (12); conference (12)
conferenciante *m., f.* lecturer, speaker
confesar to confess
confianza confidence
confiar (confío) to trust; to confide in
confín *m.* limit
confirmar to confirm
conflicto conflict
confluencia confluence
confluir (y) to converge, meet, come together
conformista *adj. m., f.* conformist
confrontar to confront
confundido/a confused
confundir to confuse
confuso/a confusing
conglomerado conglomeration
congreso congress; conference
cónico/a conical
conjugar (gu) to conjugate
conjunción *f.* conjunction
conjunto band
conmigo with me
conocer (zc) to meet; to know, be familiar with (*someone*)
conocido/a known
conocimiento knowledge
conquista conquest (10)
conquistador(a) conqueror (10)
conquistar to conquer (10)
consanguinidad *f.* kinship
consecuencia consequence
consecuente consistent; consequent
consecutivo/a consecutive
conseguir (i, i) (g) to obtain, get
consejero/a counselor
consejo (piece of) advice
consenso consensus
conservación *f.* conservation
conservador(a) conservative (1)
conservar to conserve
considerablemente considerably
considerado/a considered
considerar to consider
consigna slogan
consigo with him/her/you (*form. s.*)/you (*form. pl.*)
consiguiente *adj.* resulting, arising; **por consiguiente** consequently, therefore
consistir en to consist of
consolar(se) (ue) to console (oneself)
consolidación *f.* consolidation
consolidar to consolidate
constante *adj.* constant
constitución *f.* constitution (12)
constitucional constitutional
constituir (y) to constitute, form
constituyente *adj.* constituent
construcción *f.* construction
construir (y) to construct, build
consuelo consolation
consulta consultation
consultar con to consult with
consultor(a) consultant (4)
consumidor(a) consumer
consumir to consume (8); to use (up)
consumo consumption (8)
contabilidad *f.* accounting (2)
contactado/a contacted
contacto contact; **lentes** *m. pl.* **de contacto** contact lenses (1)
contaminación *f.* contamination; pollution
contaminado/a contaminated; polluted
contaminante *m.* contaminant; pollutant
contar (ue) to tell; to count; **contar un chiste** to tell a joke (6)
contemplar to contemplate
contemporáneo/a contemporary
contenedor *m.* **de basura/reciclados** garbage/recycling bin (8)
contener (*like* **tener**) to contain
contenido content, contents
contento/a happy
contestador *m.* answering machine
contestar to answer
contexto context
continente *m.* continent
continuación *f.* continuation; **a continuación** next, following; appearing below
continuamente continuously
continuar (continúo) to continue
contorno outline; periphery
contra against; **estar** (*irreg.*) **en contra (de)** to be against (9)
contraataque *m.* counterattack
contrabandista *m., f.* smuggler
contradicción *f.* contradiction
contraer (*like* **traer**) to contract
contrario opposite, contrary; **por el contrario** on the contrary

contrarreforma counterreformation
contraste *m.* contrast
contratación *f.* contract
contratar to contract (4)
contrato contract (4)
contribución *f.* contribution
contribuir (y) to contribute
control *m.* control; **control remoto** remote control
controlar to control
contundente blunt, concise; convincing
convencer (z) to convince
convencido/a convinced
convención *f.* convention
conveniente convenient
convenir (*like* **venir**) to be suitable, a good idea; to be convenient; **(no) te conviene** that is (not) suitable / a good idea for you
convenio agreement
convento convent (11)
conversación *f.* conversation
conversar to converse, talk
convertir(se) (ie, i) to convert to; to become (*something*); to transform (*into something*)
convicción *f.* conviction
convidar to invite
convivencia living together; coexistence
convivir to live together (harmoniously); to coexist
convocar (qu) to call together, to convoke
convocatoria notification
cooperación *f.* cooperation
copa wine glass (6)
copiar to copy (5)
corazón *m.* heart
cordialidad *f.* cordiality
Corinto Corinth
corona crown
coronación *f.* coronation
coronar(se) to top
corporación *f.* corporation
corporativo/a corporate
corrección *f.* correction
correcto/a correct
corregir (j) to correct
correo mail; post office; **correo electrónico** e-mail (5); **oficina de correos** post office (11)
correr to run
correspondencia correspondence
corresponder to correspond
correspondiente corresponding
corriente common
corromper to corrupt
corrupción *f.* corruption
corrupto/a corrupt
cortar to cut (8)
cortés polite
cortesía courtesy
corto/a short
cosa thing
cosecha harvest (8); crop (8)
cosechador(a) harvester
cósmico/a cosmic
cosquilla tickle
costa coast
costado *n.* side
costar (ue) to cost
costear to afford; to pay for
costo cost
costoso/a costly
costumbre *f.* custom; habit (7); tradition (7)
cotidiano/a daily
creación *f.* creation
creador(a) *n.* creator; *adj.* creative, artistic
crear to create (8)
creatividad *f.* creativity
creativo/a creative
crecer (zc) to grow up (3)
creciente *adj.* growing
crecimiento growth
credibilidad *f.* credibility
crédito credit; **tarjeta de crédito** credit card
creencias beliefs (2); **creencias religiosas** religious beliefs (2)
creer (y) to believe; to think
creíble credible
crema cream
creyente *m., f.* believer (*in religion*)
crianza *n.* raising
criarse (me crío) to raise (7); to be raised (7); to grow up
crimen *m.* crime
criollo/a *n., adj.* Creole; (*n.*) *person of European parents born in the Americas* (11)
crisis *f.* crisis
cristal *m.* crystal
cristalización *f.* crystallization
cristalizado/a crystallized
cristianismo Christianity (2)
cristiano/a Christian (2)
Cristo Christ; **antes de Cristo (a. C.)** BC (10); **después de Cristo (d. C.)** AD (10)
Cristóbal Colón Christopher Columbus (10)
criterio criterion
crítica criticism
crítico/a *n.* critic; *adj.* critical
cronológicamente chronologically
cruce *n., m.* crossing
crucigrama crossword puzzle; **hacer** (*irreg.*) **un crucigrama** to do a crossword puzzle (6)
crujido crack
cruz *f.* (*pl.* **cruces**) cross
cruzar (c) to cross
cuaderno notebook
cuadrado/a *adj.* square
cuadro painting; graph; picture; square
cual which; who; **el/la/los/las cual(es)** that, which, who; **lo cual** what, which
¿cuál? what?, which?; **¿cuál(es)?** which (ones)?
cualidad *f.* quality, virtue, feature
cualquier(a) any
¿cuán? how?
cuando when; **siempre y cuando** *conj.* as long as
¿cuándo? when
cuantioso/a abundant
cuanto: en cuanto as soon as; **en cuanto a...** regarding . . . (9)
¿cuánto/a? how much?; how long?; **¿cuántos años tenías?** how old were you (*fam. s.*)?
cuarenta forty
cuaresma Lent
cuarto room, bedroom; one-fourth, quarter; fifteen minutes; **compañero/a de cuarto** roommate (2); **y/menos cuarto** quarter (fifteen minutes) past/to (*the hour*)
cuarto/a *adj.* fourth
cuatro four
cuatrocientos/as four hundred
cubanía
cubano/a *n., adj.* Cuban
cubano-americano/a Cuban American
cubierta cover
cubierto/a (*p.p. of* **cubrir**) covered
cubrir (*p.p.* **cubierto**) to cover
cuchara spoon (6)
cucharada spoonful; tablespoon
cucharadita teaspoon
cucharita teaspoon (6)
cuchilla de afeitar razor
cuchillo knife (6)
cuenco soup bowl (6)

cuenta bill, check; **darse** (*irreg.*) **cuenta de** to realize (2); **por mi/tu cuenta** by myself/yourself, on my/your own; **tener** (*irreg.*) **en cuenta** to keep in mind
cuentista *m., f.* short-story writer
cuento story
cuerda rope
cuerpecillo little body
cuerpo body
cuestión *f.* issue (9); matter
cuestionable questionable
cueva cave
cuidado care; **con cuidado** carefully; **tener** (*irreg.*) **(mucho) cuidado** to be (very) careful
cuidadoso/a careful
cuidar to take care of; to care for
culebra snake
culinario/a culinary
culminar to culminate
culpa blame; **tener** (*irreg.*) **la culpa** to be to blame
culpable guilty
cultivar to cultivate (8)
cultivo crop
cultura culture
culturalmente culturally
cumbre *f.* summit (12)
cumpleaños *m. s., pl.* birthday (3)
cumplir to perform; to fulfill; **cumplir con** to adhere to, stick to
cundir to spread
cuñado/a brother-in-law/sister-in-law (3)
cúpula dome (11)
cura *f.* cure; *m.* priest
curar to cure
curiosamente curiously
curiosidad *f.* curiosity
currículum (vitae) *m.* résumé, CV (4)
curso course; **curso académico** academic year (2); **curso de perfeccionamiento/capacitación** training course (4)
cuyo/a whose

D

dama lady
dañino/a harmful
daño harm
dar *irreg.* to give; **dar un discurso** to give a speech; **dar un duchazo** to take a shower; **darse cuenta de** to realize
datos *pl.* data; **almacenimiento de datos** data storage
de *prep.* of; from; by; **de hecho** in fact, de facto (11); **del, de la** of the; **de nada** you are welcome
debajo (de) *prep.* below; **por debajo** *adv.* underneath
debate *m.* debate
deber *v.* + *infin.* should, must, ought to (*do something*)
debido a due to; because of
débil weak
década decade
decaer *irreg.* to decline
dechado paragon, model
decidir to decide
decimal *m.* decimal
décimo/a tenth
decir *irreg.* (*p.p.* **dicho**) to tell; to say
decisión *f.* decision; **tomar una decisión** to make a decision
declamar to recite
declaración *f.* declaration
declarar to declare
declive *m.* decline
dedicar (qu) to dedicate; **dedicarse a** to give oneself to; to work as
deducir (zc) to deduce
defecto defect
defender (ie) to defend (10)
defensa defense (10)
defensivo/a defensive
defensor(a) defender
definición *f.* definition
definidor(a) defining
definitivamente definitely
definitivo/a definitive; **en definitiva** in short
deforestar to deforest
deformar to deform
degradar to degrade
degustar to taste
dejar to leave; **dejar de** + *inf.* to stop, quit (*doing something*)
del (*contraction of* **de** + **el**) of the; from the
delante de in front of; in the presence of
delegado/a delegate
delgado/a slender (1)
deliberado/a deliberate
deliberar to deliberate
delicado/a delicate
delicioso/a delicious
delincuencia delinquency
delincuente (juvenil) *m., f.* (juvenile) delinquent
delusión *f.* delusion
demanda demand
demasiado *adv.* too
demasiado/a *adj.* too many; too much
democracia democracy (2)
demócrata *m., f.* Democrat (2)
democrático/a democratic (2)
democratizar(se) (c) to democratize
demostrar (ue) to demonstrate
denominación *f.* denomination, naming
denominado/a so-called
denominarse to call oneself
denso/a dense
dentadura teeth
dental: seguro dental dental insurance (4)
dentista *m., f.* dentist
dentro inside; **dentro de** inside; within, in (*time*)
denuncia report; accusation
departamento department; ministry
depender (ie) de to depend on
dependiente *adj.* dependent
dependiente/a *n.* clerk
deportado/a deported
deporte *m.* sport
deportista *m., f.* athlete
deportivo/a *adj.* sporting, sport-related; **programa** *m.* **deportivo** sports program (5)
derecha *n.* right side; **a/de la derecha** to/from the right
derecho law (2); right; **derechos civiles** civil rights (9)
derivarse (de) to derive (from)
derretimiento *n.* melting
derribar to pull down; to overthrow
derrumbamiento *n.* collapse; sudden fall
derrumbar to topple
desacuerdo disagreement; **estar** (*irreg.*) **en desacuerdo con** to disagree with
desafío challenge
desafortunadamente unfortunately
desagradable unpleasant
desanimarse to get discouraged
desaparecer (zc) to disappear
desaparecido/a missing person
desarrollado/a developed; **nación desarrollada** developed nation; **países** *m. pl.* **desarrollados** developed countries (8)
desarrollador(a) developer
desarrollar to develop (10)

desarrollo development (10); **desarrollo económico** economic development; **países** *m. pl.* **en vías de desarrollo** underdeveloped/developing countries (8)
desastre *m.* disaster
desayunar to eat breakfast
desayuno breakfast
descansar to rest (6)
descanso rest (6)
descartar to discard
descendiente descending
desconocido/a unknown
descontento discontent
descontrolado/a to be out of control
descortés discourteous
describir (*p.p.* **descrito**) to describe
descripción *f.* description
descrito/a (*p.p. of* **describir**) described
descubierto/a (*p.p. of* **descubrir**) discovered
descubrimiento discovery (10)
descubrir (*p.p.* **descubierto**) to discover (10)
desde *prep.* from; **desde el principio** from the beginning; **desde hace mucho tiempo** for a long time; **desde que** *conj.* since
desdén *m.* disdain
desear to desire, want
desechable disposable (8)
desecho waste
desembarcar (qu) to disembark
desemejante dissimilar, different
desempeñar to play (*a role*)
desempleado/a unemployed; **estar** (*irreg.*) **desempleado/a** to be unemployed (4)
desempleo unemployment (4)
desencantado/a disillusioned; disenchanted
desencanto disillusion
desenfadado/a carefree
desenfreno lack of control
desenlace *m.* outcome, denouement
deseo wish; desire
desértico/a *adj.* desert, barren
desesperado/a desperate
desesperanza hopelessness (7); despair (7)
desfalco embezzlement
desfile *m.* parade
desflemar to cool down
desgarrador(a) *adj.* heartbreaking
desgracia misfortune
desgraciadamente unfortunately
desierto desert (8)
designar to designate
desigualdad *f.* inequality
desilusión *f.* disappointment (7); disillusionment (7)
desilusionado/a disillusioned
deslinde *m.* separation
desnudo/a naked
desorden *m.* disorder
desordenado/a messy
despedazado/a torn to pieces
despedida *n.* good-bye
despedir (i, i) to lay off, fire (4); **despedirse** to say good-bye
despego indifference
desperdiciar to waste (8)
desperdicio waste
desperfecto flaw
despertador *m.* alarm clock
despertar(se) (ie) to wake up
despido lay-off; dismissal (4)
desplegar (ie) (gu) to spread
desplomarse to topple; to collapse
despotismo despotism, tyranny
despreciar to despise; to scorn
desprendimiento generosity
desprivilegiado/a without privilege, underprivileged
después *adv.* after; **después de** *prep.* after; **después de Cristo (d. C.)** AD (10); **después de que** *conj.* after
despuntar to break off; to make dull or blunt
destacar (qu) to stand out
destinado/a destined
destinatario addressee
destino destiny; destination
destrucción *f.* destruction
destruir (y) to destroy
desvanecer (zc) to dispel
desvanecido/a disappeared
desventaja disadvantage
desvincular to separate
detalle *m.* detail
detectar to detect
detener (*like* **tener**) to detain
detenido/a detained
deteriorarse to deteriorate
deterioro deterioration
determinación *f.* determination
determinado/a determined; specific
determinante determining
determinar to determine
detestar to detest
detonante *m.* detonator; explosive
detrás (de) behind
deuda (externa) (external/foreign) debt (8)
devanadera spool
devastar to devastate
devolver (ue) (*p.p.* **devuelto**) to return (*something*) (1)
devorar to devour; to eat up
devuelto/a (*p.p. of* **devolver**) returned
día *m.* day; **algún día** someday; **Día de (Acción de) Gracias** Thanksgiving (3); **día feriado** holiday (4); **hoy día** today; nowadays; **primer día** first day; **un día** one day
diablo devil
diadema (de diamantes) (diamond) crown, tiara
diagnosticado/a diagnosed
diálogo dialogue
diamante *m.* diamond; **diadema de diamantes** diamond crown, tiara
diario/a daily; newspaper; **a diario** daily; **rutina diaria** daily routine; **vida diaria** daily life
dibujante *m., f.* comic artist
dibujar to draw
dibujo drawing **dibujito** little drawing
diccionario dictionary
dicho saying, proverb
dicho/a (*p.p. of* **decir**) said
dichoso/a happy, fortunate
dictador(a) dictator
dictadura dictatorship
diecinueve nineteen
dieciocho eighteen
dieciséis sixteen
diecisiete seventeen
diente *m.* tooth; **diente de ajo** clove of garlic
dieta diet (6); **estar** (*irreg.*) **a dieta** to be on a diet (6)
diez ten
diferencia difference
diferenciar(se) to differentiate
diferente different
diferir (ie, i) to differ
difícil hard, difficult
dificultar to make difficult
difuso/a diffuse
dignatario dignitary
dignidad *f.* dignity
digno/a worthy
dilema *m.* dilemma
dinámica dynamic
dinero money
dinosaurio dinosaur
dios *m.* god; **Dios** God
dióxido de carbono carbon dioxide

diplomático/a diplomatic; **relaciones** *f. pl.* **diplomáticas** diplomatic relations
dirección *f.* direction; address; **dirección de Internet** Internet address (5)
directo/a direct
director(a) director
directriz *f.* (*pl.* **directrices**) guideline
dirigente *m., f.* leader
dirigir (j) to direct
discapacitado/a (físicamente/ mentalmente) (physically/ mentally) handicapped (9)
disciplina discipline
disco record; disc; drive; **disco duro** hard drive (5)
discoteca disco, dance club (6)
discreto/a discreet
discriminación *f.* discrimination; **discriminación de género** gender/sexual discrimination (9); **discriminación positiva** affirmative action (9); **discriminación social/sexual/ racial/religiosa** social/sexual/ racial/religious discrimination (9)
discriminado/a discriminated against
discriminar to discriminate
discurso speech; **dar** (*irreg.*) **un discurso** to give a speech
discusión *f.* discussion
discutir to argue
diseminado/a disseminated
diseñador(a) designer
diseño design
disfraz *m.* (*pl.* **disfraces**) costume; disguise
disfrazarse (c) to disguise oneself
disfrutar to enjoy (6)
disminución *f.* decrease
disminuido/a reduced
disolverse (ue) to dissolve
disparidad *f.* disparity
dispersarse to disperse; to extend
disponer (de) (*like* **poner**) to have at one's disposal
disponible available, at one's disposal
dispuesto/a willing; **estar** (*irreg.*) **dispuesto/a** to be ready and willing
distancia distance
distanciado/a distant; **estar** (*irreg.*) **distanciados** to be distant (*occasional contact*) (3)
distanciar to distance
distante distant; far away
distinguir (g) to distinguish
distintivo/a distinctive, distinguishing
distinto/a distinct
distorción *f.* distortion
distribuir (y) to distribute
diversidad *f.* diversity
diversificar (qu) to diversify
diversión *f.* fun, entertainment
diverso/a diverse
divertido/a fun
divertir(se) (ie, i) to have fun (6)
dividir to divide
divorciado/a divorced
divorcio divorce
doblado/a dubbed
doble *m.* double
doce twelve
docena dozen
doctor(a) doctor
doctorado doctorate
documentación *f.* documentation
documentar to document
documento document
dólar *m.* dollar
doler (ue) to hurt; **me duele la cabeza** my head hurts/I have a headache
dolor (*m.*) ache, pain; **dolor de cabeza** headache
doloroso/a painful
doméstico/a domestic; **violencia doméstica** domestic violence
domicilio residence, home; address
dominación *f.* domination
dominador(a) dominator
dominante dominant
dominar to dominate (10)
domingo Sunday
dominicano/a Dominican; **República Dominicana** Dominican Republic
dominio domain
dominó: jugar (ue) (gu) al dominó to play dominoes
don *(m.) title of respect used with a man's first name*
donde where; in which
¿dónde? where?
doña *title of respect used with a woman's first name*
doquier *adv.* anywhere; **por doquier** everywhere
dormir (ue, u) to sleep; **dormir la siesta** to take a nap (6); **dormirse** to fall asleep
dos two; **dos puntos** colon
doscientos/as two hundred
dosis *f.* dose
dotar to give as a dowry; to endow
dramático/a dramatic
drásticamente drastically
droga drug
dualidad *f.* duality
ducha shower
duchar(se) to shower
duchazo shower; **dar** (*irreg.*) **un duchazo** to take a shower
duda doubt; **no cabe duda** there is no room for doubt; **no hay duda** there is no doubt; **sin duda** without a doubt
dudar to doubt
dudoso/a doubtful; **ser** (*irreg.*) **dudoso** to be doubtful
dulce *adj.* sweet; *n. m. pl.* candy
duplicar(se) (qu) to duplicate
duradero/a lasting
durante during
durar to last
durazno peach
duro: disco duro hard drive (5) **duro/a** hard

E

e and (*used instead of* **y** *before words beginning with* **i** *or* **hi**)
echar to throw; to throw out; **echar a** (+ *inf.*) to begin to (*do something*); **echar de menos** to miss (7); **echar una mano** to lend a hand; **echar una siesta** to take a nap
ecología ecology (8)
ecológico/a ecological
economía economy
económico/a economical; **crecimiento económico** economic growth; **desarrollo económico** economic development; **nivel** *m.* **económico** economic standard (7)
economista *m., f.* economist
ecosistema *m.* ecosystem
ecuatoriano/a Ecuadorian
ecumene *m.* inhabited land
edad *f.* age
edición *f.* edition
edificación *f.* construction; building
edificar (qu) to build
edificio building
educación *f.* education (3)
educar (qu) to educate (3)
educativo/a educational
efectivamente really
efectivo/a effective
efecto effect; **efecto invernadero** greenhouse effect (8)

eficiente efficient
egipcio/a Egyptian
Egipto Egypt
egocéntrico/a egocentric
egoísta *adj. m., f.* selfish (1)
ejecutivo/a executive
ejemplo example; **por ejemplo** for example
ejercer (zc) to exert
ejercicio exercise
ejército army
el *def. art. m. s.* the
él *sub. pron.* he; *obj. of prep.* him
elaborar to elaborate
elección *f.* election (12)
electoral electoral (12)
electricista *m., f.* electrician (4)
eléctrico/a electric
electrónico/a electronic; **correo electrónico** e-mail (5) **lector** (*m.*) **electrónico** electronic reader (5)
elefante *m.* elephant
elegante elegant
elegir (j) to choose; to elect (12)
elemento element
elevación *f.* elevation; increase
eliminar to eliminate
ella *sub. pron.* she; *obj. of prep.* her
ello *pron.* it; **por ello** for this reason
ellos/as *sub. pron.* they; *obj. of prep.* them
e-mail *m.* e-mail (5)
emanación *f.* emission
emancipar(se) to emancipate (oneself)
embalse *m.* dam
embarazada pregnant
embarazo pregnancy
embargo: sin embargo however (12)
embellecer(se) (zc) to embellish, beautify, adorn (oneself)
emborracharse to get/become drunk
emergencia emergency
emergente emergent
emigración *f.* emigration
emigrante *m., f.* emigrant
emigrar to emigrate
emisario/a emissary
emisión *f.* emission
emisora de radio radio station (5)
emitir to emit
emoción *f.* emotion
emocional emotional
empacar (qu) maletas to pack suitcases
emparejar to match, pair
empeñado/a steadfast, unwavering
emperador emperor (10)
emperatriz *f.* empress (10)
empezar (ie) (c) to begin
empleado/a employee (4)
empleador(a) employer (4)
emplear to employ (4)
empleo work, job; employment
emplumado/a with feathers
empobrecer (zc) to impoverish, make poor
emprender to undertake
empresa corporation (4)
empresarial *adj.* business
empresario/a manager
empujar to push
empuñar to grasp
en in; on; at
enamorarse (de) to fall in love (with)
enano/a dwarf
encabezamiento heading
encajar to fit
encaminado/a directed
encantador(a) charming
encantar to delight, charm; **me encanta(n)...** I love (*something*)
encarcelado/a incarcerated
encargarse (gu) (de) to be in charge (of)
encarnar to incarnate
encender (ie) to turn on; to light up; to ignite
encendido/a lit; **vela encendida** lit candle (6)
encierro confinement
encima: por encima above
encomendar (ie) to entrust; to assign
encono rancor, ill will
encontrar (ue) to find
encrucijada *sing.* crossroads
encuentro meeting; encounter
encuesta poll, survey
encuestar to poll
endeble weak
endógeno/a endogenous; simple-minded
enemigo/a enemy
energético/a *adj.* energy
energía energy; **energía hidroeléctrica** hydroelectric energy
enero January
enfadado/a angry
enfadarse to get/become angry
enfatizar (c) to emphasize
enfermarse to get/become sick
enfermedad *f.* illness; **licencia por enfermedad** sick leave (4)
enfermería nursing (2)
enfermero/a nurse (4)
enfermo/a sick; **estar** (*irreg.*) **enfermo** to be sick
enfocar (qu) to focus
enfrentarse to confront
enfrente *adv.* in front; **en frente de** in front of
enfurecerse (zc) to get/become furious
engendrar to breed
enmascarar to mask, camouflage
enmienda amendment
enojado/a angry
enojarse to get/become angry
enorme enormous, huge
enriquecer (zc) to enrich
enriquecimiento enrichment; **enriquecimiento personal** personal gain
enrollado/a rolled
ensalada salad
ensayar to practice
ensayista *m., f.* essayist
ensayo rehersal; essay
enseña *n.* emblem
enseñanza teaching
enseñar to teach
entablar to begin
entender (ie) to understand
entendido/a expert
entendimiento understanding
enterarse (de) to find out (about)
enternecer (zc) to move (*one's feelings*)
entero/a entire
enterrado/a buried
enterrar (ie) to bury (3)
entidad *f.* entity
entierro burial (3)
entonces then
entorno environment, surroundings
entorpecer (zc) to numb
entrada entrance; ticket
entrar to enter
entre between, among; **entre paréntesis** between parentheses
entregar (gu) to hand in
entrelazarse (c) to intertwine
entrenado/a trained
entretanto meanwhile
entretener(se) (*like* **tener**) to entertain (oneself) (6)
entretenimiento entertainment (6); pastime (6); **programa** *m.* **de entretenimiento** entertainment program (5)
entrevista interview (4)

entrevistar(se) to interview/have an interview (*with someone*) (4)
entusiasmarse to inspire, excite
entusiasmo enthusiasm
enumeración *f.* enumeration
envase *m.* container (*bottle, can, etc.*) (8)
envejecer (zc) to grow old
envejecimiento *n.* aging
envergadura magnitude
enviar (envío) to send (3); **enviar un fax/mensaje** to send a fax/message (5)
envidia envy
envidiable enviable
envío shipment, remittance
envolver (ue) to wrap (up)
eólico/a *adj.* wind
epidemia epidemic
época epoch (10); times (10)
equidad *f.* equity
equinoccial
equipo team (2); **capacidad** *f.* **de trabajar en equipo** the ability to work as a team (4); **equipo de baloncesto** basketball team; **equipo de científicos** team of scientists; **equipo de fútbol** soccer team
equivalente *m.* equivalent
equivocado/a mistaken, wrong
equivocarse (qu) to be wrong; to make a mistake
era era (10)
erguirse *irreg.* to straighten up
erigir (j) to erect
erosión *f.* erosion (8)
erradicar (qu) to eradicate
errar to err
erróneo/a erroneous
error *m.* error, mistake; **cometer errores** to make mistakes
esbelto/a slender
escala scale
escalera ladder; stair
escalfar to poach
escalonado/a graded; in stages
escanear to scan (5)
escáner *m.* scanner
escapar(se) to escape
escarlata *inv.* scarlet
escasez *f.* (*pl.* **escaseces**) shortage
escaso/a limited
escena scene
escenario setting
escindido/a divided, split
esclavitud *f.* slavery (11)
esclavo/a slave (11)
escoger (j) to choose
escombros *pl.* rubble
escondido/a hidden
escribir (*p.p.* **escrito**) to write
escrito/a (*p.p. of* **escribir**) written; **informe** *m.* **escrito** paper (report) (2)
escritor(a) writer
escritura writing; scripture
escrúpulos scruples
escuchar to listen; **escuchar música** to listen to music (6)
escudo shield
escuela school; **escuela primaria** elementary school (2); **escuela secundaria** high school (2)
escultura sculpture (11)
escurrir to drain
esdrújula *word accented on the next-to-last syllable*
ese, esa *adj.* that
ése, ésa *pron.* that (one)
esencial essential
esforzarse (ue) (c) (por) to make an effort (to) (9)
esfuerzo effort (9)
eso that, that thing, that fact; **por eso** for that reason
espacio space
espanto fright
español *n. m.* Spanish (*language*)
español(a) *n.* Spaniard; *adj.* Spanish; **de habla española** Spanish-speaking
esparcir (z) to spread
espárrago asparagus
especial special
especialidad *f.* specialty (2)
especialista *m., f.* specialist
especialización *f.* major
especializarse (c) to specialize
especialmente especially
especie *f.* species; type
específico/a specific
espectacular spectacular
espectador(a) spectator
espejo mirror
esperanza hope (7); expectation (7)
esperar to wait; to hope; to expect
espiga spike
espina thorn
espinacas *pl.* spinach
espíritu *m.* spirit
espiritual spiritual
espléndido/a splendid
esplendor *m.* splendor
esponja sponge
espontáneo/a spontaneous
esposo/a husband/wife
esqueleto skeleton
esquema *m.* outline; way of thinking; guideline
esquina corner
estabilizar (c) to stabilize
estable *adj.* stable
establecer (zc) to establish (10)
establecimiento establishment (10)
estación *f.* season
estacionar to park
estadio stadium
estadísticas statistics
estadístico/a statistical
estado state; **estado físico** physical state; **Estados Unidos** United States; **golpe** *m.* **de estado** coup d'etat (12); **programa** *m.* **de estudios de Estados Unidos** American studies program
estadounidense *n. m., f.* United States citizen; *adj.* of, from, or pertaining to the United States
estallar to explode
estancia stay
estar *irreg.* to be; **estar a dieta** to be on a diet (6); **estar a favor/en contra** to be in favor/against (9); **estar aburrido/a** to be bored; **estar acostumbrado/a a** to be accustomed to (7); **estar al acecho** to be lying in wait; **estar bien** to be/feel well, be okay; **estar bueno/a** to be tasty (1); **estar calvo/a** to be bald (1); **estar claro/a** to be clear; **estar cómodo/a** to feel comfortable; to be lazy; **estar de acuerdo** to agree; **estar de buen/mal humor** to be in a good/bad mood; **estar de moda** to be fashionable; **estar de pie/rodillas** to be standing up/kneeling down; **estar de vacaciones** to be on vacation (6); **estar de viaje** to be on a trip; **estar de vuelta/regreso** to be back; **estar desempleado/a** to be unemployed (4); **estar dispuesto/a (a)** to be ready and willing (to); **estar embarazada** to be pregnant; **estar en desacuerdo con** to disagree with; **estar en huelga**

to be on strike; **estar equivocado/a** to be wrong; **estar harto/a** to be fed up; **estar listo/a** to be ready; **estar malo/a** to taste bad; **estar muerto/a** to be dead; **estar para** (+ *inf.*) to be ready/about to (+ *inf.*) (1); **estar seguro/a** to be (feel) sure; **estar vivo/a** to be alive; **no estar seguro/a** to be unsure
estatal *adj.* state
estatuto statute
este, esta *adj.* this
éste/a *pron.* this (one)
estereotipado/a stereotyped
estereotípico/a stereotypical
estereotipo stereotype
estético/a esthetic
estilizado/a stylized
estilo style
estimado/a esteemed
estimar to esteem
estimular to stimulate
esto this, this thing, this matter
estómago stomach
estos/as *adj.* these
éstos/as *pron.* these (ones)
estratega *m.* strategist
estrategia strategy
estratégicamente strategically
estratificar (qu) to stratify
estrecho/a straight
estrella star
estrellar (contra) to smash (against)/crash (into)
estrenar to debut, première
estrés *m.* stress
estresado/a stressed
estresante stressful
estrofa verse
estructura structure
estructurado/a structured
estudiante *m., f.* student; **asociación** *f.* **de estudiantes latinos** Latin students' association (2); **estudiante graduado/a** graduate student; **estudiante universitario/a** college/university student
estudiantil *adj.* student (*pertaining to*)
estudiar to study
estudio *n.* study
estudios studies; **compañero/a de estudios** study partner (2); **programa** *m.* **de estudios** program of studies
estupefaciente *m.* narcotic
estupendo/a stupendous
estúpido/a stupid (1)
etapa stage (of life)
etcétera etcetera
eterno/a eternal
ética *s.* ethics
etnia ethnicity (10)
etnicidad *f.* ethnicity
étnico/a ethnic
Europa Europe
europeo/a European
euskera *m.* Basque (*language*)
evaluar (evalúo) to evaluate
evangelista *m., f.* evangelist
evento event
eventualmente eventually
evidencia evidence
evidente obvious
evidentemente obviously
evitar to avoid
evocar (qu) to evoke
evolución *f.* evolution
exactamente exactly
exacto/a exact
examen *m.* exam
excelencia excellence
excelente excellent
excepción *f.* exception
excepto except
excesivo/a excessive
exceso excess
excluido/a excluded
excluir (y) to exclude
exclusión *f.* exclusion
exclusivamente exclusively
excusa excuse
exhortar to exhort
exigir (j) to demand (9)
exiliado/a exiled
existencia existence
existente existing
existir to exist
éxito success (4); **tener** (*irreg.*) **éxito** to be successful
exitoso/a successful
éxodo exodus
exotismo exoticism
expandir to expand
expansión *f.* expansion
expansivo/a expansive
expectativa expectation
expedición *f.* expedition
experiencia (laboral) (work) experience I only found "experiencia" in the Active Vocab with ch. 7
experimentar to experiment
experimento experiment
experto/a expert
explicación *f.* explanation
explicar (qu) to explain
explícito/a explicit
explorador(a) explorer
explorar to explore
explosión *f.* explosion
explotación *f.* exploitation (8)
explotar to exploit
exponencialmente exponentially
exponente *adj.* example
exponer (*like* **poner**) (*p.p.* **expuesto**) to expound; to explain; to expose
exportación *f.* export
exportador(a) exporter
exportar to export (8)
exposición *f.* exposition
expresar to express
expresión *f.* expression
expuesto/a (*p.p. of* **exponer**) exposed; presented
expulsar to expel
expulsión *f.* expulsion
extender (ie) to extend
extensión *f.* extension
extenso/a extensive
externo/a external; **deuda externa** external/foreign debt (8)
extinción *f.* extinction (8)
extinguir (g) to extinguish (8)
extranjero/a *n.* foreigner; *n. m.* stranger *adj.* strange
extrañar to miss; to seem strange
extrañeza strangeness
extraño/a strange; **ser** (*irreg.*) **extraño** to be unusual
extraordinario/a extraordinary
extraterrestre *n. m., f.* alien
extravagante extravagant
extraviado/a lost, missing
extremo/a extreme
extrovertido/a extroverted (1)

F

fabricación *f.* making, manufacture
fabricar (qu) to manufacture, make
fachada façade (11)
fácil easy
facilidad *f.* ease; opportunity
facilitar to facilitate
fácilmente easily
factible feasible, possible
factor *m.* factor

facultad *f. department encompassing an entire discipline* (2); power, faculty; **Facultad de Derecho** School of Law; **Facultad de Filosofía y Letras** School of Humanities; **Facultad de Geografía e Historia** School of Geography and History; **Facultad de Ingeniería** School of Engineering; **Facultad de Medicina** School of Medicine
fallecer (zc) to pass away
falso/a false
falta lack; **a falta de** due to the lack of; **hacer** (*irreg.*) **falta** to be necessary; **les hace falta...** they/you (*form. pl.*) need . . .
faltar to be missing, lacking; to be absent; to miss (7); **faltar a clase** to miss class (2)
familia family; **familia política** in-laws (3)
familiar *n. m., f.* member of the family; *adj.* family; **reunión** *f.* **familiar** family reunion (3)
familiarizado/a familiar
famoso/a famous
fantástico/a fantastic
fármaco medicine
fascinante fascinating
fascinar to fascinate; **me fascina(n)...** I love (*something*)
fasto extravagance
fatiga fatigue; **compañero/a de fatigas** partner in hardships
favor *m.* favor; **estar** (*irreg.*) **a favor (de)** to be in favor (of) (9); **por favor** please
favorecer (zc) to favor
favorecido/a favorable, desirable
favorito/a favorite
fax *m.* fax, facsimile; (5); **enviar (envío) un fax** to send a fax (5)
fe *f.* faith (2)
febrero February
fecha date (10); **fecha límite** deadline (2)
fecundado/a fertilized, inseminated
federación *f.* federation
felicidad *f.* happiness
felicitación *f.* congratulation (3); greeting, wish; **¡felicitaciones!** congratulations! (3)
felicitar to congratulate (3); to greet; to wish
feliz (*pl.* **felices**) happy
femenino/a feminine
feminismo feminism (9)
feminista *m., f.* feminist
fenómeno phenomenon
feo/a ugly
feria fair (6); festival
feriado holiday; **día** *m.* **feriado** holiday (4)
férreo/a *adj.* (*consisting of or relating to*) iron; strong; stubborn, inflexible; **una férrea voluntad** an iron will
festejar to celebrate
festejo celebration
festivo festive; **día** *m.* **festivo** holiday
fiarse (me fío) to trust
ficción *f.* fiction; **ciencia ficción** science fiction
ficticio/a fictitious
fiereza fierceness
fiesta party
figón *m.,* inexpensive restaurant
figura figure; body; **figura representativa** figurehead
figurar to figure; to act, play a role
fijarse en to notice
fijo land line
Filipinas Philippines
filmado/a filmed
filosofía philosophy; **Facultad** *f.* **de Filosofía y Letras** School of Humanities
filósofo/a philosopher
fin *m.* end; purpose, goal; **a fin de que** so that; in order to; **con el fin de** with the purpose of; **en fin** in short, in brief; **fin de semana** weekend; **por fin** at last (12)
final *n. m.* end; *adj.* final; **al final de** at the end of
finalidad *f.* purpose
finalizar (c) to finish
finalmente finally (12)
finamente finely
financiar to finance
finanzas finances
finca farm
fino/a fine; elegant
firma signature (4); signing
firmar to sign (4)
firme *adj.* firm
física physics (2)
físicamente physically; **discapacitado/a físicamente** physically handicapped (9)
físico/a physical; **apariencia física** physical appearance; **aspecto físico** physical appearance; **estado físico** physical state; **rasgo físico** physical feature (1)
fisiología physiology
flaco/a skinny
flexibilidad *f.* flexibility
flor *f.* flower
florecer (zc) to bloom
florecimiento flourishing
Florida: Pascua Florida Easter (3)
floristería flower shop
flotar to float
fluido/a fluid; smooth
foco focus
folclórico/a folkloric
fomentar to promote/foster (*growth*)
fondo fund; **Fondo Monetario Internacional (FMI)** International Monetary Fund (IMF) (8); **telón** *m.* **de fondo** backdrop
fontanero/a plumber (4)
foráneo/a foreign
forastero/a foreigner
forestación *f.* reforestation
forestal *adj.* forest
forjarse to construct; to make up
forma form; **forma de ser** personality (1)
formación *f.* formation; education, training (4)
formalidad *f.* formality
formar to form; **formar parte de** to be/form part of (2); **formarse** to educate/train oneself (4)
formatear to format (5)
formulario form
foro forum
fortalecimiento *n.* strengthening
fortaleza fort
fortuna fortune; luck
forzar (ue) (c) to force
forzoso/a compulsory
fósil *m.* fossil; **combustible** (*m.*) **fósil** fossil fuel
foto *f.* photo, photograph (5); **hacer** (*irreg.*) **fotos** to take pictures (5); **tomar fotos** to take pictures
fotocopia photocopy (5)
fotocopiar to photocopy (5)
fotografía picture, photo (5); photography; photograph
fracaso failure

frágil fragile
fragmento fragment
fragor *m.* clamor
fraile *m.* friar
Francia France
franco/a *adj.* frank
franja stripe, band, fringe
frase *f.* phrase; sentence
frecuencia frequency; **con frecuencia** often
frecuentar to frequent
frecuente frequent; common
frenar to break; to stop
frente *m.* front; *f.* forehead; **frente a** in the face of; in front of, across from
fresco/a fresh; cool; **hace fresco** it's cool (weather)
frescura freshness
fricción *f.* friction
frijol *m.* bean
frío cold; **hace frío** it's cold (weather); **ser** (*irreg.*) **frío/a** to be cold (*personality*); **tener (mucho)** (*irreg.*) **frío** to be (very) cold
frito/a (*p.p. of* **freír**) fried; **papas fritas** French fries
frontera border (7)
frustrado/a frustrated
frutería fruit store
fuego fire; **a fuego moderado** at medium heat
fuente *f.* source
fuera (de) out, outside of
fuerte *n. m.* fort (11); *adj.* strong
fuerza force; strength
fugitivo/a fugitive
fulgor *m.* brightness
fumar to smoke
función *f.* function
funcionamiento working
funcionar to function, work (5)
fundación *f.* foundation (*such as of a city*) (10)
fundamento foundation; basis
fundar to found (10)
furioso/a furious
furtivamente furtively
furtivo/a furtive
fútbol soccer; **equipo de fútbol** soccer team; **jugador(a) de fútbol** soccer player; **partido de fútbol** soccer game
futbolista *m., f.* soccer player
futuro *n.* future
futuro/a *adj.* future

G

gafas eyeglasses
galardonado/a awarded
gallego/a from or characteristic of Galicia (*northwest region of Spain*)
gallina hen
ganadería cattle raising
ganado livestock
ganancias *pl.* earnings
ganar to win; to earn
ganas *pl.* desire, wish **tener** (*irreg.*) **(muchas) ganas de** (+ *inf.*) to (really) feel like (*doing something*)
garantía guarantee
garantizar (c) to guarantee
gas *m.* gas (8)
gasolina gasoline (8)
gastar to spend
gastos *pl.* expenses; **asumir gastos** to assume, take on expense
gastronómico/a gastronomic
gato/a cat; **gatito/a** kitten
gemelo/a twin
genealógico/a genealogical; **árbol** *m.* **genealógico** family tree
generación *f.* generation; grade level (2)
general *adj.* general; **en general** in general; **por lo general** in general
generalización *f.* generalization
generalizado/a generalized
generalmente generally
generar to generate
genérico/a generic
género genre; gender; **discriminación** *f.* **de género** gender/sexual discrimination (9)
generoso/a generous (1)
génesis genesis
genética *s.* genetics
genocida *m., f.* person guilty of committing genocide
gente *f. s.* people; **mi/tu/… gente** my/your/. . . people (7)
genuinamente genuinely
genuino/a genuine
geografía geography (2); **Facultad** *f.* **de Geografía e Historia** School of Geography and History
geográfico/a geographical
geométrico/a geometric
gerencial managerial
gerente *m., f.* manager (4); director (4)
germánico/a Germanic
gigante *n. m.* giant
gigantesco/a gigantic
gimnasio gymnasium
glaciar *m.* glacier
globalización *f.* globalization (8)
gloria glory
gobernabilidad *f.* governability
gobernador(a) governor (11)
gobernante *m., f.* ruler
gobernar to govern (12)
gobierno government (11)
godo/a Goth
golfo gulf
golpe *m.* blow; **golpe de estado** coup d'etat (12)
gordo/a fat (1)
gozar (c) to enjoy (6)
grabación *f.* recording
grabar to record (5)
gracias thank you; **Día** *m.* **de (Acción de) Gracias** Thanksgiving (3); **gracias a** thanks to
grado grade; degree
graduado/a *n.* graduate; *adj.* graduated **estudiante** (*m., f.*) **graduado/a** graduate student
graduarse (me gradúo) to graduate
gráfico graph, chart
grafitos *pl.* graffiti
gramática grammar
gran, grande big, large; great; **en gran parte** by and large; in many
granada pomegranate
grandeza grandeur
grandioso/a grandiose
grano seed
gratis *adj.* free
gratuito/a free (of charge)
grave serious
gravedad *f.* gravity, seriousness
grecolatino/a Greco-Latin
griego/a *n.* Greek; *adj.* Greek
grillo cricket
gris gray; **pelo gris** grey hair (1)
gritar to scream
grito cry; shout
grueso/a thick
grupo group; **grupo de teatro/música** theatrical/musical group (2)
guapo/a good-looking (1)
guaraní *m.* Guaraní (*indigenous language of Paraguay*)
guardar to keep; to save (5)
guardería infantil day-care center (4)
guatemalteco/a *n., adj.* Guatemalan
guayaba guava
gubernamental *adj.* government; **organización** *f.* **no gubernamental (ONG)** nongovernment organization (NGO) (9)

guerra war; **buque** *m.* **de guerra** warship; **guerra civil** civil war; **guerra de independencia** war of independence
guerrero/a warrior
guía *m., f.* guide; *f.* guide(book)
guión *m.* script
guionista *m., f.* scriptwriter
güiro scraper (*instrument*)
guitarra guitar
gustar to be pleasing; **le gusta(n)...** he/she/you (*form. s.*) like(s) . . . ; **les gusta(n)...** they/you (*form. pl.*) like . . . ; **me gusta(n)...** I like . . . ; **te gusta(n)...** you (*fam. s.*) like . . .

H

Habana, La Habana Havana (*Cuba*); **La Pequeña Habana** Little Havana (*neighborhood in Miami, FL*)
haber *irreg.* (*inf. of* **hay**) to have (*auxiliary*); to be; to exist; **ha habido** there has/have been; **había** there was/were; **habrá** there will be; **habría** there would be; **hay** there is/are; **hay que** + *inf.* to be necessary (*to do something*); **hubo** there was/were
había (*inf.* **haber**) there was/were
habilidad *f.* ability
habitante *m., f.* inhabitant
habitar to inhabit
hábitat *m.* habitat
hábito habit
habitualmente habitually
hablador(a) talkative (1)
hablante *m., f.* speaker
hablar (de) to speak, talk (about)
habrá (*inf.* **haber**) there will be
habría (*inf.* **haber**) there would be
hacer *irreg.* (*p.p.* **hecho**) to do; to make; **hace buen/mal tiempo** the weather is nice/ugly; **hace calor/fresco/frío** it's hot/cool/cold (weather); **hace sol/viento** it's sunny/windy; **hace...** (+ *time*) **que** it has been (+ *time*) since; **hacer camping** to go camping (6); **hacer clic** to click (5); **hacer falta** to be necessary; **hacer fotos** to take pictures (5); **hacer la primera comunión** to receive one's First Communion (3); **hacer mella en** to affect **hacer un crucigrama** to do a crossword puzzle (6); **hacer una barbacoa** to have a barbecue (6); **hacer una búsqueda** to look for, search (5); **hacerse** to become; **les hace falta...** they/you (*form. pl.*) need . . . (2)
hacia toward
hacienda farm, ranch (11)
hada *f.* (*but* **el hada**) **madrina** fairy godmother
hallar to find
hallazgo finding, discovery
hamaca hammock (6)
hambre *f.* hunger; **tener** (*irreg.*) **(mucha) hambre** to be (very) hungry
hambriento/a starving; **hambriento/a de** hungry for
harto/a fed up
hasta *prep.* up to, until; *adv.* even; **hasta ahora** until now; **hasta que** *conj.* until; **¿hasta qué punto?** to what point?
hay (*inf.* **haber**) there is/are
haz *m.* (*pl.* **haces**) façade, surface; **haz de la tierra** the earth's surface
hazaña (heroic) deed
hecho *n.* fact; event; **de hecho** in fact, de facto (11)
hecho/a (*p.p. of* **hacer**) made; done
hectárea hectare
helado ice cream
helicóptero helicopter
hembra female (9); woman
hemisférico/a hemispheric
hemisferio hemisphere
heredar to inherit (3)
heredero/a heir/heiress
herencia inheritance (3); heritage (3)
herida wound
hermanastro/a stepbrother/stepsister (3)
hermandad *f.* brotherhood
hermano/a brother/sister; **hermano/a político/a** brother-in-law/sister-in-law (3); **hermanos** *pl.* siblings; **medio hermano/media hermana** half-brother/half-sister (3)
hermoso/a beautiful, pretty (11)
héroe *m.* hero
heroína heroine
herramienta tool
híbrido/a hybrid
hidroeléctrico/a hydroelectric; **energía hidroeléctrica** hydroelectric energy
hielo ice
hierro iron; **mano** *f.* **de hierro** iron fist
hijastro/a stepson/stepdaughter (3)
hijo/a son/daughter; **hijo/a biológico/a** biological child; **hijo/a político/a** son-in-law/daughter-in-law (3); **hijo/a único/a** only child (3); **hijos** *pl.* children
hincar (qu) to kneel
hipermercado (*Sp.*) *large supermarket and department store in one location*
hiperrealista *adj. m., f.* hyperrealist
hipótesis *f.* hypothesis
hipotético/a hypothetical
hispánico/a Hispanic
hispano/a Hispanic
Hispanoamérica Spanish America
hispanoamericano/a Spanish American
hispanohablante *m., f.* Spanish speaker
historia history (2); story; **Facultad** *f.* **de Geografía e Historia** School of Geography and History
historiador(a) historian
histórico/a historic; historical
hogar *m.* home
hoja leaf; **hoja de papel** sheet of paper
hola hi, hello
holocausto holocaust
hombre *m.* man; **hombre de negocios** businessman
hombro shoulder
homenaje *m.* homage; **rendir (i, i) homenaje** to pay homage
homogéneo/a homogenous
homogenización *f.* homogenization
homosexual *n., adj.* homosexual (9)
honesto/a honest
honor *m.* honor
honrado/a honest; honorable
hora hour; time; **a la hora de** at the time to; **por hora** per hour; **¿qué hora es?** what time is it?
horario schedule (2)
horizonte *m.* horizon
horno oven; **Cabo de Hornos** Cape Horn
horrorizado/a horrified
hospital *f.* hospital
hostilizar (c) to harass (*military*); to antagonize
hotel *m.* hotel
hoy today; **hoy (en) día** nowadays
hubo (*inf.* **haber**) there was/were
huelga strike (4); **estar** (*irreg.*) **en huelga** to be on strike
huella track; footprint

huerto vegetable garden; orchard
huevo egg
huír *irreg.* to flee **humanidad** *f.* humanity **humanidades** humanities (2)
humano/a human; **recursos humanos** human resources; **ser** *m.* **humano** human being
humeante smoking; steaming
húmedo/a humid
humildad *f.* humility; humbleness
humilde humble; modest
humillante humiliating
humo smoke (8)
humor *m.* humor; mood; **estar** (*irreg.*) **de buen/mal humor** to be in a good/bad mood; **(tener** [*irreg.*]) **sentido del humor** (to have a) sense of humor (1)
huracán *m.* hurricane

I

ibérico/a *adj.* Iberian; **Península Ibérica** Iberian Peninsula
íbero/a *n.* Iberian
Iberoamérica Latin/Spanish America
ícono icon
iconográfico/a iconographic
idea idea; **es buena idea** it's a good idea
ideal ideal; **lo ideal** the ideal thing
idealizado/a idealized
idéntico/a identical
identidad *f.* identity
identificación *f.* identification
identificar (qu) to identify
ideología ideology
idioma *m.* language
idiosincrasia idiosyncrasy
idiota *m., f.* idiot (1)
iglesia church (11)
ignorante ignorant
igual equal; **de igual manera** in the same way; **igual que** just as
igualdad *f.* equality (9)
igualitario/a egalitarian
igualmente equally; likewise
ilegal illegal (7)
ilegalmente illegally
ilegítimo/a illegitimate
ilusión *f.* hope (7); delusion (7); illusion
ilustrar to illustrate
ilustre illustrious
imagen *f.* image (1)
imaginación *f.* imagination
imaginar to imagine
imaginario/a imaginary
imbécil *m.* imbecile (1)
imitar to imitate
impacto impact
impartir to give
impedimento impediment
impedir (i, i) to impede
imperar to rule
imperativo/a imperative
imperfecto (*gram.*) imperfect
imperio empire (10)
imperioso/a imperious, overbearing
implacable implacable, relentless
implicar (qu) to implicate
impoluto/a unpolluted
imponente imposing
imponer(se) (*like* **poner**) to impose
importancia importance
importante important
importar to matter; to import; **(no) me importa...** that does (not) matter to me
imposible impossible
impreciso/a imprecise, vague
impredecible unpredictable
imprescindible essential, indispensable
impresionado/a impressed
impresionante impressive
impresionista *adj.* impressionist (11)
impreso/a (*p.p. of* **imprimir**) printed
impresora printer (5)
imprevisible unpredictable
imprimir (*p.p.* **impreso**) to print (5)
improbable improbably, unlikely
improvisado/a improvised
impuesto tax (4); **impuesto sobre** tax on (12)
impulso impulse
inagotable inexhaustible
inalcanzable unreachable
inanimado/a inanimate
inca *n. m., f.* Inca (10); *adj.* Incan
incaico/a Incan
incansable tireless
incapacitado/a incapacitated
incapaz (*pl.* **incapaces**) incapable
incendio fire
incidente *m.* incident
incluir (y) to include (9)
inclusive *adv.* including
incluso *adv.* including, even
incluso/a included
incompleto/a incomplete
incomprensión *f.* lack of understanding
incorporación *f.* incorporation
incorporar to incorporate
incorrecto/a incorrect, wrong
increíble incredible
incremento increase
incrustado/a incrusted
incursionar (en) to enter (into)
indebido/a undue
indefinido/a indefinite
independencia independence (12); **guerra de independencia** war of independence
independiente independent
independizarse (c) to become independent
Indias Indies
indicación *f.* indication
indicar (qu) to indicate
indicativo (*gram.*) indicative
índice *m.* index
indígena *n. m., f.*; indigenous man/woman (10); native*; adj.* Indian
indio/a *n.* Indian (10)
indirecto/a indirect
indiscutible indisputable
individual *adj.* individual
individualidad *f.* individuality
individuo *n.* individual
indocumentado/a undocumented
indolente indolent
industria industry; **industria panelera** sugarcane industry
industrializado/a industrialized; **país** *m.* **industrializado** industrialized country
ineludible unavoidable
inestabilidad *f.* instability
inevitable inevitable, unavoidable
inexorablemente inexorably
inextricable insolvable; inextricable
infame infamous
infancia childhood; infancy
infantil *adj.* child (*relating to*); juvenile; **guardería infantil** day-care center (4)
infeliz (*pl.* **infelices**) unhappy
inferencia inference
inferior *adj.* inferior
inferioridad *f.* inferiority; **tener** (*irreg.*) **complejo de inferioridad** to have an inferiority complex (1)
inferir (ie, i) to infer
infierno hell, inferno
ínfimo/a negligible
infinitivo infinitive
influir (y) to influence
influyente influential
información *f.* information
informar to inform

informática computer science (2)
informático/a computer programmer (5); *adj.* (*relating to*) computer
informativo/a informative; informational; **programa** *m.* **informativo** information program (5)
informe *m.* report; **informe ecrito** paper (2)
infraestructura infrastructure
infructuoso/a fruitless
infundado/a unfounded
ingeniería engineering (2)
ingeniero/a engineer (4)
inglés *n. m.* English (*language*)
inglés, inglesa *n., adj.* English
ingrediente *m.* ingredient
ingresar to enter
ingreso income
inicial initial
iniciar to initiate, begin
iniciativa initiative
inicio beginning
injusticia injustice
injusto/a unjust
inmediato/a immediate
inmemorial immemorial
inmenso/a immense
inmigración *f.* immigration
inmigrante *m., f.* immigrant
inmovilizar (c) to immobilize
inmunizado/a immunized
innumerable countless
inocencia innocence
inorgánico/a inorganic
inquietud *f.* worry
inquilino/a tenant
insaciable insatiable
inscripción *f.* inscription
inseguro/a unsure
insensato/a foolish (1)
insensible insensitive (1)
inseparablemente inseparably
insertar (ie) to insert
insidioso/a malicious
insistir (en) to insist (on)
inspirar to inspire
instalación *f.* installation
instalar to install
instancia instance
instantáneo/a *adj.* instant
instante *m.* instant
instar to urge
institución *f.* institution
institucional institutional
instrucción *f.* instruction
instrumento instrument
insultar to insult
insulto insult
insuperable unsurpassable; insurmountable
integración *f.* integration
integramente entirely
integrante *m., f.* integral
integrar to include; to integrate (9)
intelectual intellectual
inteligencia intelligence
inteligente intelligent (1)
intención *f.* intention
intensidad *f.* intensity
intenso/a intense
intentar to try
intento attempt
interamericano/a Inter-American
intercambiar to exchange
intercambio exchange
interés interest; **carta de interés** cover letter (4)
interesante interesting
interesar to interest
interferencia interference
intergubernamental intergovernmental
ínterin interim **en el ínterin** meanwhile
intermedio/a intermediate
internacional international; **Fondo Monetario Internacional (FMI)** International Monetary Fund (IMF) (8)
internarse to penetrate (*something*)
Internet *m.* Internet (5); **dirección** *f.* **de Internet** Internet address (5)
interpretación *f.* interpretation
interpretar to interpret
interrogativo/a interrogative
interrumpir to interrupt
interrupción *f.* interruption
intervenir (*like* **venir**) to intervene
íntimamente intimately, closely
intimidante intimidating
intranquilidad *f.* disquiet
intranscendente insignificant, unimportant
intricado/a intricate
intrínsico/a intrinsic
introducción *f.* introduction
introducir (zc) to introduce
introductorio/a introductory
introvertido/a introverted (1)
intruso/a intruder
inundación *f.* flood
inusual unusual
invadir to invade (10)
invasión *f.* invasion (10)
invasor(a) invader (10)
invención *f.* invention
inventar to invent
invento invention
inventor(a) inventor
invernadero greenhouse; **efecto invernadero** greenhouse effect (8)
inverosímil improbable, impossible, unlikely
inversión *f.* investment (8)
inversionista *m., f.* investor (8)
invertir (ie, i) to invest (8)
investigación *f.* investigation
investigador(a) investigator
investigar (gu) to investigate
invierno winter
invisibilidad *f.* invisibility
invitación *f.* invitation
invitado/a guest
invitar to invite (6); to treat (offer to pay) (6)
invocar (qu) to invoke
iPad *m.* iPad (5)
iPhone *m.* iPhone (5)
ir *irreg.* to go; **ir a** (+ *inf.*) to be going to (*do something*); **ir al cine/al teatro/a un concierto** to go to the movies/the theater/a concert (6); **ir de compras** to go shopping; **irse** to leave
irlandésamericano/a *n., adj.* Irish American
ironía irony
irónico/a ironic
irracionalidad *f.* irrationality
irrealizable unfeasible
irresponsable irresponsible (1)
irrigación *f.* irrigation
irrupción *f.* eruption
isla island
islam Islam (2)
israelí *n. m., f.; adj.* (*pl.* **israelíes)** Israeli
istmo isthmus
italiano *n.* Italian (language)
izquierda *n.* left; left-hand side (2); **a/de la izquierda** to/from (on) the left
izquierdo/a *adj.* left

J

jabón *m.* soap
jalar *Mex.* to pull
jamaicano/a *n., adj.* Jamaican
jamás never
Japón Japan

japonés, japonesa *n., adj.* Japanese
jardín *m.* garden
jardinero/a gardener (4)
jazmín *m.* jasmine
jazminero jasmine plant
jazz *m.* jazz
jefe, jefa boss
Jehová: testigo/a de Jehová Jehovah's witness (2)
jeroglífico/a hieroglyphic
jitomate *m. Mex.* tomato
jornada (working) day; day's work; **jornada completa** full-time; **jornada laboral** workday
joven (*pl.* **jóvenes**) *n. m., f.* youth; *adj.* young
jubilación *f.* retirement (4)
jubilarse to retire (4)
judaísmo Judaism (2)
judeocristiano/a Judeo-Christian
judío/a *n.* Jew (2); *adj.* Jewish (2); **Pascua Judía** Passover (3)
juego game
jugador(a) player (2)
jugar (ue) (gu) to play; **jugar a/al** to play (*a sport*); **jugar al ajedrez/dominó** to play chess/dominoes (6)
juicio judgement; **estar** (*irreg.*) **en juicio** to be sued
julio July
junio June
junto a *prep.* next to
juntos/as *pl.* together
juramento oath; **juramento de lealtad a la nación** pledge of allegiance
jurar to swear
justeza correctness
justicia justice
justificación *f.* justification
justificar (qu) to justify
justo/a fair; just (9)
juvenil juvenile
juventud *f.* youth **juzgado** court **juzgar** (gu) to judge

K

kilómetro kilometer

L

la *def. art. f. s.* the; *d.o.* her, it, you (*form. s.*)
lábaro patrio national flag
labor *f.* labor, work
laboral *adj.* work; **ámbito laboral** workplace; **experiencia laboral** work experience (4); **práctica laboral** internship (4)
laboratorio laboratory
laborioso/a laborious
lacio/a straight; **pelo lacio** straight hair (1)
lactancia lactation
ladino/a (*C.Am.*) *Spanish-speaking or acculturated indigenous person; person of mixed Spanish-indigenous heritage*
lado side
laguna lagoon
lamentar to be sorry, regret
languidez *f.* languor
lanzar (c) to launch; to throw; **lanzarse** to throw/hurl oneself; to set out
lápiz *m.* (*pl.* **lápices**) pencil
largo/a long
largometraje *m.* feature-film
las *def. art. f. pl.* the; *d.o. f. pl.* them, you (*form. pl.*)
lástima shame; **ser** (*irreg.*) **una lástima** to be a pity, shame
latín *m.* Latin (*language*) (10)
latino/a Latino, **asociación** *f.* **de estudiantes latinos** Latin students' association (2)
Latinoamérica Latin America
latinoamericano/a Latin American; **programa** *m.* **de estudios latinoamericanos** Latin American studies program
lazo tie
le *i.o.* to/for him, her it, you (*form. s.*)
lealtad *f.* loyalty; **juramento de lealtad a la nación** pledge of allegiance
lección *f.* lesson
leche *f.* milk
lechuga lettuce
lector(a) reader **lector** (*m.*) **electrónico** electronic reader (5)
lectura reading
leer (y) to read
legado legacy
legal legal (7)
legalidad *f.* legality
legalización *f.* legalization (9)
legalizar (c) to legalize (7)
legislación *f.* legislation
legislador(a) legislator
legítimo/a legitimate
lejano/a distant
lejos *adv.* far away; **lejos de** *prep.* far from
lema *m.* motto
lengua tongue; language (7); **lengua materna** mother tongue (7)
lenguaje *m.* language (7)
lentes *m. pl.* glasses; **lentes de contacto** contact lenses (1)
lento *adv.* slowly
lento/a *adj.* slow
leño log
les *i.o.* to/for them, you (*form. pl.*)
lesbiana lesbian (9)
letra letter; *pl.* letters (literature, language studies) (2)
levantar to lift, raise up; **levantar(se)** to get up
léxico *n.* lexicon, vocabulary **léxico/a** *adj.* lexical
ley *f.* law (9)
leyenda legend
liberación *f.* liberation, freedom
liberar to liberate, free
libertad *f.* liberty (9); freedom (9)
libertador(a) liberator
libre free; **tiempo libre** free time (6); **Tratado de Libre Comercio (TLC)** North American Free Trade Agreement (NAFTA) (12)
libretista *m., f.* scriptwriter
libro book
licencia license; **licencia por maternidad/matrimonio/enfermedad** maternity/marital/sick leave (4)
licenciado/a graduate
licenciatura Bachelor's degree equivalent (2)
líder *m.* leader
liderado/a led
liderazgo leadership
lidiar to fight
lienzo canvas
ligero/a light, lightweight
limitado/a limited
limitar to limit
límite *m.* limit; **fecha límite** deadline (2)
limpiabotas shoeshine
limpiar to clean
limpieza cleaning
limpio/a clean
lindo/a pretty
línea line
lineal linear
lingüístico/a linguistic
líquido liquid

liso/a straight; **pelo liso** straight hair (1)
listado/a listed
listo/a ready; prepared; **estar** (*irreg.*) **listo** to be ready; **ser** (*irreg.*) **listo** to be smart, clever
literalmente literally
literario/a literary
literatura literature (2)
llaga wound, sore
llamar to call; **llamarse** to be named
llanto *n.* weeping, crying
llave *f.* key
llegada arrival
llegar (gu) to arrive; **llegar a** (+ *inf.*) to manage to (*do something*), succeed in (*doing something*); **llegar a ser** to become; **llegar muy lejos** to go very far; **llegar tarde** to arrive late
llenar to fill
lleno/a full
llevar to wear; to take (*someone or something somewhere*); to carry; **llevar a término** to bring to an end; **llevarse bien/mal** to get along well/poorly (3); **llevar lentes** *m. pl.* **de contacto** to wear contact lenses (1)
llorar to cry (3)
llover (ue) to rain
lo *d.o. m.* you (*form. s.*); him, it
lobo wolf
localización *f.* tracking down
loco/a crazy; **volverse (ue) loco/a** to go crazy
locura craze; madness
locutor(a) radio host (5)
lógico/a logical
lograr to achieve; obtain; **lograr** (+ *inf.*) to manage to (*do something*), succeed in (*doing something*)
logro achievement
lonche *m.* (Mex.) lunch
loro parrot
los *def. art. m. pl.* the; *d.o. m.* you (*form. pl*).; them
lotería lottery
lucha struggle (9); fight
luchar to fight
lucir (zc) to look good
lucrativo/a lucrative
luego then
lugar *m.* place; **dar** (*irreg.*) **lugar a** to give rise to; **en lugar de** instead of; **tener** (*irreg.*) **lugar** to take place
luminosidad *f.* brightness
luna moon
lunar *m.* birthmark, mole (1)
lunático/a lunatic
lunes *m.* Monday
luz (*pl.* **luces**) light; electricity; **dar** (*irreg.*) **a luz** to give birth

M

machismo male pride (9)
machista *adj. m., f.* chauvinistic
macho *n.* male
madera wood (8)
madrastra stepmother (3)
madre *f.* mother; **madre política** mother-in-law (3); **madre soltera** single mother
madrina godmother (3); **hada** (*f.*, *but* **el hada**) **madrina** fairy godmother
madrugar (gu) to get up early
madurez *f.* maturity
maestro/a *n.* teacher (4); *adj.* master; **obra maestra** masterpiece
mágico/a magic; **realismo mágico** magic (magical) realism
magnífico/a wonderful, magnificent
maíz *m.* corn
majestad *f.* majesty
majestuoso/a majestic
mal *adv.* badly; **caer** (*irreg.*) **mal** to make a bad impression (*on someone*); **llevarse mal** to get along poorly (3)
mal, malo/a *adj.* bad; **estar** (*irreg.*) **de mal humor** to be in a bad mood; **estar** (*irreg.*) **malo/a** to taste bad; **hace mal tiempo** the weather is bad/ugly; **¡qué malo!** how horrible! (6) **ser** (*irreg.*) **malo/a** to be (a) bad (person); **tener** (*irreg.*) **mal carácter** to have an unfriendly personality (1)
maldición *f.* curse
maldito/a cursed
maleducado/a bad-mannered
maleta suitcase; **empacar (qu) la maleta** to pack a suitcase; **hacer** (*irreg.*) **la maleta** to pack a suitcase
malvado/a *adj.* evil
mamá mother
manatí (*pl.* **manatíes**) manatee
manchado/a stained
mandamiento commandment; **los diez mandamientos** the ten commandments
mandar to command, order; to send (3)
mandatario *n.* mandatory
mando command
manejar to use
manera manner; way; **de alguna manera** somehow; **de esta manera** in this way; **de igual manera** likewise; **de tal manera** in such a way; **¿en qué manera?** how?; **la mejor manera** the best way; **otra manera** another way
manifestación *f.* protest, demonstration (4); manifestation; example
manifestar (ie) to protest; to demonstrate; **manifestarse** to appear
manjar *m.* dish (*food*)
mano *f.* hand; **de segunda mano** second hand; **echar una mano** to lend a hand; **levantar la mano** to raise one's hand; **mano de hierro** iron fist; **mano de obra** labor (12); manpower (12)
manso/a calm; tame
mantener (*like* **tener**) to maintain
mantenimiento maintenance (8)
mantequilla butter
manto acuífero water stratum
manufacturar to manufacture
manzana apple
mañana morning; tomorrow
mapa *m.* map
maquillar(se) to put on makeup
máquina machine
mar *m.* sea
maratón *m.* marathon
maravilla *n.* wonder, marvel; **de maravilla** wonderfully
marca brand
marcar (qu) to mark
marcha march
marciano/a Martian
marco frame
marear to make (*something*) feel sick
marginación *f.* marginalization
marginado/a marginalized (9); alienated (9)
marido husband (3)
marinero/a sailor
mariposa butterfly
marítimo/a *adj.* sea
marrón *m.* brown
Marruecos Morocco
martes *m.* Tuesday
mártir *m.* martyr
marzo March
mas but

más more
masa dough; mass(es); **emigración** *f.* **en masa** mass (large-scale) emigration
masculino/a masculine
masivamente massively
masivo/a massive
masticado/a chewed
matar to kill
matemáticas *pl.* mathematics (2)
matemático/a mathematician
materia material; subject matter; **materia prima** raw material
materialista *n. m., f.* materialist; *adj.* materialistic
maternidad *f.* maternity; **licencia por maternidad** maternity leave (4)
materno/a maternal (on the mother's side) (3); **lengua materna** mother tongue (7)
matiz *f.* (*pl.* **matices**) nuance; shade
matrícula tuition; enrollment; **pagar (gu) la matrícula** to pay tuition
matriculado/a enrolled
matrimonio marriage; **licencia por matrimonio** marital leave (4)
máximo/a maximum; **al máximo** to the maximum
maya *n. m., f.* Maya (10); *adj.* Mayan
mayo May
mayor *adj.* older; oldest; major, main; great
mayoría majority
mayormente primarily
me *d.o.* me; *i.o.* to/for me; *refl. pron.* myself
mecánica mechanics
mecánico/a mechanic (4)
mecanismo mechanism
mecate *(m., Mex., C.Am.) cord or rope made from maguey fibers*
medalla medal
mediado/a half-full; half-over; **a mediados de** in the middle of
mediante by means of, through
medias: a medias half **medicina** medicine (2)
médico/a doctor; **securo médico** medical insurance (4)
medida measurement; **a medida que** as, while
medio/a *adj.* half; **medio ambiente** environment; **medios de comunicación** media; **medio hermano / media hermana** half-brother / half-sister (3); **por medio de** by means of
medioambiental environmental (8)
medir (i, i) to measure
meditar to meditate
mediterráneo/a Mediterranean
mejor better; best; **el/la mejor** the best
mejorar to improve (9)
mejoría improvement
melenudo/a long-haired
mella; hacer mella en to affect
mellizo/a twin
memoria memory (*ability to remember*) (3)
mencionar to mention
menester *m.* need
menor younger; lesser; **el/la menor** youngest
menos less; least; **a menos que** unless; **al menos** at least; **echar de menos** to miss (7); **menos... que** less . . . than
menospreciar to despise
mensaje *m.* message (5); **enviar un mensaje** to send a message (5)
mensajero/a messenger
mensual monthly
mentalidad *f.* mentality
mentalmente mentally; **discapacitado/a mentalmente** mentally handicapped (9)
mente *f.* mind; **tener** (*irreg.*) **en mente** to have in mind
mentir (ie, i) to lie
mentira lie
mentiroso/a liar
menú *m.* menu
menudo tripe
menudo/a small**; a menudo** often
meramente merely
mercadear to trade
mercado market (4)
merced *f.* mercy, grace; **merced a** thanks to
merecer (zc) to deserve
meridional southern
mérito merit
mero/a mere
mes *m.* month
mesa table
mesero/a waiter/waitress
Mesoamérica Mesoamerica
mesoamericano/a *n. adj.* Mesoamerican
mestizaje *m.* miscegenation (11); **mixing** (*of race/culture*) (11)
mestizo/a mestizo (*person of mixed racial ancestry, especially European-indigenous*) (10)
meta goal (4)
metódico/a methodical
metodista *n. m., f.* Methodist (2)
método method
métrico/a metric
metro meter
mexicano/a *n. adj.* Mexican **mexicano/a-estadounidense** Mexican American
mexicoamericano/a Mexican-American
mezcla mix
mezquita mosque
mi *poss.* my
mí *obj. of prep.* me
microempresa micro business
miedo fear; **tener** (*irreg.*) **(mucho) miedo (de)** to be (very) afraid (of)
miel *f.* honey; **ojos color miel** honey-colored eyes (1)
miembro member (2)
mientras *adv.* while; as long as; **mientras tanto** meanwhile
migrante *m., f.* migrant
migratorio/a *adj.* migrant
mil one thousand
milenario/a millenary, millennial
milenio millennium (10)
militar *m.* soldier; *adj.* military *v.* to be a member
milla mile
millares *pl.* thousands
millón *m.* million
millonario/a millionaire
mimar to spoil
minilectura mini-reading
mina de oro/plata gold/silver mine (11)
ministerio ministry, department (*as in Department of Agriculture*) (12)
ministro/a minister, secretary (*in United States government, as in Secretary of Agriculture*) (12)
minoritario/a *adj.* minority
minuciosamente carefully
mío/a *poss.* my, (of) mine
miope near-sighted
mirada look; gaze; glance; **alzar (c) la mirada** to look up
mirar to look at; to watch
mirlo blackbird
misa mass (*religious*)
miseria misery
misión *f.* mission (11)
mismo/a *pron.* same (one); *adj.* same; self; **al mismo tiempo** at the same time; **de la misma forma** in the

same way; **el/la mismo/a** the same; **hoy mismo** today; **lo mismo** the same; **mí mismo/a** myself; **sí mismo/a** oneself
misterio mystery
misterioso/a mysterious
mitad *f.* middle
mítico/a mythical
mito myth
mixto/a mixed
moda style; **estar** (*irreg.*) **de moda** to be fashionable
modelo model (9); pattern (9); **modelo** *m., f.* (fashion) model (9)
moderado/a moderate; **a fuego moderado** at medium heat
moderar to moderate
modernidad *f.* modernity
modernización *f.* modernization
moderno/a modern
modificación *f.* modification
modificar (qu) to modify
modo way; **de modo que** in such a way that; **de todos modos** anyway, regardless
modulado/a modulated
Moisés Moses
mojar to get wet
mole (*n.*) *Mexican sauce made chiles, nuts or seeds, and spices*
molestar to bother; **me molesta...** it bothers me . . .; **molestar(se) por** to be bothered by
molido/a ground; **carne** *f.* **molida** ground beef
molino de viento windmill
momento moment
momia mummy
momificar (qu) to mummify
monarquía monarchy
monasterio monastery (11)
monetario/a monetary; **Fondo Monetario Internacional (FMI)** International Monetary Fund (IMF) (8)
monitor *m.* monitor
monja nun
monje *m.* monk
monopolio monopoly
monopolizar (c) to monopolize
monstruo monster
montaña mountain
monte *m.* mount; mountain
montón heap; **un montón de** a lot of
monumento monument
moreno/a brown-skinned (1); dark-skinned (1)
moribundo/a moribund, dying
morir (ue, u) (*p.p.* **muerto**) to die
mormón, mormona Mormon (2)
moro/a *adj.* Moorish
mosaico mosaic
Moscú Moscow
mostrar (ue) to show
mote *m.* nickname
motivación *f.* motivation
motivar to motivate
motivo motive
moto(cicleta) motorcycle
mover(se) (ue) to move
móvil mobile; **teléfono móvil** cellular phone (5)
movimiento movement
muchacho/a boy/girl; young man/woman
mucho *adv.* a lot; much
mucho/a *adj.* much; *pl.* many; **con mucha frecuencia** often; **muchas veces** often, many times; **tener** (*irreg.*) **mucha hambre** to be very hungry; **tener** (*irreg.*) **mucha prisa** to be in a real hurry; **tener** (*irreg.*) **mucha sed** to be very thirsty; **tener** (*irreg.*) **mucha vergüenza** to be very ashamed, embarrassed; **tener** (*irreg.*) **muchas ganas de** (+ *inf.*) to feel very much like (+ *inf.*)
mudanza move (*from one address to another*)
mudarse (de/a) to move (*from one address to another*) (3)
mudo/a mute (9); **película muda** silent film
muerte *f.* death
muerto/a *n.* dead person; (*p.p. of* **morir**) *adj.* dead
muestra sample
mujer *f.* woman; wife (3); **asociación** *f.* **de mujeres de negocios** businesswomen's association (2); **programa** *m.* **de estudios de mujeres** women's studies program (2)
mulato/a mulatto (*person of mixed European-African ancestry*)
multidisciplinariedad *f.* multidisciplinarity
multietnicidad *f.* multiethnicity
multipartidista *adj.* multiparty
múltiple multiple
multiplicar (qu) to multiply
multiplicidad *f.* multiplicity
multitudinario *adj.* mass
mundial *adj.* (*pertaining to*) world; global, worldwide; **Banco Mundial** World Bank; **Segunda Guerra Mundial** Second World War
mundialmente worldwide
mundo world; **todo el mundo** everyone
municipio municipality
muñequito little doll
muralista *m., f.* muralist (11)
museo museum
música music; **escuchar música** to listen to music (6); **grupo de música** musical group (2)
musulmán, musulmana *n.* Muslim (2)
muy very

N

nacer (zc) to be born (3)
nacido/a born; **recién nacido/a** newborn
nacimiento birth (3); **certificado de nacimiento** birth certificate
nación *f.* nation; **juramento de lealtad a la nación** pledge of allegiance
nacionalidad *f.* nationality (7)
nacionalización *f.* nationalization (8)
nada nothing; **de nada** you're welcome; **no le gusta(n) nada** he/she doesn't / you (*form. s.*) don't like it/them at all; **no me importa(n) nada** it/they don't matter at all to me; **no pasa nada** nothing is happening; **no valer** (*irreg.*) **nada** to be worth nothing
nadar to swim (6)
nadie no one; nobody, not anybody
nano-médico/a (I couldn't find a definition for this)
naranja orange
naranjo orange tree
narcotráfico drug trafficking
narcoviolencia *violence related to drug trafficking*
nardo nard, tuberose
nariz *f.* nose
narración *f.* narration
narrar to narrate
narrativa narrative
natal *adj.* native
natalidad *f.* birth; **nivel** *m.* **de natalidad** birthrate
nativo/a native
natural natural; **ciencias** *f. pl.* **naturales** natural sciences (2)
naturaleza nature
nave *f.* ship

navegación *f.* navegation
navegante *m., f.* navigator
Navidad *f.* Christmas (3)
necesario/a necessary; **ser** (*irreg.*) **necesario** to be necessary
necesidad *f.* necessity
necesitar to need
negar(se) (ie) (gu) to deny; to refuse
negatividad *f.* negativity
negativo/a negative
negociar to negotiate
negocio business; **hombre** *m.* **de negocios** businessman; **mujer** *f.* **de negocios** businesswoman; **asociación** *f.* **de mujeres de negocios** businesswomen's association (2)
negrita: **estar** (*irreg.*) **en negrita** to be in boldface (type)
negro/a black; **agujero negro** black hole; **ojos negros** black eyes (1)
nene/a little boy/little girl
neoclasicismo Neoclassicism
neoclásico/a Neoclassical (11)
nervioso/a nervous
nevar (ie) to snow
ni neither; nor; even; **ni... ni** neither . . . nor; **ni siquiera** not even
niente (I couldn't find a definition for this entry)
nieto/a grandson/granddaughter (3); *pl.* grandchildren
nieve *f.* snow
nimiedad *f.* triviality
ningún, ninguno/a none, no; not any; **ninguno de los dos** neither (of the two)
niñero/a babysitter
niñez *f.* childhood
niño/a child
nipón, nipona *adj.* Japanese
nivel *m.* level (7); rate; **nivel de vida** standard of living (6); **nivel económico** economic standard (7)
no no; not; non; **no... sino** but rather (*opposition after a previous negative*)
nobleza nobility
nocivo/a harmful
noche *f.* night; **de la noche** P.M.; **esta noche** tonight; **por la noche** at night
nombramiento appointment (*to a position*)
nombrar to name
nombre *m.* name
noreste *m.* northeast
norma rule, norm
normalizar (c) to normalize, restore to normal
noroeste *m.* northwest
norte *m.* north
Norteamérica North America
norteamericano/a North American
norteño/a northern
nos *d.o.* us; *i.o.* to/for us; *refl. pron.* ourselves
nosotros/as *sub. pron.* we; *obj. of prep.* us
nostalgia nostalgia (7)
nota grade (2); **notas** (class) notes (2)
notar to notice
noticia piece of news (5); **noticias** news (5)
noticiero news(cast) (5); news program (5)
novato/a beginner, novice; freshman
novecientos/as nine hundred
novedad *f.* novelty
novedoso/a novel
novela novel
novelista *m., f.* novelist
noventa ninety
noviembre *m.* November
novio/a boyfriend/girlfriend; fiancé(e); groom/bride
nube *f.* cloud
nublar to cloud
nudista *n. m., f.* nudist
nudo knot
nuera daughter-in-law (3)
nuestro/a *poss.* our
nueve nine
nuevo/a new
nuez *f.* (*pl.* **nueces**) nut
número number
numeroso/a numerous
nunca never
nutrición *f.* nutrition **nutrirse** to receive nourishment

Ñ

ñusta princess

O

o or (7); **o...o** either . . . or (7)
obeso/a obese (1)
objetividad *f.* objectivity
objetivo objective (4)
objeto object
obligación *f.* obligation
obligar (gu) to obligate
obra work; **mano** *f.* **de obra** labor (12); manpower (12); **obra maestra** masterpiece
observar to observe
obsidiana obsidian
obstáculo obstacle
obstetra *m., f.* obstetrician
obstétrico/a obstetric
obstinación *f.* stubbornness
obstinado/a obstinate, stubborn
obtener (*like* **tener**) to obtain
obvio/a obvious; **ser** (*irreg.*) **obvio** to be obvious
ocasión *f.* occasion
occidental western
occidente *m.* west
océano ocean (8); **Océano Atlántico** Atlantic Ocean
oceanografía oceanography
ochenta eighty
ocho eight
ochocientos/as eight hundred
ocio leisure (6)
octavo/a eighth
octubre *m.* October
ocultamiento concealment
ocultar to hide, conceal
oculto/a dark
ocupación *f.* occupation
ocupado/a occupied, busy
ocupar to occupy
ocurrir to occur, happen
odiar to hate
odio hatred
odioso/a hateful, odious
oeste *m.* west
ofender to offend
ofensivo/a offensive
oferta offer
oficial official
oficina office; **oficina de correos** post office (11)
oficio job (4)
ofrecer (zc) to offer
oír *irreg.* to hear
ojalá (que) I hope / I wish (that)
ojo eye (1); **ojos azules / color café / negros / verdes / color miel** blue / brown / black / green / honey-colored eyes (1)
ola wave
oler a *irreg.* to smell like (6)
olímpico/a Olympic; **juegos olímpicos** Olympics
olla pot
olor *m.* odor, smell
olvidar to forget

olvido obscurity
once eleven
ondulado/a wavy; **pelo ondulado** wavy hair (1)
ONU: Organización (*f.*) **de las Naciones** (*f.*) **Unidas** United Nations
onza ounce
opción *f.* option
operación *f.* operation
operativo *n.* operation
opinar to think, have an opinión (*about something*)
opinión *f.* opinion
oponerse (*like* **poner**) **a** to oppose (9)
oportunidad *f.* opportunity (9)
oportuno/a opportune
opresión *f.* oppression
oprimido/a oppressed
optar to opt
optimismo optimism
optimista optimistic
óptimo/a optimal
opuesto/a opposite
oración *f.* sentence; prayer (2)
orden *m.* order (*chronological*); *f.* order, command; **orden** *m.* **alfabético** alphabetic order
ordenador *m.* computer
ordenar to order; to command
ordinario/a ordinary
orgánico/a organic
organismo organism
organización *f.* organization; **organización de Estados Americanos** Organization of American States (12) **organización no gubernamental (ONG)** nongovernment organization (NGO) (9)
organizado/a organized
organizador(a) organizer
organizar (c) to organize
órgano organ
orgullo pride (7)
orgulloso/a proud (7)
oriente *m.* east
origen *m.* origin
originalidad *f.* originality
originar to originate
originario/a originating
oriundo/a originally
ornamentación *f.* ornamentation
oro gold; **mina de oro** gold mine (11)
orquesta orchestra
ortografía spelling
ortología orthoepy
oruga caterpillar
os *d.o.* (*Sp.*) you (*fam. pl.*); *i.o.* (*Sp.*) to / for you (*fam. pl.*); *refl. pron.* (*Sp.*) yourselves (*fam. pl.*)
oscilar to oscillate
oscuridad *f.* darkness
oscuro/a dark
oso bear
ostensiblemente ostensibly
otorgar (gu) to give, grant, award
otro/a other; another
oveja sheep; **cada oveja con su pareja** to each his own
oxígeno oxygen
ozono ozone; **capa de ozono** ozone layer (8)

P

paciencia patience
pacificación *f.* pacification
pacífico/a peaceful; **Océano Pacífico** Pacific Ocean
pacto pact, agreement
padecer (zc) to suffer from
padrastro stepfather (3)
padre *m.* father; **padre político** father-in-law (3)
padrino godfather (3)
paella *rice dish with vegetables, meat, and/or seafood*
pagar (gu) to pay; to pay for
página page; **página web** web page (5)
paisaje *m.* landscape
país *m.* country (7); **país industrializado** industrialized country; **países desarrollados** developed countries (8); **países en vías de desarrollo** developing countries (8)
paja straw
pájaro bird
palabra word
palacio palace (11)
paladar palate
palestino/a *n., adj.* Palestinian
pálido/a pale
palo stick; **de tal palo tal astilla** a chip off the old block
Pampa *vast plain region in Argentina*
pan *m.* bread
panamericano/a Pan-American
pancarta sign, banner
panelero/a *relating to* ***panela,*** *an unbleached cane sugar*; **industria panelera** sugarcane/panela industry
panfleto pamphlet
pantalla screen (*computer, movie*) (5)
pantanoso/a swampy, boggy
pañuelo handkerchief
papa *f.* potato; **papas fritas** French fries
papá *m.* father, dad (3)
papel *m.* paper; role (1); **servilleta de papel** paper napkin (6); **tener** (*irreg.*) **papeles** to have legal papers (7)
paquete *m.* package
par *m.* pair
para for; in order to; **estar** (*irreg.*) **para** (+ *inf.*) to be ready, about to (+ *inf.*); **para bien o para mal** for better or worse; **para colmo** to make matters worse; **para empezar** to begin; **para que** in order to; so that; **para terminar** finally (12)
paracaídas *m., s., pl.* parachute
parada stop; **parada de autobuses** bus stop
paradigma *m.* paradigm
paraíso paradise
paralelo/a *adj.* parallel
paralización *f.* paralyzation
parangón *m.* comparison, parallel
parar to stop
parcial partial (4); **trabajo a tiempo parcial** part-time job
parecer (zc) to look; to seem; **me parece...** it seems to me . . . ; **parecerse** to look like
parecido resemblance (3)
pared *f.* wall
pareja partner; couple; pair; **cada oveja con su pareja** to each his own
parentesco (family) relationship
paréntesis *m. inv.* parenthesis/es; **entre paréntesis** in parentheses
pariente *n. m., f.* relative
París Paris
parlamentario/a parliamentary
parlamento speech
parpadear to blink
parque *m.* park
párrafo paragraph
parte *f.* part; **formar parte de** to be/form part of (2)
Partenón *m.* Parthenon
participación *f.* participation
participar to participate
particular particular; private; **en particular** in particular

partidario/a *adj.* partisan
partido game, match; political party (2)
partir to leave, depart; **a partir de** since
parto childbirth; labor, delivery
pasa raisin
pasado past
pasado/a past; last; **el año pasado** last year; **la semana pasada** last week
pasaje *m.* passage
pasaporte *m.* passport (7)
pasar to happen; to pass; **pasarlo/pasarla bien** to have a good time (6); **¿qué pasa?** what's happening?
pasatiempo pastime (6); hobby
Pascua de Resurrección Easter (3)
Pascua Florida Easter (3); **Pascua Judía** Passover (3)
pasear to stroll
paseo stroll
pasión *f.* passion
pasivo/a passive
paso passage; step
pasta pasta; paste
pastel *m.* cake
patata *Sp.* potato
paternalista paternalistic
paternidad *f.* paternity
paterno/a paternal (on the father's side) (3)
patria homeland (7)
patriarca patriarch
patrio/a national
patriótico/a patriotic
patriotismo patriotism
pauta rules; guide
paz *f.* (*pl.* **paces**) peace
pecado sin
pecas freckles (1)
pecho chest
pedir (i, i) to ask for; to request; to order
peinar(se) to comb (one's hair)
peldaño step, rung
pelear to fight
película movie; **alquilar películas** to rent movies (6)
peligro danger
pelirrojo/a red-haired; **ser** (*irreg.*) **pelirrojo/a** to be a red-head (1)
pellejo skin; **estar** (*irreg.*) **en el pellejo de alguien** to be in someone else's shoes
pelo hair (1)
pelota ball
pena sorrow, hardship; **merecer (zc) la pena** it is worth
penicilina penicillin
península peninsula; **Península Ibérica** Iberian Peninsula
pensador(a) thinker
pensar (ie) to think, believe; **pensar** + *inf.* to plan to (*do something*); **pensar de (algo/alguien)** to have an opinion about (something/someone); **pensar en** to think about
Pensilvania Pennsylvania
pentágono pentagon
penuria poverty
peor worse; **ser** (*irreg.*) **peor** to be worse (6)
pepita seed
pequeño/a small, little
pera pear
percatarse to notice
percibir to perceive
percusión percussion
perder (ie) to lose
pérdida loss
perecer (zc) to perish
perezoso/a lazy
perfeccionamiento improvement; **curso de perfeccionamiento** training course (4)
perfeccionar to perfect
perfecto/a perfect
perfil *m.* profile
perfilarse to appear
perico parakeet (not sure about this definition with the context given)
periódico *n.* newspaper (5)
periódico/a *adj.* periodic
periodismo journalism
periodista *m., f.* journalist (5)
periodístico/a journalistic
período period; **período de aprendizaje** learning/training period (4)
perjudicar (qu) to harm (12)
perjudicial harmful
permanecer (zc) to remain
permanencia permanence
permanente permanent
permisivo/a permissive
permiso permission
permitir to permit
permutación *f.* permutation, transformation
perro dog
perseverancia perseverance
perseverar to persevere
persona person; **personas** people
personaje *m.* character
personal *m.* personnel
personalidad *f.* personality (1)
personalizado/a personalized
personificar (qu) to personify
persuadir to persuade
persuasivo/a persuasive
pertenecer (zc) a to belong to
pertenencia *n.* belonging
perteneciente (a) *adj.* belonging (to), deriving (from)
pertinente pertinent
Perú *m.* Peru
peruano/a Peruvian
perverso/a perverse
pesa weight (*gym*)
pesado/a dull, bothersome, annoying (1)
pesar to weigh; **a pesar de** despite (12); **a pesar de que** despite the fact that
pescar (qu) to catch
peso weight; importance
pesticida *m.* pesticide (8)
petanca petanque
petición petition; **a petición** by request
petróleo oil, petroleum
pez *m.* (*pl.* **peces**) fish (*living*)
picado/a chopped
picante spicy
pie *m.* foot; **estar** (*irreg.*) **de pie** to be standing
piedad *f.* pity; piety
piedra stone
piel *f.* skin
pierna leg
piloto/a pilot (4)
pimiento pepper
pintar to paint
pintor(a) painter (4)
pintura paint (11)
pionero/a pioneer
pirámide *f.* pyramid (10)
pirata *m., f.* pirate
piratería piracy, pirating
pisar to step
piscina swimming pool (6)
piso floor (8); story (11)
pista clue
placentero/a pleasant
placer *m.* pleasure
plan *m.* plan
planchar to iron
planear to plan
planeta *m.* planet (8) **planeta (tierra)** earth (8)

planetario planetary
planificación *f.* planning; **planificación urbanística** urban planning
plano map
planta plant
plantación *f.* plantation; **plantación de cacao / caña de azúcar** cocoa-bean/sugarcane plantation (11)
plantar to plant
planteamiento proposal; exhibition
plantear(se) to pose (*a question*) (9); to consider (9)
plástico plastic; **plástico/a** *adj.* (*made of*) plastic
plata silver; money; **mina de plata** silver mine (11)
plataforma platform
plateresco/a plateresque
platicar (qu) to chat (6); to converse (6)
platillo culinary dish
plato plate; dish (6); course
playa beach (6)
plaza (town) square (6)
plazo term; deadline (2); **a corto plazo** short-term; **a largo plazo** long-term
plebiscito plebiscite (12)
pleno/a full
pluma pen
pluralidad *f.* plurality
población *f.* population (7)
poblador(a) settler
poblano/a *of/from Puebla, Mexico*
pobre poor
pobreza poverty (7)
poco/a little; **en pocas palabras** in a few words
poder *irreg.* to be able to
poder *m.* power
poderío power, force; **poderío militar** military force
poderoso/a powerful
poesía poetry
poeta *m., f.* poet
poético/a poetic
policía, mujer policía *m., f.* policeman, policewoman; *f.* police force
polio *f.* polio
politécnico/a polytechnic
politeísta polytheistic
política politics
político/a *n.* politician; *adj.* political; **afiliación** *f.* **política** political affiliation (2); **ciencias políticas** political science (2); **familia política** in-laws (3); **hermano/a político/a** brother-in-law/sister-in-law (3); **hijo/a político/a** son-in-law/daughter-in-law (3); **madre** *f.* **política** mother-in-law (3); **padre** *m.* **político** father-in-law (3)
polvo dust
poner *irreg.* (*p.p.* **puesto**) to put, place; **ponerse** to put on; to turn; to become; **ponerse** + *adj.* to get, become + *adj.*; **ponerse a pensar** to begin to think
poniente *n. m.* west
popularidad *f.* popularity
por by; through; because of; for; per; around, about; on; because of, on account of; **por arriba de** above; **por casualidad** by chance; **por ciento** percent; **por correo** by mail; **por debajo** below; **por desgracia** unfortunately; **por detrás de** behind; **por doquier** everywhere; **por ejemplo** for example; **por el contrario** on the contrary; **por el momento** for the time being; **por encima** above **por eso** therefore; for this reason; **por excelencia** par excellence; **por favor** please; **por fin** at last (12); **por hora** by the hour; **por la mañana/tarde/noche** in the morning (A.M.) / afternoon (P.M.) / evening, night (P.M.); **por lo general** in general; **por lo menos** at least; **por lo mismo** by the same; **por (lo) tanto** therefore (11); **por medio de** by means of; **por mi cuenta** on my own; **por orden de** by order of; **por primera vez** for the first time; **por si acaso** in case; **por supuesto** of course; **por teléfono** by telephone; **por último** finally, lastly; **por un lado / por otro lado** on one hand / on the other hand; **por una parte / por otra parte** on one hand / on the other hand; **¿por qué?** why?
porcentaje *m.* percentage
porque because
portada front page; cover (*of a book/magazine*)
portal *m.* portal (5)
portarse to behave
(computadora) portátil laptop (5)
portavoz *m.* spokesperson
portero goalie
portugués *n., m.* Portuguese (*language*)
portugués, portuguesa *n., adj.* Portuguese
posar to pose
poseer (y) to possess
posguerra postwar
posibilidad *f.* possibility
posible possible
posición *f.* position (9); opinion (9)
positivo/a positive; **discriminación** *f.* **positiva** affirmative action (9)
posteriormente subsequently
postre *m.* dessert
postsecundario/a college-level
postularse a(l cargo de) to apply (for the position of) (12)
póstumamente posthumously
postura posture, stance; position (9); opinion (9)
potable drinkable; **agua** (*f. but* **el agua) potable** drinking water
potencial potential
pozo well
práctica practice; **práctica laboral** internship (4)
prácticamente practically
practicar (qu) to practice
práctico/a practical
preceder to precede
preciado/a treasured
precio price
precisamente precisely
precisión *f.* precision
precolombino pre-Columbian
precursor *m.* precursor
predicar (qu) to preach
predicción *f.* prediction
predominante predominant
predominar to prevail
preferencia preference
preferir (i, i) to prefer
pregunta question
preguntar to ask a question
prehispánico/a pre-Hispanic
prehistórico/a prehistoric, prehistorical
prejuicio prejudice
premio prize; **Premio Nobel** Nobel Prize
premisa premise
prender to turn on; to catch
prensa press (5); media (5)
preñada pregnant
preocupación *f.* worry
preocupado/a worried; **estar** *irreg.* **preocupado** to be worried
preocupar(se) to worry; to be worried; **nos preocupan...** . . . worry us
preparación *f.* preparation

preparar(se) to prepare (oneself)
preponderante predominant, preponderant
prepotencia prepotency
prepotente arrogant; prepotent
presencia presence
presentación *f.* presentation
presentador(a) TV host(ess) (5); anchorperson (5)
presentar to present
presente *n. m.* present
preservar to preserve (8)
presidencial presidential
presidente, presidenta president
presión *f.* pressure
preso/a inmate (9); prisoner (9)
prestación *f.* provision
prestado loaned; **pedir (i, i) prestado** to borrow
préstamo loan
prestar to lend
prestigioso/a prestigious
pretender (ie) to seek; to try, attempt
pretendiente *m., f.* suitor
prevención *f.* prevention
prever (*like* **ver**) to foresee
previo/a previous
primaria primary, basic; **escuela primaria** elementary school (2)
primavera spring
primer, primero/a first; **por primera vez** for the first time; **primera comunión** *f.* first communion (3)
primo/a *m.* cousin (3); *adj.* prime; **materia prima** raw material
primordial fundamental
princesa princess
principal main, principal; **tema** *m.* **principal** main idea
principalmente principally
príncipe *m.* prince
principio principle (9); beginning (9)
prioridad *f.* priority
prioritario/a having priority
prisa hurry, rush; **tener** (*irreg.*) **(mucha) prisa** to be in a (real) hurry
prisión *f.* prison (9); jail (9)
privado/a private
privatización *f.* privatization (8)
privilegiado/a privileged
privilegio privilege (9)
probabilidad *f.* probability
probar (ue) to try (6); to taste (6); to prove to try
problema *m.* problem
proceder to proceed
proceso process
procurar to try to
prodigio wonder, phenomenon
producción *f.* production
producir (*irreg.*) to produce
productividad *f.* productivity
productivo/a productive
Producto Interno Bruto (PIB) gross domestic product (GDP) (8)
productor(a) producer
profesión *f.* profession (4)
profesional professional
profesionalización *f.* professionalization
profesor(a) profesor, teacher; **profesor(a) universitario/a** university professor (4)
profundidad *f.* depth
profundo/a deep; profound
programa *m.* program (5); **programa de estudios** program of studies; **programa informativo / de entretenimiento / deportivo** information / entertainment / sports program (5)
programación *f.* programming; **técnico/a en programación** programming technician (4)
programador(a) programmer (4)
progresista *m., f.* liberal, progressive (1)
progresivo/a progressive
progreso progress
prohibir (prohíbo) to prohibit
prólogo prologue
prolongación *f.* prolongation
prolongado/a prolonged
prolongarse (gu) to carry on
promedio average; **en promedio** on average
promesa promise
promisión *f.* promise; **tierra de promisión** promised land
promover (ue) to promote (9)
pronosticar (qu) to predict, forecast
pronto soon; **tan pronto como** as soon as
pronunciación *f.* pronunciation
pronunciar to pronounce
propiedad *f.* property
propio/a own; typical, characteristic
proponer (*like* **poner**) to propose
proporcionar to provide, supply
propósito purpose; **a propósito** on purpose
propuesta proposal
propugnar to advocate
prosperidad *f.* prosperity
protagonista *m., f.* protagonist
protección *f.* protection
proteger (j) to protect (8)
protesta protest (9)
protestante Protestant (2)
protocolo protocol
provecho benefit, advantage; **¡buen provecho!** enjoy your meal! (6)
proveer (y) to provide
proveniente proceeding
provincia province
provocador(a) provocative; provoking
provocar (qu) to provoke
provocativo/a provocative
próximo/a next
proyección *f.* projection
proyecto project
prueba quiz, test
psicología psychology (2)
psicólogo/a psychologist
publicar (qu) to publish
publicidad *f.* publicity
publicitario/a *adj.* advertising; publicity
público audience
público/a public; **asistencia pública** public aid; welfare (9); **relaciones** *f., pl.* **públicas** public relations
pueblo people; town
puente *m.* bridge
puerta door
puertorriqueño/a *n., adj.* Puerto Rican
pues... *interj.* well . . . , so . . .
puesto (*p.p. of* **poner**) put; placed; turned on (*appliance*); **puesto que** given that; since
puesto *n.* job, position (4)
pulcritud *f.* neatness
pulido/a polished
púlpito pulpit
pulsar to click (5)
pulverizar (c) to pulverize
punta tip; **punta de flecha** arrowhead
punto point; period; dot (5); **a punto de** about to; **dos puntos** colon; **punto com** dot com (5) **punto de vista** point of view; **punto y comma** semi-colon
puntuación *f.* punctuation
puño fist
pureza purity
purificador(a) purifying
purificar (qu) to purify
puro/a pure

Q

que *rel. pron.* that; which; who; than; **el/la/los/las que** that / he / she / the one which/who; **lo que** what
¿qué...? what . . . ?; **¿qué pasa?** what's happening?; **¿qué tal?** how's it going?; how are you?
¡qué malo! how horrible! (6); **¡qué rico!** how delicious! (6); **¡qué sabroso!** how delicious! (6)
quechua *m.* Quechua (language) (*indigenous to Andean region of South America*)
quedar to suit; to look good/bad on; to be (situated/located); to have left; **me queda(n)...** I have . . . left; **(no) te queda bien...** . . . does (not) suit you well/ look good on you; **quedarse** to remain, stay
quien Is this out of order alphabetically? *rel. pron. s., pl.* who, whom; (he / she / the one) who
¿quién(es)? Is this out of order alphabetically? who?, whom?; **¿a quién le gusta(n)...?** who likes . . . ?; **¿quién es? / ¿quiénes son?** who is it? / who are they?
queja complaint
quejarse to complain
quema *n.* burning
quemadura burn
quemar to burn
quena flute
querer *irreg.* to want (3); to love
querido/a dear
queso cheese
quetzal *m.* tropical bird
química chemistry (2)
químico/a chemist
quince fifteen
quinceañera girls' fifteenth-birthday party (3)
quincuagésimo fiftieth
quinientos/as five hundred
quinquenio five-year period
quinto/a fifth
quipu *knotted threads used by the Incas for recording information*
quitar to take away; **quitar(se)** to take off, to remove (from oneself)
quizá, quizás perhaps

R

racial racial; **discriminación** *f.* **racial** racial discrimination (9)
racionalidad *f.* rationality
racismo racism
radiación (*f.*) **ultravioleta** ultraviolet radiation
radicado/a residing
radio *m.* radio (*receiver*); *f.* radio (*broadcasting*) (5)
raigambre *f.* origin; tradition
raíz *f.* (*pl.* **raíces**) root (7)
rama branch
ranchero/a rancher
rápido *adv.* fast; quickly
rápido/a *adj.* rapid, fast, quick
raro/a strange; rare; **ser** (*irreg.*) **raro** to be unusual
rasgo feature; trait; **rasgo físico** physical feature (1)
ratificación *f.* ratification
rato a while
ratón *m.* mouse
raza race (7)
razón *f.* reason; **por alguna razón** for some reason; **tener** (*irreg.*) **razón** to be right
reacción *f.* reaction
reaccionar to react
reacomodamiento relocation
reactivo/a reactive
reafirmar to reaffirm
real real; royal
realidad *f.* reality
realismo realism; **realismo mágico** magic realism
realista *n. m., f.* realist
realizador(a) producers
realizar (c) to attain, achieve; to carry out; to realize
realmente really
reaparecer (zc) to reappear
rebelarse to rebel
rebelión *f.* rebellion
recargado/a with an excess of ornamentation (11)
recatado/a modest
recelo distrust; **suscitar recelos** to raise suspicions
recepción *f.* reception
receta recipe
rechazar (c) to reject (7)
rechazo rejection (7)
recibir to receive
reciente recent
reciclable recyclable (8)
reciclado recycling; **contenedor** *m.* **de reciclados** recycling bin (8)
reciclaje *m.* recycling
reciclar to recycle (8)
recién recently; **recién nacido/a** newborn
reciprocidad *f.* reciprocity
recíproco/a reciprocal
recitar to recite
reclamar to claim
reclutar to recruit
recoger (j) to pick up, gather
recogida de basura garbage pickup (8)
recombinar recombine
recomendación *f.* recommendation; **carta de recomendación** letter of recommendation (4)
recomendar (ie) to recommend
reconocer (zc) to recognize
reconocimiento recognition
reconversión *f.* reconversion
récord *adj.* record
recordar (ue) to remember (1)
recordatorio reminder
recuadro box
recubierto/a covered
recuerdo memory (*of one item*) (3); recollection (3)
recuperar to recover
recurso resource (8); **recurso natural** natural resource; **recursos humanos** human resources
red *f.* net; **Red** Internet (5) **Red social** social network (5)
redacción *f.* writing; revision, editing; composition
redactar to write, draft; to revise, edit
redefinición *f.* redefinition
reducción *f.* reduction
reducir (zc) to reduce (1)
reemplazar (c) to replace
reencarnar to reincarnate
referencias references (4)
referéndum *m.* referendum (12)
referente *adj.* regarding; **todo lo referente a...** everything concerning . . .
referirse (ie, i) a to refer to
refinado/a refined
reflejar(se) to reflect
reflejo reflection
reflexión *f.* reflection, thought
reflexionar to reflect on, think about
reflexivo/a reflexive
reforestación *f.* reforestation
reforma reform
reformar to reform

reforzar (ue) (c) to reinforce
refrán *m.* saying, proverb
refrescar(se) (qu) to refresh (oneself)
refresco soft drink
regadera sprinkler; shower
regalar to give (*a gift*)
regalo gift
regeneración *f.* regeneration
régimen *m.* regime
región *f.* region
regir (j) to govern, rule
registrar to register
registro register
regla rule
reglamento rule, regulation
regresar to return
regreso return
regulación *f.* regulation
regular to regulate
regularizar (c) to regularize
regularmente regularly
rehacer (*like* **hacer**) to remake, redo
reina queen (10)
reinar to reign (10)
reino kingdom (10)
reírse (río) (i, i) to laugh
reiterar to reiterate
reivindicación *f.* claim
rejas *pl.* bars
relación *f.* relationship; relation; **relaciones diplomáticas** diplomatic relations; **relaciones públicas** public relations
relacionar to relate
relajarse to relax (6)
relatar to relate, tell
relativo/a *adj.* relative
relator (I couldn't find a definition for this item)
relevancia relevance
relevante relevant
relieve *m.* relief (map)
religión *f.* religion (2)
religioso/a religious; **creencias religiosas** religious beliefs (2); **discriminación** *f.* **religiosa** religious discrimination (9); **servicio religioso** religious service (2)
rellenar to fill
reloj *m.* watch; clock
remedio remedy
remesa shipment; remittance
remodelar to remodel
remojar to soak
remoto/a distant; **control** *m.* **remoto** remote control
remunerado/a paid
renacentista *adj. m., f.* Renaissance (11)
renacer (zc) to be reborn
Renacimiento Renaissance (11)
rendimiento performance
rendir to yield, render; **rendir homenaje** to pay homage
renovable renewable
renovación *f.* renewable
renuncia resignation (4)
renunciar to renounce; to resign (4)
reparación *f.* repair
reparar to repair
repartir to apportion
repasar to review
repaso review
repentino/a sudden
repetición *f.* repetition
repetir (i, i) to repeat (1)
replicar (qu) to argue
reportaje *m.* news report (5)
reportar to report
reportero/a reporter
representación *f.* representation; depiction; performance
representante *m., f.* representative
representar to represent, symbolize; to depict
representativo/a representative
represión *f.* repression (12)
represivo/a repressive (12)
reprobar (ue) to fail (2)
reproducido/a reproduced
reproductor *m.* **de MP3** MP3 player (5)
república republic; **República Dominicana** Dominican Republic
republicano/a Republican (2)
requerir (ie, i) to require
requisito requirement
resaltar to highlight; to stand out
rescatar to rescue, save
rescoldo ember; **rescoldos** *pl.* **del resentimiento** residual feelings of resentment
rescribir (*p.p.* **rescrito**) to rewrite
rescrito/a (*p.p. of* **rescribir**) rewritten
resentido/a resentful
resentimiento resentment; **rescoldos** *pl.* **del resentimiento** residual feelings of resentment
reseña review; report; account
reserva *n.* reserve
reservar to reserve
resfriado *n.* cold (*illness*)
residencia residence (7)
residencial residential; **zona residencial** residential area (7)
residente *m., f.* resident; **tarjeta de residente** resident (green) card (7)
residir to reside
resignado/a resigned
resistirse to resist
resolver (ue) (*p.p.* **resuelto**) to resolve
resonante tremendous
resorte *m.* means
respectivo/a respective
respecto respect; **con respecto a** with respect to (9); **respecto a** with respect to
respetable respectable
respetado/a respected
respetar to respect
respeto respect
respetuoso/a respectful
respirar to breathe
respiratorio/a respiratory
responder to respond
responsabilidad *f.* responsibility (4); **asumir responsabilidad** to assume / take on responsibility
responsable responsible (1)
respuesta answer
restablecer (zc) to reestablish
restaurante *m.* restaurant
restaurar to restore
resto rest; *pl.* remains
resuelto (*p.p. of* **resolver**) resolved
resultado result
resultar to result
resumen *m.* summary
resumir to summarize
Resurrección *f.*: **Pascua de Resurrección** Easter (3)
retener (*like* **tener**) to retain
retirarse to pull out, pull back
reto challenge
retórico/a rhetorical
retratar to portray
retrato portrait
retribuido/a paid
retroceso backward movement
reunión *f.* meeting; **reunión familiar** family reunion (3)
reunirse (me reúno) to meet, get together **reunir (reúno)** to reunite
revelar(se) to reveal
revisar to revise
revista magazine (5)
revoltillo jumble
revolución *f.* revolution
revolucionario/a revolutionary
rey *m.* king (10)

rezar (c) to pray (2)
rico/a rich; delicious **¡qué rico!** how delicious! (6)
riesgo risk
rigor *m.* strictness
rincón *m.* corner
río river
riqueza *s.* richness (7), wealth (7); riches
ritmo rhythm; **ritmo de la vida** pace of life (6)
rito rite, ritual (2)
ritual *m.* ritual
rizado/a curly; **pelo rizado** curly hair (1)
robar to rob, steal
robótico/a robotic
rodeado/a (de) surrounded (by)
rodilla knee; **estar** (*irreg.*) **de rodillas** to be kneeling down
rojo/a red
rol *m.* role
romano/a *n., adj.* Roman
romántico/a romantic
rompecabezas *m., inv.* puzzle
romper (*p.p.* **roto**) to break
ropa *s.* clothes, clothing
rosa *f.* rose; *m.* pink; *adj. inv.* pink
rostro face (1)
roto/a (*p.p. of* **romper**) broken; **está roto/a** it is broken (1)
rotundo/a substantial
rubio/a blonde (1); **pelo rubio** blond hair (1)
rueda wheel
ruido noise; **hacer** (*irreg.*) **ruido** to make noise
ruinas ruins (10)
Rumania Romania
rumano/a *n., adj.* Romanian
rumbo direction (12)
rumor *m.* murmur
ruta route
rutina routine

S

sábado Saturday
saber *irreg.* to know; to find out about; **saber** (+ *inf.*) to know how (*to do something*); **saber a** to taste like (6)
sabiduría wisdom
sabor *m.* flavor, taste
sabroso/a tasty, delicious; **¡qué sabroso!** how delicious! (6)
sacar (qu) to take out; to get, receive (*grade*)
sacerdote *m.* priest
sacudir to shake up
sagrado/a sacred
sal *f.* salt (6)
sala room; living room
salario salary
salir *irreg.* to leave; to go out
salsa de tomate ketchup
saltamontes *m. s.* grasshopper
saltar to jump; to go off, sound (*alarm*)
salud *f.* health
saludo greeting
salvaguardar to protect
salvar to save
san, santo/a saint
sanción *f.* sanction
sándwich *m.* sandwich
sangrante bleeding
sangre *f.* blood
sangriento/a bloody
sanitario/a *adj.* health
santo/a saint
satelital *adj.* satellite; **televisión** *f.* **satelital** satellite television
satélite *m.* satellite (5)
satisfacción *f.* satisfaction
satisfactorio/a satisfactory
satisfecho/a satisfied
se *refl. pron.* yourself (*form.*); himself, herself, itself; yourselves (*form. pl.*); themselves; (*impersonal*) one
secar (qu) to dry
sección *f.* section
secretario/a secretary
secreto *n.* secret
sector *m.* sector
secundaria secondary; **escuela secundaria** middle/high school (2)
sed *f.* thirst; **tener** (*irreg.*) **(mucha) sed** to be/feel (very) thirsty
seductor(a) *adj.* seductive
segmento segment
seguido/a continuous, consecutive; **en seguida** immediately (9)
seguir (i, i) (g) to follow; to continue
según according to
segundo/a *adj.* second; **en segundo lugar** in second place
seguridad *f.* security
seguro de vida/médico/dental life/medical/dental insurance (4)
seguro/a sure; **estar** (*irreg.*) **seguro** to be sure; **no estar** (*irreg.*) **seguro/a** to be unsure
seis six
seiscientos/as six hundred
selección *f.* selection
seleccionar to select
selva jungle (8); tropical rain forest (8)
semana week; **fin** *m.* **de semana** weekend
semanal weekly
semántico/a semantic
sembradora sower (*seeding machine*)
sembrar (ie) to sow (8)
semejante similar
semejanza similarity
semestre *m.* semester
semilla seed
seminario seminar
senado senate (12)
senador(a) senator (12)
sensación *f.* feeling
sensato/a sensible
sensible sensitive (1)
sentado/a seated; **estar** (*irreg.*) **sentado** to be seated/sitting
sentar(se) (ie) to sit (oneself down)
sentido sense; meaning; **(no) tener sentido** to (not) make sense; **tener** (*irreg.*) **sentido del humor** to have a sense of humor (1)
sentimental sentimental; **compañero/a sentimental** (life) partner (2)
sentimiento feeling
sentir(se) (ie, i) to feel; **sentirse capaz** to feel capable
señalar to signal
señor (Sr.) *m.* man; Mr.
señora (Sra.) woman; Mrs., Ms.
señorita (Srta.) young woman; Miss
separación *f.* separation
separar to separate
septembrino/a *adj.* (*relating to, occurring in*) September
septentrional northern
septiembre *m.* September
sequía drought (8)
ser *n. m.* being; **ser humano** human being
ser *v. irreg.* to be; **ser** (+ *p.p.*) to be (+ *p.p.*); **es buena idea** (+ *inf.*) it's a good idea (+ *inf.*); **es fascinante** (+ *inf.*) it's fascinating (+ *inf.*); **forma de ser** personality (1); **llegar (gu) a ser** to become; **o sea** that is (11); **según sea necesario** as necessary; **ser aburrido/a** to be boring (1); **ser antipático/a** to be unfriendly, unlikable (1); **ser bueno/a** to be (a) good (person); **ser callado/a** to be (a) quiet person (1); **ser calvo/a** to be bald (1); **ser cariñoso/a** to be

affectionate (1); **ser chistoso/a** to be funny (1); **ser cómodo/a** to be (a) comfortable (object); **ser conservador(a)** to be conservative (1); **ser de** to be of, from; **ser dudoso** to be doubtful; **ser egoísta** to be selfish (1); **ser frío/a** to be cold (*personality*) (1); **ser hablador(a)** to be talkative (1); **ser insensato/a** to be foolish (1); **ser insensible** to be insensitive (1); **ser listo/a** to be smart (1); **ser malo/a** to be (a) bad (person) (1); **ser mentiroso/a** to be a liar (1); **ser necesario** to be necessary; **ser para** to be for; **ser pelirrojo/a** to be a redhead (1); **ser progresista** to be liberal, progressive (1); **ser raro** to be unusual; **ser sensato/a** to be sensible (1); **ser sensible** to be sensitive (1); **ser simpático/a** to be nice, friendly, likeable (1); **ser tacaño/a** to be stingy (1); **ser terco/a** to be stubborn (1); **ser tímido/a** to be shy (1); **ser una lástima** to be a pity, shame; **ya sea** be it
seriamente seriously
serie *f.* series
seriedad *f.* seriousness
serio/a serious (1)
serpiente *f.* snake
servicio service; **servicio religioso** religious service (2); **servicios básicos** basic services
servidor server (5)
servir (i, i) to serve
sesenta sixty
sesgado/a biased
sesión *f.* session
setecientos/as six hundred
setenta seventy
severidad *f.* severity
severo/a severe
sexismo sexism
sexista *m., f.* sexist
sexo sex
sexto/a sixth
sexual sexual; **discriminación** *f.* **sexual** sexual discrimination (9)
si if; whether
sí yes; **sí mismo** (*pron. pers. reflex.*) yourself (*form. sing.*), oneself, himself, herself, yourselves (*form. pl.*), themselves
sicología psychology
siempre always; **siempre y cuando** as long as
siesta nap (6); **dormir (ue, u) la siesta** to take a nap (6); **echar una siesta** to take a nap
siete seven
sigla (capital) letter used to abbreviate a name (5)
siglo century (10)
significación *f.* meaning
significado meaning
significar (qu) to mean
signo sign
siguiente following, next
silencio silence
silla chair
simbólico/a symbolic
símbolo symbol (7)
simpatía sympathy
simpático/a nice, friendly, likeable (1)
simplemente simply
simplificación *f.* simplification
simplista *m., f.* simplistic
simultáneo/a simultaneous
sin without; **sin cesar** endlessly; **sin embargo** however (12); **sin que** *conj.* without
sincero/a sincere
sindical *adj.* union
sindicato labor union (4)
sinfín *m.* endless number
singularizar (c) to single out
sino but (rather); **no... sino** but rather (*opposition after a previous negative*)
sinónimo synonym
sinsabor *m.* trouble
síntesis *m.* synthesis
sintonizar (c) to tune in, surf (*television channel*)
siquiera *adv.* at least; **ni siquiera** not even
sistema *m.* system
sitio site; place; **sitio web** web site (5)
situación *f.* situation
soberano/a sovereign
soborno bribery
sobre on, on top of; above; about (9); **impuesto sobre** tax on (12); **sobre el tema de...** about . . . (9)
sobreesdrújula *accented on the syllable preceding the antepenultimate one*
sobremesa after-dinner conversation
sobrepoblación *f.* overpopulation (7)
sobresaliente outstanding
sobresalir *irreg.* to stand out; to excel
sobrevivir to survive
sobrino/a nephew/niece (3)
social social; **asistencia social** social work (9); **ciencias sociales** *f. pl.* social sciences (2); **discriminación** *f.* **social** social discrimination (9) **Red** (*f.*) **social** social network (5) **trabajador(a) social** social worker (4)
socialista *m., f.* socialist (2)
sociedad *f.* society; **sociedad anónima** limited, incorporated (*business*)
socio/a partner (4)
socioeconómico/a socioeconomic
sociología sociology
sociólogo/a sociologist
sofisticado/a sophisticated
soja soy
sol *m.* sun; **hace sol** it's sunny; **tomar el sol** to sunbathe
solamente only
solapado/a sly
solar solar; **energía solar** solar energy
soledad *f.* solitude (5); loneliness (5)
soler (ue) to tend, be accustomed to
solicitar to apply for
solicitud *f.* application (4)
solidaridad *f.* solidarity
solidario/a jointly responsible; supportive
sólo *adv.* only
solo/a alone
soltero/a single; **madre** *f.* **soltera** single mother
soltura: con soltura fluently
solución *f.* solution
solucionar to solve
sombrero hat
someter to undergo; to subject
sonar to sound; to ring
sonido sound
sonreír (sonrío) (i, i) to smile
sonriente smiling
sonrisa smile (1)
soñar (ue) (con) to dream (about)
sor (*title*) sister (*religious*)
sordo/a deaf (9)
sorprendente surprising
sorprender to surprise
sorprendido/a surprised
sorpresa surprise
sorpresivo/a unexpected
sospechar to suspect
sostener (*like* **tener**) to sustain (8)
sostenibilidad *f.* sustainability (8)
sostenible sustainable (8)
sostenido/a sustained; **desarrollo sostenido** sustained development
Sr. (señor) *m.* Mr.

Sra. (señora) *f.* Mrs., Ms.
Srta. (señorita) *f.* Miss
su *poss.* his, her, its, their, your (*form., s., pl.*)
subcomandante *(m., f.) person ranked below and reporting to the commander of an army*
subcultural subcultural
subdesarrollado/a underdeveloped
subdivisión *f.* subdivision
subir to go up; to climb; to rise; to get on
subida rise, climb
súbito/a sudden
subjetividad *f.* subjectivity
subjuntivo subjunctive
sublevación *f.* revolt (12); uprising (12)
sublevado/a rebel
submarino submarine
subordinado/a subordinate
subrayar to underline
subsistencia subsistence
subsistir to subsist
substituto substitute
subterráneo/a underground
suburbios *pl.* suburbs
subvertir (ie, i) to subvert
suceder to happen
sucesión *f.* succession
suceso incident
sucio/a dirty
Sudamérica South America
sudamericano/a South American
sudar to sweat
suegro/a father-in-law/mother-in-law (3)
sueldo salary (4); **aumento de sueldo** salary increase, raise (4)
suelo floor; ground
suelto/a loose
sueño dream; **sueño americano** American dream; **tener** (*irreg.*) **(mucho) sueño** to be (very) tired
suerte *f.* luck
suficiente sufficient
sufragio suffrage
sufriente *adj.* suffering
sufrimiento *n.* suffering
sufrir to suffer
sugerencia suggestion
sugerir (ie, i) to suggest
suicidarse to commit suicide
suizo/a Swiss
sujeto subject
suma sum
sumar to add
sumergido/a submerged
suministro supply
sumo/a supreme
supeditado/a subordinate
superar to exceed, pass; to advance (in life) (7); to excel (7); **superarse** to advance (in life) (7); to excel (7)
superficie *f.* surface
superior superior; **(persona) de un curso superior** upper classman
superioridad *f.* superiority; **tener** (*irreg.*) **complejo de superioridad** to have a superiority complex (1)
supermercado supermarket
supersónico/a supersonic
superpoblado/a overcrowded
supervisor(a) supervisor (4)
supervivencia survival
suplemento supplement
suplicar (qu) to beg
suposición *f.* supposition
suprimir to abolish
supuestamente supposedly
supuesto/a supposed; **por supuesto** of course
sur *m.* south
surgir (j) to surface
surrealista *m., f.* surrealist (11)
suspender to fail (2)
suspensión *f.* suspension
suspenso suspense; **estar** (*irreg.*) **en suspenso** to be in suspense
suspiro sigh
sustantivo noun
sustentable sustainable
sustento sustenance, food
sustitución *f.* substitution
sustituir (y) to substitute, replace
suyo/a *poss.* your, of yours (*form. s., pl.*); his, of his; her, of hers; their, of theirs

T

tabaco tobacco
tabaquería tobacco shop
tabaquista *m., f.* smoker
tabla table
tableta tablet (5)
tacaño/a stingy (1)
tal such, such as; **con tal (de) que** provided that (8); **de tal manera** in such a way; **de tal palo tal astilla** a chip off the old block; **¿qué tal?** how's it going?, how are you?; **tal vez** perhaps
talante *m.* attitude, temper
talar to fell, cut trees
talento talent
talismán *m.* talisman
tallado/a carved
tamal *m. Mex.* tamale (*dish of minced meat and red peppers rolled in cornmeal wrapped in corn husks or banana leaves*)
tamalada *tamale-making and/or tamale-eating event*
tamaño size
también also
tambor *m.* drum
tambora drum
tamizado/a sifted
tampoco neither, not either
tan so; **tan... como** as . . . as; **tan pronto como** as soon as; **tan sólo** only
tanque *m.* tank
tanto *adv.* so much; as much; **por (lo) tanto** therefore (11); **tanto como** as much as
tanto/a *adj.* so much; *pl.* so many; **tanto(s)/tanta(s)... como** as many . . . as
tardar to take (a long) time; **...tarda años/minutos** . . . takes years/minutes
tarde *n. f.* afternoon; *adv.* late; **de la tarde** in the afternoon; P.M.; **toda la tarde** all afternoon
tarea homework
tarjeta card; **tarjeta de crédito** credit card; **tarjeta de residente** resident (green) card (7)
tasar to value
tatuarse (me tatúo) to get a tattoo (on one's body)
taxista taxi driver
taza cup (6), mug
te *d.o.* you (*fam. s.*); *i.o.* for you (*fam. s.*); *refl. pron.* yourself (*fam. s.*)
té *m.* tea
teatro theater; **grupo de teatro** theatrical group (2); **ir** (*irreg.*) **al teatro** to go to the theater (6)
techo ceiling
tecla key (5)
teclado keyboard (5)
técnico/a *n.* technician; *adj.* technical **técnica** *n.* skill; **técnico/a en programacíon** programming technician (4)
tecnología technology
tecnológico/a technological

tela fabric
telefónico/a *adj.* telephone
teléfono telephone (5); **hablar por teléfono** to talk on the telephone; **teléfono móvil/celular** cell phone (5)
telegrafía telegraph office
telegrafista *m., f.* telegrapher
telégrafo telegraph
telenovela *serial drama similar to a soap opera*
televisión *f.* television (*broadcasting*) (5); **canal** *m.* **de televisión** television channel (5); **televisión por cable** cable television
televisivo/a *adj.* television
televisor *m.* television set
telgopor *m.* styrofoam
telón *m.* curtain; **telón de fondo** background
tema *m.* theme, topic (9); issue (9); **sobre el tema de...** about . . . (9); **tema principal** main idea
temer to fear
temor *m.* fear
temperatura temperature
tempestad *f.* storm
templo temple
temprano early
tendencia tendency
tender
tenedor *m.* fork
tener *irreg.* to have; **tener... años (de edad)** to be . . . years old; **tener buen/mal carácter** to have a nice/unfriendly personality (1); **tener complejo de superioridad/inferioridad** to have a superiority/inferiority complex (1); **tener en cuenta** to keep in mind; **tener (mucha) hambre** to be/feel (very) hungry; **tener (mucha) prisa** to be in a (real) hurry; **tener (mucha) sed** to be/feel (very) thirsty; **tener (mucha) vergüenza** to be/feel (very) ashamed/bashful; **tener (muchas) ganas (de)** to be (really) in the mood (for); to feel like; **tener (mucho) calor/frío** to be/feel (very) hot/cold; **tener (mucho) cuidado** to be (very) careful; **tener (mucho) miedo (de) / terror (a)** to be/feel (very) afraid (of); **tener (mucho) sueño** to be/feel (very) sleepy; **tener la culpa** to be to blame; **tener papeles** to have legal papers (7); **tener razón** to be right; **tener sentido** to make sense; **tener sentido del humor** to have a sense of humor (1)
tensión *f.* tension
tentador(a) tempting
teñir(se) to dye (one's hair)
teoría theory
terapista *m., f.* therapist
tercer, tercero/a third; **Tercer Mundo** Third World
tercio *n.* third
terco/a stubborn (1)
térmico/a *adj.* thermal
terminación ending
terminar to finish; **para terminar** finally (12)
término term
terreno land; piece of property
terrestre *adj.* land
territorio territory (10)
terror *m.* terror; **tener** (*irreg.*) **(mucho) terror (a)** to be (very) afraid (of)
terrorismo terrorism
terrorista *m., f.* terrorist
tertulia get-together, social gathering
tesis *f.* thesis
tesoro treasure
testigo/a witness; **testigo de Jehová** Jehovah's Witness (2)
textear to text (5)
texto text
ti *obj. of prep.* you (*fam. s.*)
tiempo time; weather; **a tiempo** on time; **al mismo tiempo** at the same time; **¿cuánto tiempo hace que... ?** how long has it been since . . . ?; **durante mucho tiempo** for a long time; **hace buen tiempo** the weather is nice; **tiempo libre** free time (6); **tiempo verbal** verbal tense
tienda store **tierra (planeta)** earth; land; soil (8); **mi/tu/(...) tierra** my / your / (. . .) homeland (7)
tijeras *pl.* scissors
tímido/a shy (1)
tío/a uncle/aunt
típico/a typical
tipo type, kind
tiranía tyranny
tiránico/a tyrannical
tirar to throw
tiro gunshot
titulado/a titled
titularse to be entitled; to graduate, receive a degree
título title; degree, diploma
toalla towel
tobillo ankle
tocar (qu) to touch; to play (*musical instrument*); to be one's turn; **le toca . . .** it is his/her/your (*form. s.*) turn
todavía *adv.* still; **todavía no** not yet
todo/a *adj.* all, all of, every; **todo el mundo** everyone; **por todas partes** everywhere
todo *n.* whole; *pron.* all; everything; **todos** everyone
tolerancia tolerance
tolerar to tolerate
tolteca *adj. m., f.* Toltec
tomar to take; to drink; to eat; to take (*an amount of time*); **tomar el sol** to sunbathe; **tomar fotos** to take pictures; **tomar una decisión** to make a decision
tomate *m.* tomato
tonelada ton
tono tone
tonto/a dumb, silly (1); foolish
toque *m.* touch
torero bullfighter
tormenta storm
torneo tournament
torno: en torno a about, around
torpe clumsy
torre *f.* tower (11)
torturado/a tortured
totalidad *f.* totality
totalmente totally
trabajador(a) *m.* worker; *adj.* hard-working; **trabajador(a) social** social worker (4)
trabajar to work; **capacidad** *f.* **de trabajar en equipo** the ability to work as a team (4)
trabajo work (2); **compañero/a de trabajo** work associate (2); **trabajo (a tiempo completo/parcial)** (full-time/part-time) job (4)
tradición *f.* tradition
traducción *f.* translation
traducir (zc) to translate
traductor(a) translator
traer *irreg.* to bring
tráfico traffic
tragedia tragedy
trágico/a tragic

traje *m.* suit
trama plot
tranquilidad *f.* peace, calmness
tranquilo/a calm, peaceful
transado/a sold
transcendencia transcendence
transformar to transform, change
transgénico/a genetically modified
transición *f.* transition
transmitir to transmit
transporte *m.* transportation
tras *prep.* after; behind
trasfondo background
trasladar to move
trasnochar to stay up all night (6)
traspasar to cross over/through
traspiés *m. inv.* stumble
trasuntar to transcribe
tratado treaty (12); **Tratado de Libre Comercio (TLC)** North American Free Trade Agreement (NAFTA) (12)
tratamiento treatment
tratar to treat; **tratar de** to try to; **tratarse de** to be about, concern
través: a través through, by means of
trayectoria trajectory
trazado design
trece thirteen
treinta thirty
tremendo/a tremendous; terrible
tres three
trescientos/as three hundred
triángulo triangle
trigo wheat
trigueño/a light-brown
triste sad
tristeza sadness
triunfar to triumph
trivialidad *f.* triviality
trono throne
tropas troops
trópico tropic
trópicos tropics
trozo small piece
tu *poss.* your (*fam. s.)*
tú *subj. pron.* you (*fam. sing*)
tuit (Tweet) *m.* Tweet (5)
tumba tomb (10)
tuna *Sp.* musical group formed by students
tupido/a dense
turbulencia turbulence
turismo tourism
turista *n. m., f.* tourist
turístico/a *adj.* tourist
turnarse to take turns
turno turn; **por turno** by taking turns
tuyo/a *poss.pron.* your, of yours (*fam. s.*)

U

u or (*used instead of* **o** *before words beginning with* **o** *or* **ho**)
ubicación *f.* location
ubicar (qu) to locate; **ubicarse** to be located
Ud. [usted] you (*form. s.*)
Uds. [ustedes] you (*form. pl.*)
ufanarse to boast
ulterior subsequent
últimamente lately
último/a last; latest; **la última vez** the last time; **por último** lastly
ultravioleta ultraviolet; **radiación** *f.* **ultravioleta** ultraviolet radiation
umbral *m.* threshold
un, uno/a one; a, an
únicamente only, solely
único/a *adj.* only; unique; **hijo/a único/a** only child (3); **lo único** the only thing
unidad *f.* unit; unity
unido/a united; **Estados Unidos** United States; **estar** (*irreg.*) **unidos** to be close (*familiar*) (3); **Naciones Unidas** United Nations; **programa** *m.* **de estudios de Estados Unidos** American Studies program
unificar (qu) to unify
unión *f.* union; **Unión Europea (UE)** European Union (12)
unir to unite, join
universidad *f.* university; **compañero/a de universidad** university classmate (2)
universitario/a (*pertaining to*) university; **profesor(a) universitario/a** university professor (4); **vida universitaria** university life
universo universe
urbanismo urbanism; relating to city life
urbanístico/a *adj.* urban, (*pertaining to*) city/town
urbano/a *adj.* urban, (*pertaining to*) city/town
urbe *f.* city
urdimbre *f.* fabric
urgencia urgency
urgente urgent; **ser** (*irreg.*) **urgente** to be urgent
usar to use
uso *n.* use
usted (Ud., Vd.) *sub. pron.* you (*form. sing.*); *obj. of prep.* you (*form. s.*)
ustedes (Uds., Vds.) *sub. pron.* you (*form. pl.*); *obj. of prep.* you (*pl.*)
usuario/a *m., f.* user (5)
usurpación *f.* usurpation
utensilio utensil
útil useful
utilidad *f.* usefulness; utility
utilización *n. f.* use
utilizar (c) to utilize, use
utopía Utopia
utópico/a Utopian

V

vacaciones *f. pl.* vacation (6); **estar** (*irreg.*) **de vacaciones** to be on vacation (6)
vacilar to waver, hesitate
vacío gap; space; emptiness
vacuna vaccination
vago/a vague; lazy
valer *irreg.* to be worth; **no valer nada** to be worthless; **valer un Perú** to be worth one's weight in gold
válido/a valid
valientemente valiantly
valioso/a precious, valuable
valle *m.* valley (8)
valor *m.* value
valoración *f.* valuation, appraisal
variado/a varied
variar to vary
varicela chicken pox
variedad *f.* variety
varios/as *pl.* several, various
varita wand; **varita mágica** magic wand
varón *m.* male; man (9)
vasija pot; **vasija de barro** clay pot
vaso (drinking) glass (6)
vasto/a vast, huge
vecino/a neighbor
vegetal *n. m., adj.* vegetable; plant
vehículo vehicle
veinte twenty
veinticinco twenty-five
veinticuatro twenty-four
vejez *f.* old age
vela sail; candle (6); **en vela** awake; **vela encendida** lit candle
velada evening, nocturnal event
vendedor(a) salesperson (4); vendor; **vendedor(a) ambulante** street vendor

vender to sell
venezolano/a *adj.* Venezuelan
venganza revenge
venir *irreg.* to come
venta sale
ventaja advantage (5)
ventana window
ver *irreg.* to see; to watch; **ver la televisión** to watch television; **ver una película** to watch a movie; **verse** to see oneself; to see each other; to look, appear
verano summer
verdad *f.* truth; **de verdad** truly, really; **es verdad** that's right (true); it's true
verdadero/a true, real, genuine
verde green; **ojos verdes** green eyes (1)
vergonzoso/a embarrassing
vergüenza embarrassment; **¡qué vergüenza!** how embarrassing!; **tener** (*irreg.*) **(mucha) vergüenza** to be/feel (very) ashamed/bashful
verificación *f.* verification
versión *f.* version
verter (ie) to pour
vertiente *f.* aspect, side
vestido dress
vestimenta clothing
vestir (i, i) to dress; **vestirse** to get (oneself) dressed
veterano/a *n.* veteran
vez *f.* (*pl.* **veces**) time; **a la vez** at the same time; **a veces** sometimes; **alguna vez** once, ever; **algunas veces** sometimes; **cada vez** each, every time; **de vez en cuando** once in a while; **en vez de** instead of; **esta vez** this time; **había una vez** once upon a time; **otra vez** again; **por primera vez** for the first time; **rara vez** rarely; **tal vez** perhaps; **la última vez** last time; **una vez** once; **varias veces** several times
vía road; way; **países** *m. pl.* **en vías de desarrollo** developing countries (8); **por vía marítima** by sea
viajar to travel (6)
viaje *m.* trip; **estar** (*irreg.*) **de viaje** to be on a trip
vibrante vibrant
viceversa vice versa
vicio vice
víctima *m., f.* victim
vicuña vicuna (*mammal native to Andean region*)
vida life (6); **nivel** *m.* **de vida** standard of living (6); **ritmo de la vida** pace of life (6); **vida universitaria** university life (2)
vídeo video
viejo/a *adj.* old; *n.* elderly man/woman
viento wind; **hace viento** it's windy
vientre *m.* belly
vigencia validity
vikingo Viking
vinagre *m.* vinegar
vinculado/a linked
vínculo link
vino wine; **vino blanco/tinto** white/red wine
viñeta vignette
violación *f.* rape; violation
violar to violate
violencia violence (9); **violencia doméstica** domestic violence
violeta violet
violín *m.* violin
virgen virgin; **Virgen de Guadalupe** Virgin of Guadalupe; **Virgen María** Virgin Mary
virginidad *f.* virginity
virreinato viceroyalty
virrey *m.* viceroy
virtud *f.* virtue
visión *f.* vision
visitante *m., f.* visitor
visitar to visit
vislumbrar to glimpse; to envision
vista view; **punto de vista** point of view
vitae: currículum *m.* **vitae** résumé, CV (4)
vitalicio/a life-long
vivencia experience
vivienda *n.* housing
vivir to live
vivo/a alive; **en vivo** live
vocabulario vocabulary
vocal *f.* vowel
volar (ue) to fly
volcán *m.* volcano
voluntad (de) *f.* willpower; will; willingness **contra mi/tu voluntad** against my/your will/wishes; **una férrea voluntad** an iron will
voluntario/a voluntary
volver (ue) to return; **volverse** to become
vos *s. fam.* you (*used instead of* **tú** *in certain regions of Central and South America*)
vosotros/as *pl. fam.* you (*Sp.*)
votar to vote (12)
voto *n.* vote (12)
voz *f.* (*pl.* **voces**) voice (9); **en voz alta** out loud
vuelo flight; **asistente** *m., f.* **de vuelo** flight attendant (4)

W

web *m.* (World Wide) Web; **página web** web page (5); **sitio web** web site (5)
wifi *m.* wifi (5)

Y

y and
ya already; yet; now; **ya no** no longer; **ya que** due to the fact that
yerno son-in-law (3)
yo *sub. pron.* I
yoruba *adj.* Yoruba
yuca yucca, cassava, manioc
yucateca *m., f.* of or pertaining to the Yucatan Peninsula

Z

zapatista *m., f,* Zapatista (*follower of Emiliano Zapata, leader of the Mexican Revolution; participant in the uprising of indigenous peoples in the state of Chiapas, Mexico, in 1994); adj. m., f.* Zapatista; **Ejército Zapatista de Liberación Nacional** (EZLN) Zapatista National Liberation Army; **movimiento zapatista** Zapatista uprising
zapato shoe
zócalo *Mex.* plaza, town square
zona zone; **zona residencial** residential area (7)

Credits

Front Matter

Page i: © Brand X Pictures/Jupiterimages RF; **iii:** © Andersen Ross/Blend Images RF; **v:** © Mark Gall/The Washington Post/Getty Images; **viii**: Sopa de pescado images with permission by IMCINE **x** (top to bottom): © Jeremy Woodhouse/Blend Images/Getty Images RF; © Punchstock/Digital Vision RF; © Ryan McVay/Getty Images; **xi**: (top to bottom): © Creatas Images/Jupiter Images RF; © Adam Crowley/Getty Images RF; © SIME/eStock Photo-All rights reserved; **xii**: © Katie Orlinksy/Corbis; © PBNJ Productions/Blend Images LLC RF; © Punchstock/Digital Vision RF; **xiii** (top to bottom): © Royalty Free/Corbis; © Tony Arruza/Corbis; © Victor Baldizon/Latin Content/Getty Images; **xiv**: Niña que espera images with permission by IMCINE.

Chapter 1

Opener: © Jeremy Woodhouse/Blend Images/Getty Images RF; **1**: Clara como el agua images with permission by Fernanda Rossi; **2**: © BananaStock/PunchStock RF; **3**: Clara como el agua images with permission by Fernanda Rossi; **4**: © Jon Feingersh/Blend Images LLC RF; **5** (top): © Design Pics/Don Hammond RF; **5** (bottom): © Steve Cole/Getty Images RF; **7** (clockwise, from top left): © BananaStock/JupiterImages RF; © Design Pics/Darren Greenwood RF; © Tristan Savatier/Getty Images RF; © Fancy Collection/SuperStock RF; **8**: © Photodisc/Getty Images RF; **9**: © Bedford Falls/Initial ENT/The Kobal Collection at Art Resource, NY; **11**: © Amos Morgan/Getty Images RF; **12**: © Erik Isakson/Getty Images RF; **13**: © Image Source/Punchstock RF; **14**: © Andrew Watson/Photolibrary/Getty Images; **15**: © Stockdisc/Punchstock RF; **16**: © RF/Corbis; **17** (top): © Deshakalyan Chowdhury/AFP/Getty Images; **17** (bottom): © Tom Grill/Corbis RF; **18** (top left): © Corbis RF; **18** (bottom right): © Don Tremain/Getty Images RF; **19**: © Erich Lessing/Art Resource, NY; **20**: © Comstock Images/SuperStock RF; **21** (top): © Jeff Greenberg/Alamy; **21** (bottom): © Spike Mafford/Photodisc/Getty Images RF; **22**: © Ryan McVay/Getty Images RF; **23**: © Michael T. Sedam/Corbis; **24** (top left): © Dr. Parvinder Sethi; **24** (bottom left): © Image Source/Punchstock RF; **24** (right): © Rubberball/Getty Images RF; **29**: © JB Lacroix/WireImage/Getty Images; **30**: © Ian McKinnell/Photographer's Choice/Getty Images; **31** (left): © Brian To/FilmMagic/Getty Images; **31**(right): © Lloyd Bishop/NBC/NBCU Photo Bank /Getty Images.

Chapter 2

Page 32: © Punchstock/Digital Vision RF; **33**: Niña que espera images with permission by IMCINE; **34**: © Comstock Images/Jupiterimages RF; **35**: Niña que espera images with permission by IMCINE; **36**: © Jan Cook/Getty Images; **37** (top): © AP Photo/Michael Probst; **37**(bottom): © Digital Vision/Getty Images RF; **38** (left): © Comstock Images/PictureQuest RF; **38** (middle): © BananaStock/JupiterImages RF; **38** (right): © Digital Vision RF; **39** (top row, left to right): © Lawrence Manning/Corbis RF; © Age fotostock/SuperStock; © Corbis RF; (middle row, left to right): © Ingram Publishing/SuperStock RF; © Reza Estakhrian/Getty Images; © Andersen Ross/Blend Images/Getty Images RF; (bottom row): © AP Photo/Misha Japaridze; **40**: © Hubert Stadler/Corbis; **43** (top): © The McGraw-Hill Companies, Inc./Gary He, photographer; **43** (bottom): © BananaStock/PictureQuest RF; **44**: © Hill Street Studios/Getty Images RF; **45**: © Blend Images/Getty Images RF; **47**: © Maria Teijeiro/age fotostock RF; **48**: © Ingram Publishing/age fotostock RF; **49**: © Blend Images/Jupiterimages RF; **50**: © Getty Images/Digital Vision RF; **52**: © Photodisc/Getty Images RF; **53**: © Dynamic Graphics/JupiterImages RF; **55**: © Stockbyte/Punchstock RF; **56**: Courtesy of Lisa Sette Gallery; **58** (top): © EPA Photo/EFE/Paco Torrente/Newscom; **58** (bottom): © Photodisc/Getty Images RF; **61**: © Blend Images/Alamy.

Chapter 3

Page 62: © Ryan McVay/Getty Images; **63**: Sopa de pescado images with permission by IMCINE; **64**: © Jose Luis Pelaez Inc./Blend Images/Getty Images RF; **65**: Sopa de pescado images with permission by IMCINE; **66**: © Ryan McVay/Getty Images RF; **67** (top): © Stewart Cohen/Getty Images RF; **67** (bottom): © Purestock/PunchStock RF; **68**: © 1988 Carmen Lomas Garza, oil on linen mounted on wood, 24 x 32 inches. Photo by M. Lee Fatherree. Collection of Paula Maciel-Benecke and Norbert Benecke, Aptos, California; **69** (left to right): © Comstock Images/Punchstock RF; © Ryan McVay/Getty Images RF; © BananaStock/age fotostock RF; **70**: © Håkan Sandbring/Syd /age fotostock; **71**: © BananaStock/Punchstock RF; **72** (top): © Corbis RF; **72** (bottom): © Bettmann/Corbis; **73**: © moodboard/Corbis RF; **74**: © Milton Montenegro/Getty Images RF; **75**: © Mike Kemp/Rubberball/Corbis RF; **77** (top): © Image Source/Getty Images RF; **77** (bottom): © Index Stock Imagery/JupiterImages/Getty Images; **78**: © iStockphoto.com/Stacy Barnett; **79**: © Photodisc RF; **80** (top): Courtesy of Diana Bryer; **80** (bottom): © Brand X Pictures/Punchstock RF; **81**: © Nancy Brown/Getty Images; **82**: © BananaStock/PictureQuest RF; **83**: © Daniel Garcia/AFP/Getty Images; **85**: © Javier Lizon/EPA/Newscom; **86**: © Vasiliki Varvaki/Getty Images RF; **87**: © Kevork Djansezian/Getty Images.

Chapter 4

Page 88: © Creatas Images/Jupiter Images RF; **89**: Ellas se aman images with permission by Hol y Asociados S.A. with thanks to Laura Astorga; **90**: © Pixtal/age fotostock RF; **91**: Ellas se aman images with permission by Hol y Asociados S.A. with thanks to Laura Astorga; **92** (top): © 1998 Image Ideas, Inc. RF; **92** (bottom): © Corbis RF; **93**: © Jack Star/PhotoLink/Getty Images RF; **94** (left): © The McGraw-Hill Companies, Inc./Valerie Martin, photographer; **94** (right): Courtesy of Jose Berni; **96**: © Image Source/Veer RF; **97** (top): © M.Sobreira/Alamy; **97** (bottom): © Steve Hix/Somos Images/Corbis RF; **98** (top): © Steve Cole/Getty Images RF; **98** (bottom, left to right): © Fuse/Jupiter Images RF; © Ryan McVay/Getty Images RF; © Max Oppenheim/Getty Images; **99** (left): © John Lund/Drew Kelly/Blend Images LLC RF; **99** (right): © Janis Christie/Getty Images RF; **101**: © Eyewire/Getty Images RF; **102**: © Corbis RF; **104**: © Leon Neal/AFP/Getty Images/Newscom; **105**: © Bettmann/Corbis; **107**: © RubberBall Productions RF; **111**: © Zuma Press/Newscom.

Chapter 5

Page 112: © Adam Crowley/Getty Images RF; **113**: La barbería images with permission by Universidad ORT Uruguay; **114**: © Agencia el Universal/Tanya Guerrero/Newscom Images; **115**: La barbería images with permission by Universidad ORT Uruguay; **116** (top): © Corbis RF; **116** (bottom): © Photo by David Paul Morris/Getty Images; **117**: © Ingram Publishing/age fotostock RF; **118**: © Photodisc/Getty Images RF; **120** (top): © The Granger Collection, New York; **120** (bottom): © Melissa Farlow/National Geographic/Getty

Images; **121**: © Chris Collins/Corbis; **122**: © Blend Images/Punchstock RF; **123**: © Mike Harrington/Getty Images RF; **124**: © Digital Vision/Getty Images RF; **126**: © Corbis RF; **127** (top): © CMCD/Getty Images RF; **127** (bottom): © Photodisc/Getty Images RF; **128**: © Zefa/Corbis RF; **129** (bottom): © PRNewsFoto/NEC Solutions (America), Inc./ AP Wide World Photos; **130** (top to bottom): © Meredith Davenport/AFP/Getty Images; Courtesy of NASA; © AP Photo/Tony Gomez; Photo by Steve Gilbert, Courtesy of Edmond Yunis; **131**: © Mike Theiss/National Geographic/Getty Images; **132**: © Cornell University Photography; **135**: © Scott Dalton/ New York Times/Redux Pictures.

Chapter 6

Page 136: © SIME/eStock Photo-All rights reserved; **137**:Feng shui images with permission by Universidad ORT Uruguay; **138**: © Tull/Robert Harding/Newscom; **139**:Feng shui images with permission by Universidad ORT Uruguay; **140**: © Stockdisc/ Getty Images RF; **141** (top): © Dennis MacDonald/Alamy RF; **141** (bottom): © Jules Frazier/Getty Images RF; **142**: © Digital Vision/Getty Images RF; **143**: (top): Courtesy of Museo Bellapart; **143** (bottom): © Pablo Corral V/Corbis; **145** (left to right): © Aizar Raldes/AFP/Getty Images; © Robert Harding Picture Library Ltd./Alamy; © Photodisc/ Alamy Images RF; © Jorge R Gonzalez Chiapas /Alamy RF; **146**: © Don Farrall/Getty Images RF; **147**: © PhotoAlto/Veer RF; **148**: © Edward McCain; **149** (top): © Mitch Hrdlicka/Getty Images RF; **149** (bottom): © Design Pics/Darren Greenwood RF; **150**: © Comstock/Punchstock RF; **151**: © ER Productions/Getty Images; **153** (top): © Alison Wright/Corbis; **153** (bottom): © iStockphoto. com/David Livingston; **154**: © C Squared Studios/Photodisc/Getty Images RF; **155**: © Krzysztof Dydynski/Lonely Planet Images/ Getty Images; **157**: © Maryellen Baker/ FoodPix/Getty Images; **159**: © Monkman/ Getty Images RF; **160**(left): © Don Klumpp/ Photographer's Choice/Getty Images; **160** (right): © Liane Cary/age fotostock; **161**: © Rick D'Elia/Corbis.

Chapter 7

Page 162: © Katie Orlinksy/Corbis; **163**: Camión de carga images with permission by Florida State University with thanks to Juan Sebastián Jácome; **164**: © Digital Vision/ PunchStock RF; **165**: Camión de carga images with permission by Florida State University with thanks to Juan Sebastián Jácome; **167**: Courtesy of the IDB Photo Library Unit; **168** (top): © Digital Vision/ Getty Images RF; **172**: © prettyfoto /Alamy RF; **173** (top): © Alonso Castillo/Reuters/ Landov; **173** (bottom): (man with beard): © Royalty Free/Corbis; (cartwheels): © Brand X Pictures RF; (windsurfing): © Brand X/ JupiterImages RF; (graduates): © Purestock/ SuperStock RF; (medal): © Brand X Pictures/ Punchstock RF; (girl and rabbit): © Fancy Collection/SuperStock RF; (guitar): © Hill Street Studios/Blend Images LLC ; (runner's feet): © Digital Vision/Getty Images RF; (teen couple): © SW Productions/Getty Images RF; (Mexican hat): © DreamPictures/ Blend Images LLC; (dog): © Jarvell Jardey/ Alamy; (lake and rocks): © Design Pics/Don Hammond RF; (high heels): © Brand X Pictures RF; (car): © Glow Images RF; (epitaph): © Annie Reynolds/PhotoLink/ Getty Images RF; (hand gesture): © Ingram Publishing/Fotosearch; (friends): © Punchstock/Brand X Pictures RF; **174** (left to right): © Frank Micelotta/Getty Images; © Thos Robbins/Getty Images; © Victor Rojas/ Getty Images; © Ilya S. Savenok/Getty Images; **175**: © PhotoAlto/PictureQuest RF; **176**: © RubberBall Productions RF; **177**: © AP Wide World Photos; **179**: Courtesy of Alfredo Jaar; **180**: Courtesy of Gustavo Pérez Firmat; **181**: © Karen Bleier/AFP/Getty Images; **183**: © Comstock/PictureQuest RF; **185**: © Blend Images/Ariel Skelley/Getty Images RF.

Chapter 8

Page 186: © PBNJ Productions/Blend Images LLC RF; **187**: Salomón images with permission by Agencia Freak;**188**: © Stephen Reynolds; **189**: Salomón images with permission by Agencia Freak; **190**: © Photolink/Getty Images RF; **192** (top, left to right): © Royalty Free/Corbis; © Ralph Lee Hopkins/National Geographic/Getty Images; (bottom, left to right): © Dr. Parvinder Sethi; © Digital Vision/Getty Images RF; **193**: Courtesy of Jose Berni; **194** (all): Courtesy of Kyle Szary; **195**: © image 100 Ltd RF; **196**: © Photolink/Getty Images RF; **197**: © Echo/ Getty Images RF; **198**: © Comstock Images/ Alamy RF; **199**: © Earth Imaging/Stone/ Getty Images; **200**: © Max Power/Corbis RF; **201**: © Royalty Free/Corbis; **203**: © Steve Cole/Getty Images RF; **206**: © IT Stock/PunchStock RF; **208**: © sozaijiten/ Datacraft/Getty Images RF; **209**: © Nigel Cattlin/Alamy; **211**: © Claudia Daut/Reuters/ Corbis Images.

Chapter 9

Page 212: © Punchstock/Digital Vision RF; **213**: Quince años images with permission by IMCINE; **214**: © Julio Etchart/Alamy; **215**: Quince años images with permission by IMCINE; **216**: © Jeremy Woodhouse/ Masterfile RF; **218**: © Library of Congress Prints and Photographs Division, LC-USZ62-126557; **220**: © AP Wide World Photos; **221** (top): © Steve Petteway, Supreme Court of the United States; **221** (bottom): © Daniel Garcia/AFP/Getty Images; **222**: © Ingram Publishing/agefotostock RF; **223**: © Yolanda Lopez; **224** (top): © Daniel Aguilar/ Reuters/Landov; **224** (bottom): © Ryan McVay/Getty Images RF; **225** (top): © AP Wide World Photos; **225** (bottom): Courtesy of Marie Hickey; **226**: Courtesy of Max Ehrsam; **227**: © Corbis RF; **228**: © George Skene/ KRT/Newscom; **231**: © AP Photo/Laramie Daily Boomerang, Andy Carpenean; **232**: Photo by Wolfgang Binder © 2008, Courtesy of Tino Villanueva; **233**: © Royalty Free/ Corbis; **235**: © BananaStock/age fotostock RF.

Chapter 10

Page 238: © Royalty Free/Corbis; **239**: El último viaje del Almirante images with permission by Cesna Producciones – thanks to Roberto Lozano; **240**: Watercolor and gouache on paper, Jay I. Kislak Collection, Library of Congress, © Banco de Mexico Diego Rivera & Frida Kahlo Museums Trust; **241**: El último viaje del Almirante images with permission by Cesna Producciones – thanks to Roberto Lozano; **243** (top): Library of Congress, Prints and Photographs Division (LC-USZ62-105062); **243** (bottom): © Gianni Dagli Orti/Corbis; **244**: © Royalty Free/ Corbis; **245**: © Mark Karrass/Corbis RF; **248**: © Comstock/Punchstock RF; **249** (top): © Image 100/Corbis RF; **249** (bottom): © Steve Cole/Getty Images RF; **250**: © DEA/ G. DAGLI ORTI/De Agostini/Getty Images; **251**: © BananaStock/Punchstock RF; **252**: © Copyright 1997 IMS Communications Ltd./ Capstone Design. All Rights Reserved; **253**: © Royalty Free/Corbis; **254**: © Workbook Stock/Jupiterimages/Getty Images; **255**: © Thierry Lauzun/Iconotec.com RF; **257**: © Adalberto Rios Szalay/Sexto Sol/Getty Images RF; **258**: © Royalty Free/Corbis; **259**: © Orlando Sierra/AFP/Getty Images; **260** (top):

Clementine/Stone/Getty Images; **260** (bottom): © JupiterImages/Getty Images; **263**: © Florian Kopp Image Broker/Newscom.

Chapter 11

Page 264: © Tony Arruza/Corbis; **265**: *Medianeras* images with permission by Rizoma Films; **266**: © J.Bedmar/Iberfoto/The Image Works; **267**: *Medianeras* images with permission by Rizoma Films; **268** (top): © Digital Vision/PunchStock RF; **268** (bottom): © Album/J.Enrique Molina/Newscom; **269** (top): © Gonzalo Azumendi/age fotostock; **270** (left to right): © Michael Freeman/Corbis; © Rodrigo Buendia/AFP/Getty Images; **271** (top): © SuperStock/SuperStock; **271** (bottom): © RF/Corbis; **272**: © Mireille Vautier/Alamy;**273**: Courtesy of Kyle Szary; **274**: © Fuse/Getty Images RF; **275**: © Photodisc Collection/Getty Images RF; **276**: © Alain Machet (4)/Alamy; **277**: © Hisham Ibrahim/Photov.com/Alamy RF; **278**: © Stock Trek/Getty Images RF; **279**: © The Art Archive/National History Museum Mexico City/Collection Dagli Orti; **280**: © Roberto Valcárcel; **281**: © Tony Albir/epa/Corbis; **282**: © David Hogan/Flickr/Getty Images; **285**: © Jim West/age fotostock.

Chapter 12

Page 286: © Victor Baldizon/Latin Content/ Getty Images; **287**: El amor a las cuatro de la tarde images with permission by Agencia Freak;**288**: © Vittorio Zunino Celotto/Getty Images; **289**: El amor a las cuatro de la tarde images with permission by Agencia Freak; **290**: © David Ramos/Getty Images; **291**: © 4045 German Miranda/dpa/Corbis; **292** (left to right): © Stan Honda/AFP/Getty Images; © Olivier Douliery/Abaca Press/MCT/Newscom; **293**: © Lori Barra; **294**: © Tomas Bravo/ Reuters/Corbis; **295**: © Keith Brofsky/Getty Images RF; **296**: © Burke Triolo Productions / Getty Images RF; **297**: © Langevin Jacques/ Corbis Sygma/Corbis; **298**: © Jack Kurtz/The Image Works; **299** (top): © Ryan McVay/Getty Images RF; **299** (bottom): © Corbis/ PunchStock RF; **300**: © Laurence Mouton/ PhotoAlto RF; **302**: © Oswaldo Viteri; **304**: © Javier Moreno/picture-alliance/dpa/Newscom; **305**: © Marcelo Enderle/TIPS Images/age fotostock; **308**: © DigitalVues/Alamy RF.

Text

p. 2: "Ella es 'Juana Banana'" EL TIEMPO Bogotá, Colombia, July 23, 2001. Used by permission; **p. 29** Adriana Garcia, "Hollywood busca cada vez más al talento latino," June 19, 2008. © 2012 Thomson Reuters, All rights reserved. Used by permission and protected by the Copyright Laws of the United States. The printing, copying, redistribution, or retransmission of the Material without express written permission is prohibited; **p. 36:** From "Quedamos el el híper" by Eugenia del Peso y Gabriel N. González, *El País Semanal,* January 6, 2003; **p. 43:** Courtesy of Bridgestone Firestone North American Tire, LLC; **p. 58:** "Cabra sola" by Gloria Fuertes. Used by permission of Luzmaría Jiménez Faro; **p. 64** "La sobremesa familiar en peligro de extincción,' November 30, 2011. Accessed from http:// www.familia.edusanluis.com.ar/2011/11/ la-sobremesa-familiar-en-peligro-de.html June 15, 2012; **p. 78:** © Maitena; **p. 84** Carole Joseph, "I regained my identity," From *People en Espanol,* May 2012. © 2012 Time Inc. All rights reserved. Used by permission and protected by the Copyright Laws of the United States. The printing, copying, redistribution, or retransmission of the Material without express written permission is prohibited; **p. 90** Manuel Ángel Méndez "Profesiones para la próxima década" from El País January 2, 2011. © EDITIONS abroad, S.L. Miguel Yuste 40-28037 Madrid; **p. 107** Luis Puchol "Perfiles de éxito," Copyright Luis Puchol. All rights reserved. Used by permission; **p. 114** Saray Ceballos, "Del SMS al Tweet para quedadas masivas," August 29, 2011. Copyright © Friar and White, S.L; **p. 132** Edmundo Paz Soldan, "Cochabamba," 2004. Copyright © 2004 Santillana USA, All Rights Reserved; **p. 138** "Olvida tus penas," lyrics by Johnny Ventura, 1984 © Copyright Sociedad General de Autores y Editores SGAE Fernando VI, 4 28004 *Madrid;* **p. 157** "México se devora su historia culinaria" by Roberto Cienfuegos, as published in Tiempos del Mundo, Courtesy of Lic. Roberto Cienfuegos Jiménez; **p. 164** "Dos idiomas, multiples beneficios" by Isis Artze, People en Español © 2001 Time Inc. All Rights Reserved; **p. 168** Courtesy of Global Community Partnerships-Glaxo Smith Kline; **p. 169** Courtesy Daimler Chrysler Corporation; **p. 179:** Cambio 16 May 18, 2002; **p. 181:** From "El año que viene estamos en Cuba," Gustavo Pérez-Firmat. From his compilation of the same title. Arte Público Press, University of Houston. Copyright 1997. Used by permission; **p. 188** Greenpeace Argentina; **p. 193** Diario de Cádiz- July 28, 2011-Francisco; **p. 204** Copyright © Ediciones EL PAÍS, S.L. All rights reserved; **p. 207** Ediciones Acuario, courtesy of Jorge Vásconez; **p. 214** "La ONU declara el acceso a Internet como un derecho humano," September 6, 2011. Copyright © 2012. Ecoprensa S.A.-All rights reserved; **p. 233** "Convocación de palabras" by Tino Villanueva in *Crónica de mis años peores/A Chronicle of My Worst Years*. Evanston: TriQuarterly Books/Northwestern University Press, 1994. Copyright © 1987, 1994 by Tino Villanueva. Used by permission of Northwestern University Press. *Crónica de mis años peores* was first published in 1987 in slightly different form by Lalo Press, La Jolla, California; **p. 237** From Solidarios.org.es. Used by permission; **p. 240** From Popol Vuh, Atrtemis-Edinter, 2001; 252: From *Popol Vuh,* Atrtemis-Edinter, 2001; **p. 266** From En busca del Nuevo Mundo by Arturo Uslar Pietri, Fondo de Cultura Económica, Mexico DF, 1969; **p. 278:** From En busca del Nuevo Mundo by Arturo Uslar Pietri, Fondo de Cultura Económica, Mexico DF, 1969; **p. 282** "El eclipse" by Augusto Monterroso. © Augusto Monterroso. Used by permission of International Editors' Co.; **p. 288** From *El espejo enterrado* by Carlos Fuentes, Santillana, S.A., 1998; **p. 294:** "El eclipse" by Augusto Monterroso. © Augusto Monterroso. Used by permission of International Editors' Co.; **p. 293** From *La casa de los espíritus* by Isabel Allende, Plaza y Janés, 1994; **p. 300:** From El espejo enterrado by Carlos Fuentes, Santillana, S.A., 1998; **p. 300** Que te vaya bonito" lyrics by José Alfredo Jiménez Sandoval © 1973 Universal Music Publ. MGB S.A. DE C.V. Copyright reserved. All rights for U.S. and Canada administered by Universal Music—Careers (BMI). Used by permission. All rights reserved; **p. 305** Luisa Valenzuela, *Aquí Pasan Cosas Saras* from "Cuentos Completos y uno más," Copyright © 1998, Luisa Valenzuela

Index

Note: This index contains separate sections for grammar, cultural topics and vocabulary. The *t* refers to material found in tables and "n" to material in notes.

Grammar

A

B

C

D

E

Q

R

S

T

Culture

Vocabulary